Theodor Wieser/Frederic Spotts:
Der Fall Italien
Dauerkrise einer schwierigen Demokratie

Deutscher
Taschenbuch
Verlag

dtv

Von den Autoren aktualisierte Ausgabe
Oktober 1988
Deutscher Taschenbuch Verlag GmbH & Co. KG,
München

ISBN 3-88782-010-X
Umschlaggestaltung: Celestino Piatti
Umschlagfoto: © Stern/Scheler
Gesamtherstellung: C. H. Beck'sche Buchdruckerei,
Nördlingen
Printed in Germany · ISBN 3-423-10973-4

Das Buch

»Dem Neuankömmling stellt sich das politische Leben Italiens schon bei der morgendlichen Zeitungslektüre als nicht enden wollende Chronique scandaleuse dar; um da auch nur halbwegs den Überblick zu behalten, muß der Beobachter sich durch ein rundes Dutzend Fortsetzungsromane gleichzeitig quälen und von jedem täglich ein neues Kapitel konsumieren – wobei er zu seiner Verwirrung oft feststellen muß, daß in mehreren parallel laufenden Handlungen die gleichen Hauptpersonen auftreten und sowohl die Rolle des Helden wie die des Schurken vollkommen beherrschen.« So schrieb der Italien-Kenner Carlos Widmann in einer Besprechung dieses »vortrefflichen Buchs und Nachschlagewerks« und resümiert: »›Der Fall Italien‹ stellt insofern eine stille Sensation dar, als es den Abgrund überbrückt, der bisher zwischen der schwungvoll-subjektiven und der wissenschaftlichen Italien-Literatur klaffte. Es packt das Gemeinwesen Italien seriös und überaus umfassend an, ohne dabei in trockener Wissenschaftlichkeit zu versinken.«
Die beiden Autoren beschreiben das System der italienischen Parteienherrschaft, durchleuchten Christdemokraten, Kommunisten, Sozialisten und die kleinen Parteien. Das Geflecht der Gruppeninteressen, die Herausforderung durch Terrorismus und Mafia, die Mühlen der Justiz und die schwerfällige Bürokratie, das Dilemma der Gewerkschaften und die Rolle der Kirche in diesem säkularisierten Staat sowie italienischer Regionalismus und Nord-Süd-Gefälle werden faktenreich erläutert und in den historischen Zusammenhang gestellt. Im Anhang erklärt ein Glossar die wichtigsten Begriffe der italienischen Politik, und Tabellen fassen die wichtigsten Daten zusammen.

Die Autoren

Der Schweizer Theodor Wieser, 1923 geboren, war von 1971 bis 1988 politischer Korrespondent der Neuen Zürcher Zeitung in Rom; davor arbeitete er für dieselbe Zeitung in Bonn. Der Amerikaner Frederic Spotts, 1930 geboren, war zwischen 1960 und 1980 amerikanischer Diplomat in Paris, Bonn, Washington und Rom und ist heute Senior Associate des St. Antony's College in Oxford.

Inhalt

Vorwort ... 9

Ein System ohne Alternative ... 13
Ein schwacher Staat ... 14
Partitocrazia – die Allmacht der Parteien ... 15
Polarisierte Auffächerung ... 17
Die Ausklammerung der Extreme ... 21
Christdemokratische Hegemonie ... 23
Wechselnde Partnerwahl ... 25
Stabile Instabilität ... 28

Democrazia cristiana – die permanente Regierungspartei ... 33
Von De Gasperi zu De Mita ... 34
Die Vorherrschaft der Correnti ... 42
Organisation, Mitglieder, Wähler ... 46
Die Verwurzelung im katholischen Italien ... 49
Umstrittene Identität ... 53

KPI – der Drang nach Legitimierung ... 59
Vormarsch über drei Jahrzehnte ... 60
Die Übermacht des Apparates ... 64
Allmähliche Loslösung von Moskau ... 69
Strategie wechselnder Bündnisse ... 75

PSI – der Kampf der Sozialisten um den ersten Platz ... 81
Kurs im Zickzack ... 82
Der Spaltpilz in den eigenen Reihen ... 86
Die Reformen unter Craxi ... 90
Pragmatismus mit Dynamik ... 94

Das Gewicht der kleinen Parteien ... 99
Republikaner, Sozialdemokraten, Liberale ... 99
Die Radikalen als Außenseiter ... 106
Die Rechte in der Isolation ... 109
Die Aufsplitterung der äußersten Linken ... 112

Gefahren für den Staat: Terrorismus, Mafia, Camorra ... 117
Die rechtsradikale »Strategie der Spannung« ... 117

Verschwörungen und Putschpläne 121
Der linke Angriff auf das »Herz des Staates« 123
Die Motive der »Revolutionäre« 127
Mafia und Camorra in der Offensive 131

Institutionen im Schatten der Parteien 141
Das Parlament als Nebenschauplatz 141
Ein Zweikammersystem ohne Differenzierung 143
Flut der »Minigesetze« 145
Die Rückkehr zum »Transformismus« 148
Referenden als demokratisches Heilmittel 149
Regierungschef ohne Vollmachten 152
Der Präsident – Fixpunkt in der Krise 155
Der Platz der Justiz 158

Die langsamen Mühlen der Justiz 163
Der Prozeßstau in den Gerichten 163
Veraltete Strukturen und verwirrende Normen 165
Die politisierte Justiz 169
Die Gefährdung der Grundrechte 174
Die Misere des Strafvollzugs 176
Die Polizei an vorderster Front 179

Schwerfällige Bürokratie – politisierter Parastaat 183
Starrer Aufbau und einseitige Rekrutierung 184
Geringe Effizienz und behinderte Reform 187
Die Nationalisierung all'italiana 192
Sottogoverno – Staatsunternehmen im Griff der Parteien 195
Die Patronage und ihre Auswüchse 198
Grenzen der »Parzellierung« 201

Regionalismus mit Nord-Süd-Gefälle 205
Sonderfall Südtirol 206
Am Gängelband Roms 208
Das schwache Eigenleben der Regionen 211
Die Last des Südens 214
Die Entwicklungshilfe der Südkasse 216
Fehlschläge und alte Übel 219
Der späte Start aus eigener Kraft 221

Macht, Ohnmacht und Dilemma der Gewerkschaften 225
Die syndikalistische Vielfalt 227
Errungenschaften und ideologische Versuchungen 230
Eine Superpartei im Machtvakuum 233
Rückschläge in den Betrieben 236

Die Kirche in der säkularisierten Gesellschaft 241
Abschied vom »katholischen Italien« 242
Religiöses Wiedererwachen? 246
Historischer Exkurs: die Last der römischen Frage 250
Die ersten Schritte der Bischofskonferenz 255
Das Konkordat – neuer Modus vivendi 259

Außenpolitik im Schutz der Allianzen 265
Die Kunst der Anpassung 265
Verstreute Kompetenzen 268
Erfolgreiche Bilanz der Bündnispolitik 270
Lückenhafte Gemeinsamkeit 274
Ein Engagement mit Vorbehalten 276
Gute Beziehungen weltweit 282
Der Schwerpunkt Außenhandel 289

»Eppur si muove« – »Und sie bewegt sich doch« 295
Ein Blick auf die Wirtschaft 295
Der soziale Konsens 297

Anmerkungen 301
Karte der 20 Regionen Italiens 306
Die Regierungen der neun Legislaturperioden (1948–1988) 307
Die Wahlergebnisse für die Kammer (1948–1987) 309
Glossar der italienischen Begriffe 310
Ausgewählte Literatur 312
Namenregister 315

Wenn die politischen Ereignisse in Rom sich krisenhaft zuspitzen, pflegt die Frage wiederzukehren, ob Italien mit seinem Latein der Krisenbewältigung am Ende sei. Der Sturz einer weiteren Regierung, Streikfieber, der Staat noch tiefer in Schulden, das tägliche Ärgernis der Verwaltung, blutige Anschläge des Terrorismus oder der Mafia und der letzte Skandal bilden ein dramatisches Syndrom. Die italienischen Freunde zeigen sich besorgt, zugleich aber sind ausländische Fragesteller erstaunt, daß allem Alarm zum Trotz unbesorgt, ja munter über den Stand gelebt wird. Der private Wohlstand steigt weiter an.

Großbetriebe und Tausende von kleinen Unternehmen zwischen Turin und Triest exportieren auf Hochtouren. Wer in der mittel- oder oberitalienischen Provinz unterwegs ist, fühlt sich aufgehoben in einem geordneten Alltag von überraschender Lebensqualität.

Auch ein vergleichender Blick über die Grenzen stärkt das Vertrauen. Italien hat seinen festen Platz in der internationalen Gemeinschaft. Im Zuge der Industrialisierung der letzten Jahrzehnte ist es in der Liste der westlichen Industrieländer an die fünfte Stelle aufgestiegen. Die Zusammenarbeit im Rahmen der NATO und EG sicherte die Stabilität der jungen Republik. Die außenpolitische Verankerung wirkte auch der häufig beschworenen Gefahr entgegen, daß die Apenninhalbinsel ins Mittelmeer abtriften, dem Sog mediterraner Unsicherheit verfallen und seiner europäischen Funktion und Mission verlustig gehen könnte.

Die Entwicklung Italiens seit 1945 zeigt viele Parallelen zur Bundesrepublik. Nach dem Zusammenbruch von Mussolinis faschistischem Regime und Hitlers Drittem Reich setzte der Neubeginn am Nullpunkt ein. Atlantikpakt und europäische Integration eröffneten einen gemeinsamen Weg. Das Rezept der freien Marktwirtschaft wurde in beiden Ländern mit Erfolg praktiziert, wenn auch das Agrarland Italien einen längeren Weg der Industrialisierung zurücklegen mußte. Ein totalitäres Regime, der Sieg einer konfessionellen Partei in den Nachkriegswahlen und die Auseinandersetzung mit dem Kommunismus waren gemeinsame Erfahrungen beider Völker. Auf dem Hintergrund derartiger Analogien zeichneten sich aber höchst unterschiedliche Entwicklungen und Lösungen ab. In Bonn wird, im Widerspruch zu allen Beweisen von Stabilität, von Zeit zu Zeit an das warnende Beispiel der Weimarer Republik erinnert. In Rom liegt ein Zerfall jener Art näher, und besorgte Kommentatoren illustrieren das Stichwort Weimar mit der Schwäche der italienischen Institutionen, Fehlkonstruktionen der Verfassung, Inflation und allgemeinen Degenerationserscheinungen.

Antworten auf die Frage, wie ernst die italienische Krise sei, kommen von vielen Seiten. Sie reichen vom Glauben in die unverwüstliche Kunst des Überlebens bis zum resignierten Schluß, der Prozeß allgemeinen Zerfalls sei wirklich seinem tiefsten Punkt nahe. Die Optimisten berufen sich auf ihre bisherigen Erfahrungen, erklären die Schwierigkeiten aus der tiefgreifenden Wachstumskrise Italiens oder führen gar die These ins Treffen, das Land sei eben ein politisches Laboratorium, das künftige Formeln erprobe. Die Pessimisten sehen in Italien kein Modell, sondern das Krankheitsbild einer Degeneration, und die Italiener unter ihnen übertreffen sich in Selbstanschwärzung: ihr Land, das »bel paese«, als Zerrbild einer lateinamerikanischen Bananenrepublik. Die soziale und wirtschaftliche Vitalität, die Schatzkammern der Städte gehen in Schwarzmalerei unter...

Das politische System hat alle Belastungsproben seit 1945 überstanden – nicht nur mittels seiner Strukturen, sondern in widerspruchsvoller Weise auch dank der Einstellung und Mentalität der Bevölkerung. Der Italiener neigt zur Anpassung und zieht den Kompromiß einer gefährlichen Kraftprobe vor. Steckt permanenter Opportunismus oder kollektive Flucht vor der Verantwortung in dieser Haltung? In eigennütziger Skepsis verläßt sich der Italiener auf die Kunst der Improvisation. Ein menschlicher und politischer Partikularismus hat sich erhalten – Italien setzt sich aus Familien, nicht aus Staatsbürgern zusammen –, hat die Entwicklung einer modernen Leistungsgesellschaft behindert, aber auch Reserven bewahrt. So lebt und überlebt der Italiener in der Krise. Ein Notstand wird in Italien nicht in der Disziplin nationalen Zusammenhaltens, sondern dezentralisiert in flexibler Anpassung bewältigt. Darum oft die zynische Frage, ob das Land überhaupt eine Regierung brauche.

In blockierten Situationen werden rasch neue Methoden im System und im politischen Alltag erdacht, Abkürzungen durch den Dschungel der Administration geschlagen, Lebenstüchtigkeit und Schlauheit unter Beweis gestellt. Diese Praxis vermindert freilich nicht die Krisenanfälligkeit Italiens. Aus der Kette der Regierungskrisen und institutionellen Teilkrisen droht eine Krise des Systems zu werden. Neue Sektoren werden befallen. Beispiele dafür sind die Politisierung der Justiz, die massive Infiltration von Mafia und Camorra nach dem Rückgang des Terrorismus, der katastrophale Start des nationalen Gesundheitsdienstes. Um jeweils Abhilfe zu schaffen, werden Reformen geplant, verabschiedet und auch eingeleitet. Das bittere Wort des republikanischen Politikers Ugo La Malfa, daß Reformen in Italien stets Gegenreformen würden, muß nicht unbedingt zutreffen.[1] Versuche der Erneuerung enden zwar meist in der Erhaltung des schwierigen Status quo. Die Vermutung liegt nahe, daß Krisen nur verwaltet, neutralisiert oder entschärft, nicht aber gelöst werden. Der Widerspruch scheint die Devise des alten Fürsten in Tomasi di Lampedusas ›Leopard‹ zu bestätigen: »Wenn wir wollen, daß alles bleibt wie es ist, dann ist nötig, daß alles sich verändert.« In der wechselvollen Verzahnung von dringlichen Problemen, halben Lösungen und einfallsreicher Kunst des Überlebens vollzieht sich die Krisenbewältigung all'italiana.

In diesem Buch, welches die Wirtschaft nur am Rand berührt, werden die Gründe für die italienische Dauerkrise im politischen System gesucht. Es hat die Parteien, Institutionen und sozialen Kräfte in der parlamentarischen Demokratie Italiens zum Gegenstand und soll aufzeigen, wie weit die italienische Krise politischer Natur ist. Das gilt für die blockierte Parteienkonstellation und die schwachen Regierungen wie für die begrenzt funktionsfähige Verwaltung, die schwerfällige Justiz, den unübersehbaren Parastaat.

»Wir wissen, daß die Begrenzung der Regierungsalternativen unser System kennzeichnet, das darum, im Unterschied zu anderen europäischen Systemen, eine schwierige Demokratie ist.« Aldo Moro machte diese Aussage im März 1976 vor dem christdemokratischen Parteikongreß in Rom als Chef seiner letzten Regierung.[2] Inzwischen mußte das Parlament vier weitere Male vorzeitig aufgelöst und neu bestellt werden. Noch immer ist die Democrazia cristiana die größte Regierungspartei. Ihre Vormachtstellung ist allerdings geschwächt; die Sozialisten unter Craxi sind kräftiger geworden und bedrängen Christdemokraten wie Kommunisten. Auch wenn eine Alternative zum bisherigen Parteiensystem in Sicht kommt, bleibt Italien eine schwierige Demokratie – über die von Moro zitierte Parteienkonstellation hinaus.

Die vorliegende Arbeit ist im täglichen Kontakt mit der italienischen Politik entstanden; Informationen des politischen Alltags flossen darum ständig in den Text ein. Mitglieder des Parlaments, Beamte, Professoren, Journalisten und viele andere Kenner der komplexen Situation Italiens standen uns mit Rat zur Seite. Ihnen allen sind wir zu großem Dank verpflichtet.

Ein System ohne Alternative

Das politische System Italiens ist unter den westlichen Demokratien ein Fall eigener Art. Etwa 30 Parteien und Gruppierungen treten in jeder Wahlkampagne an, von denen rund zehn ins Parlament kommen; doch nur eine Partei, die Democrazia cristiana, hat seit Bestehen der Republik regiert, wenn man von den Kabinetten Spadolini und Craxi absieht. Seit 1945 gab es gegen 50 Regierungen, und trotzdem herrscht große politische Kontinuität. Die Regierung wechselt durchschnittlich mehr als einmal im Jahr, aber die gleichen Personen bleiben im Amt. Der Italiener ist politisch von skeptischer Distanz, obgleich Politik jeden Aspekt des nationalen Lebens beherrscht, die politischen Parteien alles entscheiden, und politische Patronage die Gesellschaft durchdringt. Das politische Leben Italiens ist freizügig und tolerant; gleichwohl blieben Parteien, die zusammen 40 Prozent der Wählerschaft hinter sich haben, stets von der Regierung ausgeschlossen, unter ihnen die Kommunisten. Das politische System ist eines der freiesten in Europa; dennoch hat dem Umsturz verschworene Gewalttätigkeit hier höchste Ausmaße erreicht. Italien ist nominell zu 97 Prozent katholisch, und das Papsttum, das sein Zentrum in Rom hat, spielte während Jahrhunderten eine entscheidende Rolle im politischen Leben des Landes; heute hingegen hat die Kirche keinen maßgeblichen politischen Einfluß mehr, und die Gesellschaft ist säkularisiert.

Dies sind einige der Widersprüche, die den Außenstehenden beim näheren Blick auf Italien überraschen und verwirren. Sie sind bezeichnend für eine überaus komplexe und differenzierte Gesellschaft, die bei ständigen politischen Turbulenzen als unregierbar erscheint, die aber immer wieder über die Runden kommt und sogar erstaunlich stabil ist. Der Hauptgrund dieser Widersprüche liegt in einer politischen Kultur, die sich in Perspektiven und Funktionen von der anderer westlicher Demokratien unterscheidet; dabei sind die Verfassungsstruktur und die Institutionen Italiens denen verwandter parlamentarischer Demokratien sehr ähnlich. Knapp formuliert, rührt die Besonderheit der italienischen Politik von der Wirkung her, die politische Tradition und kollektives politisches Verhalten auf die Institutionen ausüben.

Ein schwacher Staat

Als Bürger hegt der Italiener eine auffällige Abneigung gegen seinen Staat. Sie hat tiefe Wurzeln in den historischen Erfahrungen des Landes unter fremder Herrschaft, in später nationaler Einigung, in unzulänglichen Regierungen und im Zusammenbruch des Faschismus. Der Italiener betrachtet den Staat bestenfalls als schwach und schlimmstenfalls als feindliche Macht, die wenig Gutes und viel Übles beschert. Er schaut mit einer Mischung aus Furcht und Verachtung auf die staatlichen Organe – Parlament, Regierung, Gerichtsbarkeit und öffentlicher Dienst –, denen er die Verantwortung für alle Mißstände zuschreibt. Daß er als Staatsbürger diese Mißstände mitverschuldet und verschärft, will er nicht erkennen.

Nach dem Kriege trat im neuen Staat, insbesondere in Gestalt seiner neuen Verfassung, die skeptische Grundhaltung klar zutage. Der Staat ist ausgestattet mit Institutionen, deren Autorität schwach und deren Kompetenzbereiche so undeutlich sind, daß keine klaren Machtzentren bestehen. Ihre Zuständigkeit wird noch geschmälert durch die relativ neue regionale Dezentralisierung und das leicht erwirkbare Referendum. In den ersten Jahren der neuen Republik erschwerte es die führende Partei der Christdemokraten, den wichtigsten institutionellen Neuerungen der Verfassung Gesetzeskraft zu geben, sie versuchte selbst das Wahlgesetz zu verändern, um ihre Macht auszubauen. Im Lauf der Zeit schienen die staatlichen Institutionen nicht nur allem zu schaden, was sie anrührten, sondern sie brachten das Land schließlich auch an den Rand der Regierbarkeit. Die allgemeine Auffassung griff um sich, daß nur außerhalb der Kompetenzen des Staates, seiner Organe und seiner Gesetze etwas wirklich funktionieren könne. Sandro Pertini setzte als Präsident der Republik patriotische Akzente und gab dem Staat damit indirekt ein Stück Prestige zurück.

Der Italiener befindet sich in einem Zwiespalt. Er wünscht sich einen schwachen Staat, doch mit effizienten Leistungen. Zwar sieht er ein, daß der Staat, der heute zu Interventionen gezwungen ist, nicht mehr vereinbar ist mit dem Laisser-faire-Staat alten Stils. Sein Ideal wäre ein Staat, der, ohne Kontrolle und Macht auszuüben, überall dort hilft, wo private Möglichkeiten nicht ausreichen. Solange Widersprüche solcher Art nicht gelöst sind, wird der italienische Staat kaum auf die Mitverantwortung seiner Bürger zählen können.

In Italien bahnte sich die politische Macht angesichts eines schwachen Staates seit 1945 neue Wege. Im Vordergrund standen die Parteien. Sie hatten den Faschismus überlebt und waren ein Garant für Zuverlässigkeit und Kontinuität während der ersten chaotischen Jahre provisorischer Regierungen. Sie waren für die neue Verfassung und das ihr zugrunde liegende politische System verantwortlich. Doch schon in den folgenden Jahren verlagerte sich die Macht zusehends von den staatlichen Strukturen zu den Parteiorganisationen hin. Das Parlament wurde degradiert zu einer Art Debattierforum; es hatte in den großen Fragen keine unabhängige Stimme und ging auch seiner Rolle verlustig, über Sturz und Bildung einer Regierung zu entscheiden. Das Kabinett gab lediglich die Standpunkte der Parteizentralen wieder. Die an sich weitgespannten Machtbefugnisse des Präsidenten wurden eingeschränkt. Selbst die Gerichte, der öffentliche Dienst und die riesigen Industrieunternehmen des Staates wurden direkt oder indirekt allmählich dem Einfluß der Parteien unterworfen. Kein Wunder, daß die Italiener ihre Regierungsform »partitocrazia«, Parteienherrschaft, nennen.

In allen parlamentarischen Demokratien spielen die Parteiführer eine zentrale Rolle bei der Entscheidung, wer regieren darf und welchen Kurs die Regierung einschlagen soll; doch ist die Regierung im Amt, handelt sie relativ selbständig. In Italien besteht nur wenig oder kein Abstand zwischen den Parteien an der Macht und der eigentlichen Regierung. Der Ministerpräsident ist im allgemeinen wenig mehr als eine Galionsfigur und den Launen der Parteichefs ausgesetzt. Dies erklärt, warum ehrgeizige DC-Politiker gelegentlich die Position des Parteisekretärs der des Ministerpräsidenten vorziehen. Im Entscheidungsprozeß verschmelzen Partei und Regierung fast so vollständig wie in kommunistischen Ländern. So sind die Personen, die letztlich für die Geschicke des Landes zuständig sind, nicht dessen gewählte Vertreter, sondern die Parteichefs. Dabei müssen die Parteichefs, die am engsten mit der Regierung zusammenarbeiten, nicht unbedingt zur Regierung gehören: In den späten siebziger Jahren waren die Ansichten der Kommunisten und Sozialisten, die nicht im Kabinett saßen, für die Christdemokraten von großer Bedeutung.

Die Macht der italienischen Parteien wird gestützt von einer straffen oligarchischen Struktur. Sie liegt in den Händen eines kleinen Sekretariats, das die tägliche Arbeit der Partei in jeder Hinsicht bestimmt, gemäß den politischen und programmatischen Beschlüssen des Vorstandes (direzione) mit seinen 30 bis 40 Mitgliedern. Der Vorsitzende dieses Gremiums ist als Parteisekretär der eigentliche Chef der Partei. Der Vorstand ist einem größeren Gremium – Nationalrat (consiglio nazionale) oder Zentralkomitee – und letztlich dem Parteikongreß gegenüber verantwortlich. Diese größeren Gremien haben einen gewissen Einfluß auf den allgemeinen Kurs der Partei, aber auch sie stehen dem einfachen Mitglied und dessen Meinungen fern. In den letzten Jahren hat sich diese strenge Zentralisierung gelockert. In einigen Fällen nahmen die parlamentarischen Fraktionen eine Spur von Autonomie gegenüber den Parteizentralen in Anspruch, und die Kongresse haben sich etwas geöffnet. Trotzdem bleiben die Parteien unter der Kontrolle einer kleinen Gruppe von Funktionären.

In der Partitocrazia geht es nicht nur um die Kontrolle der Regierung durch die Parteien. Sie reicht in das gesamte soziale, wirtschaftliche und kulturelle Leben des Landes hinein. Objekte der parteipolitischen Einwirkung sind Positionen in den Staatsindustrien, ein beträchtlicher Teil der Finanzinstitute, Tausende von Fürsorgeinstitutionen, Radio und Fernsehen und wissenschaftliche Forschung. Es handelt sich um das Sottogoverno, ein Imperium halböffentlicher Körperschaften, das von den Parteien kolonisiert und ausgebeutet wird. Es wird beherrscht vom Klientelwesen – von Patronage bis Amtsmißbrauch – und reicht so weit, daß Giuseppe Di Palma dazu bemerkt: »Es gibt kaum ein westliches Land, in dem die Politik, in der Tat pure Parteipolitik, so völlig jeden Aspekt des Gemeinwesens durchdringt (und blockiert) wie Italien.«[3]

Amintore Fanfanis Versuch, durch die staatliche Parteienfinanzierung von 1974 die Mißbräuche der finanziellen Anzapfung des Sottogoverno auszuschalten, war ein Fehlschlag. Auf Grund der 1981 erhöhten, aber nicht ausreichenden staatlichen Subventionierung gingen 1983 28 Milliarden Lire an die DC, 21 Milliarden an die KPI, acht Milliarden an die Sozialisten und je drei bis vier Milliarden an die Sozialdemokraten, Republikaner und Liberalen. Außerdem vergütete der Staat insgesamt 15 Milliarden Lire für die Kosten der Wahlkampagne. Eine weitere Aufstockung steht für 1988 bevor.

Die offiziellen Abrechnungen der meisten Parteien geben keine Auskünfte über die zusätzliche Finanzierung aus obskuren Quellen. Regierungsparteien oder einzelne Correnti verstanden es, Gelder aus den staatlichen Betrieben, Industrien und so weiter abzuzweigen oder Aufträge und Lizenzen an Privatunternehmen gegen »Tangenten«, das heißt Schmiergelder, zu vergeben. Die KPI kann mit indirekten Einkünften aus dem italienischen Handel mit den kommunistischen Staaten Osteuropas rechnen. Die Finanzierung der Parteien aus geheimen Quellen ist eine der Einbruchsstellen der Korruption: Geld für eine Parteiorganisation und persönliche Bereicherung drohen ineinander überzugehen, und das bestätigt die verbreitete Meinung, daß es den Politikern einzig darum gehe, Geld in die eigene Tasche zu stecken.

Bezeichnend ist, wie eifersüchtig die Parteien über ihren Machtbereich wachen und wie lang sie anfangs einige der Neuerungen der Verfassung ignorierten, die ihre Macht einschränken sollten – die Schaffung eines Verfassungsgerichts, um die Verfassungsmäßigkeit der Gesetzgebung zu prüfen, die Einsetzung eines Obersten Rates der Gerichtsbarkeit, um das Justizwesen vor politischer Einmischung zu schützen, und die Einführung des Referendums, um bestehende Gesetze aufzuheben oder zu ändern. So wurde die Errichtung des Verfassungshofes um acht Jahre und die des Obersten Rates der Gerichtsbarkeit um zehn Jahre hinausgeschoben. Beide Organe sind seither dem indirekten Einfluß der Parteien ausgesetzt. Das Ausführungsgesetz für Referenden wurde erst 1970 verabschiedet.

Polarisierte Auffächerung

Ironischerweise kommt die einschneidendste Begrenzung der Macht der Parteien von den Parteien selber: durch den starken Faktionalismus, das heißt durch innerparteiliche Aufsplitterung. Die zwanghafte Bildung von Cliquen ist einer der auffälligsten Züge der italienischen Politik. Sie rührt vom unverhüllten Machtkampf wie von Meinungsverschiedenheiten über Ideologie und Strategie der Partei her. Die Zahl der einzelnen Gruppen, der sogenannten Correnti, verändert sich im Lauf der Zeit. In der Regel sind es mindestens drei (Linke, Mitte, Rechte) und manchmal gar bis zu einem Dutzend. Die Unterschiede zwischen ihnen sind so stark, offenkundig und festgelegt, daß sie in allen Parteien, mit Ausnahme der KPI, akzeptiert werden.

Die Correnti sind so genau bestimmt, daß sie auch zahlenmäßig meßbar sind; sie haben nicht nur ihre eigenen Führer, sondern in vielen Fällen auch ihre eigenen Publikationen, Hauptquartiere und Finanzquellen. In allen Parteigremien werden die Sitze im Verhältnis zu ihrer Stärke aufgeteilt. Die Correnti müssen in entsprechender Dosierung auch in der Regierung vertreten sein: mit in der Regel über 20 Ministersesseln, über 50 Staatssekretärsposten und Hunderten von Führungspositionen im Sottogoverno können die Interessen der Correnti wie der Parteien befriedigt werden. Weil das italienische Kabinett die aufgefächerten Interessen stärkemäßig unterbringen muß, ist es das größte innerhalb der westlichen Demokratien. Wenn ein Minister zurücktritt, muß er normalerweise durch einen Vertreter derselben Corrente ersetzt werden, auch wenn er sich für das Amt nicht eignet. Es kam vor, daß Regierungen stürzten, weil die Correnti einer großen Koalitionspartei sich zerstritten hatten.

Die Aufsplitterung in Correnti schwächt die Parteien in verschiedener Hinsicht. Da sie sich aus den Rivalitäten von politischen Auffassungen und persönlichen Ambitionen entwickelt, sind nur wenige Politiker je stark genug, ihre Partei fest unter Kontrolle zu bringen, und wenige Parteien je fähig, für längere Zeit einen festen politischen Kurs zu halten. Außerdem stehen Correnti einer Partei oft gewissen Correnti anderer Parteien näher als den eigenen. Die Macht ist über ein weites Feld wetteifernder Gruppen verteilt und verliert an Konzentration und Kraft. Dadurch erhält die italienische Politik ihr bezeichnendes Element komplizierter Vieldeutigkeit.

Die Macht der Parteien wird noch durch eine weitere Eigenart des Parteiensystems geschmälert: durch die starke Fragmentierung der gesamten Parteienlandschaft. In der Regel sind rund zehn Parteien auf Landesebene aktiv, zusammen mit zwei oder drei regionalen Parteien, die im nationalen Parlament vertreten sind. In den Parlamentswahlen stellen über 20 weitere Parteien, meist lokale Gruppen, Kandidaten auf. Diese Fülle von Parteien ist ein Zeichen für die soziale, ideologische und regionale Zerklüftung des Landes. Sie spiegelt sich in einem Mehrparteiensystem, dessen Übertragung ins Parlament durch das Proporzwahlsystem erleichtert wird – mit einem Minimum von 300000 Stimmen und dem Wahlquotienten in einem Wahlkreis.

Die katholische Tradition ist durch eine einzige Partei vertreten, die Democrazia cristiana, deren Stimmenzahl über die Jahre ungefähr 38 Prozent der Wählerschaft ausmachte. In den Wahlen vom Juni 1983 erlitt sie zum erstenmal in ihrer Geschichte einen deutlichen Rückschlag von mehr als fünf Prozent. Die Kommunisten und Sozialisten, die auf die marxistische Tradition zurückgehen, haben vereint einen höheren Anteil der Wählerschaft hinter sich (etwa 40 Prozent). Die liberale, teils antiklerikale Mittelklasse nimmt in den Republikanern, Liberalen und Sozialdemokraten politische Gestalt an; sie hatten bis 1972 zusammen mehr als zehn Prozent der Gesamtstimmen gewonnen, verloren dann an Wählern und stiegen 1983 – vor allem dank der Republikaner – vorübergehend auf zwölf Prozent an. Der Anteil der Parteien auf den äußersten Flügeln, wie »Democrazia proletaria« auf der einen und die Neofaschisten auf der anderen Seite, schwankt zwischen acht bis zehn Prozent des Wählerpotentials. Die neofaschistische Sozialbewegung (MSI) ist seit 1972 die viertgrößte Partei im Lande. In den Grenzgebieten vertreten Regionalparteien ethnische Minderheiten; die wichtigste unter ihnen ist die Südtiroler Volkspartei.

Obwohl im Laufe der Jahre andere Parteien gegründet wurden und sich wieder auflösten, kam es nie zu einer Vereinfachung des politischen Kräftespiels. Auf der einen Seite vermochten die Christdemokraten nicht, die Parteien links und rechts von sich zu absorbieren, obwohl sie zeitweise Stimmen von den Liberalen, Monarchisten und Neofaschisten gewannen. Auf der anderen Seite gelang weder der Linken noch den laizistischen Kräften eine Verschmelzung; es kam vielmehr zu neuer Teilung. Solange das gegenwärtige Proporzwahlsystem in Kraft ist – und es gibt keinen ernsthaften Versuch, es zu ändern –, wird das Parteiensystem dermaßen aufgespalten bleiben, daß keine einzige Partei die Chance hat, die absolute Mehrheit der Stimmen zu gewinnen.

Dennoch besteht eine Polarisierung. Die ersten Parlamentswahlen von 1948 waren in dieser Hinsicht entscheidend. Die Christdemokraten und Kommunisten gingen als die großen Parteien aus der Wahl hervor und vereinigten von da an zwei Drittel bis fast drei Viertel der Stimmen, mit einem ansteigenden Trend, der 1976 mit 73 Prozent den höchsten Punkt erreichte.

Für den Erfolg der Democrazia cristiana gab es zwei Gründe. Wie ihre Schwesterpartei in Deutschland stellte die DC die große politische Abwehr gegen den Kommunismus dar, und wie die CDU vermochte sie zum erstenmal in der Geschichte des

Landes eine breite politische Allianz unterschiedlicher sozialer Gruppen zusammenzuschmieden; dieses Bündnis gesellschaftlicher Kräfte, das die Unterstützung der katholischen Kirche und der amerikanischen Regierung erhielt, ergab eine politische Formel von beispiellosem Erfolg.

Die Kommunisten nahmen nach dem Kriege rasch zu, dank ihrer eigenen klugen Führung wie dank der Fehler der Sozialisten, so daß sie bald die politische Linke dominierten – einschließlich der einflußreichen Gewerkschaftsbewegung – und die eigentliche Opposition repräsentierten. Über 30 Jahre buchten die Kommunisten einen Wahlerfolg nach dem anderen und hatten 1976 mehr als ein Drittel der Wähler hinter sich. Seit diesem Höhepunkt erlitten sie in drei Wahlgängen Einbußen.

Daneben verdient der Niedergang des demokratischen Sozialismus besondere Beachtung. Die Sozialisten, die seit 1948 als größte Kraft der Linken verdrängt waren, konnten den vorwiegend konservativen und klerikalen Christdemokraten gegenüber keine freiheitliche Alternative ohne kirchliche Bindung anbieten. Reduziert durch Abspaltungen auf beiden Flügeln und schwankend zwischen Allianzen mit Kommunisten und Koalitionen mit den Christdemokraten, verloren sie allmählich an öffentlicher Unterstützung. Unter Craxi, der die Partei zum politischen Zentrum hin führte, gewann sie in den achtziger Jahren wieder Stimmen; doch ist mehr der Parteichef als seine Partei ein beherrschendes Phänomen der jüngsten Politik geworden.

Weniger überraschend, aber nicht weniger von Bedeutung in seiner Auswirkung, ist das Unvermögen der liberalen Mittelklasse, die vor dem Ersten Weltkrieg die politische Szene beherrscht hatte, sich zu einer starken und geschlossenen Kraft zu entwickeln. In der ideologisch überhitzten Atmosphäre der ersten Nachkriegsjahre gab es geringen Spielraum für laizistische Parteien. Ein Teil dieses Mittelstandes wanderte in die Wirtschaft und Industrie ab und überließ die Politik den Marxisten und Katholiken. Obgleich ihr politisches Prestige weit über ihre Wählerschaft hinausging, war die laizistische Mitte zu schwach und zu geteilt, um eine »dritte Kraft« zu werden.

In den Darstellungen des italienischen Parteiensystems standen seit den sechziger Jahren zwei Modelle im Vordergrund, Giorgio Gallis »unvollkommenes Zweiparteiensystem« (bipartitismo imperfetto) und Giovanni Sartoris »polarisierter Pluralismus« (pluralismo polarizzato). Das Zweiparteiensystem ist laut Galli unvollkommen, »weil darin weder eine homogene Mehrheit noch eine Opposition funktionieren, die eine Regierungsalternative darstellen könnten«. Er geht vom Konzept einer mangels Alternative blockierten Demokratie aus und sucht nach Wegen für eine »Alternanz«. Sartori sieht die Ursache des »polarisierten Pluralismus« in der großen ideologischen Distanz zwischen den Parteien, zu der auch die katholisch inspirierte Democrazia cristiana beiträgt. Eine weitere Folge ist die starke Fragmentierung des Parteiensystems. Die These Sartoris ist durch die Säkularisierung der italienischen Gesellschaft, den kommunistischen Revisionsprozeß und das Auftauchen Craxis allmählich überholt worden.[4]

Die Ausklammerung der Extreme

Was Italien auf einen Zustand fast permanenter politischer Krise reduziert, ist neben der Aufsplitterung und Polarisierung der Parteien der Ausschluß eines beträchtlichen Teils der politischen Kräfte von der Regierung. Links werden die Kommunisten als nicht akzeptierbare Partner betrachtet, weil sie ihre historischen Bindungen an den Leninismus und an die Sowjetunion nicht völlig preisgegeben haben. Die Entwicklung der Partei in den letzten Jahren brachte sie an die Grenzen einer solchen Akzeptanz, aber nicht darüber hinaus. Die kleinen Parteien links der KPI sind ausgeschlossen wegen ihres politischen Radikalismus. Rechts sind die Neofaschisten die Parias wegen ihres offenen Eintretens für Elemente des diskreditierten faschistischen Regimes. Um einen Vergleich von Giulio Andreotti zu gebrauchen: »Zehn Parteien sind auf dem politischen Feld, aber nur fünf – Christdemokraten, Sozialisten und die drei laizistischen Parteien – dürfen Tore schießen.«

Dies hat zur Folge, daß Parteien, die insgesamt 40 und mehr Prozent der Wählerschaft hinter sich haben, auf Dauer von der Macht ausgeschlossen sind. Die Regierungen müssen darum von den restlichen rund 60 Prozent gebildet werden. Wenn man weiter die Tatsache berücksichtigt, daß die laizistischen Parteien unter sich erhebliche Differenzen haben und daß die Sozialisten sich über 20 Jahre (1948–1963 und 1974–1980) weigerten, in eine Regierung ohne Kommunisten einzutreten, versteht man, wie schwierig es ist, eine Regierung vom Stapel zu lassen und über Wasser zu halten.

Die oft vorgeschlagene Änderung des Wahlgesetzes, die der Vielfalt der Parteien ein Ende setzen soll, würde das ideologische Problem nicht lösen. Die kleinen Parteien würden ausgemerzt, DC und KPI würden noch stärker. Nur wenn die Kommunisten als große Partei ersetzt oder aber sich ausreichend ändern und die Mehrheit der Italiener davon überzeugen würden, daß sie von westlich demokratischem Guß sind, wäre das ideologische Problem überwunden.

Ideologien tragen zu einer anderen Besonderheit der italienischen Politik bei. In der Regel strömen die Italiener mit einer Wahlbeteiligung von rund 90 Prozent an die Urnen, was früher einer indirekten Wahlpflicht zugeschrieben werden konnte. In jüngster Zeit nehmen jedoch Stimmenthaltung sowie die Abgabe leerer oder ungültiger Stimmzettel aus Protest zu. Laut Giorgio Galli werden die Christdemokraten nicht gewählt für das, was sie tun, sondern für das, was sie sind: »die große Ordnungspartei im Gegensatz zur großen ›subversiven‹ Partei der KPI«.[5] Der Urnengang ist das Bekenntnis der Zugehörigkeit zu einem bestimmten Lager. Ansonsten gibt das Ergebnis nur Hinweise darauf, welche Dienerrolle anderen Parteien zufällt. Der Wahlausgang stellt darum kein Urteil dar über die Leistungen der Regierung, keinen freien Entscheid über die nächste Regierung und deren Programm oder über die Auswahl des nächsten Ministerpräsidenten. Die Wahlkämpfe sind weniger ein Wettstreit zwischen Kandidaten und Programmen als periodische Plebiszite über die grundlegende politische Richtung des Landes – im Jahre 1948, ob die Christdemokraten oder die Marxisten regieren sollten; im Jahre 1953, ob Christdemokraten weiterhin die absolute Mehrheit im Parlament erhalten sollten; im Jahre 1963, ob die Christdemokraten mit den Sozialisten die Regierung bilden sollten, und 1976 wie 1979, ob die Christdemokraten gezwungen werden sollten, die Kommunisten in die Regierung aufzunehmen.

Unabhängig davon entscheiden die Parteichefs im Lauf der Legislaturperiode, welche Art von Regierung gebildet und welche Politik verfolgt werden soll; die Wahlergebnisse sind oft zweideutig und können von den Parteien je nach Wunsch ausgelegt werden. Christdemokraten und Sozialisten suchten 1963 zum Beispiel die Unterstützung der Wählerschaft für eine Centro-sinistra-Regierung; sie erhielten sie nicht und bildeten trotzdem eine derartige Koalition. Die Parteiprogramme – soweit ernsthafte überhaupt existieren – und die besonderen

Wünsche der Wähler gehen letztlich unter. So kann der italienische Wähler nur die parlamentarische Mehrheit bestimmen, nicht die Politik, die sie verfolgt, oder die Person, die sie anführt. Der Wahlzettel ist ein Blankoscheck, den er unterschreibt. Deshalb das Paradoxe, daß eine Bevölkerung zu den Urnen drängt, um zu stimmen, dabei aber fatalistisch und in skeptischem Abstand bleibt.

Christdemokratische Hegemonie

Die Ohnmacht des Staates, der Ausschluß der Kommunisten und die Schwäche der Sozialisten wie der laizistischen Parteien haben zum hervorstechendsten Merkmal beigetragen: die Beherrschung des politischen Lebens Italiens durch eine einzige Partei seit 1945. Die Christdemokraten haben diese Vormacht in verschiedener Weise behauptet. Sie waren ständig die größte der Parteien, unterstützt von einem soliden Wählerblock, der sich während 20 Jahren praktisch nicht verändert hat. Auch wenn sie in jüngster Zeit die Ministerpräsidentschaft abgeben mußten, dominierten sie das Kabinett und hatten letztlich die Regierung unter ihrer Kontrolle. Zur Verankerung der DC im politischen System trug auch das Sottogoverno mit seinem Netz von Patronage bei, für das es kein vergleichbares Beispiel in anderen Demokratien gibt. Auf diese Weise erreichten die Christdemokraten eine Symbiose von Partei, Regierung und Staat. Daß Italien seit 1945 keinen wirklichen Wechsel der herrschenden Partei erfahren hat, macht es zum Sonderfall im Westen.

Regierungen kommen und gehen, doch dieselben Christdemokraten bleiben im Amt, wechseln bloß den Ministersessel. Auch der Generationenwechsel ist begrenzt. Die meisten Chefs von Partei und Regierung der letzten Jahrzehnte begannen ihre Karriere unter De Gasperi und besetzten oder tauschten die Schlüsselpositionen bis zum heutigen Tag. Emilio Colombo kam 1955 ins Kabinett und hatte seither 27 Ministerämter inne. Giulio Andreotti und Paolo Emilio Taviani leiteten einundzwanzigmal, Mariano Rumor achtmal und Aldo Moro neunmal ein Ministerium. Andreotti, Rumor und Moro waren allein je fünfmal Ministerpräsident, Fanfani sechsmal. Fanfani, Haushaltsminister der Regierung De Mita, war schon zu Zeiten von Kennedy, Chruschtschow, De Gaulle und Adenauer Ministerpräsident. Laut einer Studie von 1980 bekleideten zwischen 1946 und 1976 152 Personen (ein Drittel der Gesamtheit) 1331 Minister- und Staatssekretärsposten (zwei Drittel aller Posten). Tatsächlich nahmen in dieser Zeit 31 Männer 480 Schlüsselpositionen in der Regierung ein.[6]

In Koalitionen nahmen die Christdemokraten früher die Mehrheit der Kabinettsposten in Anspruch. Ministerien von Rang und solche, die Möglichkeit zu Patronage boten – Inneres, Äußeres, Verteidigung, Staatsindustrien, Wirtschaft und Landwirtschaft – überließen sie nie oder nur selten anderen Parteien. Die Koalitionspartner der DC werden umarmt – und sind schon in der Klemme, wenn sie versuchen, ihren kleinen Anteil an Wählerstimmen in Kabinetts- und Staatssekretärsposten umzumünzen. Und obwohl sie ihre Rolle darin sehen, die Christdemokraten zu »konditionieren« und in die gewünschte Richtung zu steuern, ist ihr Einfluß auf die Politik begrenzt.

Die christdemokratische Hegemonie wurde in den achtziger Jahren erschüttert. Die langfristigen Probleme der Partei – das Fehlen eines überlegenen Führers, der selbstzerstörerische Faktionalismus und der verbreitete Ruf korrupter und ineffizienter Regierungsführung – machten sich immer stärker bemerkbar. Sie büßte auf lokaler Ebene einen großen Teil ihrer Macht ein. Ihre Stützen, wie die katholische Kirche, verloren an Einfluß. Die anderen Parteien wurden aggressiver. Die Sozialisten beharrten, als sie 1980 wieder Koalitionspartner wurden, auf einer verstärkten Machtbeteiligung, übernahmen eine Reihe wichtiger Ministerien und beanspruchten mehr Mitspracherecht bei Regierungsbeschlüssen. Vor allem sie, aber auch die laizistischen Parteien und selbst die Kommunisten drängten sich ins Sottogoverno. Der Posten des Ministerpräsidenten fiel 1981 in Folge des massiven Skandals um eine Freimaurerloge, in den auch Politiker verwickelt waren, an einen Republikaner und nach den Wahlen von 1983 an den Sozialisten Craxi. Die Christdemokraten sind zwar damals wie heute die bestimmende Kraft in der Regierung wie im überwiegenden Teil des Staatsapparates; doch ihre Herrschaft ist nicht mehr so gesichert wie bisher.

Wechselnde Partnerwahl

Über die Jahre hin haben die Christdemokraten ihre Hegemonie aufrechterhalten, erstaunlicherweise ohne je die absolute Mehrheit der Stimmen errungen zu haben. Ihr Stimmenanteil lag in den letzten zwei Jahrzehnten meist knapp über 38 Prozent – bis zur schweren Schlappe von 1983. Deshalb hing ihre Führungsrolle in der Regierung von der parlamentarischen Unterstützung anderer Parteien ab. Oberstes Ziel der Partei sind Übereinkünfte, die ihnen fortwährend die Macht sichern. Wie sie das zustande brachte, ist das zentrale Thema der politischen Nachkriegsgeschichte Italiens. Fünf Phasen können unterschieden werden.

Die erste Phase von 1945 bis 1953 ist durch die wachsende Herrschaft der Christdemokraten bestimmt. Nach dem Sturz Mussolinis waren die ersten Regierungen breite Koalitionen von Christdemokraten, Kommunisten, Sozialisten und laizistischen Parteien. Ende 1945 übernahm die Democrazia cristiana die Ministerpräsidentschaft und setzte mit Erfolg den Anspruch auf die nationale Führung durch. In den ersten Nachkriegswahlen, für die verfassunggebende Versammlung von 1946, bestätigte sie ihre Vormacht: Die grundlegende Polarisierung des Parteienspektrums war festgelegt. Doch war es eine Polarisierung, die es weder den Christdemokraten noch der Linken erlaubte, ohne Verbündete zu regieren. 1947 fühlte die DC sich mit amerikanischer Ermunterung stark genug, die Kommunisten und Sozialisten auszubooten und eine gemäßigt-konservative Koalition zu bilden, zuerst mit den Liberalen und dann mit den Republikanern und Sozialdemokraten. In den ersten Parlamentswahlen von 1948 errangen die Christdemokraten einen Sieg ohnegleichen, zwar nicht die absolute Mehrheit der Stimmen, doch der Sitze im Parlament.

Mit den Wahlen von 1953 begann eine zweite Phase: Die Christdemokraten verloren diese absolute Mehrheit und wurden von anderen Parteien abhängig. Es gab Zeiten, in denen sie mit der parlamentarischen Unterstützung anderer Parteien regierten (monocolore), und andere, in denen sie zu Koalitionen gezwungen waren. Eine befriedigende und dauerhafte politische Formel fanden sie nicht. Sie rückten zunehmend nach rechts, akzeptierten schließlich die Unterstützung der Monarchisten und riskierten 1960 eine Regierung mit parlamentarischer Unterstützung der Neofaschisten. Dieser Schritt löste landesweit Proteste und Zwischenfälle aus und zwang die Regierung zum Rücktritt. Nachdem sich alle Möglichkeiten einer Koalitionsbildung zur Rechten erschöpft hatten, war eine Wendung nach links nicht mehr zu vermeiden.

In der dritten Phase wandte sich die DC den Sozialisten zu, um eine dauerhafte Regierungsbasis zu finden. Die Mitte-links-Option (Centro sinistra) nahm Jahre des ideologischen und psychologischen Kampfes in Anspruch. Sie folgte auf einen bitteren Bruch der Sozialisten mit der KPI und auf eine fast ebenso schwierige Linksverschiebung innerhalb der DC. Ziel war es, eine Periode stabiler Regierungen und längst fälliger sozialer und wirtschaftlicher Reformen zu eröffnen. Doch die erste Koalition von 1963 mit Aldo Moro als Regierungschef und Pietro Nenni als dessen Stellvertreter und Außenminister stand unter einem ungünstigen Stern. Das »Wunder« der italienischen Wirtschaft begann zu verblassen. Die meisten von den Sozialisten groß verkündeten Reformen wurden von den Christdemokraten blockiert, während die Sozialisten zunehmend den Eindruck erweckten, als wären sie mehr an den Pöstchen und Futterkrippen der Macht als an der sozialen Umwandlung interessiert. In den Wahlen von 1972 erhielten die Sozialisten einen schweren Denkzettel, und das Referendum gegen die Scheidungsreform bescherte den Christdemokraten zwei Jahre später eine massive Niederlage. In den gleichen Jahren schlugen die Kommunisten unverkennbar einen Revisionskurs ein, zusammengefaßt in der Strategie des »historischen Kompromisses«: Sie wollten die Christdemokraten nicht von der Macht verdrängen, sondern sich mit ihnen in die Macht teilen.

Diese Entwicklung kulminierte in den Regionalwahlen von 1975, in denen die Kommunisten einen erstaunlichen Sprung von sechs Prozent nach vorn taten und die Christdemokraten eine Einbuße von vier Prozent erlitten, so daß die beiden Parteien auf regionaler Ebene nur noch zwei Prozent auseinanderlagen. Das Centro sinistra selber war schon 1974 zerfallen. Die Partner fanden sich in bitterer Fehde, und 1976 stürzten die Sozialisten die Regierung, indem sie ihr die parlamentarische Unterstützung entzogen. Obwohl in den Parlamentswahlen von 1976 die Kommunisten die Christdemokraten nicht überholten, wie manche erwartet hatten, machten beide Seiten Gewinne; die Christdemokraten erreichten 39, die Kommunisten 34 Prozent der Stimmen. Eine derartige Polarisierung, die fast drei Viertel der Wähler auf die zwei Parteien vereinigte, war noch nie dagewesen. Die Sozialisten wiederholten ihre klägliche Darbietung von 1972.

Die vierte Phase der italienischen Politik begann mit dem Versuch, die Kommunisten ins Regierungssystem zu integrieren, ohne ihnen jedoch Sitze im Kabinett zu überlassen. Die ideologische Entwicklung und das wachsende Gewicht der Kommunisten hatten manche Industriekapitäne und Politiker zum Schluß veranlaßt, daß die KPI in nationalen Fragen ein Mitspracherecht haben sollte. Ein gewisses Maß an kommunistischer Beteiligung würde der Partei nicht nur Mitverantwortung bei der Bewältigung der wirtschaftlichen Probleme des Landes aufbürden, sondern auch den Widerstand der Gewerkschaften gegen die notwendigen Sparmaßnahmen abbauen. Die Aufgabe, diese delikate Zusammenarbeit einzufädeln, fiel Ministerpräsident Giulio Andreotti zu, einem Mann mit List und Spürsinn.

Kurz zuvor hatten die Kommunisten den Vorsitz in der Kammer und in sieben parlamentarischen Kommissionen erhalten und rückten damit zum erstenmal in die Institutionen des Staates ein. Hinter der Szene hielten Andreotti und die christdemokratische Führung engen Kontakt mit den Spitzen der KPI und konsultierten sie in wichtigen Regierungsfragen – die anderen Parteien sprachen von geheimem Einverständnis. 1977 wurden die Kommunisten in eine breite programmatische Übereinkunft einbezogen, der auch die Sozialisten und die laizistischen Parteien ihre Zustimmung gaben. Im Jahr darauf wurde den Kommunisten der Eintritt in ein Bündnis mit anderen Parteien zugestanden, die Andreottis neuem Monocolore die parlamentarische Unterstützung gaben.

Die Kommunisten erfuhren wie die anderen Parteien, die vor ihnen eng mit der DC zusammengearbeitet hatten, daß sie, bei geringem Vorteil für sich selber, vom größeren Partner ausgenutzt wurden. Ihre Position halb in und halb außerhalb der Regierung war unhaltbar für die Masse der Parteimitglieder. Das Sonderverhältnis begann abzubröckeln. Im Januar 1979 entzogen die Kommunisten der Regierung ihre Unterstützung, was im Juni schließlich zu vorzeitigen Parlamentswahlen führte. Einmal mehr kam die Wahl einem Plebiszit gleich: ob die Kommunisten in die Regierung eintreten sollten oder nicht. Die Antwort der Wählerschaft war ein Nein an die Kommunisten, denen mit einem Verlust von vier Prozent der Gesamtstimmen die erste Wahlniederlage in der Geschichte beigebracht wurde.

Das Ergebnis machte es nicht leichter, das ewige Problem der Regierbarkeit zu lösen.

Mit der fünften Phase nahmen die Christdemokraten ihre Zusammenarbeit mit den Sozialisten wieder auf. Ein Centro sinistra neuen Typs kam zustande, in dem die Sozialisten eine bis zur Stunde dominierende Rolle spielen. Die Weichen für die neue Lösung wurden innerhalb der DC auf dem Kongreß vom Frühjahr 1980 gestellt, der in seinen Schlußresolutionen vor Koalitionen mit den Kommunisten einen Riegel schob. Im Jahr darauf zwang die Affäre um die Freimaurerloge P 2 die Regierung Forlani zum Rücktritt, und Präsident Pertini nominierte den Republikaner Spadolini zum Nachfolger. Für die innerlich geschwächte DC war ein Ministerpräsident anderer Couleur ein geringeres Übel als die Risiken von Neuwahlen. Mit der Wahl von Ciriaco De Mita stellte der DC-Kongreß vom Mai 1982 zwar einen Mann des linken Flügels an die Spitze der Partei, doch die Koalition mit den Sozialisten und den übrigen Partnern wurde fortgesetzt, auch nach der Ablösung Spadolinis durch Fanfani im Dezember desselben Jahres.

Nach den Wahlen von 1983 wurde mit der Schlappe für die DC endlich der Weg frei für die Ministerpräsidentschaft des Sozialisten Bettino Craxi, und zwar als Chef einer Koalition der bisherigen fünf Partner. Nach anfänglichen Erfolgen geriet die Regierung immer mehr in den Schatten des Duells zwischen Craxi und dem DC-Chef De Mita. Die Frage der vereinbarten Ablösung des Sozialisten durch einen Christdemokraten führte zu Zerwürfnissen und schließlich zu Neuwahlen im Juni 1987. Die fünf Parteien waren danach erneut zu einem Bündnis verdammt, allerdings in loserer Form und mit ungewisser Lebenserwartung. Nach dem mißlungenen Versuch des jungen Christdemokraten Giovanni Goria als Ministerpräsident bildete im Frühjahr 1988 De Mita selber eine Fünferkoalition und vereinigte so Partei- und Regierungsführung in einer Hand.

Stabile Instabilität

Vergleicht man das politische System Italiens mit dem anderer westeuropäischer Staaten, so zeigen sich neben normalen Varianten des politischen Entscheidungsprozesses Fehlfunktionen, die nur Italien eigen sind. Die auffälligsten unter ihnen sind die Schwäche und die Instabilität der Regierungen.

Außer in den Jahren der absoluten parlamentarischen Mehrheit der Democrazia cristiana von 1948 bis 1953, in denen fundamentale Entscheide der Wirtschafts- und Außenpolitik getroffen und ausgeführt wurden, sind die politischen Führer mehr um das Zusammenbasteln parlamentarischer Mehrheiten besorgt als um das Zurechtschmieden praktischer Politik und die Ausführung von Programmen. Da die Kommunistische Partei sich vergrößerte und die Polarisierung stärker wurde, gerieten die übrigen Parteien zwischen den beiden Großen zunehmend in die Klemme. Dies machte es der DC immer schwerer, die nötige Unterstützung zu finden, die sie für die Bildung einer Regierung braucht; Koalitionsbildungen sind schwieriger geworden, Notbehelfe häufig. Übergangsregierung, geschäftsführende Regierung, Koalitionsregierung, Monocolore mit parlamentarischer Unterstützung – alle gehen, was Stärke und Dauer anbetrifft, mit Nuancen ineinander über.

Die Statistiken geben trüben Bescheid. In den rund 40 Jahren der Geschichte der italienischen Republik hatten die Regierungen eine durchschnittliche Lebensdauer von zehn Monaten. Seit 1972 mußte das Parlament fünfmal vorzeitig aufgelöst werden, weil die Parteien außerstande waren, ihre Differenzen bei der Regierungsbildung zu bereinigen. Darüber hinaus benötigte man in der zweiten Hälfte dieses Zeitabschnitts, das heißt seit 1963, doppelt soviel Zeit für die Bildung einer Regierung wie früher. In diesen insgesamt 40 Jahren war Italien über drei Jahre ohne voll aktionsfähige Regierung. Diese Zeitspanne ist noch entschieden zu niedrig angesetzt, wenn man bedenkt, wie viel Zeit die Vorbereitung von Wahlen, der Start einer Regierung oder die Mühen, eine Regierung über Wasser zu halten, die ihre Grundlage ohne formellen Rücktritt verloren hat, in Anspruch nehmen.

Als Ergebnis dieser chronischen Unsicherheit auf Regierungsebene – Regierungen, die gerade stürzen, die gestürzt sind oder neu gebildet werden – ist Politik ein fieberhaftes und unaufhörliches Spiel der Parteien um die Macht. Das eigentliche Interesse verlagert sich deshalb von den konkreten politischen, wirtschaftlichen und sozialen Problemen zur Parteipolitik im engsten Sinne. Die großen Kontroversen und Debatten werden nicht um alternative Programme, sondern um Vormacht und wechselnde Bündnisse der Parteien geführt. Was in anderen Ländern bloße Vorbedingung für ernsthafte Arbeit darstellt, ist in Italien das Hauptelement des politischen Lebens.

Selbst wenn eine Regierung eingesetzt ist, stehen ihr unüberwindliche Schwierigkeiten im Wege, treten andere Fehlfunktionen zutage. Wichtige Initiativen rühren an fest erworbene Interessen, fest erworbene Interessen gehen die Parteien an, Parteien bringen sorgfältig gebildete Koalitionen zum Einsturz. Je breiter die Koalition, desto weiter der Bereich der Interessen, die gehütet werden müssen. Notwendige Maßnahmen werden so vermieden oder aber preisgegeben, nachdem man sie getroffen hat. So geschah es mit jedem Wirtschaftsprogramm, vom Vanoni-Plan von 1955 bis zum Pandolfi-Plan zwei Jahrzehnte später.

Ein weiterer Widerstand, der häufig die Verwirklichung von Beschlüssen blockiert, ist die Bürokratie. Andere europäische Staaten, insbesondere die Vierte Republik in Frankreich, die ähnlich von ständigen Regierungswechseln geplagt wurde, hatten eine wirksame öffentliche Verwaltung. In Italien ist der öffentliche Dienst ein jeder konstruktiven Aufgabe unangemessener Apparat. Das trägt zum notorischen Immobilismus der Regierungstätigkeit bei und zur wachsenden Unfähigkeit, den Ansprüchen einer fortgeschrittenen Industriegesellschaft zu genügen. Die besorgten Zweifel an der Regierbarkeit Italiens gelten nicht nur der Frage, ob Regierungen am Ruder bleiben können, sondern ob sie überhaupt in der Lage sind, effektiv zu regieren.

Es kommen noch andere Verzerrungen normaler demokratischer Prozeduren hinzu. Zur Demokratie gehört die Möglichkeit eines Volkes, seiner Meinung Ausdruck zu geben, und die Bereitschaft der Regierung, darauf zu antworten. Während die Beziehungen zwischen den Regierten und der Regierung überall unvollkommen sind, besteht in Italien praktisch überhaupt kein Nexus. Einerseits ist hier eine siegreiche Partei außerstande, ihr Wahlprogramm zu verwirklichen; andererseits kann der italienische Wähler die nächste Regierung und deren Programm nicht mitbestimmen, weil darüber erst nach den Wahlen von den Parteichefs entschieden wird. Regierungen werden gebildet, amtieren und stürzen ohne Rücksicht auf die Wünsche der Wählerschaft. Der Italiener fühlt sich ebensowenig imstande, die Regierung und deren Kurs zu beeinflussen, wie das Wetter. Allein schon darum fehlt ihm der Sinn für irgendeine Mitverantwortung an der Regierung und deren Entscheiden. Die öffentliche Meinung als meßbare Größe existiert kaum.

Das Fehlen konkurrierender Parteien, die Regierung und Opposition bilden und die diese Rolle tauschen, ist eine zusätzliche Abweichung. Obwohl die Christdemokraten sich selber bloß als »Partei der relativen Mehrheit« bezeichnen, sind die anderen Parteien zu uneinig, um eine kohärente Opposition oder eine alternative Regierung zu bilden. Statt dessen suchen in der Regel die laizistischen Parteien und ein Teil der Linken, sich mit der DC in die Macht zu teilen.

Viele Italiener betrachten dies mehr als Absonderlichkeit denn als Mangel. Ein Wechsel an der Macht ist nach ihrer Ansicht nicht notwendige Voraussetzung für eine Demokratie. Es stimmt, daß den Italiener jeder plötzliche und drastische Wechsel beunruhigt, daß er einem direkten Zusammenstoß und offener Konfrontation die Anpassung und Zusammenarbeit vorzieht. Für die Tradition des späten 19. Jahrhunderts war der »trasformism« kennzeichnend: Durch die »Transformation« von politischer Opposition in parlamentarische Unterstützung wurden flüchtige Allianzen zusammengeflickt. Diese Tradition lebt weiter, indem die gegenwärtige demokratische Praxis darauf bedacht ist, Verantwortung zu teilen und Streit zu vermeiden. Nichts könnte dies besser illustrieren als der seinerzeit von den Kommunisten lancierte »historische Kompromiß«, der im Grunde eine Ablehnung der demokratischen Alternative, die Einheit der Gegensätze, die Sublimierung des Konflikts darstellt.

Der Regierungsweise in Italien fehlt, was immer auch zu ihren Gunsten gesagt werden kann, ein wesentliches Element. Ohne eine Opposition, die die Fehler und ungenügenden Leistungen der Regierung anprangert und mit dieser um die Macht ringt, ist Konkurrenz nicht sinnvoll. Die Regierung spürt keinen Anreiz, wirksam zu regieren. Der Sinn für Verantwortlichkeit und der Ansporn zu Leistungen sind abgestumpft. Auch kann die Öffentlichkeit eine Partei nicht belohnen oder bestrafen, da die wechselnden Koalitionen keine deutlichen Spuren ihrer Verantwortlichkeit hinterlassen, da die Parteien nur ein kärgliches Programm anbieten und da Wahlen im Grunde Urnengänge ohne Alternative sind.

Bei all seiner Aufregung und dem Gefühl einer Krise ohne Ende ist das politische Leben Italiens vorwiegend ein Makeln um die Macht der Parteien. Wo in Europa macht die Politik so viel Betrieb um so wenig Substanz? Selbst Politiker mit ernsten programmatischen Zielen sehen sich in ein politisches System verstrickt, das konstruktive und konkrete Aktionen behindert.

Größere Reformen kommen in der Regel nur dank der Unterstützung oder unter dem Druck außerparlamentarischer Kräfte zustande. Die italienische Politik erinnert an eine komplizierte Maschine, die rein um ihrer selbst willen funkensprühend auf Hochtouren läuft. Befragt, zu welchem Schluß er angesichts der politischen Entwicklung seit dem Krieg komme, entgegnete der republikanische Politiker Ugo La Malfa wenige Jahre vor seinem Tode: »Am Ende große Bitterkeit.«[7]

Seit La Malfas bitteren Worten ist die Vormacht der DC erschüttert worden. Craxi steht mit seinen Sozialisten als neuer Protagonist auf der politischen Bühne, bedrängt die Christdemokraten, aber auch die Kommunisten, die an Gewicht verlieren, trotz Weiterführung ihres Revisionsprozesses. Ist wirklich eine Neuverteilung der Rollen im Anzug, die auch die Politik konkreter, Reformen realisierbarer machen würde? Viele angekündigte Wendepunkte der jüngsten Geschichte Italiens brachten keine Wende. Alles könnte so bleiben, wie es ist – oder sich nur allmählich, in »transformistischer« Tradition, verändern.

Democrazia cristiana – die permanente Regierungspartei

Die Democrazia cristiana stand seit Ende 1945 an der Spitze der wechselnden Regierungen Italiens, bis auf die Kabinette Spadolini und Craxi, von denen man noch nicht weiß, ob sie erste Vorzeichen einer neuen Ära waren. An Ausdauer, Anpassungsvermögen und Überlebensfähigkeit ist die DC einmalig unter den Regierungsparteien der großen Demokratien Westeuropas. In der Bundesrepublik geriet die CDU 1969 für immerhin 14 Jahre in die Opposition. In Frankreich waren die katholischen Volksrepublikaner schon früher zwischen den Fronten zerrieben und vom Gaullismus absorbiert worden. Den italienischen Christdemokraten kam die internationale Lage vor allem in der Zeit des Kalten Krieges zustatten. In Italien gab und gibt es keine Sozialdemokratie als Alternative, sondern einzig die Kommunistische Partei, die besonders aus außenpolitischen Gründen noch immer als Risiko gilt.

Die Ursachen für den ausdauernden Erfolg der DC sollen hier jedoch in der Partei selber, ihrer Herkunft, ihrer Strategie und ihrem Standort in Gesellschaft und Staat gesucht werden. Formeln wie die von der bürgerlichen antimarxistischen Sammlungspartei bedürfen ebenso der Überprüfung wie jene von der konservativen Partei konfessioneller Färbung, die stets des Segens der katholischen Kirche gewiß sei. Es scheint zum Geheimnis der DC zu gehören, daß sie immer vieles zugleich ist, ja sogar ihre eigene Alternative darstellt. Ihre Mängel und Zerfallserscheinungen trugen zur italienischen Krise bei, sind Bestandteil dieser Krise. Die Kritik an den Mißbräuchen des Parteienregimes mußte in erster Linie die Regierungspartei DC, die »permanente Partei der relativen Mehrheit« treffen, die noch heute die meisten Hebel der Macht kontrolliert.

Die Krise der Democrazia cristiana wurde Mitte der siebziger Jahre aktuell, als die Partei erst im Referendum gegen die Scheidung unterlag, dann in Regionalwahlen und schließlich in vorzeitigen Parlamentswahlen Rückschläge erlitt. Es drängte sich der Schluß auf, daß die Säkularisierung einer Gesellschaft, die den Aufrufen der Priester und Bischöfe nicht mehr Folge leistete, der katholischen Sammlungspartei allmählich den Boden entziehe. Die DC war auch nicht mehr imstande, die antikommunistische Front des Bürgertums gegen die KPI zu mobilisieren. Die Partnerschaft mit den Kommunisten unter Ministerpräsident Andreotti, nicht in der Regierung selber, aber im Parlament, bewies dann den hohen Grad der Annäherung zwischen den beiden Massenparteien.

Die Aufkündigung jener »nationalen Solidarität« und die Konsolidierung der eigenen Position in den dritten vorzeitigen Wahlen von 1979 bewahrte die Christdemokraten nicht vor neuen Rückschlägen. Im Sommer 1981 wurde zum erstenmal der Vertreter einer laizistischen Partei, der republikanische Parteichef Giovanni Spadolini, Ministerpräsident. Nach anderthalb Jahren kam es zu einem kurzen Zwischenspiel des Christdemokraten Fanfani, worauf während nahezu vier Jahren der Sozialist Craxi an der Spitze der Regierung stand. Schließlich gelang es der DC in den Wahlen von 1987, die Scharte des vier Jahre zuvor erlittenen Rückschlags auszuwetzen. Die Christdemokraten sind nach wie vor die permanente Regierungspartei, auch wenn sie ihre frühere Kraft verloren haben. Kann die einst »interklassistische« Partei in einer urbanisierten Gesellschaft den Rückhalt in den Städten zurückgewinnen, während gleichzeitig das ländliche Reservoir immer weiter schrumpft? Liegt es an der schwindenden Unterstützung durch die katholischen Verbände, am Abbröckeln des Patronagewesens, aus dem sich lange Zeit Massen von Wählern rekrutiert hatten, am Krebsgeschwür der Korruption? Mit Sicherheit tragen die Mängel der Parteistruktur selber dazu bei, deren tiefe Zerklüftung in Gruppen, die die Partei hindert, geschlossen aufzutreten. Der Verschleiß der Herrschaft, der Machtausübung mit ihren Privilegien und Lasten mußte sich vor allem auf die christdemokratische Führungsschicht auswirken – trotz des geistreichen Wortes von Andreotti, daß die Macht nur jene verschleiße, die sie nicht besäßen.

Von De Gasperi zu De Mita

Den ideellen und organisatorischen Rückhalt für die Gründung der Democrazia cristiana gaben in den letzten Kriegsjahren überlebende Führer und Mitglieder des »Partito popolare italiano« (PPI), jener 1919 entstandenen katholischen Volkspartei, die 1925 auf vatikanische Intervention hin aufgelöst wurde, um das Verhältnis zum faschistischen Regime nicht zu belasten. Ihr Gründer, der sizilianische Priester Don Luigi Sturzo, war schon

1923 zum Rücktritt und dann ins Exil gezwungen worden. Schlüsselfigur der neuen Partei war der Trentiner Alcide De Gasperi, der mit seinen kurz vor Mussolinis Sturz verfaßten ›Idee ricostruttive della Democrazia cristiana‹ das ideologische Fundament lieferte. In dem Programm, das im Dezember 1943 im illegalen Parteiblatt ›Il Popolo‹ veröffentlicht wurde, besonders aber in der praktischen Zusammenarbeit, schlug De Gasperi die Brücke zwischen zwei Generationen, zwischen den überlebenden »popolari« und der jungen Generation, die ohne Ansteckung die zwei faschistischen Jahrzehnte überstanden hatte. Es war sein Verdienst, den Nachwuchs des Katholischen Studentenbundes FUCI – dessen geistlicher Berater war der spätere Papst Montini – und den der Bewegung katholischer Akademiker für die Partei zu gewinnen. Aus ihren Reihen gingen Männer wie Aldo Moro, Giulio Andreotti, Guido Gonella, Giovanni Leone, Emilio Colombo und viele andere hervor, die eigentliche spätere Führungsschicht der DC. Dazu kamen im Norden die Mailänder Gruppe der »Neoguelfi« unter Piero Malvestiti und später katholische Partisanen aus der Widerstandsbewegung wie Benigno Zaccagnini. Auf den alten Namen des PPI wurde schließlich verzichtet, dagegen der mittelalterliche Kreuzschild mit dem Wort »Libertas« auf dem Querbalken als Parteisymbol von der früheren Partei übernommen. Mit dem Adjektiv »christlich« wollte man sich gegenüber der sozialistischen und liberalen Demokratie absetzen und erinnerte mit dem Namen Democrazia cristiana auch an die katholische Bewegung Romolo Murris von der Jahrhundertwende.

De Gasperi, der vom Dezember 1945 bis zum August 1953 an der Spitze der Regierung stand, stellte nicht nur Weichen der italienischen Außen- und Innenpolitik, sondern bestimmte auch den Wiederaufbau der Democrazia cristiana. Er war 1881 im österreichischen Trentino geboren, hatte noch dem Reichsrat in Wien angehört und sich im Krieg für den Anschluß seiner Heimat an Italien eingesetzt. Auf dem Hintergrund dieser österreichischen und europäischen Erfahrungen enthielt das Weltbild des Katholiken eine liberale Komponente, bei einem starken Sinn für den Staat und dessen Institutionen ein Mißtrauen gegenüber Verstaatlichung und Programmierung. Das katholische Zentrum in Deutschland empfand er als Vorbild einer katholischen Partei im Mittelfeld, die unabhängig und unbehelligt von der kirchlichen Hierarchie ihren politischen Beitrag an die Schaffung eines demokratischen Staates zu leisten habe. Gerade die Erfahrungen mit dem »Partito Popolare« und Don Sturzo hatten ihm bewiesen, wie verheerend sich die Einmischung der Kirche auf das Schicksal der Parteien und der Politik auswirken kann. Die Partei berief sich zwar auf ihre christliche Inspiration, zog im Sinne De Gasperis jedoch eine Grenze zwischen der politischen Autonomie des Staatsbürgers und den pastoralen Direktiven der römischen Kirche. Daß diese Abgrenzung nicht ausreichte, um den politischen Einfluß der Kirche zu bannen, trat besonders im ersten Jahrzehnt der Republik zutage.

Die neue Partei erwies sich schon in den ersten Administrativwahlen vom Frühjahr 1946 und dann in den Wahlen für die Konstituante am 2. Juni desselben Jahres mit 35 Prozent der Stimmen als die führende politische Kraft. Dies war auch für De Gasperi selber eine Überraschung, der Ergebnisse im Ausmaß des einstigen PPI Don Sturzos, das heißt von rund 20 Prozent, erwartet hatte. Der DC als klassenübergreifender Partei, die sich bewußt »interklassistisch« präsentierte, gelang es sehr rasch, die Unterstützung der katholischen Organisationen und des Bürgertums, auch jener durch die Zusammenarbeit mit dem faschistischen Regime kompromittierten Schichten, zu finden. Die Zersplitterung der laizistischen Mitte erleichterte den Zustrom der einstigen liberalen Wähler zur Partei De Gasperis. Die katholischen Massen auf dem Lande und in den Städten, die der soziale Katholizismus des 19. Jahrhunderts und das Wirken Don Sturzos zum Staate hingeführt hatten, gaben der DC ihre Stimme. Dieser Block konsolidierte sich in der antikommunistischen Mobilisierung in den Jahren des Kalten Krieges. Politiker wie Ugo La Malfa, die in De Gasperi gegen Kriegsende nur den Vatikan sahen, täuschten sich über die starken Wurzeln einer katholischen Partei, über deren künftiges Wählerpotential außerhalb der Reihen des Kirchenvolkes und über die integrierende Kraft eines Mannes wie De Gasperi.

Wie bei der Schaffung der CDU in Westdeutschland, die durch den interkonfessionellen Zusammenschluß einen speziellen Impuls erhielt, zeichnete sich in Italien nach der Katastrophe eine starke restaurative Bewegung ab, die unter Erneuerung des politischen Personals – nicht der Beamten – eine Rückkehr zu den staatlichen Verhältnissen vor der Diktatur wünschte. Die DC verstand es, diese Stimmung und Strömung auszunützen. Die Katholiken, die sich dem vereinigten Italien zuerst ferngehalten und dann in Etappen allmählich angenähert hatten, waren zum erstenmal die bestimmende parteipolitische Kraft mit organisiertem Rückhalt in den Massen. Das war das bedeutsame Novum der Parteipolitik nach 1945.

Wenn der christdemokratische Wahlsieg von 1948 der DC die absolute Mehrheit der Sitze im Parlament bescherte und ein Gipfel war, den sie später nie mehr erreichte, so bedeutet der Wahlgang von 1953 mit dem Rückgang des Stimmenanteils von 48 auf 40 Prozent das Ende von De Gasperis Herrschaft. Ein Jahr später starb er. Knapp zuvor war Amintore Fanfani an die Spitze der Partei getreten, um die DC in seiner fünfjährigen Amtszeit in einer für die künftige Entwicklung entscheidenden Weise zu reorganisieren. Der junge Professor für Wirtschaftsgeschichte hatte zum Kreis Giuseppe Dossettis, des Kirchenrechtlers an der Katholischen Universität in Mailand, gehört, der die Zeitschrift ›Cronache sociali‹ herausgab. Die »dossettiani« lehnten De Gasperis klassenübergreifendes Modell für die Partei ab und fochten für eine im christlichen Geist erneuerte Massendemokratie und damit für eine Verlagerung der Partei nach links. Dossetti selber nahm schon 1951 Abschied von der Politik, wurde Priester und zog ins Heilige Land. Seine damaligen Freunde und Schüler bildeten den Kern von »Iniziativa democratica«, die 1952 gegründet wurde und die erste organisierte Corrente in der Partei war. Ein folgenreicher Prozeß der parteiinternen Parzellierung begann. Der »Iniziativa democratica« gehörten mit Fanfani damals Politiker wie Aldo Moro, Mariano Rumor, Paolo Emilio Taviani, Emilio Colombo und Benigno Zaccagnini an.

Mit Fanfani setzt vehement der Ausbau neuer Machtpositionen der Democrazia cristiana ein. Seine dynamische Politik hatte die Bildung einer straff organisierten Partei zum Ziel, die nicht mehr auf die Wahlhilfe der Kirche und der katholischen Verbände angewiesen sein sollte und sich damit ungehinderter eigene Ziele setzen konnte; vor allem sollte auch der Einfluß des Arbeitgeberverbandes Confindustria abgebaut werden. Diese Distanzierung war nur möglich, wenn die Partei neue Stützpunkte eroberte. Zu diesem Zweck mußte sie Einfluß auf die staatlichen und parastaatlichen Unternehmen und Körperschaften gewinnen und diese gleichzeitig ausbauen. Machtpositionen im Parastaat gaben nicht nur die Chance für die Schaffung einer abhängigen Klientele, sondern eröffneten auch neue Quellen zur Finanzierung der Partei. So gewann die Partei die Kontrolle über wichtige Sektoren der Industrie und des Bankenwesens. Es begann die Phase, die von den Kritikern als »Besetzung des Staates durch die DC« angeprangert wird. In der Partei selber disziplinierte Fanfani mit Erfolg den rechten und linken Flügel und erneuerte die Kader. Auf dem Parteikongreß vom Oktober 1956 in Trient erreichte seine parteiinterne Machtstellung ihren Höhepunkt. In der zweiten Hälfte 1958 war er zugleich Partei- und Regierungschef und Außenminister, doch seine Position war bereits durch die wachsende Opposition gegen die autoritäre Führung in den eigenen Reihen gefährdet.

Auf die Führung Fanfanis folgt im März 1959 jene Aldo Moros, der wie sein Vorgänger ein Jahrfünft an der Spitze der Partei bleibt und dann ein Jahrfünft als Ministerpräsident drei Centro-sinistra-Koalitionen bildet. Dem Wechsel in der Parteiführung geht die Gründung der Gruppe der »dorotei« voraus, die sich vom Kern der »fanfaniani« trennen und eine neue Mitte darstellen. Sie bestimmen lange Zeit die Geschicke der Partei. In den »dorotei« kommt, wie bereits zuvor mit Fanfani, die zweite christdemokratische Generation zum Zuge. Sie verstehen sich als Mitte einer Partei, die selber die breite Mitte im Parteienspektrum darstellt, und behaupten ihre Macht in einer permanenten Vermittlung zwischen divergierenden Kräften. Ideologische Ansprüche und Auseinandersetzungen – man denke an Dossetti zurück – werden weiter abgebaut. Die »dorotei« lassen sich darum nur mit Mühe in die Ordnung der Correnti eingliedern: Sie begreifen sich als Struktur und Gerüst einer Partei, die durch Mediation das christdemokratische Machtsystem in Gesellschaft, Wirtschaft und Finanzwelt ausbaut und konsolidiert. Ein Politiker wie der agile und stets freundlich vermittelnde Mariano Rumor, der von 1964 bis 1969 Parteichef war, ist ein Musterbeispiel für den Geist der DC jener Jahre. Ihre Hauptexponenten neben Rumor blieben Flaminio Piccoli, über weite Strecken hinweg auch der Genuese Paolo Emilio Taviani und später Antonio Bisaglia, lange Kronprinz Rumors in dessen Heimat Venetien.

In den Jahren der Parteiführung Fanfanis und Moros vollzieht sich die langwierige Operation des Eintritts der Sozialisten in die Regierung unter der Formel des Centro sinistra, der Mitte-links-Koalition. Der Kongreß von Neapel im Januar 1962 gibt Moro grünes Licht. Erst im Dezember 1963 bildet er die erste Koalition unter Teilnahme der Partei Nennis. In jener Zeit klingt das italienische »Wirtschaftswunder« ab; ein rückläufiger Prozeß setzt ein, der beschleunigt wird durch Beschlüsse wie die der Verstaatlichung der elektrischen Energie, die sich in der Unternehmerschaft negativ auswirken. Die neue Allianz ist weder imstande, längst fällige Reformen durchzusetzen noch die Kommunisten zu isolieren und so die Sozialisten zu stärken, die sich nur für kurze Zeit mit den Sozialdemokraten vereinigen. Gründe für den Fehlschlag der Reformpolitik sind die Widerstände innerhalb der Democrazia cristiana und in der staatlichen Verwaltung und die Schwächen der sozialistischen Politiker und Minister. Die Christdemokraten booten Moro aus, der sich dann 1968 von den »dorotei« löst.

Mit den Jahren 1968 und 1969 setzt die Welle der Kontestation in Universitäten und Fabriken ein, die eine Gegenbewegung von rechts unter Führung des Neofaschisten Giorgio Almirante auslöst. In den Regionalwahlen von 1970 und noch in den Parlamentswahlen von 1972 erzielt der MSI Gewinne. Eine Folge dieser Verlagerung nach rechts ist 1972/73 die Rückkehr Andreottis zur zentristischen Regierungsformel, die auch Fanfani wieder an die Spitze der Partei zurückbringt. Doch die Formeln für ein stabiles Regierungssystem reichen nicht mehr aus. Die DC richtet sich mehr denn je zuvor auf Provisorien ein, die bis zur Stunde andauern.

Mitte der siebziger Jahre setzt erneut eine Verlagerung nach links ein. Auftakt ist das Scheitern des Referendums gegen das Scheidungsrecht vom 12. Mai 1974. Die Democrazia cristiana unter Fanfani engagierte sich massiv in dieser Kampagne, deren Ausgang dann bewies, daß die katholische Kirche und die ihr nahestehende Partei nicht mehr in der Lage waren, ein Reformgesetz wie das der Scheidung zu annullieren. Als im Jahr darauf in den Regional- und Kommunalwahlen die Kommunisten einen Sprung nach vorn taten, brach Fanfanis Mehrheit in der Partei auseinander, und ein Anhänger Moros, Benigno Zaccagnini aus Ravenna, Abgeordneter seit der Konstituante und Präsident des Nationalrates der DC, wurde zum Nachfolger gewählt. Das innerparteiliche Kaleidoskop wechselte die Zusammensetzung, und auf dem nächsten Kongreß im März 1976, dem tumultuösesten in der Geschichte der DC, siegte dann mit knapper Mehrheit Zaccagnini über Forlani, der selber Anfang der siebziger Jahre kurze Zeit die Partei geführt hatte. Das Lager der »dorotei« war von Verfall bedroht; einige seiner Führer fanden den Weg zur neuen linken Mehrheit.

Zaccagninis Name ist mit dem Versuch der Erneuerung und Neubegründung der DC verbunden. Er stammte aus dem volksnahen Katholizismus Nordostitaliens, gehörte als Arzt der »Resistenza« an und war als integre Randfigur nie in Affären seiner Partei verwickelt. Auf diese Weise wurde er zum Bannerträger einer erneuerungsbereiten Partei, die sich an ihren Ursprüngen orientieren wollte. Die Wiedergeburt gedieh jedoch nicht über bescheidene Versuche hinaus. In den Wahlen von 1976 behauptete die DC ihren ersten Platz, knapp gefolgt von der KPI, der ein großer Vormarsch geglückt war. Es fand eine starke personelle Erneuerung unter den christdemokratischen Abgeordneten und Senatoren statt. Doch viele von ihnen faßten nicht wirklich Fuß in Partei und Fraktionen, die nach wie vor von dem in Bewegung geratenen System der Correnti beherrscht wurden.

In den Jahren der Parteiführung Zaccagninis stand die DC unter dem wachsenden Zwang, mit einer Kommunistischen Partei, die sich an der Schwelle der Macht befand, zusammenzuarbeiten, um den wirtschaftlichen und finanziellen Notstand des Landes zu bewältigen. Stratege dieser Einbeziehung der KPI ins Regierungssystem war der Präsident des christdemokratischen Nationalrates, Aldo Moro. Die Persönlichkeit dieses Professors für Strafprozeßrecht, 1916 in Maglie im südlichsten Apulien geboren, gibt manche Rätsel auf. Mit orientalischer Geduld, ja Fatalismus, verfolgte er den Gang der Dinge und versuchte durch eine subtile Kunst der Vermittlung Änderungen herbeizuführen, ohne jedoch die Qualitäten eines zu Taten entschlossenen Führers von der Statur De Gasperis zu gewinnen. Seine politische Kunst überstieg kaum das Niveau der Mediation. Moros Konzept der Zusammenarbeit mit den Kommunisten wurde in der Praxis durch Ministerpräsident Andreotti verwirklicht. Der geborene Römer, einst Staatssekretär De Gasperis und mit Emilio Colombo der dienstälteste Minister der Republik, zudem ein begabter Schriftsteller, war nie ein Mann der Parteizentrale, dafür vertraut wie kaum einer mit der komplexen Mechanik des staatlichen Apparates.

Diese von Moro, Zaccagnini und Andreotti geführte linke Parteimehrheit ging die Zusammenarbeit mit den Kommunisten ein, von Andreottis Monocolore im Sommer 1976 über das wirtschaftliche Notstandsprogramm vom Herbst desselben Jahres und den programmatischen Pakt im Sommer 1977 bis zum Einschluß der Kommunisten in die parlamentarische Mehrheit im März 1978. Doch den Kommunisten genügten diese begrenzte Mitverantwortung und Mitbestimmung nicht, die zudem an der eigenen Basis immer weniger verstanden wurden. Durch die Entführung und die Ermordung Moros im Frühjahr 1978 verlor die Operation ihren führenden Kopf, den Garanten und Vermittler innerhalb der eigenen Partei. Das Ausscheiden der KPI im Januar 1979 löste eine Krise aus, die in parlamentarische Neuwahlen mündete. Die DC hielt ihre Positionen, die KPI erlitt einen deutlichen Rückschlag.

In der Partei selber begann sich eine Verlagerung nach rechts abzuzeichnen, während ein Vertreter der Gruppierung »Base«, der Verfassungsrechtler aus Sassari und Vetter zweiten Grades von KPI-Chef Berlinguer, Francesco Cossiga, die Regierung übernahm. Auf dem 14. Parteitag, der mit großer Verspätung im Februar 1980 stattfand, zeichneten sich erst in der letzten Nacht die neuen Kräfteverhältnisse ab. Bei der Abstimmung über eine Präambel zu den Entschließungen, die jeder künftigen Koalition mit den Kommunisten einen Riegel vorschob, geriet der linke Flügel Zaccagninis und Andreottis in die Minderheit.

Der Ausgang des Parteitags von 1980 – Parteichef wurde der Trentiner Flaminio Piccoli, einer der Chefs der »dorotei« – war ein klares Signal für die Rückkehr der Sozialisten in die Regierung. Im April wurde eine Centro-sinistra-Koalition neuen Stils unter Cossiga gebildet, die von Forlani bis zum Mai 1981 fortgeführt wurde. Die Affäre um die Freimaurerloge P 2 zwang dessen Kabinett zum Rücktritt, und als letzter Ausweg vor Neuwahlen blieb nur noch die Regierung unter dem Republikaner Spadolini. Zum erstenmal seit 1945 war die DC der Ministerpräsidentschaft verlustig gegangen – ein Alarmsignal, das die Aufmerksamkeit der Christdemokraten stärker als je zuvor auf die parteiinterne Situation lenken mußte.

Ciriaco De Mita, Jahrgang 1928, der auf dem Kongreß vom Mai 1982 Piccoli als Parteichef ablöste und seither an der Spitze der DC steht, machte sich die Mobilisierung und Erneuerung der Partei zum Ziel. Er hat seine Hausmacht in Avellino, seiner Heimat in den Bergen hinter Neapel, und gehört zu den Chefs der Linkscorrente »Base«. Die innere Reform, die er in immer neuen Anläufen unternahm, brachte ihm bis heute nur geringe Erfolge, und es gelang nicht, die Herrschaft der Correnti außer Kraft zu setzen. Seinen Sieg über Forlani verdankte er 1982 einer linken Mehrheit, für deren Zustandekommen Andreotti gesorgt hatte, die aber erst durch Fanfanis Unterstützung möglich wurde. Trotz der Wahlschlappe von 1983 wurde er im Jahr darauf mit größerer Mehrheit wiedergewählt, und auf dem

Kongreß von 1986 glückte es ihm sogar, mit einer in der Geschichte der DC bisher unbekannten Dreiviertelmehrheit im Amt bestätigt zu werden.

In De Mitas Amtszeit als Parteichef fiel die Ministerpräsidentschaft des Sozialisten Craxi. Der Zweikampf zwischen den Chefs der beiden größten Koalitionsparteien dominierte die politische Szene. Nach den Wahlen von 1987 verhinderte Craxi, daß De Mita eine Regierung bildete. Mit der Übernahme der Regierung durch den jungen Christdemokraten Giovanni Goria, Jahrgang 1943, kam ein Waffenstillstand zwischen den beiden Parteiführern zustande. De Mita bildete sein Kabinett erst im Frühjahr 1988, nachdem Goria gescheitert war. Als Regierungs- und Parteichef sucht er mit seiner Fünferkoalition ein ehrgeiziges Programm der institutionellen Erneuerung und der Sanierung der staatlichen Finanzen anzupacken.

Die Vorherrschaft der Correnti

Die Democrazia cristiana kann unter manchen Aspekten mit der anderen italienischen Massenpartei, der KPI, verglichen werden. Beide sind starke Mitgliederparteien, wobei die DC freilich nicht die kapillare Verwurzelung der kommunistischen Parteiorganisation erreicht. Die KPI ist eine höchst zentralisierte und daher vertikal gegliederte Partei, während der DC ein entsprechendes Befehls- und Entscheidungszentrum fehlt und sie einer Union relativ selbständiger Parteien gleicht. Versuche, von der Zentrale aus Mißstände in peripheren Parteiorganisationen zu beheben, sind zumeist gescheitert.

In der DC lebt der tief verwurzelte Partikularismus Italiens weiter, der mit seinem starken lokalen und regionalen Rückhalt an die kämpferische Eigenständigkeit mittelalterlicher Kommunen erinnert. Die politisch-ideologischen Differenzen des Anfangs sind immer mehr machtpolitischen Spannungen gewichen. Durch die Zusammensetzung der jeweiligen Mitglied- und Wählerschaft in Städten und Regionen sind diese Machtkämpfe sozial und politisch unterschiedlich gefärbt. Die DC zeigt in den verschiedenen Regionen verschiedene Gesichter. So steht sie in den Industriestädten Mailand und Turin in ihrer Mehrheit links von der Mitte, während sie in ländlichen Gegenden, besonders in den »weißen Zonen« Venetiens oder im Trentino, rechts von der Mitte steht. In der KPI war es möglich, daß

»rote Regionen« wie die Emilia-Romagna oder die Toskana über Jahrzehnte schwach in der nationalen Führung vertreten waren. In der DC kommen die politischen Führer aus praktisch allen Regionen, und zwar wie überall im öffentlichen Leben mit wachsendem Anteil aus dem Mezzogiorno.

Wichtiger als dieser föderalistische Aspekt horizontaler Gliederung ist der klassenübergreifende Anspruch und Charakter der Democrazia cristiana. Die Partei versteht sich in der Tradition Don Sturzos als Volkspartei und will sich damit von den Klassenparteien zu ihrer Linken unterscheiden. Der »interklassistische« Charakter hat jedoch zur Folge, daß das interne Spektrum von den christlichen Gewerkschaftern bis zu konservativen Unternehmern und Landwirten reicht, was es schwierig macht, den gemeinsamen Nenner zu finden. Im Kampf um einen angemessenen Kurs baut jede innerparteiliche Gruppe ihre Position auf, um ein eigenes Konzept durchzusetzen. Bei den Kommunisten treten unter der Selbstdisziplin des »demokratischen Zentralismus« Macht- und Richtungskämpfe meist nur in Nuancen zutage; bei den Christdemokraten ist stets ein lautes Ringen im Gange, die Führung bleibt stets umstritten, und auch der Weg der Regierungen ist darum stets mit unbereinigten Streitfragen, nicht eingelösten Wahlversprechen und unerfüllten Programmen gesäumt.

Der Kampf innerhalb der Partei hat sich in den Correnti institutionalisiert. Im internen Kräftefeld ideologischer und machtpolitischer Spannungen organisierten sich Gruppen, die ihre eigenen Hauptquartiere und Publikationen besitzen, ihre eigenen Tagungen durchführen und sich auch eigene Geldmittel beschaffen. Sie alle haben ihre Chefs und ihren territorialen Rückhalt: Andreotti im Latium, Gava in Neapel, De Mita in Avellino, Gullotti in Ostsizilien, Piccoli im Trentino und so weiter. Alle Versuche, diese Aufsplitterung zu überwinden, sind bis heute gescheitert. Auch die Einführung der staatlichen Parteienfinanzierung im Jahre 1974 schaffte sie nicht aus der Welt; Fanfanis Hoffnungen, dadurch von der Parteizentrale und der Parteikasse aus die Correnti zu zähmen, schlugen fehl. Trotz dieser extremen internen Parzellierung hat die DC im Unterschied zu vielen anderen Parteien Italiens ihre Einheit bewahrt und blieb von lebensgefährlichen Sezessionen und Spaltungen verschont. In Momenten der Gefahr, vor allem vor Wahlkämpfen, wurden immer wieder Einigkeit und Einheit hergestellt – sie allein garantieren schließlich die Machterhaltung.

Den Auftakt zur Correntocrazia bildete 1952 die von Dossetti herkommende Gruppe »Iniziativa democratica« unter Führung Fanfanis, die den Kampf gegen De Gasperi eröffnete und schließlich die erste Generation der »popolari« ablöste. Schon im Jahr darauf wird von einer lombardischen Gruppe mit finanzieller Unterstützung des ENI-Chefs Enrico Mattei die »Base« aus der Taufe gehoben, die auf dem linken Flügel angesiedelt ist. In ihrer Nachbarschaft formieren sich zur gleichen Zeit die »Forze sociali«, deren Exponenten aus den katholischen Gewerkschaften kommen und die einen starken Rückhalt in Turin besitzen.

In den Jahren 1958 und 1959, in denen Fanfanis Herrschaft schon erschüttert ist, gerät das parteiinterne Kräftefeld wieder in Bewegung. Im März 1959 kommt es zu der folgenreichen Aufspaltung von »Iniziativa democratica«, die sich kurz vor der Sitzung des Nationalrates versammelt, und zwar im Kloster Santa Dorotea auf dem Gianicolo über Rom. Darum die Bezeichnung »dorotei« für die neue Gruppierung, die offiziell »Impegno democratico« heißt und die Moro zum neuen Parteichef erhebt, während Fanfani seine Anhänger in den »Nuove cronache« sammelt. Mit der Bildung des mächtigen Mittelfeldes der »dorotei«, die mehr als ein Jahrzehnt die Szene beherrschen, ist die Gründungsphase der Correnti abgeschlossen. Es kommt in den Jahren danach bis heute zu Umgruppierung, Wechsel und Tausch von Namen, zu Spaltung und Auflösung. Auf dem rechten Flügel versuchen jüngere Parlamentarier immer wieder, Gruppierungen mit liberal-konservativem oder technokratischem Einschlag zu bilden; doch ist es ihnen nie gelungen, neben den etablierten Correnti in Distanz von Kirche und katholischen Organisationen wirklich ihr Terrain zu konsolidieren. Die Versuche zur Erneuerung und Neubegründung der DC, die in den Jahren der Parteiführung Zaccagninis und De Mitas unternommen wurden, blieben jeweils im Rahmen der Correnti, auch wenn sie gerade diese überwinden wollten.

Auch der Zwist um die kommunistische Frage, die zwischen 1975 und 1980 die DC in Gegner und Befürworter eines Zusammengehens mit der KPI spaltete, setzte das interne System nicht außer Kraft. Je stärker die Krise der Partei um sich greift, um so lauter ertönt jedesmal der Ruf, die Correnti aufzulösen – begonnen hat dieser Prozeß, der lange Zeit in Anspruch nehmen würde, so gut wie noch nicht. Mancher Politiker, der seine solide Hochburg draußen im Lande hat, fügt selbstgefällig bei, daß sich vor allem schwache oder geschwächte Kollegen für die Schleifung der Correnti stark machten. Beweis für den Fortbestand der Correntocrazia ist die unveränderte Verteilung der Ministerien und Staatssekretärsposten gemäß des »Manuale Cencelli«. Es handelt sich nicht um ein mysteriöses Handbuch, sondern um eine Methode der Aufschlüsselung der Posten. Sie ist seit 1969 Brauch und trägt den Namen eines Mitarbeiters des damaligen Staatssekretärs Sarti, der nicht zufällig ein »doroteo« war.

Eine präzise Momentaufnahme der parteiinternen Kräfteverhältnisse geben jeweils die Listen der Delegierten für den Kongreß. Jene des 17. Kongresses vom Mai 1986 stellen sich in Prozenten folgendermaßen dar:[8]

Area Zac (De Mita, Zaccagnini, Bodrato, Galloni)	34 Prozent
Dorotei (Piccoli, Gava, Gaspari, Bernini)	21 Prozent
Andreottiani (Andreotti, Evangelisti)	16,5 Prozent
Forlaniani (Forlani)	11 Prozent
Forze nuove (Donat-Cattin)	7,5 Prozent
Fanfaniani (Fanfani)	5 Prozent
Anhänger Emilio Colombos	3 Prozent
Anhänger Vincenzo Scottis	2 Prozent

Die Linksformation der »Area Zac«, deren Name noch an die große Mehrheit unter der Fahne Zaccagninis erinnert, war im Lauf der Jahre durch Anhänger des ermordeten Moro, des sizilianischen Ministers Gullotti und Bodratos, des Kronprinzen Donat-Cattins, verstärkt worden. Die Anhänger Colombos und Scottis lassen sich den »dorotei« zurechnen, indem der Präsident der Region Venetien, Bernini, die Nachfolge des verstorbenen Bisaglia antrat. So wie Forlani sich von seinem früheren Meister Fanfani getrennt hatte, löste sich der Vizesekretär der Partei, Vincenzo Scotti aus Neapel, von der Corrente Andreottis. Im Vorfeld des Kongresses von 1988 formierte sich unter dem Namen »Azione popolare« ein neues Zentrum mit dem Kern der »dorotei« sowie den Anhängern Forlanis, Colombos und Scottis.

Auch der organisatorische Alltag der Democrazia cristiana wird in hohem Maß durch die Correnti bestimmt. Sie wirken sich auf die Ernennung der Parteifunktionäre aller Ebenen aus, und die Konstellation an der Spitze spiegelt die Machtverhältnisse in der Gesamtpartei. Allen Wahlgängen kommt eine große Bedeutung zu, weil sie Tests für die Stärke der Correnti und deren Bündnisse sind. Grundlage dafür ist auf weite Strecken das System des »tesseramento«, die theoretisch alljährliche Erneuerung des Parteibuchs. Von den Spitzengremien bis zur Parteisektion werden die Fundamente für die numerische Stärke der Correnti gelegt, die Basis entwickelt kaum Eigenleben durch Eigeninitiative. Diese »Parzellierung« ist der Grund für das verbreitete Übel, in parteiinternem Waffenstillstand die Kräfteverhältnisse der »tessere« gleichsam einzufrieren. Neue Mitglieder sind in diesem Fall unerwünscht, weil sie die internen Gleichgewichte gefährden. Die Mitgliedersperre garantiert den Hausfrieden. Gleichzeitig ist es immer wieder zum Mißbrauch gekommen, in den Karteien »tote Seelen« zu führen (verstorbene Mitglieder, doppelte Registrierung oder fiktive Mitglieder in anderer Form, für die etwa ein Politiker alljährlich in großem Stil die Beiträge zahlt). Eine extreme Aussage machten 1976 die DC-Senatoren Sarti und Orlando, wonach rund die Hälfte der ausgestellten Parteikarten nicht wirklich eingeschriebenen Mitgliedern entspräche.[9] Maurizio Rossi kommt in seinem Beitrag zum Band ›Democristiani‹ zum Ergebnis, daß dieses Phänomen von geringem Umfang sei. Doch liegt nach neueren Stimmen der Schluß nahe, daß hier nach wie vor erhebliche Mißstände bestehen.[10]

Auf dem nationalen Kongreß, der alle zwei Jahre stattfinden soll, rücken die Delegierten der Correnti mit zahlenmäßig genau festgelegten Kontingenten der Mitglieder an. In den eigenen Zentralen, durch eigene Organe und Tagungen, mit anerkannten Chefs und aufgrund eines eigenen Patronagesystems ist alles vorbereitet, um der Corrente mit ihrer Hausmacht auch in den zentralen Gremien die gebührende Stellung zu verschaffen. So wählt der Kongreß den Nationalrat der Partei (consiglio nazionale) aufgrund von getrennten Listen. Das die Mehrheit privilegierende Majorzsystem wurde 1964 durch das Proporzverfahren abgelöst, das die interne Fraktionsbildung stark gefördert hat, durch Korrekturen von der Spitze her aber überwunden werden und die Mehrheit stärken soll. Heute hat der

Nationalrat der DC mit seinen 160 vom Kongreß gewählten Mitgliedern – je zur Hälfte Parlamentarier und Nichtparlamentarier – und mit der starken Gruppe der Ex-officio-Mitglieder (Parteipräsident, Parteisekretär, Fraktionschefs, zwanzig Regionalsekretäre, die früheren Parteichefs und so weiter) einen Umfang von über 190 Personen.

Auch bei der Wahl des zentralen Parteivorstandes (direzione centrale) durch den Nationalrat ist das Proporzsystem vorgeschrieben. Der Vorstand selber ernennt die Vizesekretäre und die Leiter der zentralen Büros, muß aber wiederum eine ausgewogene Vertretung der verschiedenen Gruppen berücksichtigen. Die DC präsentiert sich als pluralistische Partei, deren Struktur das innere Spannungsfeld organisierter Fraktionen widerspiegelt. Der Vorstand umfaßt 45 Personen, wobei 30 direkt vom Nationalrat gewählt werden, davon ein Drittel Nichtparlamentarier.

Auf dem Kongreß von 1976 war der Parteisekretär (segretario politico) zum erstenmal direkt von den Delegierten in geheimer Wahl erkoren worden. Mit dieser Abkehr von der indirekten Wahl (durch den Nationalrat) sollte unter dem Druck der unzufriedenen Delegierten eine Vollmacht an den Kongreß gegeben werden, um ein Exempel für Demokratisierung und Überwindung der Oligarchie der Correnti zu statuieren. Das neue Statut, das vom Nationalrat im Dezember 1978 verabschiedet wurde, machte sich diese Direktwahl des Parteichefs zu eigen. Der Präsident des Nationalrates, der abgekürzt Parteipräsident genannt wird, leitet dessen Sitzungen. Moro hatte dem Amt in den Jahren seines Vorsitzes eine bisher ungewohnte Bedeutung gegeben. Das neue Statut enthält auch weitere Änderungen, etwa die stärkere Berücksichtigung der Jugend- und Frauenorganisationen, die einer Öffnung der Partei, einer Verbreiterung ihrer Basis dienen sollen.

Nach den Angaben der DC betrug die Zahl der Mitglieder für 1986 1,4 Millionen wie in den Jahren zuvor. Ihr Maximum hatte die Partei mit fast 1,88 Millionen im Jahre 1973 erreicht. Um 1964 war die DC gegenüber der KPI in Führung gegangen, deren Mitgliederkurve seit dem Ungarnaufstand von 1956 im Sinken war. Die Verluste der DC in den siebziger Jahren haben mit parteiinternen Krisen, mit dem angeschlagenen Prestige der Partei und ihren Verlusten in Wahlen seit 1975, aber auch mit einer erhöhten Kontrolle der Parteikarteien zu tun.

Die Meridionalisierung der Mitgliedschaft, ihre starke Konzentration im Süden, hatte schon in den ersten Nachkriegsjahren eingesetzt und hat sich bis heute erhalten. Im Jahre 1977 entfielen 410000 Mitglieder auf den Norden, 172000 auf Mittelitalien und 772000 auf den Süden. Die Frauen sind in der DC besonders stark vertreten (zwischen 34 und 38 Prozent in den sechziger und siebziger Jahren), rund zehn Punkte über der weiblichen Quote der KPI. Die weiblichen Mitglieder haben eine schwache Bindung an die Partei, da sie nicht so sehr aus eigener Wahl denn als Ehefrauen, Töchter oder Schwestern, im familiären Verband also, Mitglieder der DC werden. Im Unterschied zur KPI fluktuiert der christlich-demokratische Mitgliederbestand viel stärker und pflegt sich vor allem in Wahljahren oder in Jahren, in denen Parteikongresse stattfinden, zu erhöhen.

Die soziale Zusammensetzung der Mitgliedschaft gibt noch immer Rätsel auf, weil keine wirklich gründlichen und vergleichbaren Statistiken vorliegen. Maurizio Rossi kommt in der bereits zitierten Untersuchung zum Schluß, daß die DC eher eine Mittelstandspartei als eine klassenübergreifende Volkspartei darstelle. Der christdemokratische Politiker Luciano Radi vertrat dagegen die Auffassung, daß ein Drittel der italienischen Arbeiterschaft für die DC stimme, und versuchte damit den Charakter der DC als Volkspartei nachzuweisen.[11] Im Zeitraum zwischen 1959 und 1986 reduzierte sich der Mitgliederanteil im Agrarsektor von 24,9 auf 8,4 Prozent, der des Handwerks von 5,8 auf 4,7 Prozent, während der Anteil der in der Industrie beschäftigten Mitglieder leicht fiel von 17,7 auf 15,4 Prozent. Beträchtlich ist der Anstieg im öffentlichen Dienst von 8,9 auf 14,9 Prozent. Dazu kommt das Anwachsen im beruflich nicht festgelegten Sektor: für die Studenten von 2,5 auf 6,7 Prozent, für Rentner von 3,8 auf 7,2, während die Hausfrauen von 25,5 auf 17,6 zurückgehen. Von seiten der Partei wird zu dieser hohen Quote erklärt, daß sich viele weibliche Mitglieder als Hausfrauen eintragen, auch wenn sie einen anderen Beruf ausüben. Untersuchungen ziehen den Schluß, daß die christdemokratische Mitgliedschaft in ihrer sozialen Zusammensetzung rückständiger und einseitiger ist als die Wählerschaft der Partei.

Geographisch hat die DC ihre stärksten Wählerpositionen im Nordosten (östliche Lombardei, Venetien, Trentino, Friaul) und in Süditalien. Am schwächsten ist ihre Präsenz im »roten Gürtel« Mittelitaliens von der Emilia-Romagna über die Toskana bis Umbrien – in den Gebieten des einstigen Kirchenstaates mit antiklerikalen Überlieferungen in der Bevölkerung hat es eine katholische Partei schwer. Für die regionalen Unterschiede ein Beispiel aus den Senatswahlen von 1979: in Venetien erhielt die DC damals 51,3 Prozent, in Sizilien 40,3, in der Emilia-Romagna dagegen nur 27,9 Prozent.

Die Verwurzelung im katholischen Italien

Wer im Handbuch der Abgeordneten und Senatoren nachschlägt, stellt fest, daß ein großer Teil der christdemokratischen Parlamentarier seine Laufbahn in katholischen Organisationen begonnen hat. Untersuchungen bestätigen dies: Fast die Hälfte der Mitglieder in Führungspositionen hat oder hatte ein Amt in katholischen Organisationen inne. Mehr als ein Fünftel aller Mitglieder war oder ist gleichzeitig in einer derartigen Organisation tätig. Als praktizierende Katholiken und als Mitglieder katholischer Verbände – an der Spitze steht die Katholische Aktion mit dem ganzen Fächer ihrer Einzelverbände – sind sie der Kirche und dem Klerus verbunden. Die Partei wurzelt im katholischen Verbandswesen, das sich in Pfarreien und Diözesen entfaltet und Teil des kulturellen Hinterlandes ist, zu dem Zirkel aller Art, Stiftungen und Verlage gehören. Es handelt sich um jene katholische Subkultur, die heute eine geringere Rolle spielt, wenn man von einigen Gegenden wie etwa Venetien absieht. Sie hat einzig in der von der KPI konsequent entwickelten Subkultur kommunistischer Prägung einigermaßen ein Äquivalent.

Die Wahlkampagnen der Katholischen Aktion und der ihr verbundenen kämpferischen Bürgerkomitees (comitati civici) von Professor Luigi Gedda im Dienste der DC waren in den späten vierziger und in den fünfziger Jahren das offensichtlichste Beispiel für das enge Zusammenwirken von Kirche, Klerus und Partei. Die der Hierarchie unterstellte Laienorganisation konnte über die Pfarreien im ganzen Lande die Katholiken für die große Konfrontation mit der KPI an den Urnen mobilisieren. Diese Wahlhilfe der katholischen Verbände war für den Start der neuen Partei ebenso wichtig wie die Bereitstellung von Personal bei der Gründung von Parteisektionen. Eine derartig massive Hilfestellung der Kirche zugunsten der DC mußte mit der politischen Einflußnahme der kirchlichen Hierarchie bezahlt werden, in den leitenden Stellen des Staates wie draußen im Lande. Die Empfehlung oder diskrete Intervention des Bischofs für den Bewerber um eine Stelle im öffentlichen Dienst oder auch in privaten Unternehmen hatte entscheidendes Gewicht. Das Wort von der Klerikalisierung Italiens war vielerorts keine Übertreibung, sondern schlichter Alltag.

Unter Pius XII. setzte sich die Kirche für einen konservativen Kurs der DC ein und scheute auch nicht davor zurück, ein Zusammengehen mit monarchistischen und neofaschistischen Kräften zu befürworten. Ein Beispiel dafür, das zugleich Spannungen zwischen den führenden Figuren jener Zeit, De Gasperi und Pius XII., illustriert, war die »Operation Sturzo« von 1952. Gedda versuchte zusammen mit dem Vatikan und unter Einschaltung Don Sturzos eine Wahlliste von DC und äußerster Rechten zu lancieren, um eine Eroberung des Kapitols durch die Kommunisten zu verhindern. Der Plan des Wahlbündnisses scheiterte, nicht zuletzt dank des Widerstandes De Gasperis und ihm gleichgesonnener Kräfte. Die KPI zog erst 1977 für einige Jahre ins Rathaus der Kapitale ein.

Fanfani versuchte als Parteichef die Gefahren dieser Konditionierung durch die katholischen Verbände und die Hierarchie einerseits wie des Arbeitgeberverbandes Confindustria andererseits einzudämmen, indem er die Strukturen der Partei verstärkte und Finanzquellen der parastaatlichen Wirtschaft und Geldinstitute erschloß. In der Zeit der Päpste Roncalli und Montini wurde diese Befreiung vom Einfluß der Kirche erleichtert, weil die direkten Interventionen der Kirche zurückgingen und weil sich in Klerus und Verbänden Kräfte regten, die einer Fixierung auf die DC entgegenwirkten. Die Reformen des Konzils wirkten sich aus. Das organisierte Laientum besann sich auf seine religiösen und sozialen Aufgaben. Zugleich bildeten sich in der Kirche Herde der Kontestation, die von der Hierarchie ungeduldig und unter Protesten eine konsequente Erneuerung des kirchlichen Lebens forderten.

Der Rückzug aus dem politischen Leben mußte auch katholische Gegenbewegungen auslösen, um Terrain im parteipolitischen Leben zurückzugewinnen. Zu den Organisationen, die dies seit den siebziger Jahren versuchen, gehört die Bewegung »Comunione e Liberazione«, die der Priester Don Giussani in Mailand gegründet hatte und die sich unter dem Einfluß des Konzils erst in den Mittelschulen und dann besonders in den Hochschulen entfaltete. Durch die Rekrutierung eigener Kandidaten oder die Unterstützung von Kandidaten wollte sie 1976 eine verstärkte katholische Präsenz in der Politik garantieren. Die Erfahrungen zeigen, daß konfessionellen Organisationen mit ihrer antikommunistischen Mobilisierung zwar in Wahlen eine wichtige Rolle zukommen konnte, daß ihnen aber im politischen Alltag, wenn man von großen, das Selbstverständnis und die Lehre der Kirche berührenden Fragen der Scheidung und der Abtreibung absieht, ein bescheidener Einfluß beschieden war.

Anders war es um Organisationen von Berufsständen und Fachverbänden bestellt, die der Partei ständig ein solides Wählerpotential zur Verfügung stellen, zugleich aber von außen und durch ihre Vertretung in den Fraktionen auf die praktischen Entscheide in Partei und Parlament einwirken. Das Musterbeispiel ist die »Confederazione italiana dei coltivatori diretti« (Coldiretti), die 1944 von Paolo Bonomi gegründet wurde, der bis 1980 an ihrer Spitze stand. Dieser Bund der kleinen Landwirte stützt sich auf die Macht und den Einfluß der landwirtschaftlichen Genossenschaften (Federconsorzi) und der landwirtschaftlichen Versicherungskassen. Zwar schwächte der massive Exodus aus der Landwirtschaft in den fünfziger Jahren die Vormachtstellung der Coldiretti, aber sie bleiben trotz Ansätzen zur Autonomie nach wie vor eines der Bollwerke der christdemokratischen Vormachtstellung auf dem Lande, unverändert einem antikommunistischen Kurs verpflichtet.

Komplizierter stellen sich die Verhältnisse im Bereich der Gewerkschaften und der übrigen Organisationen der Arbeitnehmer dar. Noch vor Kriegsende war im Juni 1944 die von den kommunistischen bis zu den katholischen Gewerkschaften reichende »Confederazione generale italiana del lavoro« (CGIL) gegründet worden. Doch schon im August darauf entstanden auf Initiative des späteren Papstes Montini hin die ACLI (Associazioni cristiane dei lavoratori italiani), um die katholischen Arbeiter in der Gewerkschaftsbewegung gegen das kommunistisch-sozialistische Übergewicht zu stützen. Die Politisierung und Polarisierung des Syndikalismus ließ nicht auf sich warten: 1948 wurden die katholischen Arbeiter zum Verlassen der CGIL aufgefordert, und zwei Jahre später wurde als eigene Organisation die CISL (Confederazione italiana sindacati lavoratori) ins Leben gerufen.

Im Lauf der Jahrzehnte lockerte sich das enge Verhältnis der katholischen Gewerkschaften zur DC immer mehr. 1959 wurden die Ämter von jenen der DC getrennt. Die ACLI wollten selber als Pressure group auf die Partei wirken und gerieten auch in Rivalitäten mit Unterorganisationen der Katholischen Aktion. 1970 beschloß die ACLI ihre völlige Ablösung von der DC und schlug eine sozialistische Richtung ein. Auch die CISL löste sich in den sechziger Jahren der Kontestation innerhalb der Fabriken immer stärker von der DC und näherte sich den anderen Gewerkschaftsverbänden an. Vor allem die Metallarbeiter der CISL stritten in Lohnkämpfen mit CGIL und UIL für eine Verschmelzung der drei Verbände. Dieser Einigungsprozeß geriet jedoch ins Stocken, ohne daß die CISL ihr früheres Vertrauensverhältnis zur DC zurückgewann. Die ACLI, die heute einen Mitgliederbestand von 540 000 hat, näherte sich ihrerseits wieder Kirche und DC an, gab die errungene Autonomie aber nicht preis: Neben der Mehrheit christdemokratischer Wähler gibt es besonders jüngere »aclisti«, die Kommunisten und Sozialisten nahestehen. Im Dezember 1981 sprach auf dem Kongreß der ACLI von Bari zum erstenmal wieder ein Bischof, und der Segen des Papstes, der kurz zuvor seine Enzyklika ›Laborem exercens‹ über die menschliche Arbeit erlassen hatte, war ebenfalls ein Novum nach mehr als einem Jahrzehnt der Distanzierung.

Der »collateralismo«, der Beistand, den flankierende Organisationen der DC leisten, verlor nach den fünfziger Jahren an Bedeutung. Einerseits wurden diese Organisationen selber von der Krise erfaßt, anderseits aber schuf die Partei durch den Staat und die ihm eigenen und ihm unterstellten Industrien und Kreditinstitute, mittels der Südkasse für die Entwicklung des Mezzogiorno und anderer Instrumente der wirtschaftlichen Förderung ein eng geflochtenes Klientelsystem. Der Kranz katholischer Verbände wurde zum Teil ersetzt und überflüssig gemacht. Ein Konsens neuer Art wurde ins Leben gerufen, dessen ideelle Komponente noch bescheidener war. Pressure groups mit bestimmten Interessen konnten sich zudem in den Correnti einnisten. An diesem Gesamtbild änderte auch das Engagement von »Comunione e Liberazione« nichts, ebensowenig wie das politisch orientierter Gruppierungen, die wie die »Mille« Bürger- und Wählerinitiativen darstellten, um dem Standpunkt des gemäßigten, antikommunistisch gesinnten Bürgertums Gehör zu verschaffen. Indro Montanellis Mailänder Tageszeitung ›Giornale nuovo‹ ficht auf derselben Linie – auch dies ist ein neues Faktum der politischen Entwicklung, das im Zusammenhang mit der Krise der Parteien und mit dem Mißtrauen gegenüber dem etablierten Parteiensystem steht.

Der Versuch in den Jahren der Parteiführung Zaccagninis, die DC von ihren Ursprüngen her als katholische Volkspartei neu zu begründen, mußte genauso wie die spätere Debatte über die Identität der Partei erneut die Frage der Bindungen an die Kirche aufwerfen. Es scheint, als ob die Krise der DC auch durch das veränderte und gestörte Verhältnis zur Kirche und zur katholischen Welt ausgelöst wurde. Zaccagnini selber gab auf dem Parteikongreß vom März 1976 seine Definition der Partei. Die DC sei nicht die katholische Partei, welche die Kirche zu vertreten beanspruche: »Die DC ist eine Partei von Katholiken, die allein jene Bürger – katholisch oder nicht – vertritt, die ihr politisches Programm akzeptieren und es mit ihrer Stimme unterstützen. Die DC ist eine Partei von Katholiken, die eine demokratische, volksverbundene und pluralistische Wahl getroffen haben und die hauptsächlich auf dieser Basis um die Zustimmung der Bürger bittet.«[12] Das Adjektiv »volksverbunden« (popolare) nimmt nicht nur den klassenübergreifenden Charakter in Anspruch, sondern kann auch volksnahe Religiosität bedeuten, die im modernen Italien ein bescheidenes Element geworden ist.

Fast vier Jahre später, vor dem nächsten Parteitag, nahm die dem Vatikan nahestehende Zeitschrift der Jesuiten, ›Civiltà Cattolica‹, in einem grundsätzlichen Aufsatz ähnliche Formulierungen auf. Nach dem Zweiten Vatikanischen Konzil könne sich keine Partei mehr als die *der* Katholiken präsentieren, sondern nur als *eine* Partei *von* Katholiken, die in eigener Verantwortung auf dem politischen Felde als »akonfessionelle Partei« für politische Ziele handle. Angesichts der Democrazia cristiana sieht sich der Autor aber gezwungen, mit Bedauern auf die Unzufriedenheit und Enttäuschung zu verweisen, die in aufmerksamen Kreisen der Wählerschaft gewisse politische Sitten der DC ausgelöst hätten. Und er zählt auf: materielles Interesse von Personen und Correnti sowie Eroberung und Behauptung von Macht; ein Mangel an Idealen und Perspektiven, der das politische Leben zu verflachen drohe und der Anklage Gewicht gebe, daß die DC vor allem eine Partei zur »Eroberung der Macht« sei; insbesondere aber einzelne Skandale und unlauteres Verhalten, auf welche die Partei nicht immer mit angemessener Abhilfe und mit Disziplinarverfahren reagiert habe. Darum könne die DC nicht mehr mit der automatischen und akritischen Zustimmung der Katholiken rechnen; sie müsse diese vielmehr verdienen durch die Kohärenz ihrer Ideale und die Qualität ihrer politischen Vorschläge.[13]

Die Beteuerung Zaccagninis, daß die DC sich in der Rolle als Partei unter Parteien bescheide, und auch die Mahnung der Jesuitenzeitschrift können nichts daran ändern, daß die Partei mit dem Adjektiv »christlich« zuerst und vorzugsweise die Partei der praktizierenden Katholiken Italiens ist und bleibt und ein Sonderverhältnis zur Kirche in Anspruch nimmt. Mit der Proklamierung, in der »christlichen Inspiration« das eigene Fundament zu haben, die über De Gasperi hinaus auf Don Sturzo zurückgeht, meldet sie der Kirche gegenüber besondere Rechte an. Allen pluralistischen Zusicherungen zum Trotz, sie sei nur *eine* Partei der Katholiken, ist die DC eben *die* Partei der italienischen Katholiken. Entgegen manchen Überlegungen, auch Drohungen, kam es nie zur Gründung einer zweiten katholischen Partei.

Die früher zitierte Untersuchung zeigte, in welchem Ausmaß christdemokratische Politiker in katholischen Verbänden aktiv sind. Zwar ist die Zeit der direkten massiven Aufrufe der Bischofskonferenz für die DC vor Wahlen vorbei; aber auch ohne die Partei oder die Marxisten zu erwähnen, war noch 1987 deutlich für die DC geworben worden. Ganz sichtbar ist das Zusammenwirken in vielen Diözesen und Pfarreien, etwa in Fällen, in denen der Ortsbischof Einfluß auf die Nominierung eines Kandidaten nimmt. Auf nationaler Ebene ist dieser Einfluß nach der Wahl eines Papstes polnischer Herkunft weiter zurückgegangen; Johannes Paul II. ist ohne die enge Vertrautheit mit der italienischen Politik, die noch Papst Montini ausgezeichnet hatte, ohne daß dieser direkt auf politische Entscheide einwirken wollte. Doch dies wird uns im Kapitel über das Verhältnis von Staat und Kirche beschäftigen.

Die Ideale und Programme nehmen einen bescheidenen Raum im Leben der Partei ein, selbst auf Kongressen und vor Wahlen. Der pluralistische Charakter der DC zwingt zu allgemeinen Formeln, die es allen parteiinternen Strömungen erlauben, sich auf frühere Texte zu berufen. Das Symbol der Partei, das Kreuzschild mit dem Wort »Libertas« auf dem Querbalken, verbindet das katholische Erbe (konfessionelle Bindung, katholische Soziallehre, Familienpolitik und so weiter) mit dem Bekenntnis zur freiheitlichen Demokratie, das Marktwirtschaft und westliche Orientierung samt Bündnispolitik bedeutet.

Selbst der spätere Ausbau des Sozialstaates und die Maßnahmen der Verstaatlichung im Bereich von Wirtschaft und Finanzen ließen sich in Einklang bringen mit der liberalen Komponente in der Zeit De Gasperis und des späteren Präsidenten Einaudi. So werden auf den Parteikongressen praktisch die programmatischen Fundamente, die bis auf die von De Gasperi konzipierten »Idee ricostruttive« von 1943 zurückgehen, bekräftigt oder in Anpassung an den Zeitgeist abgewandelt. Die DC ist eine Partei der Praxis mit bescheidenen theoretischen Ansprüchen geblieben.

Die diskrete, aber deutliche Kapuzinerpredigt von jesuitischer Seite richtet sich gegen den Kontrast zwischen der ideologischen Orientierung der Partei und den schweren Mängeln ihres politischen Tun und Handelns in dreieinhalb Jahrzehnten Regierungsverantwortung. Mit dem Stichwort »Eroberung der Macht« wird auf eine reiche kritische Literatur angespielt, deren Gegenstand die Regierungspraxis der DC ist. So Giuseppe Tamburrano in ›L'Iceberg democristiano‹: »Diese Partei ist ein Machtsystem, das nicht nur ein gigantisches Netz parasitärer Klientele genährt hat, sondern das auch einen Damm zur Verteidigung der rückständigen Interessen und Werte des Landes darstellt.« Ähnlich spricht Giorgio Galli vom bürokratisch-parasitären Bürgertum, das sich der Spitze der DC bemächtigt habe, nachdem die christdemokratische Führung zuvor ihrer sozialen Herkunft nach einfach bürgerlich und in ihrer kulturellen Formation durch die katholische Erziehung bestimmt gewesen sei. Die DC wird in ihrer Eroberung und Besetzung der wirtschaftlichen und finanziellen Macht, die im Kapitel über das Sottogoverno zur Sprache kommt, so zur »Herrenrasse« (razza padrona), oder es handelt sich laut Franco Cassano um die »Regierungspartei und Massenpartei des Bürgertums«, deren Hauptinteresse die »Reproduktion der gesamten kapitalistischen Gesellschaftsordnung« ist. Auch der Priester Gianni Baget-Bozzo, heute sozialistischer Europaabgeordneter, stellt in seinen überspitzten ›Thesen über die DC‹ die Partei als Regime dar: »Der außerordentliche Status der DC als amerikanische Partei und als Partei der Institutionen, ihre privilegierte Stellung, wird durch die spätbürgerlichen Verhältnisse gestärkt, nicht vermindert.« Nur ein Schritt weiter, und die Regierungspartei würde in diesen oft polemisch inszenierten Schriften zur Staatspartei.[14]

Jenes düstere Bild der korrupten, von einem Rattenschwanz

von Skandalen heimgesuchten Partei trug Mitte der siebziger Jahre zu den Rückschlägen in der Wählerschaft bei. Mit dem Wechsel von Fanfani zu Zaccagnini in der Parteiführung erhielt das Ideal der im katholischen Hinterland verwurzelten Volkspartei, die sich aber zugleich der Modernisierung, der Neugründung verschreiben wollte, wieder Auftrieb. Die Partei empfahl sich als reformerische Massenpartei. Der Tod Moros und einer Reihe christdemokratischer Regional- und Kommunalpolitiker durch terroristische Anschläge trug dazu bei, das Image der Partei in der Öffentlichkeit aufzubessern.

Doch dieser Aufschwung war von kurzer Dauer. Im Jahr 1981 führten die Niederlage im Abtreibungs-Referendum, neue politische Skandale, die Verluste in den Teiladministrativwahlen, vor allem aber der Übergang der Ministerpräsidentschaft an den Republikaner Spadolini die Partei in ein neues Tief. Erneut erhob sich die Frage, ob es sich um einen vorübergehenden Schwächeanfall handle oder ob der endgültige Niedergang eingesetzt habe. Auf einer mehrtägigen Versammlung stellte sich die Partei Ende November 1981 insbesondere der Kritik der katholischen Organisationen, die gleichberechtigt an der Konfrontation teilnahmen. An der Spitze dieser »Externen« standen die »Lega democratica« mit katholischen Professoren wie Pietro Scoppola, die sich schon zu Zeiten Zaccagninis aktiv in der Partei engagiert hatten, das mit »Comunione e Liberazione« verbundene »Movimento popolare« und das im Kampf gegen die Abtreibung aktive »Movimento per la vita«. Die Forderung nach einem Reinigungsprozeß der Partei verband sich streckenweise mit dem Verlangen einer Rekatholisierung.

In den Augen dieser Kräfte lag die Rettung vor dem moralischen Zerfall der DC, vor ihrer Modernisierung in Richtung einer gemäßigt-bürgerlichen Partei und damit vor dem allgemeinen Prozeß der Säkularisierung allein im Rückgriff auf die Traditionen der katholischen Volkspartei und damit auf die organisatorische Unterstützung durch das katholische Verbandswesen. Doch eine Rückkehr zu jener Nachkriegssituation mit der engen Verzahnung von Partei und katholischer Welt ist heute unmöglich. Die Suche nach der eigenen Identität mündete auf der DC-Versammlung in den Ruf nach Statutenrevisionen. Durch die Direktwahl des Parteichefs, die Auflösung der Correnti und die Säuberung der Mitgliederkarteien sollte die parteiinterne Oligarchie abgebaut und gesprengt und mit einer Öffnung gegenüber »externen« Kräften der Partei gleichzeitig neue Energie zugeführt werden. Diese »Externen« machten auf dem Parteitag von 1982 zehn Prozent der Delegierten aus, ohne den Debatten und der Partei neue Qualität zu geben.

In den Jahren der Führung De Mitas haben sich die Versuche der Parteierneuerung von der ideologischen Debatte auf die organisatorische Straffung des Apparats verlagert. De Mita richtete eine Konferenz der Regionalsekretäre ein, unter ihnen viele Männer seines Vertrauens, um die Macht der Correnti einzudämmen. Auch der Abbau und Umbau des aufgeblähten Zentralapparates diente diesem Ziel. Durch die Einsetzung von Koordinatoren in zehn Großstädten wollte er die durch interne Konflikte gelähmten Organisationen in Ordnung bringen. In Palermo gelang es, die mafios durchsetzten Teile der DC auszuschalten und mit Leoluca Orlando einen jungen Bürgermeister an die Spitze zu stellen, der mit Hilfe katholischer Reformkräfte und der Kommunisten regiert. Doch war De Mita nicht imstande, den örtlichen Parteiorganisationen und den Sektionen neues Leben einzuhauchen. Die interne Reform der Partei blieb stekken, und die alte Oligarchie der Correnti lebt weiter trotz des energischen Feldzugs des Parteisekretärs. Die Kabinettslisten verraten jeweils durch ihre Zusammensetzung, daß die Dosierung des »Manuale Cencelli« nach wie vor in Kraft ist.

Wie kann die Zwischenbilanz angesichts einer Situation lauten, die völlig im Fluß ist? Allen Mißständen und Mißbräuchen, nicht eingelösten Reformversprechen, internen Konflikten und Rückschlägen in Wahlen zum Trotz hat die DC an ihrer Kraft zu überleben bis zur Stunde wenig eingebüßt. Ein solider Klientelismus hat alte und zähe Wurzeln und garantiert der Partei die Wählerstimmen; die Korruption schadet ihr kaum. Als Mittelpartei vorwiegend konservativen Zuschnitts nimmt sie gleichwohl nach wie vor einen bestimmten Bereich auf der Linken ein, wie ihre eigenen Correnti auf dem linken Flügel und wie die Wahlergebnisse beweisen. Als Regierungspartei stützt sie sich nach wie vor auf den breiten Sockel der staatlichen Wirtschaft, und als Partei mit westlicher Orientierung, die den Bündnissen die Treue hält, gilt sie auch jenseits der Grenzen in den westlichen Hauptstädten als Garant für Stabilität und bleibt damit in Rom selber der wichtige Partner der kleinen Parteien der laizistischen Mitte.

Die Ungewißheiten ihrer eigenen Identität erlauben es ihr, sich zu Allianzen in alle Richtungen bereitzuhalten, sich als Alternative zu sich selber anzubieten. Wer sie als Verhängnis für Reform und Fortschritt der italienischen Demokratie zu verurteilen bereit ist, neigt gleich wieder dazu, in ihr, allen Mängeln zum Trotz, den Tragbalken des politischen Systems anzuerkennen. Ihre interne Aufspaltung in Correnti schafft ständige Konflikte und Spannungen, macht ständige Vermittlung notwendig. Statt Führung – die Autorität des Chefs ist stets in Frage gestellt – wird permanente Mediation praktiziert, die jede energische Regierungspolitik ausschließt. Die Vermittlung ist allein schon durch die Mittelstellung im Parteienspektrum und durch den »interklassistischen« Charakter gerechtfertigt. In chamäleonartigem Dualismus und in einem Prozeß des Ausgleichs ohne Unterlaß, für den ein Mann wie Moro die emblematische Figur war, ist die DC nach wie vor die stärkste Formation im Parteiensystem Italiens. Sie befindet sich selbst in steter Krise, die Teil ihrer Natur ist, trägt aber auch unentwegt zur Dauerkrise des Landes bei, ohne die Kraft zu Reformen im eigenen Haus und im Staat zu finden.

Außerhalb des Machtbereichs von Moskau und Peking ist die KPI, Sonderfall der westlichen Welt, nach wie vor die mitgliederstärkste Kommunistische Partei. Im Lauf der sieben Jahrzehnte seit der russischen Oktoberrevolution hat sich das doppelte Gesicht der Partei zwar völlig verändert. Der italienische Stoßtrupp der bolschewistischen Revolution von einst ist seit 1945 durch das freiheitliche System Italiens, das der »Partito comunista italiano« loyal unterstützt, von Grund auf umgeformt worden. Doch die Frage nach dem Januskopf der KPI, nach ihrer totalitären Vergangenheit und ihrer demokratischen Gegenwart, wird noch immer gestellt.

Begreiflich, daß sich das internationale Interesse an der italienischen Politik lange Zeit auf die KPI zuspitzte, deren Revisionskurs und die wachsende Rolle in der Innenpolitik. Die KPI war ein zentrales Thema in politischen Erörterungen über Italien, ja oft gewann man den Eindruck, als reduziere sich das Problem Italien auf die kommunistische Frage. Auch in der eurokommunistischen Ausweitung der Debatte auf Frankreich und Spanien bewahrte die ideologische Revision der KPI Priorität: Der Prozeß hatte hier seine längste Vorgeschichte, war konsequenter und mußte in der größten KP des Westens mehr Gewicht haben. Die KPI übte eine eigenartige Faszination auf viele Italiener, aber auch auf ausländische Beobachter aus, weil sie dank ihrer Disziplin und Geschlossenheit wie ein erratischer Block in der zerklüfteten politischen Landschaft Italiens mit ihren anarchistischen Strömungen lag.

Die lange Reihe von Studien und Monographien, nicht zuletzt aus den Reihen der Partei selber, spiegelt das starke und gründliche Interesse an der KPI; die Democrazia cristiana ist im Vergleich dazu ein Aschenbrödel politologischer Analyse geblieben. Auf ideologisch orientierte Schriften nach dem Krieg folgten später die Untersuchungen von Soziologen und Politologen, unter denen sich vor allem amerikanische Professoren mit Detailstudien über die Aspekte einer modernen europäischen Massenpartei hervortaten. Die eurokommunistische Phase löste dann wieder eine Welle vorwiegend ideologisch konzipierter Literatur aus, in der sich Verteidiger und Kritiker der Revision gegenübertraten. Die zentrale Frage galt der Reform einer leninistischen Partei und damit der demokratischen Glaubwürdigkeit der italienischen KP. In der Zeit, in der in Rom der Eintritt von Kommunisten in die Regierung bevorzustehen schien, kreuzten in amerikanischen Podiumsdiskussionen Befürworter und Gegner eines derartigen Schrittes die Klingen; aber auch unter den europäischen Partnern erörterten Politiker und Experten die Frage, ob die Stunde gekommen sei, die italienischen Kommunisten nicht mehr als Risiko für ein demokratisches System und für das Atlantische Bündnis zu betrachten. Gerade weil die KPI eine ernstzunehmende Partei in einem Land war, in dem nicht alles ernst gemeint ist, hatte die kommunistische Frage Italiens auch internationales Gewicht. In den achtziger Jahren hat das Thema jedoch an Dringlichkeit eingebüßt, aus den verschiedensten Gründen, wie wir zeigen werden.[15]

Vormarsch über drei Jahrzehnte

Auf höchst erstaunliche Weise gelang es der KPI in den Nachkriegsjahrzehnten, in zunehmendem Maß Wähler und Mitglieder zu mobilisieren. Seit der Konstituante von 1946 nahm die kommunistische Wählerschaft in Parlamentswahlen bis in die siebziger Jahre stetig zu. In der Wahl zur verfassunggebenden Versammlung selber lagen die Sozialisten mit 20,7 Prozent der Gesamtstimmen noch vor den Kommunisten mit 19 Prozent. Zwei Jahre später, als die Democrazia cristiana 1948 zum ersten- und einzigenmal die absolute Mehrheit der Sitze in Senat und Kammer eroberte, erreichte die sozialistisch-kommunistische Volksfront 31 Prozent in der Kammer. Doch schon fünf Jahre danach übertrafen die Kommunisten mit 22,6 Prozent – immer in der Kammer – nahezu um das doppelte die Sozialisten (12,7 Prozent), von denen sich inzwischen die Sozialdemokraten getrennt hatten. In den folgenden Legislaturperioden wuchs der kommunistische Anteil nur bescheiden, bis er dann zwischen 1972 und 1976 sprunghaft von 27,2 auf 34,4 Prozent anstieg. Innerhalb von 23 Jahren war es den Kommunisten gelungen, ihre Wählerschaft mehr als zu verdoppeln; unter den 36 Millionen Wählern von 1976 gab jeder dritte der KPI seine Stimme.

In den drei letzten Wahlgängen begann sich die Kurve jedoch zu senken. Indem die Kommunisten 1979 auf 30,4 Prozent der

Gesamtstimmen zurückfielen, wurde der große Sprung nach vorn von 1976 halbiert. 1983 gerieten sie unter die Dreißig-Prozent-Schwelle, und 1987 fielen sie mit 26,6 Prozent gar auf den Stand der sechziger Jahre zurück. In der zehnten Legislaturperiode stellen sie noch 177 von 630 Abgeordneten und 91 von 323 Senatoren und bleiben so mit Abstand noch immer die zweitgrößte Partei. Nach wie vor hat Nilde Iotti, die einstige Gefährtin Togliattis, den Vorsitz der Kammer inne, den sie 1979 von ihrem Parteigenossen Ingrao übernommen hatte.

Welche Ursachen hatte der erstaunliche Vormarsch der KPI nach dem Krieg? Die Kommunisten besaßen als führende Kraft im Widerstand gegen den Faschismus großes Ansehen. Sie bauten rasch und konsequent eine schlagkräftige Organisation auf, eroberten in den ersten Nachkriegsjahren die wichtigsten Schlüsselpositionen in den Gewerkschaften und stellten die eigentliche Opposition gegen die Regierung in der Polarisierung des Kalten Krieges dar.

Der kommunistische Vormarsch läßt sich jedoch erst im Blick auf Städte und Regionen voll ermessen. In den Regionalwahlen von 1975 kamen zu den »roten Regionen« Emilia-Romagna, Toskana und Umbrien neu Ligurien, Latium und Piemont hinzu. Vor allem aber verschoben sich gleichzeitig bei den Kommunalwahlen in den Großstädten die Gewichte nach links. Die Hauptstadt Rom, außerdem Neapel, Florenz, Genua und die oberitalienischen Städte Turin, Mailand, Bologna und Venedig gingen teils zum erstenmal an sozialistisch-kommunistische Stadtregierungen. Dieser Vormarsch in den städtischen Ballungszentren wurde 1980 bestätigt, die Bildung von Linkskoalitionen stieß jedoch auf größere Hindernisse. Die KPI hatte neue Wählerschichten gewonnen und diesen Terraingewinn in den Städten konsolidiert. Dabei profitierte sie von der Herabsetzung des Wahlalters von 21 auf 18 Jahre und noch mehr vom Zuzug mittelständischer Wähler, für die die kommunistische Opposition immer mehr zu einer demokratischen Alternative geworden war. In den Administrativwahlen von 1985 gingen der Partei viele Rathäuser wieder verloren.

In wechselvollen Jahrzehnten war es der Partei gelungen, in fast allen Teilen und Schichten des Landes Fuß zu fassen. Nach der Trennung von den Sozialisten und der Parteigründung von 1921 in Livorno hatte Amadeo Bordiga ihre Kader streng im italienischen Rahmen aufgebaut; ab 1924 wurden diese von Antonio Gramsci ideologisch und personell der III. Internationale angeglichen und bolschewisiert. Die bereits durch die faschistische Verfolgung geschwächte Partei, die außerdem interne Oppositionen von links und rechts ausgemerzt hatte, verlor in verschiedenen Wellen bis Mitte der dreißiger Jahre auch ihre geheimen Kader. Der Spanische Bürgerkrieg wurde für viele aus der Restgruppe der italienischen Kommunisten im Exil zu einem wichtigen Kampfplatz, zur Feuerprobe für den militärischen Widerstand gegen die deutschen Truppen in Oberitalien.

Im August 1943, kurz nach dem Sturz Mussolinis, hatte die Partei noch rund 3000 eingeschriebene Mitglieder. Im Dezember 1945, als in Rom zum erstenmal nach der Befreiung wieder ein Kongreß zusammentrat, war die Mitgliederzahl bereits auf 1,77 Millionen hochgeschnellt. Das Prestige, das sie der führenden Rolle im Widerstand verdankte, die Präsenz in den Gewerkschaften und die erfolgreiche Strategie Togliattis, der im März 1944 aus Moskau zurückkehrte und dessen Partei dann sogleich Koalitionspartner wurde, brachten den Kommunisten einen massiven Zulauf. Die KPI war in jener Zeit laut Giorgio Galli die »Synthese einer weiten und konfusen Massenbewegung revolutionären Charakters, von Kadern und Militanten mit begrenzter politischer Vorbereitung und großer organisatorischer Fähigkeit und einem Parteivorstand, dessen historische Perspektive schwer zu beschreiben ist ... Ihre beiden Pole waren die Macht und der Mythos der Sowjetunion und die politische und soziale Realität Italiens.«[16] Togliatti setzte auf breiter Front sein Konzept der »neuen Partei«, der Massenpartei, in die Tat um. Mit Kompromissen und Bündnissen sollte sie Boden gewinnen, während die revolutionären und damit systemfeindlichen Elemente immer mehr zurücktraten.

Gewinn und Ausbau der Wählerschaft sind im Sinne Togliattis nicht ohne die Instrumente der Massenpartei denkbar, zu der außer einem zentral gesteuerten Apparat ein großes Potential an Freiwilligen und ein weiter Kreis flankierender Organisationen gehören. Die KPI hat das Verhältnis von Mitgliedschaft und Wählerschaft stets im Auge behalten – das eine garantiert das andere: Sie will eine Massenpartei mit stabiler Basis, nicht eine bloße Wählerpartei sein. Die Emilia-Romagna, eine der kommunistischen Hochburgen Italiens, stellte 1977 mit rund sieben Prozent der Gesamtbevölkerung fast ein Viertel der rund 1,8 Millionen Parteimitglieder; auf ein Mitglied kommen je rund drei KPI-Wähler. Die KPI besitzt in den Industriestädten Norditaliens und im »roten Gürtel« Mittelitaliens, vor allem in der Emilia-Romagna und in der Toskana samt Umbrien, ihren stärksten Rückhalt, rund die Hälfte der eingeschriebenen Mitglieder. In den einstigen Gebieten des Kirchenstaates hat die KPI nach dem Zweiten Weltkrieg das Erbe der Sozialisten und Republikaner mit ihren antiklerikalen Traditionen aus präfaschistischer Zeit angetreten. Zum Reservoir der KPI gehören die reichen Bauern der Romagna ebenso wie die früheren Halbpächter der Toskana.

Obwohl im Mezzogiorno, im Süden Italiens, eine Arbeiterschaft und sozialistische Tradition fehlten, ist es der KPI gelungen, auch dort in einigen Ballungszentren eine stabile Mitgliedschaft zu rekrutieren. In den frühen siebziger Jahren registrierten die Parteiorganisationen im Raum Neapel, Salerno und Isernia die stärkste Zunahme im Lande. Mit dem Ziel, im ganzen Land auch organisatorisch präsent zu sein, versucht die Partei konsequent, die Lücken in für sie schwachen Regionen zu schließen. Das gilt im Norden auch für die christdemokratischen Hochburgen Venetien und Trentino und für den Sonderfall Südtirol mit der Vormachtstellung der Südtiroler Volkspartei, der Sammelpartei der deutschsprachigen Minderheit.

Die Kurve der Mitgliederzahl verzeichnet seit Kriegsende nach einem anfänglichen Maximum im Jahr 1947 (2,25 Millionen) einen Rückschlag nach der Entstalinisierung und dem ungarischen Aufstand von 1956. 1968 erreicht sie einen Tiefstand mit 1,5 Millionen und nimmt dann bis 1977 (1,8 Millionen) stetig zu. Seither ist die Mitgliederzahl allmählich wieder zurückgegangen auf 1,5 Millionen (1987). Insgesamt hat sich das Verhältnis zwischen Wählerschaft und Mitgliedschaft verschlechtert, worauf auch Parteidokumente selbstkritisch und mahnend verweisen. Während im nationalen Durchschnitt 1972 auf 5,7 Stimmen ein Mitglied gekommen war, entfielen 1985 6,5 Stimmen auf ein Mitglied. Die Partei war nicht mehr in der Lage, ihre Wahlgewinne zu konsolidieren und im Sinne einer Massenpartei mit breitem Fundament in ständigen und soliden Mitgliederzuwachs umzuwandeln. Das Plus an Wählerstimmen wurde nicht in ein Plus an Mitgliedern umgesetzt.

Der Anteil der Arbeiter in der sozialen Zusammensetzung der Partei machte 1986 im nationalen Durchschnitt laut Angaben der KPI 37 Prozent aus, mit einer Spitze von 44 Prozent in der Lombardei und mit der schwächsten Position von 26 Prozent in Sizilien. Der Anteil der Landwirtschaft ist gering: 1986 waren es 3,4 Prozent an Landarbeitern und 3,8 Prozent an Bauern, Pächtern und so weiter. Im Bereich des öffentlichen Dienstes, im Tertiärsektor überhaupt und unter den technischen Kadern verzeichnet die KPI einen starken Zuwachs. Zwischen 1971 und 1982 stieg der Anteil der Angestellten und Techniker von 3,3 auf 7,3 Prozent – im Latium mit der Hauptstadt Rom sogar von sieben auf 17 Prozent. Das Handwerk lag 1986 mit 5,8 Prozent auf der Höhe der DC. Die Quote der Rentner ist auch bei der KPI sehr hoch, nämlich 22,3 Prozent. Insgesamt machen die Frauen rund 28,4 Prozent der KPI-Mitglieder aus, rund zehn Prozent weniger als bei der DC.

Die Übermacht des Apparates

Die KPI, einst nach sowjetischem Muster geschaffen, ist nach wie vor die am straffsten organisierte Partei in Italien. Politische Disziplin ist die Garantie für die Einheit der Partei, wie es im Artikel 53 der Statuten von 1979 heißt. Die eigentlichen Führungsorgane sind das Sekretariat, zur Zeit sieben Personen mit Generalsekretär Alessandro Natta an der Spitze, und der Parteivorstand (direzione), der gegenwärtig 37 Personen umfaßt. Beide haben die vom Zentralkomitee beschlossene Politik zu verwirklichen. Das gilt in besonderem Maße für die kleine Equipe des Sekretariats, welches im täglichen Kontakt mit der Gesamtpartei und der italienischen Politik die laufenden Geschäfte erledigt. Zusammen mit dem Vorstand bestimmt es durch die Vorbereitung der Arbeit in den Abteilungen (Sektionen) auch weitgehend den Ablauf der Sitzungen des Zentralkomitees, das zwischen den Parteikongressen das höchste Organ ist. Das Zentralkomitee mit seinen gegenwärtig rund 170 Mitgliedern ist schon wegen seiner Größe ein schwerfälliges Organ. Das gilt in noch höherem Maße für den Parteikongreß, der alle drei Jahre zusammentritt und durch seine intensive Vorbereitung auf allen Ebenen der Partei und durch die straffe Führung minimalen Spielraum für spontane Initiativen läßt.

Durch die Regionalisierung Italiens hat sich seit Beginn der siebziger Jahre auch die KPI parteipolitisch um ein Stück dezentralisiert. Doch wie auf der nationalen Ebene die Führung beim Sekretariat und Vorstand, nicht beim Zentralkomitee liegt, so ist auf regionaler Ebene (vom Regionalkomitee über die Föderationen bis zur Sektion und zur Zelle) die Macht bei den eigentlich exekutiven Instanzen, das heißt bei den zumeist vollamtlichen Funktionären. Die weite Auffächerung in neue Organe demokratischer Selbstverwaltung, die eine verstärkte Mitwirkung der Mitglieder ermöglichen, wie in Gremien der Schule, des Quartiers, des Bezirks und so weiter mit ihrem Trend zu demokratischer Mitbestimmung, hat wenig an der Vormacht des Parteisekretärs geändert.

Zur Macht der KPI als Massenpartei mit ihren Kadern kommt das Gewicht flankierender Massenorganisationen hinzu. Mächtigster Pfeiler war in früheren Jahrzehnten der kommunistisch geführte Gewerkschaftsverband CGIL. Allein die Tatsache, daß Tausende vollamtlicher Gewerkschaftsfunktionäre KPI-Mitglieder sind, illustriert die Präsenz der Partei auf allen Stufen des Syndikats. Unter ihrem Chef Antonio Pizzinato ist die CGIL heute nicht mehr »Transmissionsriemen« der KPI, aber immerhin eine gleichgesinnte Parallelorganisation, die in strategischer Konvergenz zur Kommunistischen Partei steht. Für die äußere Distanzierung von der Partei, welche die Unvereinbarkeit mit Parteiamt und Parlamentsmandat zur Folge hatte, bezahlte die CGIL zwar einen Preis, gewann aber durch das Bündnis der drei Gewerkschaftsverbände zugleich Einfluß auf die Gesamtstrategie des Dreierbundes.

Finanziell und wirtschaftlich an Bedeutung gewonnen haben die über 15000 Genossenschaften (rund vier Millionen Mitglieder) der kommunistisch geleiteten »Lega nazionale delle cooperative«, deren Schwerpunkte in der Emilia-Romagna und anderen kommunistisch regierten Regionen liegen und die hohe Anteile im Bauwesen, in der Konsumgüterindustrie und in der Landwirtschaft hat. Viele Genossenschaften pflegen enge Verbindungen mit der Dritten Welt und mit Osteuropa, wie überhaupt das kommunistische Engagement im Osthandel nach wie vor als eine der finanziellen Quellen der Partei gilt. Organisationen wie der Partisanenverband ANPI, der Frauenverband UDI oder der Bauernverband »Alleanza nazionale contadini« treten daneben zurück. Viel wichtiger ist im Vergleich dazu die kommunistische Präsenz in den Fachorganisationen der Hochschulen, im Schulwesen überhaupt und auch kapillar im kulturellen Betrieb des Landes geworden. Im Senat vieler Universitäten ist der Block der kommunistischen Professoren ein dominierender Ordnungsfaktor. Wer in Buchhandlungen die Neuerscheinungen über politische Themen durchblättert, realisiert die weitgefächerte Wirkung des Marxismus. Dem Rat Gramscis, daß den Intellektuellen bei der Schaffung einer neuen Hegemonie progressiver Kräfte eine Schlüsselrolle zukomme, ist von der KPI auf breiter Front Folge geleistet worden. Allerdings hat diese ideologische Faszination der Partei auf die Intelligenz in den letzten Jahren sichtlich nachgelassen – der italienische Intellektuelle von heute ist nicht mehr wie einst fast automatisch kommunistisches Parteimitglied.

Die Schulungszentren mit ihren Kursen und Seminaren, die Verlage der KPI, die Parteizeitung ›Unità‹, die an Sonntagen dank des Verkaufs durch Freiwillige eine Auflage bis weit über eine Million erreicht, und die Kette von Zeitschriften (Rinascita, Critica Marxista, Politica e Economia, Studi storici und so weiter) bilden ein reiches Spektrum ideologischer Unterweisung, Propaganda und Forschung. Daß all dies Teil einer eigenen Subkultur ist, der einzigen, die jener der katholischen Kirche gegenübersteht und ihr Konterpart bietet, illustrieren alljährlich die ›Unità‹-Festivals in Dörfern und Städten. Sie reichen vom Jahrmarktsrummel bis zur Fachdiskussion am Runden Tisch und bis zur politischen Großkundgebung mit einem prominenten Genossen aus Rom. Vielerorts haben solche Parteifestivals, wie sie nun auch von den Christdemokraten lanciert werden, die Nachfolge von Kirchenfest und Kirchweih angetreten.

Voraussetzung für den kulturellen und politischen Einfluß der Partei, für Agitation wie Entscheide im öffentlichen Leben ist der permanente und koordinierte Einsatz der Kader. Der vollamtliche Funktionär ist die Schlüsselfigur der KPI. Galli erklärt im Nachwort zur neuen Ausgabe seiner Geschichte der KPI überspitzt, daß die Geschichte der Partei vor allem die Geschichte jener »Zwischenschicht von Kadern«, deren Erneuerung, Schwankungen und Umbesetzungen sei, die dennoch stets die Fähigkeit bewahrt habe, eine ständige Beziehung zwischen Parteiführung und italienischer Gesellschaft aufrecht zu erhalten.[17] Die 2500 vollamtlichen Funktionäre sind zusammen mit rund 150000 mobilisierbaren Aktivisten zugleich eine Garantie für die Einheit der Partei, das heißt für den demokratisch genannten Zentralismus der Partei.

In den Statuten von 1979 fehlen die früheren Formeln vom Parteimitglied als »Kämpfer für eine bessere Welt«, vom vollamtlichen Funktionär als »Berufsrevolutionär«, der allein die komplexen Aufgaben einer Massenpartei zu erfüllen in der Lage sei. Trotzdem besitzt dieser Kern von Aktivisten nach wie vor seine besondere Mentalität, eine Kraft der Überzeugung unter

Militanten, die laut Umberto Terracini, einem Veteranen der Partei, als »Zement« oft stärker wirkt als die politische Linie. Die Partei in ihrer Gesamtheit vermöge Positionen zu wechseln, weil sie im Vertrauensverhältnis der Mitglieder zur Führungsgruppe ein Motiv für Kontinuität besitze.[18] Die Aussage gibt eine Begründung für die Parteidisziplin, die tiefer als Programm und Weltanschauung reicht. Diese Disziplin setzt Freiheit und Diskussion Schranken, was auch Terracini nicht übersieht. Ein Kurswechsel, heißt das mit anderen Worten, ist nicht unbedingt durch sachliche Überlegungen und Differenzen belastet: Die geschmeidige Disziplin der Führung, der Kader und verschworenen Mitglieder dominiert von vornherein und paßt sich ohne innere Konflikte und schlechtes Gewissen der veränderten Strategie an.

In Debatten über das Ausmaß an Revisionismus in der KPI wird der »demokratische Zentralismus« in Partei und Apparat immer wieder als Beispiel dafür angeführt, daß die Partei ihr totalitäres Erbe nicht überwunden habe, daß dieser Zentralismus nach wie vor das innerparteiliche Gegenstück zur traditionellen Bindung an die Sowjetunion darstelle. Laut Präambel der Parteistatuten bestimmt die Methode des »demokratischen Zentralismus« das innere Leben der Partei. Wichtig ist der allerletzte Passus von Artikel 8, wonach »fraktionalistische Aktivitäten« verboten sind, um die Einheit der Partei zu erhalten und die politische Disziplin zu verteidigen. Die übliche Antwort auf Vorwürfe gegen den »demokratischen Zentralismus« lautet, daß die KPI nicht die bei den übrigen Parteien grassierende Correntocrazia, die Bildung und Institutionalisierung von Gruppierungen (Correnti) zu dulden gewillt sei; es werde in der Partei diskutiert, nach abgeschlossener Diskussion und Abstimmung habe sich jedoch die Minderheit der Mehrheit zu fügen. Das Statut erklärt dazu: »Die KPI lehnt aufgrund historischer Erfahrung die Praxis der Correnti ab und regelt ihr internes Leben gemäß der Methode des demokratischen Zentralismus.«

Kritiker wie der Philosophieprofessor Lucio Colletti, einst Parteimitglied, vertraten in den siebziger Jahren die Meinung, daß die KPI nach wie vor in der Substanz eine stalinistische Partei sei: Das Mitglied werde aus einem Element der Vorhut in eines der Nachhut umgeformt, dessen Aufgabe darin bestehe, die über seinen Kopf hinweg beschlossenen Direktiven auszuführen.[19] Salvatore Sechi, ein Historiker mit ähnlicher politischer Vergangenheit, kam in seiner Abhandlung zu folgendem

Schluß: Solange diese auf Abhängigkeit, auf Kooptation, auf kollegialer Verantwortung beruhende Struktur besteht, wird die »offene Manifestation« des eventuellen Dissenses, sei es in Diskussionen oder Abstimmungen, wie es das Statut vorsieht, eine rhetorische Übung oder eine abstrakte Berufung auf Statuten sein.[20]

In den letzten Jahren ist der Prozeß der Demokratisierung jedoch weitergegangen. Durch eine neue Generation von Funktionären, die eher Manager als die vom alten Statut beschworenen Berufsrevolutionäre sind, durch die Etappen der Dezentralisierung, durch den turn over in der Mitgliedschaft mit ihrer Einbeziehung neuer sozialer Schichten und durch die ständige Verflechtung mit der italienischen Realität, besonders dort, wo die KPI in Stadt oder Region herrscht, ist das starre System des »demokratischen Zentralismus« weiter gelockert worden. Das Durchschnittsalter der Funktionäre ist heute vierzig Jahre. Auf dem Mailänder Kongreß vom März 1983 wurden nach langer Diskussion, zu der Initiativen der Vorkongresse beigetragen hatten, weitere Schritte getan. Im einschlägigen Artikel der Statuten ist nicht mehr von den Prinzipien, sondern von der Methode des »demokratischen Zentralismus« die Rede. Die Exekutivorgane haben künftig im Sinne demokratischer Transparenz klarzumachen, wie und warum sie zu Entscheidungen gekommen sind. Falls in Sekretariat und Vorstand keine einheitliche Lösung möglich ist, muß sich das Zentralkomitee mit der umstrittenen Frage befassen.

Inzwischen zeichnen sich in der innerparteilichen Debatte immer deutlicher verschiedene Lager ab. Die Flügelbildung reicht von prosowjetischen Doktrinären wie Armando Cossutta und den vom ›Manifesto‹ herkommenden Ideologen wie Lucio Magri und Luciana Castellina auf der Linken über die Mitte Alessandro Nattas und Achille Occhettos bis zum rechten Flügel mit Reformern wie Giorgio Napolitano, heute zuständig für Außenpolitik, dem Europarlamentarier Guido Fanti und dem früheren Gewerkschaftschef Luciano Lama. Im Sommer 1987 wurde Occhetto in einer Kampfwahl vom Zentralkomitee zum Vizesekretär und Stellvertreter Nattas ernannt. Die Einheitsfassade des »demokratischen Zentralismus« gehört der Vergangenheit an. Die Gründung von Clubs prosowjetischer, reformerischer oder prosozialistischer Kommunisten in oberitalienischen Städten dient der Profilierung der internen Strömungen. Es wird immer schwieriger, den Entscheidungsprozeß christdemokratischer Oligarchen oder die autokratische Parteiführung Craxis für demokratischer zu halten als den Weg zu Beschlüssen in der KPI. Trotz dieser Bewegung hin zu pluralistischer Auflockerung droht der Partei kein Zerfall in Correnti: Ein Rest des verschworenen Kampfgeistes totalitärer Provenienz lebt noch weiter, stärkt die Parteidisziplin und den Willen, der Partei und ihrer Sache zu dienen.

Allmähliche Loslösung von Moskau

Die KPI trat 1921 mit der marxistisch-leninistischen Ideologie auch als revolutionäre Partei gegen die Sozialisten an und blieb während der Herrschaft Stalins der Doktrin Moskaus ergeben. Erst in den letzten Jahrzehnten, vor allem nach 1956, löste sie sich von der theoretischen Hörigkeit gegenüber der Zentrale im Kreml, baute die Dogmen jenes Vulgärmarxismus ab und fand Anschluß an westeuropäische Traditionen. Der Vorgang ist als bloß ideologische Anpassung an die italienische Umwelt und an die kapitalistische Welt Westeuropas ungenau umschrieben. Das beweist vor allem der theoretische Rückgriff der Partei auf die Überlegungen und Erörterungen Antonio Gramscis, der 1921 zu den Gründern der Partei gehörte und sie von 1924 bis 1926 geführt hatte, bevor er in den Gefängnissen des Faschismus verschwand und 1937 in Rom starb. Während der Jahre seiner Haft füllte er Schulhefte mit Aufzeichnungen über Literatur, Philosophie, Geschichte und Politik, die Togliatti nach dem Kriege als ›Quaderni del carcere‹ herausgab. Sie sind inzwischen über Italien hinaus eine Fundgrube für die italienische Geistesgeschichte geworden und haben der Marxismus-Diskussion wichtige Impulse gegeben.

Für Gramsci war das Versagen der Arbeiterklasse gegenüber dem Faschismus Ausgangspunkt entscheidender Einsichten. Sie führten ihn dazu, für die Länder des entwickelten Kapitalismus und einer reich strukturierten Gesellschaft das leninistische Modell der Machteroberung durch die Arbeiterklasse abzuwandeln. Die Revolution erfolgt nicht zu Beginn, sondern in einer viel späteren Phase als Finale eines komplexen Prozesses. Anstelle der Diktatur des Proletariats tritt eine Hegemonie vielfältiger Kräfte unter Führung der Arbeiterklasse und ihrer Partei. In der prärevolutionären Phase erobert diese in einem Stellungskrieg allmählich die bürgerliche Gesellschaft. Auf diese

Weise entsteht ein neuer »historischer Block«, in dem die Arbeiterklasse die hegemoniale Vormachtstellung besitzt.

Gramsci lieferte kein Handbuch für die Revolution mit Lehrsätzen und praktischen Anweisungen, sondern setzte sich in der Einsamkeit seiner Zelle mit langfristigen revolutionären Prozessen auseinander. Dies erschwert eindeutige Interpretationen, erleichtert aber einseitige Nutzanwendungen in verschiedensten Richtungen. Das gilt für die Versuche, Gramsci zum großen Revolutionär und »italienischen Lenin« zu erheben oder ihn unbesehen zum Kronzeugen der demokratischen Wandlung der Partei zu machen, wie es heute oft geschieht.

Palmiro Togliatti (1893–1964), der Gramsci zum Schutzpatron der KPI erhob, war der eigentliche Neubegründer der Partei nach dem Zweiten Weltkrieg. Er hatte in Moskau alle Säuberungen Stalins überstanden, und mit erprobter chamäleonartiger Flexibilität, mit taktischer Meisterschaft und seinem kühlen Charisma führte er die KPI auf ihren »italienischen Weg zum Sozialismus«. Das war nur möglich dank jener »doppiezza« oder Ambivalenz zwischen Revolution und Parlamentarismus, zwischen totalitärem Erbe und demokratischer Wandlung. Die Finesse und Vorsicht Togliattis waren undenkbar ohne die Tradition der italienischen Kultur und der katholischen Kirche. Seine politischen Erben waren weniger die Zwischengeneration mit eigenwilligen Köpfen, wie Giorgio Amendola und Pietro Ingrao, als vielmehr die dritte Generation mit Berlinguer und dessen Altersgenossen.

Enrico Berlinguer, der zurückhaltende, jeder Rhetorik abgeneigte Sohn eines sardischen Sozialisten adliger Herkunft, 1922 in Sassari geboren, hatte seine Laufbahn in der kommunistischen Jugendorganisation begonnen und als Präsident des Weltbundes der demokratischen Jugend internationale Erfahrungen gesammelt. Er trat 1972 die Nachfolge von Luigi Longo an. Durch Berlinguers umsichtige Leitung gewann die KPI außerhalb der eigenen Reihen demokratische Glaubwürdigkeit hinzu und erzielte ihre bisher größten Erfolge, obwohl ihm in den letzten Jahren Rückschläge nicht erspart blieben. Im Juni 1984 starb er mitten in der Kampagne für die Europawahlen. Sein Nachfolger wurde Alessandro Natta. Im Sommer 1988 löste ihn dessen Stellvertreter Achille Occhetto, Jahrgang 1936, ab, wegen Nattas Erkrankung, aber auch wegen der kommunistischen Schlappe in den Administrativwahlen.

Unter diesen Führern befindet sich die KPI auf dem Marsch

durch die Institutionen, seit der sogenannten »Wende von Salerno« vom Frühjahr 1944, mit der die Partei auf den revolutionären Umsturz verzichtete und Partner der Regierung Badoglio wurde. Sie beteiligte sich als führende Kraft am Widerstand gegen die deutschen und faschistischen Truppen, gehörte dann den Regierungen von 1944 bis 1947 an und arbeitete aktiv in der Konstituante mit. Die gängige Formel von den Parteien des »Verfassungsbogens« (arco costituzionale) soll heute – unter Ausschluß des neofaschistischen MSI etwa – daran erinnern, daß die KPI damals zu den demokratischen Parteien gerechnet wurde. Erst mit der Verschärfung des Ost-West-Konflikts kündigte De Gasperi 1947 die Koalition mit den Kommunisten auf.

Togliatti blieb seinem Kurs, innerhalb des italienischen Systems zu verharren, trotzdem treu und gab ihm in den Parteiprogrammen schrittweise deutlichere Gestalt. Nachdem er schon in den Jahren vor 1947 die Möglichkeit von neuen Wegen zum Sozialismus angedeutet hatte, wurde von ihm in der Ära nach Stalin der »italienische Weg zum Sozialismus« entworfen und im Dezember 1956 auf dem achten Kongreß zur Richtlinie der Partei erhoben. Gleichzeitig wurde von Togliatti der Grundsatz des »Polyzentrismus« entwickelt, eine Konsequenz der Tatsache, daß Moskau nicht mehr die einzige Machtzentrale der kommunistischen Welt war und kommunistische Parteien den Anspruch erhoben, sich autonom auf dem Feld des proletarischen Internationalismus zu bewegen. Togliattis posthumes Memorial von Jalta nahm diese Thesen wieder auf, die unter dem Stichwort »Einheit in der Vielfalt« den Polyzentrismus neu formulierten und im Blick auf das russisch-chinesische Schisma vor der Einberufung einer kommunistischen Weltkonferenz unter sowjetischer Ägide warnten. Der KPI-Chef hatte die Aufzeichnungen kurz vor seinem Tod im August 1964 als Grundlage für Gespräche mit Chruschtschow vorbereitet; sie erhielten nachträglich das Gewicht eines politischen Testaments.

Auch im Parteistatut wurde durch eine Reihe von Revisionen der neue Kurs fortgeschrieben. Der Kongreß vom März 1979 strich den Artikel 5, der die Mitglieder zur Kenntnis des Marxismus-Leninismus und zur Anwendung seiner Lehren bei der Lösung konkreter Fragen verpflichtet. Im Artikel 7 über die Pflichten heißt es nur, jedes Mitglied müsse seine kulturellen und politischen Kenntnisse erweitern und das Studium der Geschichte und des Patrimonismus der KPI und der ganzen revolutionären Arbeiterbewegung vertiefen. Präziser werden die ideologischen Themen jedoch in der Präambel umschrieben, die das Gestrichene zum Teil wieder einbringt. Dort wird die Partei auf die Tradition verpflichtet, die ihren Ursprung und ihre Inspiration im Denken von Marx und Engels besitze und die durch die erneuernden Ideen und durch das Werk Lenins einen Impuls von historischer Tragweite erhalten habe; neben das theoretische und politische Werk von Gramsci und Togliattis Arbeiten werden dann zum erstenmal die Schriften des Sozialisten Antonio Labriola gerückt. Diese Grundlagen werden aber nicht als Dogma betrachtet, sondern als Quellen der Orientierung und als Instrumente der Untersuchung in der Konfrontation mit Wirklichkeit und Erfahrung bezeichnet. Die Partei warf auf diese Weise ideologischen Ballast ab, befreite sich von dogmatischen Verkrustungen und machte damit einen weiteren Schritt der Anpassung. Natta hielt es auf dem Kongreß in Florenz Berlinguer zugute, daß er die KPI voll zur laizistischen Partei gemacht, das heißt, sie von letzten ideologischen Resten befreit habe.

Seit Togliattis Tod hat die KPI ihr Konzept des Pluralismus im internationalen Kommunismus ausgebaut. Es erhielt Mitte der siebziger Jahre durch die Strategie des Eurokommunismus, über den schon eine breite Literatur vorliegt, eine neue Dimension.[21] In Westeuropa zeichnete sich damit, vor allem dank der Initiative der KPI, ein regionales Zusammengehen der kommunistischen Parteien ab, die sich in praktischen und theoretischen Fragen abstimmen wollten. Es sollte eine Route der Überwindung des Kapitalismus und damit zum Sozialismus hin angepeilt werden, die mit der parlamentarischen Demokratie und so mit der Bewahrung der bürgerlichen Freiheiten vereinbar wäre. Stationen waren auf dem Hintergrund der Ostberliner Konferenz von 1976 die gemeinsame Erklärung der spanischen, französischen und italienischen KP vom 3. März 1977 in Madrid, das Treffen der kommunistischen Parteien Westeuropas in Brüssel im Juni des gleichen Jahres und ein Netz bilateraler Zusammenkünfte und Kommuniqués, die alle der Strategie eines demokratischen Weges zum Sozialismus dienen sollten. Die Erfahrung bestätigte, daß der Eurokommunismus am besten im Klima der Entspannung zwischen den Supermächten gedeihen kann. Spannungen drohen jenen Spielraum zu vernichten, in dem, ohne Preisgabe der Bindungen an den Osten, eine Anpassung an den Westen praktiziert wird.

Inzwischen sind die optimistischen Erwartungen, daß sich ein von Osteuropa abgetrenntes, neues ideologisches Kraftfeld herausbilde, enttäuscht worden. In den Fragen der Europäischen Gemeinschaft hatten von Anfang an Gegensätze zwischen den Parteien Marchais' und Berlinguers bestanden. In Spanien, wo Parteichef Carrillo 1977 sein Buch über ›Eurokommunismus und Staat‹ veröffentlicht und dem Leninismus den Abschied gegeben hatte, stagnierte der Revisionskurs. In Frankreich kam es zu tiefen Zerwürfnissen zwischen Kommunisten und Sozialisten, und in Italien setzte nach den Rückschlägen in den Wahlen von 1979 gegenüber den Sozialisten Craxis eine Verhärtung ein: Die Hoffnungen, daß sich auf eurokommunistischem Kurs auch innenpolitische Gewinne erzielen ließen, erfüllten sich nicht. Zwist unter den Eurokommunisten bescherte aber vor allem die internationale Politik. Im Winter 1979/80 stellte sich die KPF auf die Seite der sowjetischen Invasoren in Afghanistan, während die KPI den Einmarsch verurteilte. Im April 1980 boykottierten die italienischen wie die spanischen Kommunisten die von der KPF einberufene und von Moskau inspirierte Abrüstungskonferenz kommunistischer Parteien in Paris. Die Gründung freier Gewerkschaften in Polen war ein neuer Zankapfel: Die KPI stand der Bewegung freundlich gegenüber, unternahm Demarchen im Ostblock, um vor einer Intervention in Polen zu warnen, und wurde deshalb von den französischen Kommunisten kritisiert.

Im Rückblick tritt zutage, daß 1956 für die KPI ein wichtiges Jahr für die Lockerung des Verhältnisses zu Moskau war. Der Tod Stalins drei Jahre zuvor, die Enthüllungen in Chruschtschows Geheimbericht auf dem XX. Parteitag der KPdSU, die Ereignisse in Polen und Ungarn erschütterten die Partei und hatten Austritte von Hunderttausenden von Mitgliedern zur Folge. Zwar stellte sich die KPI an die Seite der Sowjetunion und verurteilte den ungarischen Aufstand; aber die Distanzierung von Moskau wurde in den Jahren darauf deutlicher, nahm in Togliattis Memorial wieder Gestalt an und wurde von seinem Nachfolger Longo konsequenter fortgesetzt, wie 1968 die Verurteilung des Einmarsches der Truppen des Warschauer Pakts in die Tschechoslowakei bewies. Als eurokommunistisches Element ist seit Ende der sechziger Jahre der Übergang der KPI zu einer konstruktiven Haltung gegenüber der Europäischen Gemeinschaft zu bewerten. Giorgio Amendola war der Pionier dieser kommunistischen Europapolitik. Eine weitere Etappe der westlichen Integration der KPI war schließlich um 1974 der allmähliche Verzicht auf die Forderung des Austritts aus der NATO. Wiederholt ging Berlinguer in Interviews sogar so weit, in der Mitgliedschaft Italiens in der NATO einen Vorteil zu sehen, weil der Weg Europas zum Sozialismus in Freiheit durch diesen Schirm besser gesichert werde als in Osteuropa, wie das Beispiel Dubčeks in der ČSSR gezeigt habe.

Die Distanzierung von Moskau mit der gleichzeitigen Eingliederung in den Westen erfuhr durch den polnischen Militärputsch im Winter 1981/82 einen starken Impuls. Die KPI verurteilte nicht nur den sowjetischen Druck auf Warschau, sondern erklärte in ihrer Kritik an Moskau auch zum erstenmal, das sowjetische Modell des Sozialismus habe seine »Schubkraft« verloren. Der Kreml antwortete mit einem Bannstrahl gegen die Partei Berlinguers, ohne daß die Beziehungen formell abgebrochen wurden. Der prosowjetische Funktionär aus der Parteizentrale Armando Cossutta führte eine Kampagne gegen den »strappo« (Bruch) mit Moskau, konnte auf dem Kongreß von 1983 aber eine breite Billigung von Berlinguers Außenpolitik nicht verhindern.

Drei Jahre später verstärkte die KPI unter Natta auf dem Kongreß von Florenz ihren »neuen Internationalismus« in westeuropäischer Richtung. Zum erstenmal bezeichnete sich die Partei als »integraler Teil der europäischen Linken«. Es handelte sich um ein europäisches Bekenntnis in linkssozialistischer Färbung mit neutralistischen Neigungen und Zielen. Begreiflicherweise suchten die italienischen Kommunisten mit wachsendem Erfolg Partner bei den westeuropäischen Sozialdemokraten, vor allem in der Bundesrepublik und in Schweden. Dem KPI-Kongreß in Florenz wohnte zum erstenmal eine offizielle Delegation der SPD bei. Die sowjetische Reformpolitik unter Gorbatschow entspannte nach den Jahren der zähen Distanzierung Berlinguers das Verhältnis der KPI zu Moskau wieder. Auf dem Kongreß in Florenz war die sowjetische Partei durch eine prominente Delegation unter dem Politbüromitglied Lew Saikow vertreten. Occhetto, der Ende 1986 von Gorbatschow empfangen wurde, gab seinen Hoffnungen auf einen Erfolg des Kremlchefs Ausdruck – Gorbatschows gutes Image hellt das Negativbild der Kommunisten auf –, machte aber auch klar, daß die KPI nicht zum Befehlsempfang im Kreml erschienen sei, sondern als souveräne westeuropäische Linkspartei einen Meinungsaustausch im Ausland geführt habe.

Die Distanzierung gegenüber Moskau und das eurokommunistische Zusammenwirken gingen Hand in Hand mit der Revision des innenpolitischen Programms für Staat und Wirtschaft. Ziel ist die Schaffung einer sozialistischen Gesellschaft, die sich auf die politische Demokratie gründet. Berlinguer hatte dafür die Formel vom »dritten Weg« verwendet, die kommunistische Postulate und parlamentarisches System auf einen Nenner bringen sollte. Im Unterschied zum sowjetischen Modell hat dieses neue System die Grundfreiheiten zu garantieren. Mit der Abkehr von revolutionären Lösungen erklärte sich die KPI zur Anerkennung des pluralistischen Parteiensystems bereit, verbunden mit der Erklärung, daß eine regierende KPI die Spielregeln befolgen und im Falle einer Wahlniederlage auch auf die Oppositionsbänke zurückzukehren bereit sein werde.

Die KPI hat schon vor langem auf die Verstaatlichung aller Produktionsmittel verzichtet. Italien ist ohnehin der Staat, der den höchsten Grad an Nationalisierung in Westeuropa aufweist, mit über 50 Prozent im Bereich der Grundindustrien. Bäuerlicher Grundbesitz, Handwerk, kleine und mittlere Industrien sowie Privatindustrie im Tertiärsektor sollen erhalten bleiben. Das Gewicht liegt auf einer Programmierung der Wirtschaft, wobei die korrekte Beziehung zwischen Programmierung und Markt besondere Aufmerksamkeit erhalten soll. Wo Planung zum Zwang wird, bleibt allerdings offen. Wichtiger als der Hinweis auf weitere Punkte des kommunistischen Reformprogramms ist die Frage, wann und in welcher Weise dieser Weg mit seiner Transformation von Staat, Wirtschaft und Gesellschaft unter Überwindung des Kapitalismus dank der Hegemonie eines progressiven »historischen Blocks« den sozialistischen Endzustand erreicht. Man bewegt sich offenbar in einem Experimentierfeld zwischen dem überholten Modell des »realen Sozialismus« und den Erfahrungen mit der Sozialdemokratie und sucht erst ein eigenes Modell. Der Begriff des »dritten Weges«, den Natta nicht mehr braucht, verrät Zweideutigkeit, vor allem, was die Endphase mit ihrer Quadratur des Zirkels von Sozialismus und parlamentarischer Demokratie angeht. Wer von beiden auf der Strecke bleibt, steht noch nicht fest.

Parallel zu dieser Revision gingen immer wieder Versuche, den Dialog mit der katholischen Kirche aufzunehmen. Am Anfang stand Togliattis Zustimmung zum Artikel 7 der Verfassung, mit der die Lateranverträge samt Konkordat von der Republik übernommen wurden. Die kirchliche Anweisung von 1949, Mitglieder und Wähler der KPI zu exkommunizieren, stellte in den Jahren des Kalten Krieges den Tiefpunkt des Verhältnisses dar. Die Rücksicht der Partei auf die Kirche und auf die Gläubigen unter den eigenen Wählern war ein Grund dafür, daß die KPI bis zuletzt versuchte, die Konfrontation mit dem Scheidungsreferendum von 1974 und die Bildung einer laizistischen Front zu vermeiden, und daß sie sich auch in der Frage des Schwangerschaftsabbruchs um Kompromisse bemühte. In den Wahlen von 1976 ging die Partei einen anderen Weg: Bekannte progressive und der kirchlichen Hierarchie gegenüber kritische Katholiken, darunter Professoren und Journalisten, wurden als unabhängige Kandidaten über die KPI-Liste ins Parlament gewählt.

Ein Jahr später, im Oktober 1977, versuchte Berlinguer – seine eigene Frau war praktizierende Katholikin – mit seinem offenen Brief an den progressiven Bischof von Ivrea, Luigi Bettazzi, den direkten Dialog mit der Hierarchie zu eröffnen. In dieser verspäteten Antwort auf eine Initiative Bettazzis vom Juli 1976 wurde dem Argument Berlinguers, daß das katholische Bekenntnis allein schon aufgrund der Statuten mit der KPI-Mitgliedschaft vereinbar sei, sofort von der Italienischen Bischofskonferenz widersprochen. 1979 tat die KPI in der Präambel der neuen Statuten einen weiteren Schritt. Es wird nicht nur die Respektierung einer religiösen Konzeption des Lebens und aller religiösen Freiheiten bekräftigt: Die Partei sei sich auch bewußt, heißt es, daß das christliche Gewissen in der Realität der heutigen Welt zu einem Stimulans im Kampf für die sozialistische Umwandlung der Gesellschaft werden könne. Allen Annäherungsversuchen, Rücksichten und öffentlichen Diskussionen zum Trotz ist es der KPI in diesen Jahrzehnten aber nicht gelungen, die grundsätzliche Gegnerschaft der Kirche gegen die Partei abzubauen.

Um ihr Programm zu verwirklichen und an die Macht zu kommen, stützt sich die Strategie der KPI auf wechselnde Bündnisse. Für eine revolutionäre Ergreifung der Macht bestanden nie wirkliche Chancen. Auch ein Gewinn der absoluten Mehrheit in Wahlen liegt außerhalb praktischer Möglichkeiten. Die Strategie günstiger Allianzen mit ihrem langen Weg durch die Institutionen konnte und kann allein zum Ziel führen. Das ist der Inhalt des »italienischen Weges zum Sozialismus«.

Bündnispolitik wurde in den Jahren des Widerstandes, in den ersten Regierungen, bei der Ausarbeitung der Verfassung praktiziert und dann erneut wieder seit 1956 postuliert. Der Eintritt in die parlamentarische Mehrheit im März 1978 war eine wichtige Etappe, auch wenn sie nur wenige Monate dauerte. Die Möglichkeit eines Rückzugs in die totale Opposition ist darum immer geringer geworden, besonders heute, da die KPI der Schwelle der Macht näher ist. In Verbindungen, Vereinigungen und Kompromissen gedeiht die Revision am besten; jede Rückkehr in die Opposition, die zu einer harten Konfrontation mit anderen Parteien führt, droht dagegen die ideologische Intransigenz zu stärken. Die Strategen in der Parteizentrale an der Via delle Botteghe Oscure in Rom scheinen dabei auch das Modell der deutschen Sozialdemokraten, deren Weg über die Große Koalition mit der CDU zur Kanzlerschaft Willy Brandts geführt hatte, genau studiert zu haben.

Von 1973 bis 1980 hieß die Formel der KPI »historischer Kompromiß« und hatte ein Zusammenwirken der kommunistischen, sozialistischen und katholischen Kräfte zum Inhalt. Für Berlinguer war das Scheitern des chilenischen Volksfrontexperiments Allendes Anlaß, im Oktober 1973 die bereits erörterte Devise in der ideologischen Wochenschrift ›Rinascita‹ zu lancieren. Der KPI-Chef erklärte darin, selbst wenn die Linksparteien 51 Prozent der Stimmen auf sich vereinigen würden, seien auf derartiger Grundlage weder das Überleben noch das Programm gesichert. Tödliche Gefahren der Spaltung des Landes würden drohen. Anstelle einer solchen Linksalternative, die lange von den Sozialisten gefordert worden war und eine Neuauflage der Volksfront darstellt, muß laut Berlinguer die Zusammenarbeit und Verständigung der im Volk verwurzelten politischen Kräfte verschiedener Inspiration treten.

Berlinguer bemühte sich stets, diesen »historischen Kompromiß« elastisch zu formulieren und den wechselnden Umständen anzupassen. Im Kern ging es um eine Regierungskoalition mit der Democrazia cristiana im Verein mit den Sozialisten und anderen Parteien des »Verfassungsbogens«. Das kam praktisch dem Ruf nach einer Notstandsregierung oder einer Regierung des öffentlichen Wohls gleich. Der »historische Kompromiß« wurde so als Methode für die grundlegende Erneuerung des Landes verstanden, die sich nicht auf eine bestimmte Regierungsformel reduzieren läßt. Bündnispolitik ist das Mittel, um die KPI aus der Isolierung herauszuführen und um auf dem

Weg an die Macht voranzukommen. Berlinguer machte schon 1973 klar, daß auf diese Weise – und dies sei die Hauptfrage – die Vorurteile gegen die KPI überwunden werden müßten. Die Verweigerung ihrer Legitimierung durch die übrigen Parteien ist für die Kommunisten ein Grund der italienischen Dauerkrise.

Zu Beginn der achtziger Jahre änderte die KPI erneut ihre Strategie. Der »historische Kompromiß« wurde von der »demokratischen Alternative« abgelöst, die angestrebte Allianz mit den Christdemokraten und Sozialisten machte der Parole für ein Linksbündnis Platz, das auch linkskatholische Kräfte umfassen soll. Die Weichen waren Ende November 1980 kurz nach dem Erdbeben in Kampanien und in der Basilikata gestellt worden. Der kommunistische Parteivorstand hatte sich in Salerno, einer der betroffenen Städte, versammelt, und deshalb war unter Anspielung auf Togliattis Absage an die Revolution von 1944 von einer zweiten »Wende von Salerno« die Rede. Ursachen für den Kurswechsel waren nach dem Abbruch der Zusammenarbeit mit Andreotti und dem Rückschlag in den Parlamentswahlen von 1979 der Eintritt der Sozialisten in die Regierung, der andauernde Druck einer auf Härte drängenden Parteibasis und eine Welle von Skandalen, die neue Schatten auf die DC warfen. Die KPI forderte eine Moralisierung der Politik und kehrte zu einer kämpferischen Opposition gegen die Christdemokraten zurück.

Dieser härtere Kurs erhöhte sogleich die Gefahr, daß sich Berlinguer samt seiner Partei im politischen Kräftespiel isolieren würde. Der Parteichef verschärfte diese Tendenz noch, indem er immer wieder auf der Besonderheit der KPI im Vergleich zu den übrigen Parteien beharrte. Andere Mitglieder aus der Führung, insbesondere Giorgio Napolitano, drängten deshalb, die Partei dürfe sich nicht zu sehr abkapseln, sondern habe vor allem mit den Sozialisten einen klärenden Dialog zu führen. Die Fronten innerhalb der KPI schieden sich in diesen Fragen eines harten oder elastischen Kurses.

Unter Natta zeichnete sich bald eine Korrektur der »demokratischen Alternative« ab, die noch 1983 vom Mailänder Kongreß gutgeheißen worden war. In Florenz lancierte er drei Jahre später die Idee eines »governo di programma«, eine vage Formel, die Allianzen verschiedenster Art möglich macht. Im Oktober 1987 ging Occhetto einen Schritt weiter, indem er Formeln jeder Art eine Absage erteilte und eine Politik der konkreten Reformen des Staates und seiner Institutionen forderte. Alle Parteien sind sich einig, daß derartige Reformen notwendig sind. Da sie aber nicht ohne die kommunistische Opposition verwirklicht werden können, sind institutionelle Reformen auch ein Weg für die volle Rückkehr der KPI ins politische Spiel.

Bei allen Kursänderungen bleibt auf diese Weise die Bündnispolitik der KPI, auch im Sinne von Gramscis Anweisungen für den Stellungskrieg zur Eroberung der bürgerlichen Gesellschaft, aufrechterhalten. Sie erlaubt Koalitionsformeln aller Art auf nationaler Ebene, in Regionen und Städten, aber auch das Zusammenwirken in Massenorganisationen, Schulräten, Kulturausschüssen, Demonstrationen und Aufrufen. Die einstige Kaderpartei, die zu einer Massenpartei der Arbeiterklasse wurde, hat längst Rückhalt in anderen Schichten und Klassen gewonnen, mit Stellungen in der Verwaltung bis hinein in Polizei und Armee. Sie errang auf diesem Weg Erfolge, für die es unter den Bruderparteien im übrigen Westen kein Beispiel gibt, ohne daß es zum entscheidenden Durchbruch ausreichte.

Die KPI, heute den Schalthebeln der Macht nahe, ist im Kontrast zur Democrazia cristiana, deren Prestige in Jahrzehnten der Machtausübung litt, für viele Wähler zur Opposition mit zunehmender demokratischer Legitimation geworden. Der Satz, daß es in Italien keine demokratische Alternative zur DC gebe, hat an Überzeugungskraft erheblich eingebüßt. Den Sozialisten fehlt trotz Craxis Erfolgen bis zur Stunde das ausreichende Vertrauensvotum der Wählerschaft. Auch die religiösen Barrieren gegenüber dem Kommunismus, unüberwindbar in den Jahren der Exkommunizierung der eingeschriebenen Mitglieder und KPI-Wähler, sind schwächer geworden, seit der Papst kommunistische Führer aus dem Ostblock empfängt und die vatikanische Ostpolitik einen Modus vivendi mit jenen Regimen sucht. Kommunisten gelang es, als Verhandlungs- und Bündnispartner auf allen innenpolitischen Ebenen Respekt, ja vielfach Vertrauen zu gewinnen.

Trotz dieser Anerkennung und trotz ihrer eigenen Revision bietet die KPI in paradoxer Weise zur Zeit das Bild einer isolierten Partei mit einer müde gewordenen Führungsmannschaft. Ein wichtiger Grund dafür ist der Kontrast zu der anderen Linkspartei, zum dynamischen Sozialisten Craxi. Der Rückgang der kommunistischen Wählerschaft hat vor allem mit dem Abbröckeln, ja mit der allmählichen Auflösung der Arbeiterklasse in der modernen Gesellschaft zu tun. Für viele Experten ist dieser Schwund der einstigen Klassenpartei ein unwiderruflicher Prozeß, mit dem sich Italien dem übrigen Westeuropa angleicht und der sich auch mit neuen Strategien schwerlich aufhalten läßt.

Hat die KPI die in Italien vielbeschworene Furt (guado) durchquert, die vom totalitären zum demokratischen Ufer führt? Das Ja auf diese Antwort verknüpft sich noch immer mit gewissen Vorbehalten. Ideologisch hat sie die Revision vollzogen, innenpolitisch ist sie weitgehend integriert, außenpolitisch hat sie sich von Moskau gelöst, auch wenn es unterschwellig noch nostalgische Regungen gibt. Die Partei, die als revolutionärer Gegner des Systems angetreten war, ist zunehmend Teil des Systems geworden, das sie aber noch immer überwinden will. Anstelle revolutionärer Kampfparolen sind Reformprogramme getreten, ohne daß der Horizont eines revolutionären Sieges über den Kapitalismus völlig versunken ist. Die letzte Konsequenz fehlt, da die Partei versessen ist auf die Wahrung der Kontinuität und die Reste der stalinistischen Vergangenheit nicht bewältigt. Die KPI hat im Unterschied zur deutschen SPD mit ihrem geringeren marxistischen Ballast nie ein »Bad Godesberg« abgehalten, um ein für allemal die Revision zu vollziehen. Man mag einwenden, daß dies in der KPI in diskreter Salamitaktik über die Jahre hin geschehen ist. Deshalb tritt die Revision nicht derart offen zutage. Der »Faktor K« – der Kommunismus – ist irgendwie noch am Leben, nicht nur im Namen der Partei. Vielleicht ist er nur noch ein Gespenst; aber er behindert und belastet die Eingliederung und Legitimierung der KPI in Italien und in der westlichen Welt.

PSI – der Kampf der Sozialisten um den ersten Platz

Unter allen Parteien Italiens hat sich die Sozialistische Partei im letzten Jahrzehnt am stärksten verändert, ja es ist keine Übertreibung, von einer eigentlichen Mutation zu sprechen. Unter ihrem Chef Bettino Craxi nahm der »Partito socialista italiano« (PSI) über den umfangreichen personellen Wechsel hinaus organisatorische Neuerungen vor und vollzog eine ideologische Revision. Vor allem aber eroberte Craxi für seine Partei eine zentrale Stellung im politischen System des Landes und erreichte mit seiner Ministerpräsidentschaft zwischen 1983 und 1987, der ersten eines Sozialisten in der Geschichte Italiens, ein lang ersehntes Zwischenziel. Vor dem Kongreß von Verona im Mai 1984 schrieb der Sozialist Luciano Pellicani, daß der PSI zum erstenmal seinen Kongreß mit einer offen liberal-sozialistischen Philosophie, einem streng reformistischen Nahprogramm und einem starken Zusammenhalt seiner Führungsgruppe abhalte. Zusammen mit Craxis Qualitäten eines großen »politischen Impresario« seien das die Elemente, die es dem PSI erlaubt hätten, die Achse zu werden, um die sich die nationale Politik drehe. Dieses schmeichelhafte Selbstporträt im ›Mondoperaio‹, der ideologischen Zeitschrift der Partei, ist bezeichnend für den Kampf der Sozialisten um den ersten Platz. Die sozialistische Frage hat in der allgemeinen Debatte der achtziger Jahre die kommunistische Frage abgelöst. Um das Ausmaß von Craxis Leistung zu ermessen, muß man die Partei der achtziger Jahre jedoch mit der früheren Partei vergleichen.

Der Mißerfolg des demokratischen Sozialismus, im Nachkriegsitalien eine starke politische Kraft zu werden, ist eine Tatsache von großer Tragweite. In den Anfängen waren die Sozialisten in jeder Beziehung die erste Partei Italiens: Sie wurde als erste gegründet, sie war die erste Massenpartei, und sie wurde rasch die stärkste. Sie war nicht nur die bestorganisierte Partei, sie kontrollierte auch die Gewerkschaftsbewegung mit zwei Millionen Mitgliedern und hatte eine große Wirkung auf Intellektuelle und Studenten. Einzig in Deutschland war der demokratische Sozialismus am Ende des Ersten Weltkrieges stärker. Doch während in den folgenden Jahren die sozialistischen Parteien gediehen und schließlich in allen anderen demokratischen Ländern Europas an die Macht kamen, setzte für die italienischen Sozialisten ein stetiger Niedergang ein. Von 34 Prozent der Stimmen im Jahre 1919 fielen sie 1921 auf 25 Prozent, 1946 auf 21 Prozent und 1972 sowie in den folgenden zwei Wahlgängen auf 10 Prozent.

Kurs im Zickzack

Der italienische Sozialismus war nie imstande, ein für allemal zu entscheiden, was er war und was er wollte. Er ging aus einer Mischung von Syndikalismus, Anarchismus und Marxismus des späten 19. Jahrhunderts hervor, verwurzelt in der Französischen Revolution, den Fermenten von 1848 und der Pariser Kommune von 1871. Die verschiedenen Strömungen dieses Erbes wurden nie verschmolzen, um politische Geschlossenheit und intellektuelle Kraft zu erreichen. Als die Sozialistische Partei 1892 unter der Führung von Filippo Turati gegründet wurde, lehnte sie das bestehende bürgerliche System ab, wollte es jedoch eher durch demokratische Reform verändern als durch Revolution zerstören. Diese Haltung war für einige zu mild und für andere zu scharf. 1908 stellte Turati die revolutionären Syndikalisten vor die Tür. Im Jahr 1922 wurde er selber zusammen mit den letzten Reformisten verstoßen. Die neutralistische Haltung der Partei während des Ersten Weltkrieges hatte bereits eine Spaltung mit sich gebracht, als Benito Mussolini und andere Dissidenten ausgeschlossen wurden, von denen einige Mussolini auf dem Weg zur Faschistischen Partei folgten.

Die italienischen Sozialisten schieden sich von Anfang an in jene, die eine radikale Aktion verfochten, und jene, die gemäßigte Reformen wollten – im sozialistischen Vokabular: in »Maximalisten« und »Minimalisten«. Gegensätze dieser Art waren typisch für alle sozialistischen Parteien Europas; die italienische tat sich aber schwerer als alle andern, zwischen Evolution und Revolution zu wählen. Sie war durch einen Mangel an Zusammenhalt derart gelähmt, daß sie von Geburt an unfähig war, eine breite und dauerhafte Übereinstimmung in Theorie, Programm, Ziel oder Führung zu erreichen. Sie wechselte von einer Position zur anderen, mit Ausschlüssen, Schismen und Neugruppierungen in unablässiger Folge – ein Spaltungsprozeß, der aber nicht einen soliden und einheitlichen Kern, sondern nur immer neue sich ablösende Schichten freilegte.

Jede sozialistische Partei Europas stand vor der Aufgabe, ihre marxistische Doktrin mit der Wahrung der demokratischen Freiheiten in Einklang zu bringen, und jede tat es zu ihrer Zeit und auf ihre Weise. Die Sozialistische Partei Italiens zerstörte bei diesem Versuch nahezu sich selbst und brachte die italienische Demokratie in Gefahr. Zuerst wollte sie die »bürgerlichen« Institutionen des italienischen Staates weder akzeptieren noch ablehnen. Während sie an Wahlen teilnahm und im Parlament saß, lehnte sie selbst eine Teilnahme an der Regierung ab und verweigerte die Zusammenarbeit mit anderen demokratischen Kräften. 1912 verlagerte sie sich nach links und proklamierte sich als revolutionäre Partei. Die Selbstcharakterisierung war rhetorischer Art. Sie täuschte niemanden, außer die Sozialisten selber. Lenin hatte jedenfalls keinen Zweifel, als er 1920 schrieb: »Ihr kommt euch selber ›schrecklich revolutionär‹ vor, o liebe Abstentionisten und Antiparlamentarier, aber in Wirklichkeit habt ihr Angst vor dem relativ kleinen Kampf gegen den bürgerlichen Einfluß in der Arbeiterbewegung ...«[22] Gramscis Verachtung war noch größer; er sprach von einer Partei zynischer Wurstigkeit (menefreghista) mit einer Organisation, die niemals etwas ernst nehme und stets davor fliehe, volle Verantwortung zu übernehmen für das, was sie tue.

Die Russische Revolution verursachte den entscheidenden Bruch. Sie zwang die Sozialisten zu der Entscheidung, ob sie eine Partei der Revolution oder der Reform sein wollten, ob sie die proletarische Diktatur oder die bürgerliche Demokratie anstrebten. Eine starke Mehrheit ergriff Partei für Lenin, war sich aber nicht einig, ob sie der Kommunistischen Internationale beitreten sollte. 1921 trennte sich die extreme Linke und gründete die Kommunistische Partei. Nachdem Syndikalisten, Reformisten und Kommunisten ausgeschieden waren, blieb die restliche Partei für die nächsten 40 Jahre in den Händen der »Maximalisten«.

Da die Partei Reformen abgelehnt und den Leninismus sowie die Grundsätze der Dritten Internationale akzeptiert hatte, reduzierten sich die Meinungsverschiedenheiten mit den Kommunisten im Grunde auf zwei Punkte: Die Sozialisten wollten einen unabhängigen – italienischen – Weg zum Sozialismus, und sie bestanden auf demokratischen Prinzipien für die Parteiführung. Dies waren die Hauptunterschiede, und sie sind heute die Schlüsselprobleme für die Liberalisierung der Kommunistischen Partei. Was unbeantwortet blieb, bis heute die Sozialisten entzweit und die Entwicklung der Partei seit je schwer belastet hat, war die Art der Beziehungen zwischen den beiden Parteien. Sollte sie Allianz oder Opposition sein?

Für rund drei Jahrzehnte, von Mitte der zwanziger bis Mitte der fünfziger Jahre, verfolgte die Partei den Kurs der Bündnisse. 1934 gingen Sozialisten und Kommunisten eine Aktionseinheit ein. Diese Allianz wurde 1943 erneuert, als die Parteien in der Sowjetunion ihre gemeinsame Führungsmacht anerkannten und für einen endgültigen Zusammenschluß eintraten. Nach dem Zusammenbruch des Faschismus gingen die Sozialisten noch weiter, erklärten ihre Partei formell als marxistisch-leninistisch und zogen in Listengemeinschaft mit den Kommunisten in die ersten entscheidenden Nachkriegswahlen. 1949 brachen sie die Beziehungen zu den Gewerkschaften der westlichen Länder ab. Die Reihen der Partei wurden von Kommunisten durchsetzt, und zeitweilig faßten sozialistische Politiker ihre Entschlüsse nur mit kommunistischer Zustimmung. In den frühen fünfziger Jahren war der PSI nicht viel mehr als eine kommunistische Frontorganisation und wurde von der Sozialistischen Internationale nicht mehr als Sozialistische Partei anerkannt.

Was die Sozialisten in Italien im Gegensatz zum übrigen Europa veranlaßte, sich den Kommunisten unterzuordnen, war im Grunde eine Angstreaktion. Sie waren besessen von der Vorstellung, daß überall dort, wo Sozialisten und Kommunisten getrennt marschierten, die Arbeiterklasse geschlagen würde und die Reaktionäre an die Macht kämen. In einem kritischen Moment der dreißiger Jahre, argumentierten sie, habe allein die Sowjetunion die Demokratie verteidigt, und zwar in Spanien; Großbritannien und Frankreich hätten dem Faschismus in München nachgegeben; die Zusammenarbeit mit den Kommunisten müsse deshalb aufrechterhalten werden. Zu Kriegsende betrachteten die italienischen Sozialisten ausschließlich die Sowjetrussen, nicht auch die Briten und Amerikaner, als Bezwinger des deutschen Faschismus. Die Nachkriegswelt war in ihrer Sicht geteilt in ein von den USA angeführtes aggressives Lager des Kapitalismus und ein friedliches Lager des Sozialismus unter Führung der Sowjetunion – deshalb mußte die Sowjetunion unterstützt werden. Hinter all diesen Überlegungen steckte ein Gefühl der Minderwertigkeit, weil die Kommunisten und nicht die Sozialisten die treibende Kraft im Widerstand gegen den faschistischen Staat gewesen waren.

Pietro Nenni, die dominierende Figur der Partei nach 1930,

begann Mitte der fünfziger Jahre aus dieser politischen Trance zu erwachen. Erst nach dem ungarischen Aufstand und nach den Enthüllungen über Stalin auf dem XX. Kongreß der KPdSU setzte die Partei ihrem Bündnis mit den Kommunisten ein Ende. Die Distanzierung von den Kommunisten fand ihren Höhepunkt mit dem Entschluß von 1963, eine Koalition mit den Christdemokraten einzugehen. Sie dauerte mit Unterbrechungen bis 1974, als die Partei erneut den Kurs änderte und sich weigerte, einer Regierung ohne KPI beizutreten. In diesen Wechselfällen kam es nie zu einem vollständigen psychologischen und politischen Bruch mit den Kommunisten, und das Ideal der »Solidarität der Arbeiterklasse« und der »Einheit der Linken« hat nie völlig seine Faszination verloren.

Diese Haltung tritt noch heute in den organisatorischen Verbindungen zwischen Sozialisten und Kommunisten offen zutage. Im größten Gewerkschaftsbund, der CGIL, haben die Kommunisten den Sozialisten eine relativ größere Rolle eingeräumt, als ihnen gemessen an der Zahl ihrer Mitglieder zustehen würde. Die Verbindungen sind noch stärker und die Zusammenarbeit noch enger in der lokalen und regionalen Verwaltung. Die beiden bildeten in den späten siebziger Jahren Koalitionen in einer Reihe von Regionen, Provinzen und Provinzhauptstädten, eine Situation, die bis heute mehr oder weniger andauert. In all diesen Fällen nehmen die Sozialisten mehr und bedeutendere Positionen ein, als ihnen aufgrund des Wähleranteils zukämen. Eine ähnliche Zusammenarbeit besteht in Genossenschaften, in Studenten-, Frauen-, Sportorganisationen und so weiter. Diese Bindungen sind eine gewisse Hypothek für die Unabhängigkeit der Sozialisten. Sie schwächen ihre Glaubwürdigkeit, da sie selber an der demokratischen Gesinnung der Kommunisten zweifeln, gleichzeitig aber mit ihnen auf wichtigen Gebieten zusammenarbeiten.

Die zweideutige und schwankende Haltung gegenüber der KPI war über die Jahre hin der Hauptgrund für die Zwietracht unter den Sozialisten und brachte ihre Partei an den Rand des Ruins. Nach dem Krieg ereignete sich die folgenreichste Spaltung, als 1947 eine Gruppe gemäßigter Kräfte sich weigerte, die prokommunistische, prosowjetische und antiamerikanische Haltung zu akzeptieren, und unter der Führung von Giuseppe Saragat die Sozialdemokratische Partei gründete. Diese Gruppe stellte ein Drittel der Partei dar, einschließlich fast der gesamten Jugendorganisation, und später schlossen sich ihr andere Gruppierungen an, die gegen den zunehmenden Linkskurs der Sozialistischen Partei revoltierten. In drei Jahren verlor sie 400000 Mitglieder, die Hälfte ihres Bestandes. Auf der äußersten Linken vollzog sich ein gravierendes Schisma, als die Sozialistische Partei mit der Democrazia cristiana eine Regierung bildete. Fast ein Drittel des Zentralkomitees und der Parlamentsfraktionen fiel ab und bildete eine eigene Partei, die Sozialistische Partei der proletarischen Einheit (PSIUP). 1966 schlossen sich Sozialisten und Sozialdemokraten wieder zusammen, konnten sich aber nicht auf einen gemeinsamen Kurs einigen und trennten sich schließlich definitiv im Jahre 1969.

Im Lauf der europäischen Geschichte gab es wenige Parteien mit starker ideologischer Tradition, die sich so zerfleischten wie die italienischen Sozialisten. Ihre Aufsplitterung sprengte die Partei nahezu, verschleuderte das sozialistische Erbe und unterminierte auch die praktischen Ziele. Ihre Position zwischen Stalinismus und Reformsozialismus war immer weniger überzeugend, machte intellektuelle Unterscheidungen erforderlich, denen weder der Arbeiter noch die liberale Mittelklasse zu folgen imstande waren. Eine so geteilte und schwache Partei konnte gar nicht erst anfangen, mit der eisernen Disziplin und der ideologischen Sicherheit der Kommunisten zu konkurrieren. Schon vor Ende des Krieges waren die Kommunisten in das Fundament der Sozialistischen Partei, der Gewerkschaften und der Genossenschaften eingedrungen. Um 1946 war im Norden die Hälfte der sozialistischen Parteimitglieder zu den Kommunisten übergelaufen. Um 1948 ging die Kontrolle der Gewerkschaftsbewegung an die Kommunisten. Während die Sozialisten in den ersten Nachkriegsjahren von 1946 die zweitstärkste Partei waren, fiel ihr Anteil später entsprechend der Zunahme der Kommunisten.

Der Spaltpilz in den eigenen Reihen

Die Unfähigkeit der Partei, ein klares Profil zu entwickeln und eine überzeugende politische Linie zu verfolgen, wurde durch die interne Zersplitterung, den Spaltpilz in den eigenen Reihen, verstärkt. In einem gewissen Sinn repräsentiert die Sozialistische Partei die individualistische, undisziplinierte, redefreudige und selbstkritische Seite des italienischen Charakters. Filippo Turati sagte am Schluß seines Lebens: »Welch herrliche Sache wäre der Sozialismus, wenn es keine Sozialisten gäbe.« Die innere Aufspaltung, die auch von persönlichen Rivalitäten und Machtkämpfen herrührte, war stärker ideologisiert als bei den Christdemokraten und nahm weniger Rücksicht auf die Einheit der Partei. Sozialistische Correnti waren praktisch eigene Parteien, von denen einige eine politische Linie verfolgten, die der Gegenpartei oft näherstand als den eigenen Genossen.

Keiner, der in die Spitze der Partei aufstieg, war vor Bettino Craxi in der Lage, sie lange im Zaum zu halten. Da die Correnti oft ebenso an der Macht wie am politischen Kurs interessiert waren, befanden sich die Bündnisse in dauerndem Wechsel. Folglich war auch die Stellung des Parteichefs schwach. Es kostete ihn Zeit und Energie, Unstimmigkeiten zwischen den Correnti unter Kontrolle zu bringen und seine eigene Stellung zu halten. Seine potentielle Führung war begrenzt, weil die Politik, die er auf nationaler Ebene verfolgen konnte, nur den kleinsten gemeinsamen Nenner der Positionen der verschiedenen Correnti darstellte.

Zwar wurden die Correnti 1978 formell aufgelöst, als der linke und der rechte Flügel eine Allianz eingingen. Doch der grundlegende Gegensatz bestand weiter und wurde erst überwunden, als Craxis Kurs der Autonomie gegenüber DC wie KPI ihre Früchte trug. Kampfplatz der Correnti war bis dahin der Parteiapparat – ein Vorstand mit gewöhnlich 30 Mitgliedern, ein Zentralkomitee mit rund 225 Mitgliedern und ein nationaler Kongreß mit 1000 bis 1500 Delegierten. Die eigentliche Auseinandersetzung spielte sich draußen in der Provinz ab, wo die Delegierten für den Kongreß gewählt wurden. Dieser Prozeß der Selektion war wichtig, weil der Kongreß das Zentralkomitee wählte und dieses wiederum den Vorstand. Der Vorstand ernannte den Parteichef. Kein Parteisekretär vor Craxi hatte wegen der Eigenständigkeit der Correnti die Exekutive voll in der Hand. Selbst wenn ein Parteichef nach jahrelangem Bemühen einen gewissen Einfluß hatte, besaß er gewöhnlich nur geringe Kontrolle über die Parteiorganisation draußen im Land. Zudem schwächte der Parteiapparat den Chef und blokkierte oft dessen Versuche, die Partei zu führen.

Die Parteifunktionäre, die für den Alltag der Parteiarbeit verantwortlich sind, wurden in der Regel aufgrund der Zugehörigkeit zu Correnti und nicht wegen ihrer administrativen Qualitäten ernannt. Auf lokaler, provinzieller und selbst nationaler Ebene wirkten die Parteifunktionäre eher wie die Leiter eines

Diskutierklubs denn als Verantwortliche einer politischen Partei. Die Führung der Parteigeschäfte litt am Mangel an Disziplin und in der Folge an Unordnung und Ineffizienz. Ein Parteisekretär, der zur Durchsetzung seiner Politik über einen entsprechenden Stab verfügen sollte, sah sich häufig einer verzankten Schar von Untergeordneten zweifelhafter Loyalität gegenüber.

Nach dem Urteil aller Parteisekretäre ist es schwierig, eine derartige Partei zu führen oder ihr zu folgen. Filippo Turati war die dominierende Figur der frühen Jahre, das italienische Gegenstück zu Jaurès und Bernstein. Er trat für eine friedliche Umwandlung der Gesellschaft durch einen demokratischen Prozeß ein. Innerhalb zweier Jahrzehnte verlor er die Kontrolle über den Parteiapparat, und 1922 wurde er ausgeschlossen, weil er die Zusammenarbeit mit den bürgerlichen Parteien gegen den Faschismus befürwortet hatte. Sein Nachfolger Giacinto Serrati entschloß sich zum anderen Extrem und versuchte die Partei mit den Kommunisten zu verschmelzen. Nach einem Jahr wurde auch er ausgeschlossen.

Der prominenteste Führer und die Schlüsselfigur des italienischen Sozialismus in diesem Jahrhundert war Pietro Nenni. Er wurde 1891, im Jahr vor der Parteigründung, geboren, und seine spätere Laufbahn umschließt die ganzen Wehen und Plagen der Partei. Seine Irrtümer wurden nur noch von der Aufrichtigkeit übertroffen, mit der er sie erkannte, um dann den Kurs zu ändern. Nenni rettete seine Partei zweimal, und einmal zerstörte er sie nahezu. Er erhielt sie unter dem Faschismus am Leben, stellte sie in den vierziger Jahren in die Dienste der Kommunisten und löste sie wenige Jahre, nachdem er den Stalinpreis für den Frieden erhalten hatte, aus der kommunistischen Herrschaft. Auf dem Höhepunkt seines Einflusses in den fünfziger Jahren verfolgte er nacheinander drei Ziele: die Vereinigung seiner Partei mit den Sozialdemokraten, die Herstellung ihrer Autonomie gegenüber den Kommunisten und die Regierungsbeteiligung der Partei.

Jeder dieser Schritte war nur möglich nach einem gewaltigen Kampf gegen die Parteiorganisation, in der Nenni und seine Verbündeten in der Minderheit waren. Trotz seines großen Prestiges wurde er in der Frage der Wiedervereinigung mit den Sozialdemokraten im Zentralkomitee und auf dem Kongreß von 1957 geschlagen. Deshalb wurde die Wiedervereinigung bis 1966 aufgeschoben, doch eine dauerhafte Fusion war dann nicht mehr möglich. Die entscheidende Schlacht mit der Parteilinken um den politischen Kurs – Bruch mit der KPI und Zustimmung zur NATO – wurde auf dem Kongreß von 1959 ausgetragen. Nenni gewann die Unterstützung von 58 Prozent der Delegierten für seine Politik und gleichzeitig 58 Prozent der Sitze im Zentralkomitee und im Parteivorstand. Doch kaum hatte er die Kontrolle über diese Exekutivgremien errungen, begann sich in seiner eigenen Corrente eine linke Gruppe zu entwickeln, die erneut seine Führung lähmte und die Distanzierung von den Kommunisten und den Aufbruch zur Regierungsbeteiligung bremste. Erst 1963 hatte er seine Position in der Parteiorganisation dermaßen konsolidiert, daß er die Partei einer Centrosinistra-Koalition zuführen konnte.

Der Aufstieg Bettino Craxis in der Parteiführung stellt ein anderes Beispiel für den Wettstreit zwischen Parteisekretär und Parteiapparat dar. Craxi, 1934 geboren, begann seine politische Karriere in der Geburtsstadt Mailand und führte mit Energie, Spürsinn und Ellbogen die kleine Corrente Nennis. Nach dem Mißerfolg in den Wahlen vom Juni 1976, für die der unfähige Parteisekretär Francesco De Martino mitverantwortlich war, kam es zu einer Palastrevolte der jüngeren Generation von Parteiführern, den Vierzigjährigen, die sich zusammentaten, De Martino absetzten und Nennis Kronprinzen Craxi zum Nachfolger wählten. Es war ein seltsames Bündnis, da es Craxi vom rechten Flügel der Partei mit Enrico Manca, De Martinos Protégé, und Claudio Signorile, dem Chef des linken Flügels, vereinigte. Das Trio wurde von Giacomo Mancini unterstützt, einem früheren Parteichef, der zwischen links und rechts schwankte. Zur Zeit seiner Wahl kontrollierte Craxi wahrscheinlich nicht mehr als 30 Prozent der Partei. Als das Bündnis ein Jahr später zu zerfallen begann, wurde er praktisch der Gefangene sich befehdender Correnti. Unfähig, die Partei in irgendeine Richtung zu steuern, machten Craxi und Signorile einen Handel, um gemeinsam die Partei in den Griff zu bekommen. Im März 1978 beriefen sie einen außerordentlichen Kongreß ein, gewannen die Unterstützung der Provinzialversammlungen und eroberten auf dem Parteitag die größte Mehrheit in der Geschichte der Partei. Sie entfernten Manca, De Martino, Mancini und andere Notabeln aus einflußreichen Positionen, gerieten aber selber in Fehde. Nach der Schonzeit von einem Jahr schaltete Craxi im Oktober 1980 Signorile aus und wurde zum stärksten Führer der Partei seit Nenni.

Die Partei, die Craxi eroberte, war nicht nur von internen Problemen bedrängt; sie schien auch Bismarcks Ausspruch zu erfüllen, daß jedes System seinen Prügelknaben brauche. Die Sozialisten brachten es mit Glanz so weit, daß weder die Linke noch die Rechte, weder die Presse noch die Intellektuellen für ihre Partei viel übrig hatten. Der Mangel an Glaubwürdigkeit war die Summe ihrer Unzulänglichkeiten. Darum die allgemeine Ansicht, daß sie weder glaubwürdig noch ernsthaft sei im Sinne des Ausspruchs: »Sie weiß nicht, was sie will, aber sie will es sofort.«

Der häufige Kurswechsel – hin zu den Kommunisten, weg von den Kommunisten, hin zu den Christdemokraten, zu den Kommunisten zurück und wieder weg – gab die Vorstellung von einer Partei, die nicht nur unentschlossen war, sondern die auch für wenig oder nichts eintrat. Während Jahrzehnten nahmen die Sozialisten für sich in Anspruch, daß sie die Regierbarkeit im Land garantieren würden. Doch mit ihren Aktionen trugen sie entscheidend zur Instabilität bei – indem sie Regierungen stürzten, vorzeitige Wahlen erzwangen und allen das Regieren schwer machten. Das Image von Opportunismus, Unzuverlässigkeit und Unberechenbarkeit, das sich daraus ergab, war Anlaß für den verbreiteten Vorwurf, daß man sie einfach nicht ernst nehmen könne.

Dieser Ruf entsprach trotz allem nicht voll den Tatsachen. In der Innenpolitik unterstützte die Sozialistische Partei konsequent Anliegen einer freiheitlichen Demokratie. In der ersten Nachkriegszeit hatte sie sich der Monarchie, dem Konkordat und dem Entschluß, die antifaschistische Säuberung einzustellen, im Unterschied zu den Kommunisten widersetzt. Später war die Partei ein beständiger Befürworter einschneidender Sozialreformen wie Scheidung und Schwangerschaftsabbruch und, bevor die Radikalen auftauchten, entschiedenster Verfechter der bürgerlichen Freiheiten und der Rechte der Minderheiten. In der Außen- und Sicherheitspolitik trugen sie nach ihrer Abkehr von der Opposition zur Unterstützung der europäischen Integration, der NATO und der italienischen Verteidigung bei.

Es war bezeichnend für die Wirkungslosigkeit der sozialistischen Politik, daß ihre Leistungen im öffentlichen Urteil tief in den Schatten der Mängel gerieten. Die Bedingung des PSI für die Beteiligung am Centro-sinistra-Bündnis war das Ja der Christdemokraten zu einem Programm der wirtschaftlichen und sozialen Reformen, mit denen Italien auf der Grundlage einer breiten wirtschaftlichen Planung zum Wohlfahrtsstaat werden sollte. Dieses Ziel stand im direkten Gegensatz zur christdemokratischen Verpflichtung, angesichts der steigenden Inflation wirtschaftliche Sparpolitik zu betreiben. Das durch die DC blockierte Reformprogramm nahm kaum Gestalt an, die Sozialisten erweckten schließlich den Eindruck, mehr an Posten interessiert zu sein als an Vollmachten für die Reform der Gesellschaft. Sie selbst fühlten sich von den Christdemokraten hereingelegt, da diese ihre parlamentarische Unterstützung akzeptiert, ihre Ziele aber sabotiert hätten. Dies rettete nicht ihr Image in der Öffentlichkeit. Das Centro sinistra brachte nicht den historischen Wendepunkt, erfüllte nicht die Hoffnungen vieler auf ein alternierendes Zweiparteiensystem, sondern endete in Bitterkeit und gegenseitigen Vorwürfen.

Mitte der siebziger Jahre war die Bilanz ernüchternd. Das Bündnis mit den Kommunisten mißlang ebenso wie das Bündnis mit den Christdemokraten. In der Opposition erreichte die Sozialistische Partei wenig, in der Regierung kaum mehr. Die Trennung von den Sozialdemokraten schadete ihr ebenso wie die befristete Wiedervereinigung. Mit jedem Fehlschlag nahm die Glaubwürdigkeit der Partei und ihre Wählerunterstützung ab, und mit diesem Verfall schwand die Hoffnung, daß die Sozialisten eine überzeugende Alternative anbieten konnten.

Wie jeder gute General, der eine geschlagene Armee übernimmt, erkannte Craxi, daß die Wiederherstellung der Moral und die Reorganisierung des Kommandos die ersten Erfordernisse waren, um aus der Partei eine wirksame politische Streitkraft zu machen. Zur allgemeinen Verwunderung gelang es ihm in wenigen Jahren, die vollständige Kontrolle über den Parteiapparat zu gewinnen, dessen Strukturen aufzufrischen und der Partei eine bisher unbekannte Dynamik und Einheit zu verleihen. Im Jahr 1981 wurde in Palermo durch eine Statutenänderung die Position des Parteisekretärs verstärkt: Statt des Zentralkomitees wurde der Kongreß für seine Wahl zuständig. Diese Direktwahl stärkte die Stellung des Parteichefs, der zwischen den Parteitagen nicht mehr durch das Zentralkomitee abgesetzt werden konnte. Die plebiszitäre Geschlossenheit ging auf dem Kongreß von Verona 1984 so weit, daß Craxi durch Akklamation wiedergewählt wurde. Daraufhin regte sich Kritik an dem statutenwidrigen Prozedere: Der Kongreß von Rimini bestätigte ihn 1987 in geheimer Wahl mit 93,25 Prozent der Stimmen im Amt.

Ein weiterer Schritt wurde in Verona mit der Abschaffung des Zentralkomitees leninistischer Herkunft beschlossen, an dessen Stelle die fast doppelt so große Nationalversammlung (assemblea nazionale) trat. Sie umfaßt zur Zeit gegen 500 Mitglieder, darunter über 200 Vertreter der Parteikader sowie die über 100 Mitglieder des nationalen und des europäischen Parlaments. Dazu kommen 100 sogenannte »Externe«, nämlich Prominenz aus Kultur, Wissenschaft, Showbusiness und Sport, die für Craxi Sympathien hegen und mit deren Präsenz die Partei ihre Offenheit gegenüber der modernen Gesellschaft demonstrieren will. Die numerische Ausweitung entwertet dieses neue Organ als Instrument für konkrete Beratungen und fördert die Versuchung bloßer Akklamation. Die interne Opposition hat es jedenfalls noch schwerer, sich Geltung zu verschaffen. Gleichzeitig wurde der Parteivorstand von bisher rund 30 auf über 50 Mitglieder erhöht.

Während Craxi seinen Einfluß auf die Parteiorganisation erweiterte, begann er gleichzeitig das tief verwurzelte System der Correnti außer Kraft zu setzen. Die Macht einiger Parteiführer der ersten Generation wie Francesco De Martino, Riccardo Lombardi und Giuseppe Mancini war bereits im Schwinden. Um einer Opposition zuvorzukommen oder um sie zu entwaffnen, nahm Craxi eine Reihe von jüngeren Kräften in die zentrale Parteiorganisation, die seine energischen Gegner gewesen waren. So wurde etwa der Verfassungsrechtler Giuliano Amato als Staatssekretär sein Hauptberater in den Jahren der Ministerpräsidentschaft. Die eigentlichen Correnti verloren angesichts der unbestrittenen Führung Craxis immer mehr an Boden. Auf dem Kongreß von 1984 entfielen auf die Mehrheit der »Reformisten« Craxis 70 Prozent, auf die Linke Signoriles, De Martinos und Achillis insgesamt 30 Prozent. In Rimini sammelte sich der PSI drei Jahre später noch geschlossener um Craxi, ohne daß die Gruppe um Signorile ihrem Dissens Ausdruck gab. Die Anhänger Gianni De Michelis' in Venetien sowie Rino Formicas (und Signoriles) in Apulien bilden nach wie vor eigenständige Formationen und bestätigen, daß der PSI Craxis noch keine monolithische Einheit geworden ist.

Der Mitgliederstand des PSI – fest etabliert als drittgrößte Partei, wenn auch sehr viel schwächer als die beiden Rivalen –

ging nach einem Maximum von 830000 im Nachkriegsjahr 1946 zurück und pendelte sich in den letzten 20 Jahren auf rund eine halbe Million ein. Die Partei stellt einen guten Querschnitt der Bevölkerung dar, wenn sie auch im Norden stärker als im Süden, in industriellen Regionen mehr als in anderen Gebieten vertreten ist. Ursprünglich war sie in der Arbeiterklasse verwurzelt, rekrutiert sich aber inzwischen aus allen Bereichen der Gesellschaft. 35 Prozent sind Arbeiter, 21 Prozent sind Beamte, Angestellte und Manager, 13 Prozent sind Bauern und sieben Prozent Handwerker. Viele prominente Intellektuelle und Hochschulprofessoren gehören ihr an. Sie beherrscht einen der drei Gewerkschaftsverbände, die UIL, mit einer Mitgliedschaft von etwas über einer Million und nimmt die zweite Position im größten Gewerkschaftsverband, der von den Kommunisten kontrollierten CGIL, ein. Außerdem ist die Sozialistische Partei an den Exekutiven (giunte) von rund 16 Regionen und von 74 der insgesamt 94 Provinzhauptstädte beteiligt.

Kritik an der Parteiarbeit durchzieht wie ein roter Faden die Geschichte der Sozialisten, seit diese in den ersten Nachkriegsjahren an der Basis durch die Kommunisten allmählich ausmanövriert worden waren. In den Thesen vom Kongreß von Verona war vom schwachen Apparat die Rede, von der Stagnation in der örtlichen Organisation und dem fehlenden internen Kommunikationssystem. Zum Teil schwächte der Wechsel der Generationen die Organisation. Anstelle der Linkssozialisten, die Sorge für die Kader getragen hatten, traten neue Kräfte, für welche die Partei vor allem ein Sprungbrett für Ämter und Pfründen war. So wurde der PSI zur sogenannten »Partei der Assessoren«, welche das Los der Partei lokalen Interessen der Kommunal- und Regionalpolitiker unterordnete. Neben diesen sozialistischen Assessoren draußen im Land waren die PSI-Syndikalisten in UIL und CGIL die andere Säule der Partei, deren Arbeit jedoch in erster Linie der Gewerkschaft und nicht der Schaffung einer effizienten Parteiorganisation zugute kam. Jedenfalls fehlen der Partei jene geschulten Kader, die in der ersten Nachkriegszeit unter der Führung von Vizesekretär Morandi noch aus der Arbeiterschaft kamen, die jedoch im Lauf der Zeit durch bürgerlichen und akademischen Nachwuchs ersetzt wurden. Dabei blieb die veraltete bürokratische Struktur einer Massenpartei erhalten.

Craxi hat, wie Wolfgang Merkel in seiner Monographie des neuen PSI darlegt, durch seine autokratische Führung die »große Politik« der internen Billigung und Kontrolle der Partei entzogen, einen direkten Draht zu Öffentlichkeit und Gesellschaft hergestellt, dem peripheren Apparat aber relativ großen Spielraum gelassen.[23] Die Kette von Korruptionsskandalen, in die sozialistische Regional- und Kommunalpolitiker wie der frühere Präsident der Region Ligurien, Alberto Teardo, oder Turiner Stadtpolitiker verwickelt waren, bestätigen indirekt, daß die Notabeln fern der Parteizentrale lange Leine haben. Auf dem Kongreß von Rimini fochten der Planungsexperte Giorgio Ruffolo und der Gewerkschafter Ottaviano Del Turco für eine höhere Moral in der Partei: Ihre Glaubwürdigkeit leide unter dem negativen Image – die Reformen müßten im eigenen Haus beginnen.

Pragmatismus mit Dynamik

Hand in Hand mit den organisatorischen Änderungen setzte Craxi eine ideologische Revision in Gang, mit der die einstige Arbeiterpartei zugleich schrittweise ein neues Image erhielt. Die rote Nelke verdrängte als Parteisymbol Sichel und Hammer. Auf dem Kongreß von Turin vollzog der PSI unter Craxis Führung 1978 den eindeutigen Anschluß an den westeuropäischen Reformsozialismus. Anstelle des Linksbündnisses mit den Kommunisten trat die Parole der nationalen Einheit, mit der bereits eine Rückkehr zu Centro-sinistra-Koalitionen signalisiert wurde. Anfang der achtziger Jahre wurde die Linie eines pragmatischen Reformertums noch deutlicher. Die ideologischen Polemiken mit den Kommunisten vertieften die Entfremdung zwischen den beiden Linksparteien. Von seiten Craxis wollte man die ungeklärten ideologischen Rückstände der KPI anprangern und sich selber zugleich als moderne Partei darstellen. Einen Höhepunkt erreichte die Auseinandersetzung mit der KPI im ersten Jahr der Regierung Craxi: die Korrektur des automatischen Teuerungsausgleichs (scala mobile) forderte die Kommunisten direkt heraus; im Referendum, das sie lancierten, errang er einen klaren Sieg.

Craxis Ziel war es, aus dem PSI eine gemäßigte sozialdemokratische Partei zu machen, ähnlich der deutschen Schwesterpartei SPD, und ihr einen stark europäischen Charakter zu geben. Auf dieser Bewegung zum Zentrum hin wollte er sich endgültig von den Kommunisten lossagen, deren Vormacht auf der Linken abbauen, auf der Basis gleichberechtigter Zusammenarbeit mit der DC regieren und einen pragmatischen Weg der Reformen einschlagen. Im August 1983 erreichte Craxi mit der Übernahme der Ministerpräsidentschaft ein ersehntes Zwischenziel. Zwar hatten die Sozialisten in den Wahlen knapp zuvor nur 1,6 Prozent hinzugewonnen; doch die Christdemokraten waren um mehr als fünf Prozent zurückgefallen, und der Schock dieses Rückschlags half mit, den ersten Sozialisten in der Geschichte Italiens in den Sessel des Ministerpräsidenten zu heben.

Craxi, der zuvor weder das Amt eines Ministers noch eines Staatssekretärs bekleidet hatte, machte sich als Chef der Fünferkoalition von DC, PSI und laizistischen Mittelparteien im Palazzo Chigi energisch ans Werk. Nach den Jahrzehnten christlichdemokratischen Vermittelns, das oft in ein unentschlossenes Lavieren ausartete, setzte Craxi einen neuen Stil des Regierens durch, gab der Ministerpräsidentschaft ein stärkeres Gewicht und schuf sich so ein positives Image, das auch seiner Partei zugute kam. Der Verfall der Erdölpreise und die Schwächung des Dollars erleichterten Erfolge in der Finanz- und Wirtschaftspolitik der Fünferkoalition. Das neue Konkordat mit dem Vatikan wurde endlich unter Dach und Fach gebracht. Craxi und Außenminister Andreotti verstärkten die außenpolitische Präsenz Italiens, traten auch gegenüber Washington selbstbewußter auf, wie die Nachspiele zur Entführung des Schiffs »Achille Lauro« bewiesen. Craxis nationaler Akzent förderte seine Popularität im Land. Karikaturisten statteten ihn darum mit den Stiefeln, dem schwarzen Hemd und dem massiven Kinn des Duce aus.

Mit der Halbzeit der Legislaturperiode wuchs 1986 der Druck der Christdemokraten, die loyal die Stabilität und damit die Rekordzeit von Craxis Regierung ermöglicht hatten. Es kam zu einer Absprache für einen Wechsel im Amt des Ministerpräsidenten, die sogenannte »Staffette«, für März 1987. Craxi hielt sich nicht daran, und der Streit führte erneut zu vorzeitigen Wahlen. Sie brachten den Sozialisten einen Zuwachs von über drei Prozent – von 11,4 auf 14,3 Prozent –, verstärkten damit ihre Schlüsselposition, konsolidierten aber auch die Vormacht der DC. Nach dem halbjährigen Zwischenspiel Gorias übernahm der DC-Chef De Mita selbst die Fortsetzung der Fünferkoalition.

Craxi, der im Lauf der Jahre ideologisch, aber auch personell

Ballast abgeworfen hat, setzt sein politisches Spiel einfallsreich fort. Vor allem dank seiner Regierungszeit von fast vier Jahren ist der Parteichef populärer als seine Partei. Er versuchte sie für moderne Strömungen zu öffnen, und zwar in der Hoffnung, auch die aktiven Kräfte in Wirtschaft und Kultur für sich zu gewinnen. Allerdings blieb es meist bei modischen Inszenierungen ohne Folgen. Vizesekretär Martelli suchte auch neoliberale Tendenzen für die Partei nutzbar zu machen, und Craxis Treffen mit dem Nachfolger Almirantes an der Spitze des neofaschistischen MSI, Gianfranco Fini, wurde als Versuch gewertet, Wasser von rechts auf die eigenen Mühlen zu leiten. Mit dem Einsatz für die Referenden gegen die Nuklearenergie und für die Haftung der Richter bei Fehlurteilen von 1987 wollten die Sozialisten vor allem Instrumente der direkten Demokratie ausnützen: Die Partei möchte auch die Rolle einer Bewegung spielen, um so in der Gesellschaft ihr politisches Potential zu erhöhen.

Im Programm der Reformen war im Lauf der Regierungsjahre das Spektrum der Wirtschafts- und Sozialpolitik zusammengeschrumpft; dagegen behielten institutionelle Reformen weiterhin die erste Stelle. Craxi verstand es schon als Regierungschef, die Exekutive zu stärken, und seine Pläne laufen darauf hinaus, das schwerfällige System der italienischen Institutionen funktionsfähiger zu machen. Der PSI lancierte die Direktwahl des Präsidenten der Republik. Mit derartigen Vorschlägen versuchen die Sozialisten ihren eigenen Weg an die Spitze zu ebnen. Craxi versteht es mit seinem ausgeprägten Sinn für politische Macht, das Gewicht des PSI im richtigen Moment kaltblütig und massiv auszuspielen. In der draufgängerischen Art und Weise seines »decisionismo«, mit dem er Gegner anging, Regierungen blockierte oder als Schiedsrichter auftrat, ist er ein Sonderfall im modernen Italien mit seiner stets auf Vermittlung bedachten politischen Führungsschicht.

Die Chance für den PSI, eine progressive und laizistische Alternative zur Democrazia cristiana zu bilden, ist jedoch weiterhin höchst ungewiß. Zwar geht der Schrumpfungsprozeß der kommunistischen Wählerschaft weiter, und auch das Mittelfeld der laizistischen Parteien ist gefährdet. Aber diese Verschiebungen in der Wählerschaft gehen langsam vor sich, und es ist nicht sicher, ob sie jedesmal die Sozialisten stärken. Mehr als ein Jahrzehnt nach Übernahme der Parteiführung hat Craxi zwar den PSI, nicht aber das Parteiensystem umgewandelt. Die Sozialisten sind zu schwach, um die Christdemokraten voll zu ersetzen, und zu stark, um außerhalb der Regierung zu bleiben; sie sind zu stark, um ein gefügiger Satellit der DC zu sein, und trotzdem zu schwach, um ein wirklich gleichberechtigter Partner zu werden. Sie spielen mit hohem Einsatz, obwohl ihnen die Basis ausreichender Wählerstimmen fehlt. Den Sozialisten bleibt jedenfalls der Trost, daß jede Regierung ohne Kommunisten heute von der sozialistischen Unterstützung abhängig ist. Solange die Christdemokraten die Kommunisten nicht in die Regierung aufnehmen wollen und solange die drei laizistischen Parteien außerstande sind, den Christdemokraten eine parlamentarische Mehrheit zu verschaffen, werden die Sozialisten in jeder Koalition eine Schlüsselrolle spielen.

Das Gewicht der kleinen Parteien

Ein großer Unterschied zwischen der vor- und der nachfaschistischen Zeit liegt im totalen Wechsel der politischen Führungsschicht. Vor 1922 herrschte das liberale Bürgertum; Katholiken und Arbeiterklasse waren von der Regierung ausgeschlossen. Nach 1945 war die Macht in den Händen der Katholiken, und der Rest des politischen Spektrums wurde von den Kommunisten und Sozialisten bestimmt. Den Parteien der traditionellen liberalen Mittelklasse – Republikanern, Liberalen und Sozialdemokraten – blieb immer weniger Raum. Über die Jahre hin gewannen sie rund ein Zehntel der Wählerschaft für sich. Der Verfall der mittelständischen Parteien ist ein gesamteuropäisches Phänomen; in fast allen parlamentarischen Demokratien kam es zu einer zunehmenden Polarisierung zwischen Konservativen, die gemäßigt wurden, und Marxisten, die reformistisch wurden. Überall kämpften die Mittelparteien darum, eine neue Rolle zu finden, ja um ihr Überleben. In Italien ist die parlamentarische Unterstützung der laizistischen Parteien, so gering deren Rückhalt in der Wählerschaft auch sein mag, aber lebenswichtig für eine Regierung, die ohne Kommunisten und Neofaschisten gebildet wird. Mit dieser parlamentarischen Unterstützung handeln die Parteien ihre Teilnahme an der Regierung und ihren Einfluß auf die politische Linie aus.

Republikaner, Sozialdemokraten, Liberale

Die drei laizistischen Parteien haben vieles gemeinsam. Sie sind alle in der italienischen Tradition des ausgehenden 19. Jahrhunderts verwurzelt – die Republikaner berufen sich auf Giuseppe Mazzini, die Liberalen auf Camillo Cavour und die Sozialdemokraten auf Reformsozialisten wie Leonida Bissolati. Sie gleichen sich alle in der Auffassung vom politischen Leben und unterscheiden sich damit von ihren großen Konkurrenten: Sie sind eher pragmatisch als ideologisch orientiert; der Vorrang gilt mehr der individuellen Freiheit als einer umfassenden Theorie. Da sie ideologisch unbelastet eine Gesellschaft ohne religiöse Bindung anstreben, sind sie bekannt als die laizistischen Parteien.

Die drei Parteien gleichen sich auch in anderer Hinsicht. Mehr als alle anderen sind sie internationalen Fragen zugewandt. Ein größerer Teil ihrer Chefs und Mitglieder hat Auslanderfahrung oder unterhält persönliche und geschäftliche Beziehungen zu anderen Ländern, besonders zu Großbritannien, Amerika und Frankreich. Insofern haben laizistische Politiker einen weiteren Horizont, sind besser über die internationale Szene informiert und darum liegt ihnen daran, daß Italien eine führende Industrienation und ein mehr westeuropäisches als mediterranes Land bleibt. Darum befürworten sie auch ohne Vorbehalt die europäische Integration und die atlantische Zusammenarbeit. Eine zufällige Ähnlichkeit kommt hinzu. Jede dieser Parteien wurde dominiert durch einen einzigen Mann, von denen jeder zu den hervorragenden Politikern der Nachkriegszeit gehörte: Ugo La Malfa bei den Republikanern, Giuseppe Saragat bei den Sozialdemokraten und Giovanni Malagodi bei den Liberalen. Ihre Führerschaft hatte günstige wie ungünstige Auswirkungen. Jeder baute seine Partei auf und führte sie zu ihren größten Erfolgen, vernachlässigte aber die Zusammenarbeit innerhalb der laizistischen Mitte. Trotz dieser Verwandtschaft unterscheiden sich die laizistischen Parteien beträchtlich in Zielen und Praxis ihrer Innenpolitik. Der Grund dafür liegt in der Tatsache, daß ihr Hauptinteresse wirtschaftlicher Art ist, und in diesem Punkt Auffassungen wie Wählerschaft deutlich voneinander abweichen.

Die *Republikaner* setzen sich zum Ziel, aus Italien einen technisch fortgeschrittenen Industriestaat zu machen, der fest mit Westeuropa und den Vereinigten Staaten verbunden ist. Der Schlüssel dazu liegt für sie in einer gesunden Wirtschaft; diesem Ziel versuchen sie alle Elemente der Landespolitik unterzuordnen. Obwohl sie staatlichen Eingriffen im privaten Sektor mißtrauen, treten sie für eine langfristige Wirtschaftsplanung ein, die den politisch motivierten Zickzackkurs der Regierung korrigiert. Um dem heimischen Provinzialismus und dem Sog des Mittelmeerraums zu widerstehen, kämpfen sie für jedes Vorhaben, das Italien stärker der Europäischen Gemeinschaft und der Atlantischen Allianz eingliedert.

Die Republikaner sind entschlossen, Regierungen zu unterstützen, die stark genug sind, um die notwendigen Maßnahmen zur Lösung der wirtschaftlichen Strukturprobleme in Angriff zu nehmen. Ende der fünfziger Jahre entsprach eine Centro-sinistra-Koalition dieser Vorstellung, so daß die Republikaner schon früh leidenschaftlich einen sozialistischen Eintritt in die Regierung unterstützten. Als das Centro sinistra zusammenbrach, waren sie von den Sozialisten enttäuscht. Nach dem kommunistischen Vormarsch von 1976 verfochten sie das Argument, daß nur eine Regierung unter kommunistischer Mitarbeit die sich verschärfenden Wirtschaftsprobleme Italiens lösen könnte. Um 1979 waren sie auch von den Kommunisten enttäuscht und befürworteten breite Koalitionen ohne KPI. Welche Koalitionen es auch sein mochten, die Republikaner strebten jeweils ein wirtschaftliches Ressort für Minister aus ihren Reihen an.

Dank des Kalibers ihrer Führung und einer Prinzipientreue ohne klientelistische Rücksichten kommt den Republikanern die erste Rolle unter den laizistischen Parteien zu. Es war darum nicht überraschend, daß Präsident Pertini, als er zum erstenmal seit 1945 nicht einem DC-Politiker den Auftrag zu einer Regierungsbildung erteilte, den Republikaner Ugo La Malfa nominierte. Dieser Versuch von 1979 mißlang zwar, doch zwei Jahre später war es dessen Nachfolger Giovanni Spadolini, auf den die Wahl des Präsidenten fiel. Der 1925 geborene Florentiner, Professor für moderne Geschichte, hatte erst nach seiner Entlassung als Chefredakteur des ›Corriere della Sera‹ den Weg in die aktive Politik gefunden. Nicht zuletzt dank seiner anderthalbjährigen Ministerpräsidentschaft gelang es ihm 1983, die kleine Partei zu ihrem bisher größten Wahlerfolg zu führen. Sie gewann 5,1 Prozent, fast das Doppelte ihrer früheren Wählerschaft; damit war sie die stärkste der drei laizistischen Parteien. Spadolini wurde 1987 Senatspräsident; an der Parteispitze löste ihn der Sohn La Malfas, Giorgio La Malfa, ab.

Als »wirtschaftliches Gewissen« Italiens fanden die Republikaner die Unterstützung einer beträchtlichen Zahl von Technokraten, Industriellen, Managern und Angehörigen der mittelständischen Berufe, allerdings ohne breitere Wirkung in der Wählerschaft. Doch die Bemühungen und Verdienste der Republikaner um eine gesunde Wirtschaftspolitik und ihr Image, eine moderne, europäische und atlantisch orientierte Partei zu sein, verschaffen ihr ein Prestige, das in keinem Verhältnis zu ihrer numerischen Größe steht. Die Christdemokraten fordern darum in der Regel die Republikaner zur Beteiligung an Koalitionen auf; nach der DC waren sie öfters als jede andere Partei Mitglied der Regierung. Obwohl es ihnen nur in seltenen Fällen gelang, die Regierung zu der von ihnen befürworteten Wirtschaftspolitik zu zwingen, haben sie zumindest die Genugtuung, Schlimmeres verhütet zu haben.

Die *Sozialdemokraten* sind die undeutlichste unter den laizistischen Parteien. Als antikommunistische Partei mit marxistischem Erbe, als sozialistische Partei ohne wirklichen Anhang in der Arbeiterschaft und als im Protest geborene gemäßigte Partei fehlt ihr ein klares Profil. Die Sozialdemokratische Partei wurde 1947 gegründet. Giuseppe Saragat brach damals mit den Sozialisten, die sich auf einen prokommunistischen, prosowjetischen und antiamerikanischen Kurs festgelegt hatten. Während des Kalten Krieges wurde die Partei Saragats mit finanzieller Hilfe Amerikas ein Sammelplatz weiterer sozialistischer Abtrünniger, entwickelte sich jedoch nie zur Massenpartei, wie Saragat gehofft hatte. Obwohl die Gründe für ihre Sezession anerkennenswert waren, wurden die Sozialdemokraten von der Linken bezichtigt, eine »gekaufte« Partei und »Verräter der Arbeiterklasse« zu sein. Darüber hinaus litt die Partei an inneren Widersprüchen. Einerseits behielt sie das traditionelle Zubehör einer marxistischen Partei bei – die Mitglieder sprechen sich als »Genossen« an, und das für den politischen Kurs entscheidende Gremium heißt »Zentralkomitee« –, andererseits basiert ihre Existenz auf eben der Unterscheidung von Parteien mit marxistischem Hintergrund. Die Kommunisten werden einmal als der große Feind hingestellt und die Christdemokraten als Freund, ein andermal werden beide als Gegner behandelt. Die Sozialdemokraten erklären zwar, daß die Kommunisten in einer nationalen Regierung nicht akzeptierbar seien, arbeiten aber mit ihnen auf lokaler Ebene zusammen.

Die Sozialdemokraten sind eine Partei mit geringer politischer Substanz, ihren europäischen und atlantischen Prinzipien blieben sie jedoch unerschütterlich treu. Ihre Wählerschaft bestätigt den amorphen Charakter von Partei und Programm. Der sozialdemokratische Wähler ist häufig ein unabhängiger Handwerker, ein Rentner oder ein kleiner Beamter. Da er zur kleinbürgerlichen Mittelklasse gehört, fühlt er sich nicht zu den Liberalen hingezogen; da er Reserven gegenüber der Kirche hat, will er nicht für die Christdemokraten stimmen; als Konservativer unterstützt er die Sozialisten nicht und als Antikommunist ist er auch gegen die KPI. Es scheint ein, wenn nicht das Hauptziel der Partei zu sein, sich aus dieser gemischten Gruppe die Wählerschaft zurechtzuschmieden. Die Sozialdemokraten stehen im Ruf, vorwiegend eine Partei der Patronage zu sein.

Wenn sie Koalitionen angehörten, zögerten sie nie, gegen die Wirtschafts- und Sozialpolitik der Regierung zu opponieren, falls sie dabei auf Stimmengewinn hoffen konnten. Sie machten sich insbesondere die Sache der Rentner zu eigen. Selbst der Antikommunismus scheint diesem klientelistischen Gebaren untergeordnet; er wird je nach der Stimmung der Wählerschaft angekurbelt oder gebremst. Unter Pietro Longo, Franco Nicolazzi und Antonio Cariglia hat die Partei gewisse Züge einer poujadistischen Formation angenommen, baut also stark auf der wirtschaftlichen Unzufriedenheit der kleinen Leute auf.

Der schwankende Charakter der Sozialdemokraten spiegelt sich auch in ihrem Verhältnis zu den Sozialisten. Nachdem diese sich von den Kommunisten getrennt hatten, erschien die getrennte Existenz beider immer überflüssiger. Nenni und Saragat erreichten 1967 eine Zusammenführung ihrer Parteien. Doch die Fusion war künstlich, fand nur organisatorisch an der Spitze statt und fiel nach den Wahlen von 1969 wieder auseinander, da die beiden vereint weniger Stimmen gewannen, als sie früher getrennt erobert hatten.

Nach verbreiteter Ansicht sollten die Sozialdemokraten aus dem Parteienspektrum verschwinden, weil es keinen plausiblen Grund für ihre Existenz gebe. Tatsächlich befindet sich die Partei seit 1948 im Rückgang, als sie fast acht Prozent der Gesamtstimmen gewonnen hatte. In den letzten Wahlen kam sie auf rund drei Prozent. Doch die häufigen Prognosen über ihren bevorstehenden Untergang wurden stets durch die Wahlresultate widerlegt.

Die konservativsten unter den laizistischen Parteien waren lange die *Liberalen*, die Nachfahren der politischen Bewegung, die Italien geeinigt und die ersten fünfzig Jahre regiert hatte. Sie bleiben in vieler Hinsicht eine Partei des späten 19. Jahrhunderts, und darin tritt auch ihr größtes Problem zutage, nämlich zugleich liberal aufgeschlossen und rückständig zu sein. Ihrer Tradition gemäß sind sie Verteidiger der bürgerlichen Freiheiten, Kritiker der kirchlichen Vorrechte und Befürworter sozialer Reformen wie Scheidung und Schwangerschaftsabbruch. Doch allem voran treten sie als Anwälte der freien Marktwirtschaft auf und waren der Hauptgegner der Landreform und der staatlichen Reglementierung des privaten Unternehmertums. So wurden die Liberalen praktisch zu den Hauptverteidigern der Großunternehmer und der Großgrundbesitzer. Die Präsidenten der Confindustria, des Arbeitgeberverbandes, standen den

Liberalen nahe, und zeitweise wurde die Liberale Partei als führender politischer Sprecher dieser Organisation betrachtet.

Die Partei opferte ihre allgemeine liberale Politik zunehmend einer konservativen Wirtschaftspolitik. Die entscheidende Verschiebung nach rechts fand statt, als Giovanni Malagodi 1954 zum Parteisekretär gewählt wurde. Danach wurden die Liberalen – neben den Neofaschisten, denen Malagodi seine Partei stets fernhielt – die unbeugsamsten Gegner der Linken und die schärfsten Opponenten der Centro-sinistra-Koalition. Die weitverbreiteten Befürchtungen vor dem Eintritt der Sozialisten in die Regierung brachten den Liberalen ihren größten Erfolg, mit sieben Prozent der Stimmen in den Wahlen von 1963. Als sich dann zeigte, daß die Sozialisten keine Bolschewisten waren und das Centro sinistra nicht zu einer Regierung durch Sowjets wurde, schmolzen die Stimmen für die Liberalen zusammen. In den Wahlen von 1976 gewannen sie schließlich nur noch rund zwei Prozent. Das beschleunigte das Ende der Ära Malagodi, der das kurze Zwischenspiel Agostino Bignardis folgte. Malagodis Nachfolge trat schließlich der weniger kraftvolle, doch pragmatischere Valerio Zanone an, der die Partei zur Mitte hinzuführen suchte, enge Verbindungen zu den Sozialisten pflegte und darin wirksame Mittel sah, eine Teilnahme der Kommunisten an der Regierung zu verhindern. Nach langen Jahren der Absenz wurde die Liberale Partei wieder Koalitionspartner, zuerst 1979 in der ersten Regierung Cossiga. Der Anteil der Liberalen, heute geführt von Renato Altissimo, betrug in den letzten Wahlen 2,1 Prozent.

Da die Liberalen allmählich vom großen Unternehmertum und von der Confindustria verlassen wurden, die sich ihrerseits unter den breiteren Schirm der Democrazia cristiana begaben, suchen sie heute eine neue Wählerschaft, wenn nicht überhaupt eine neue Identität. Während die Parteiführer und aktiven Mitglieder nach wie vor zumeist aus dem höheren Mittelstand kommen, wenden sich die Liberalen zunehmend an die kleinen Geschäftsleute wie Ladeninhaber und andere Selbständige, die staatliche Reglementierungen ablehnen. Auf diese Weise hat die Partei die Isolierung überwunden, ohne daß es ihr gelang, eine wirksamere Parteiorganisation zu schaffen. Das bescheidene Wählerreservoir beschränkt sich vorwiegend auf ihre Hochburgen im industriellen Dreieck Norditaliens.

Es ist schwierig, den Einfluß der drei laizistischen Parteien abzuschätzen. Sie waren, hart gesagt, weitgehend ein passives

Element, das den Christdemokraten für den Preis einiger Ministerposten, in der Regel von minderem Rang, die notwendigen parlamentarischen Mehrheiten bereitstellte. Im Privatgespräch gestehen laizistische Parteiführer freimütig ein, den Kurs, den die verschiedenen Regierungen einschlugen, nicht bedeutend beeinflußt zu haben. Sie nehmen allerdings das Verdienst in Anspruch, die Christdemokraten zu einer weniger opportunistischen Wirtschaftspolitik gezwungen und im Verein mit Sozialisten und Kommunisten soziale Reformen durchgesetzt zu haben. Und sie gaben den Christdemokraten den erforderlichen Impetus und gelegentlichen Ansporn, die volle Verbindung Italiens mit EG und NATO aufrecht zu halten.

Ein Beispiel war die Mitgliedschaft Italiens in der Europäischen Währungsunion. Als sich das Problem Ende 1978 stellte, versuchte Ministerpräsident Andreotti den Beitritt Italiens mit Rücksicht auf die Kommunisten aufzuschieben. Die Republikaner als Koalitionspartner drohten mit dem Sturz der Regierung, und christdemokratische Hinterbänkler revoltierten. Andreotti wurde gezwungen, seinen Kurs zu ändern, und Italien wurde Gründungsmitglied der EWU. Solcher Druck ist nicht immer möglich und nicht immer wirksam. Im Unterschied zu ähnlich gelagerten Parteien in anderen Ländern fehlt den laizistischen Kräften eine Alternativpartei, mit der sie eine Regierung bilden könnten. Sie müssen entweder der DC dienen oder der Regierung fernbleiben. Ihre Verhandlungsposition ist beschränkt, weil sie die Regierungsfähigkeit Italiens mit garantieren müssen.

In einem tieferen Sinn war der laizistische Einfluß nicht unbedeutend. Der Fehlschlag der laizistischen Parteien, sich zu einer führenden Kraft zu entwickeln, und die Vorherrschaft einer katholischen Partei mußten den Ton des politischen Lebens ändern. Der Geist des Risorgimento wurde in sein Gegenteil verkehrt. Die Politik wurde ideologisiert. Soziale Reformen wurden hintertrieben. Weite Bereiche des öffentlichen Lebens gerieten unter klerikalen Einfluß. Indem aber der liberale, laizistische Geist trotzdem überlebte, konnten die laizistischen Parteien zu dem tiefen Wandel beitragen, der in den sechziger und siebziger Jahren in Italien stattfand: Die Politik wurde entideologisiert, und soziale Veränderungen setzten sich durch.

Anfang der achtziger Jahre herrschte eine neue Stimmung in der italienischen Politik. In Parlaments- wie Administrativwahlen wandten sich Wähler seit 1979 von den großen Parteien ab und reduzierten so die Polarisierung des Parteiensystems. Dieser Trend wurde in den Wahlen von 1983 vorübergehend bestätigt. Die Chance erneuter Gewinne blieb minimal. Selbst vor Mussolini hatten die laizistischen Parteien mehr eine politische Gesinnung als eine solide Kraft dargestellt. Nach dem Kriege wurden sie zwischen dem doppelten Gewicht der katholischen und marxistischen Parteien aufgerieben. Für die überwiegende Mehrheit der Italiener befanden sich die laizistischen Kräfte am Rande der großen Auseinandersetzung, die in der italienischen Gesellschaft im Gange war. Obwohl dieser Kampf heute nachgelassen hat, erreicht ihr Appell aus Gründen der Tradition oder wirtschaftlicher Interessen nur ein schmales Segment der Gesellschaft.

Die Zukunft der drei Parteien liegt ebensowenig wie in der Vergangenheit in ihren eigenen Händen. Ihr Schicksal ist verquickt mit dem Schicksal der anderen Parteien. Ein Rückgang der beiden großen Parteien könnte die Wählerbasis der laizistischen Parteien erweitern, aber in diesem Mittelfeld der Politik operiert heute dynamisch und mit Geschick die Sozialistische Partei unter Craxi.

Die Radikalen als Außenseiter

Aus der laizistischen Tradition ist auch die nonkonformistische, farbige und tumultuöse Radikale Partei hervorgegangen. Sie wurde 1955 als sezessionistischer Sproß der Liberalen Partei gegründet, als diese unter Malagodi den Kurs nach rechts einschlug. Wie die laizistischen Parteien haben die Radikalen eine Wirkung, die über ihren Anhang an Wählern hinausgeht. Wie einst die laizistischen Parteien, werden sie von einem Mann, in diesem Fall Marco Pannella, dominiert. Darüber hinaus aber ist die Radikale Partei ein einzigartiges Phänomen in der italienischen Politik: Sie ist in gewissem Sinn weder radikal noch eine Partei. In Wirklichkeit stellt sie eine außerparlamentarische Bewegung dar. Die Radikalen sind überzeugt, daß weder die Regierung und die anderen Parteien noch das Parlament ein Interesse an den sozialen Problemen des Landes haben; der einzige Weg zu einer funktionierenden Demokratie und zum Schutz der konstitutionellen Ordnung besteht für sie darin, dem Wunsch der Bevölkerung nach sozialem Wandel direkten politischen Ausdruck zu verschaffen. Sie umgehen deshalb die etablierten Institutionen und wenden sich mit Demonstrationen,

Sit-ins, Hungerstreiks und vor allem durch die verfassungsmäßige Einrichtung des Referendums unmittelbar ans Volk, um Gesetze zu ändern, sind aber gleichzeitig im Parlament tätig.

Ihre Ziele und Taktiken wechselten im Lauf der Jahre, doch gab es eine Reihe von Konstanten. Das Hauptinteresse gilt dem Schutz und der Förderung der bürgerlichen Freiheiten und der Rechte der Minderheiten. Im Parlament waren sie die einzigen Gegner der harten Maßnahmen für law and order, zugleich aber die stärksten Befürworter der Rechte der Frau und die von Militärdienstverweigerern, Homosexuellen und sozialen Minderheiten. Indem sie echte oder angebliche Justizopfer wie den Linksextremisten Toni Negri oder den wegen Drogenvergehen angeklagten Showmaster Enzo Tortora mit Erfolg als Wahlkandidaten aufstellten, ja 1987 sogar dem Pornostar Cicciolina in die Kammer verhalfen, sorgten sie für ihre eigene Publizität und für eine breite Diskussion. Sie spielten eine Schlüsselrolle bei der Mobilisierung der öffentlichen Meinung für die Scheidungs- und Abtreibungsgesetze und traten für die Liberalisierung der Drogen ein. Seit Jahren sind sie auch in Kampagnen gegen die Hungersnot in der Dritten Welt engagiert.

Die Radikalen sind eifrige Anwälte der europäischen Zusammenarbeit und der EG-Institutionen, insbesondere des Europäischen Parlaments, in dem sie eine auffällige Rolle spielen. Seit 1987 nennen sie sich europäische Föderalisten. Sonst zeigen sie wenig Interesse an Außen- und Verteidigungspolitik. Gemäß ihrer pazifistischen Neigung und ihres Glaubens, daß das Militärbudget besser für soziale und humanitäre Zwecke verwendet würde, sind sie für den Austritt Italiens aus der NATO, ohne sich jedoch dafür aktiv einzusetzen. Auf derselben Linie lagen die Vorhaben, durch Referenda die Finanzpolizei zu entmilitarisieren, den Besitz von Feuerwaffen zu verbieten und straffällige Militärs vor zivile Gerichte zu stellen. Die Radikalen sind eine der wenigen Gruppen mit einem konsequenten Interesse an Umweltproblemen. Sie sind auch entschlossene Streiter für eine Trennung von Kirche und Staat und treten darum nicht für eine Reform, sondern für die Aufhebung des Konkordats und des Finanzvertrags mit dem Vatikan ein.

Die parlamentarische Vertretung der Radikalen spielte lange Zeit eine sekundäre Rolle. Sie stellten erst 1976 Kandidaten auf. Gern hätten sie sich mit den Sozialisten auf einige gemeinsame Kandidaten geeinigt, wurden aber sitzengelassen und zogen allein in die Wahlkampagne. Zur allgemeinen Überraschung gewannen sie 400 000 Stimmen und vier Sitze in der Kammer. Mit ihrer wachsenden Anziehungskraft auf Frauen, die Jugend, die sozialen Randgruppen und auf Künstler und Intellektuelle wie den Schriftsteller Leonardo Sciascia verdreifachten die Radikalen 1979 ihre Stimmen. Einmal im Parlament, erwiesen sie sich zugleich als Freund und Feind dieser Institution. Sie traten einerseits dafür ein, aus ihm ein Forum für echte Debatten und offene Entscheide über nationale Fragen zu machen und nicht einen Ort für bereits in Ausschüssen und Parteizentralen getroffene Beschlüsse – andererseits griffen sie selbst zu jeder nur möglichen Taktik, um von ihnen bekämpfte Gesetze zu blokkieren und legten damit zeitweise das Parlament lahm.

Wegen ihres Libertinertums und ihrer unorthodoxen Methoden waren die Radikalen für die etablierten Parteien stets ein Affront und Ärgernis, vor allem für die Kommunisten, die argwöhnten, daß eine Gruppe frivoler Emporkömmlinge sie um ihre eigene Reputation als Reformer und um ihre potentiellen Wähler bringen könnte. Es stimmt, daß Pannella ein echter politischer Freibeuter ist, der mit einer zügellosen Verve agiert, die anderen Parteiführern fehlt, und der einen rücksichtslosen Geist in die Radikale Partei gebracht hat, der allerdings längst anfängt, seine Gegner und Sympathisanten zu langweilen. Doch in einem Land mit wenigen sozialen pressure groups für aktuelle Anliegen hatten Pannella und die Radikalen einigen Zehntausend Italienern das Gefühl gegeben, im politischen Prozeß mitzubestimmen, und desillusionierten jungen Leuten die Möglichkeit einer legitimen politischen Aktivität – in einer Zeit, in der die Alternative für viele nur der Terrorismus schien.

Die Zukunft der Radikalen, zumindest was ihre parlamentarische Existenz anbetrifft, ist trübe. Ihr Stimmenanteil betrug 1987 noch 2,6 Prozent, etwas mehr als jener der Grünen, die zum erstenmal im Parlament vertreten sind. Der Spielraum der Radikalen wird durch diese neue Gruppierung geschmälert, aber auch durch die Sozialisten, die sich punktuell als Bewegung gebärden, um Strömungen der Gesellschaft auf ihre Mühlen zu leiten. Die Radikalen erhalten ihre Einheit aufrecht bei geringer Organisation und bei geringer Disziplin, die Pannella selber nicht mehr zu garantieren vermag.

Auf ganz andere Art radikal ist der Links- und Rechtsextremismus. Italien mag das reichste Aufgebot der Welt an politischen Randgruppen und Randparteien haben, ein Umstand, der den ideologischen Individualismus und die Aufsplitterung des politischen Lebens spiegelt. Einige dieser Parteien und Gruppen sind der demokratischen Ordnung verpflichtet, andere von fragwürdiger Verfassungsmäßigkeit, während die radikalsten unter ihnen in einem dunklen Bereich zwischen legitimem Extraparlamentarismus und Subversion angesiedelt sind. Diese extremistischen Kräfte gewinnen zusammen im Durchschnitt knapp zehn Prozent der Gesamtstimmen in Parlamentswahlen. Wegen ihrer radikalen Positionen können sie jedoch weder einer Regierung beitreten noch würden ihre Stimmen für die Bildung einer Regierung oder zur Verabschiedung wichtiger Gesetze durch die anderen Parteien akzeptiert. So gesehen, stellen diese Kräfte ein doppeltes Problem für das politische System Italiens dar. Sie machen einen bedeutenden Wählerblock aus, dessen Vertreter von jeder Beteiligung an der Regierung ausgeschlossen sind.

Die äußerste Rechte findet ihren Ausdruck in der italienischen Sozialbewegung, dem »Movimento sociale italiano – Destra nazionale« (MSI). Diese bleiche Reinkarnation der Faschistischen Partei verdankt ihren Namen, ihre Ideale und Führer der Italienischen Sozialrepublik, Mussolinis Marionettenregime in deutscher Hand zwischen 1943 und 1945. Obwohl die über die Jahre hin entwickelten Programme nicht völlig klar und kohärent sind, steht fest, daß der MSI eine Demokratie mit Parteienpluralismus ablehnt. Er tritt statt dessen für ein zentralistisches Präsidialsystem mit kooperativen Zügen ein. Demokratischer Brauch würde nur in einem engen und streng kontrollierten Rahmen geduldet. Die Partei ist gegen alles, was links von der Rechten ist: Linksparteien, Gewerkschaftsbewegung, permissive Gesellschaft, sozialer Pluralismus, Kompetenzen für Regionen, Kapitalismus wie Kommunismus, gesicherte bürgerliche Freiheiten, Scheidung und Schwangerschaftsabbruch. In der Außenpolitik ist sie nationalistisch und schwankte zwischen Feindseligkeit gegen die Vereinigten Staaten, NATO und europäische Integration und Sympathie für den Westen. Im Grunde tritt sie für einen antisowjetischen »dritten Weg« ein. Sie verhält sich unerschütterlich freundlich gegenüber den

Streitkräften, den Geheimdiensten, den Carabinieri und der Polizei und konnte in diesen Kreisen eine gewisse Unterstützung finden. Eine Reihe prominenter Offiziere saßen als MSI-Abgeordnete im Parlament.

Der MSI hat in der italienischen Politik nie richtig Fuß gefaßt. Seine Hauptanstrengung seit der Gründung im Jahr 1946 bestand darin, sich in den politischen Prozeß einzuschalten, um den Schwerpunkt der Politik so weit wie möglich nach rechts zu verschieben. In der Verwirklichung dieser Strategie war die Partei stets gespalten, der innere Gegensatz derart tief, daß sie fast in zwei Lager zerfällt. Ein im Süden verwurzelter Teil setzt sich aus reaktionären und protestierenden Elementen, Außenseitern, Ex-Monarchisten und Kleinbürgern zusammen; sie fordern Ordnung, Disziplin und die Erhaltung traditioneller Werte. Der andere Teil ist vorwiegend nördlicher Herkunft, radikal, antimonarchistisch und unentwegt faschistisch; sein Ziel ist es, alle Gruppen und Institutionen zur Linken zu zerschlagen. Die gemäßigten Kräfte der Partei akzeptieren das gegenwärtige parlamentarische System und glauben, daß der beste Weg für sie darin liege, mit den Christdemokraten zusammenzuarbeiten und dabei von außen auf sie einzuwirken. Der radikale Flügel verficht eine kämpferische Linie, um dem politischen Prozeß einen Stoß in Richtung eines künftigen faschistischen Staates zu geben. Dank der Ultras in diesem Lager nimmt der Stoß konkrete Formen an. Zu ihrem Kreis gehören die Gründer und Agitatoren der verschiedenen extremistischen und paramilitärischen Gruppen – Pino Rautis »Ordine nuovo« ist das bekannteste Beispiel –, die irgendwo zwischen Legalität und Untergrund, zwischen harmlosen Einfällen und offener terroristischer Gewalt operieren.

In den zwei Jahrzehnten zwischen 1950 und 1969 verfolgte der MSI einen relativ gemäßigten Kurs, schaltete sich in den parlamentarischen Betrieb ein und versuchte, die Christdemokraten in eine Mitte-rechts-Richtung zu drängen. Für die radikalen Elemente kam dies einem schwächlichen Hinauszögern gleich, und 1956 verließen darum einige von Rauti geführte Extremisten die Partei. Bis zu einem gewissen Grad machte sich die Taktik der Partei aber bezahlt. Die Christdemokraten waren froh um die MSI-Unterstützung und erlaubten ihr dafür den Eintritt in eine Reihe lokaler und regionaler Koalitionen mit aller politischen Legitimierung, die damit verbunden war. Schon 1947 hatte die DC die Stimmen des MSI gebraucht, um den kommunistischen Einzug ins Rathaus von Rom zu verhindern. In den späten fünfziger Jahren war sein parlamentarischer Beistand willkommen, um Regierungen auf nationaler Ebene zu stützen. 1960 ging die DC soweit, unter Tambroni eine Regierung mit offener Unterstützung des MSI in der Vertrauensabstimmung zu bilden. Die MSI-Stimmen wurden auch bei der Wahl christdemokratischer Präsidenten – bei Segni 1962 und bei Leone 1971 – akzeptiert.

Doch die Christdemokraten distanzierten sich auch kritisch von den Neofaschisten. Es gab Zeiten, in denen es ihnen höchst unangenehm war, mit dem MSI in Verbindung zu stehen, was De Gasperis Ablehnung der 1952 geplanten »Operazione Sturzo« in Rom erklärt. Zu anderen Zeiten war die DC besorgt, Stimmen nach rechts zu verlieren. Diese Befürchtungen führten 1951 zum Antrag der Regierung, alle Nachfolgeorganisationen der faschistischen Partei zu verbieten und damit auch den MSI. Obwohl das Gesetz vom Parlament verabschiedet wurde – es heißt nach dem damaligen Innenminister »Legge Scelba« –, wandten es spätere Regierungen gegen den MSI nicht an und überhörten damit auch mahnende Appelle der Linksparteien und früherer Widerstandsgruppen. Den Christdemokraten machte es das Gesetz möglich, mit der Auflösung zu drohen, sich den MSI damit gefügig zu machen, unter Kontrolle zu halten und gegebenenfalls zu gebrauchen.

Nachdem das Tabu des Centro sinistra gebrochen war, hatte die DC die Unterstützung des MSI auf nationaler Ebene nicht mehr nötig. Seither befindet sich die Partei auf einem Nebengleis. 1969 wurde Giorgio Almirante, Führer des militanten Flügels, wieder Parteichef. Um Terrain für seine Partei zu gewinnen, verfolgte er eine doppelte Strategie. Er steuerte im Grunde einen radikalen Kurs, gab der Partei aber gleichzeitig ein bürgerlich gemäßigtes Image. Einerseits nahm er Rauti und andere Extremisten wieder auf, anderseits wurden Reste der Monarchistischen Partei absorbiert. Während die Neofaschisten gute Manieren im Parlament zeigten, beuteten sie zugleich soziale Unruhen aus, wie 1970 bei den Gewaltaktionen von Reggio Calabria. Obwohl die Partei Verbindungen zu Rechtsterroristen vermied und deren Morde als indirekte Stärkung der Kommunisten anprangerte, war die Führung für viele Mitglieder zu intransigent. Almirantes Kurs veranlaßte eine Gruppe von Parlamentariern, auszutreten und die gemäßigtere Partei der Nationaldemokraten zu gründen. Angeblich standen christdemokratische Politiker hinter der Initiative. Die Neugründung erwies sich schließlich als Mißerfolg.

Die Wählerschaft der Partei, konzentriert auf Rom, Neapel und Sizilien, stammt aus den Restbeständen des Regimes Mussolinis samt Nachfahren, aus dem Kleinbürgertum und den unteren Rängen der Bürokratie und der Polizei. Sie stellt einen soliden Block dar, der sich weder von den Christdemokraten absorbieren läßt noch sonst zu verschwinden scheint. Die Wählerquote bewegte sich im allgemeinen um fünf Prozent, wuchs 1972 nach der Verschmelzung mit den Monarchisten jedoch auf fast neun Prozent an. Auf nationaler Ebene steht der MSI seit 1972 an vierter Stelle, mit einem Stimmenanteil von 5,9 Prozent in den Wahlen von 1987. In einigen Zonen des Südens wie Neapel und Sizilien, wo er Protestwähler anzieht, war der MSI zeitweilig die drittgrößte Partei. Den größten Erfolg erzielte er jedoch unter den italienischen Protestwählern in der Autonomen Provinz Bozen mit ihrer deutschsprachigen Mehrheit: 1985 wurde er die stärkste Partei im Stadtparlament von Bozen und 1987 die stärkste italienische Partei von Südtirol. Im Dezember 1987 trat in dem 35jährigen Gianfranco Fini die junge Generation die Nachfolge Almirantes an.

Die Aufsplitterung der äußersten Linken

Die äußerste Linke befindet sich heute in einem Zustand der Schwäche und Stagnation. Sie ist ein Opfer ihrer eigenen Spaltungen und Ungewißheiten und stand lange Zeit im Schatten der bewaffneten Revolutionäre der »Roten Brigaden« und anderer Terroristengruppen. Doch während rund zehn Jahren war diese selbsternannte revolutionäre Linke ein auffallendes Element der politischen Szene Italiens, und sie könnte eines Tages wiederkehren. In ihrer ursprünglichen Form war sie aus der Welle von ideologischem Radikalismus hervorgegangen, die Ende der sechziger Jahre die intellektuellen und akademischen Kreise Westeuropas heimsuchte. Ein Teil dieses radikalen Ferments nahm nie politische Gestalt an; es blieb bis heute bei einer diffusen antiautoritären Kampfgesinnung. Doch der größere Teil des ideologischen Eifers jener Jahre formierte sich in einer bunten Vielfalt von Miniparteien, Gruppen und Bewegungen. Eine von ihnen war »Manifesto«, ein Kreis von kommunistischen Intellektuellen, die von ihrer Mutterpartei ausgestoßen wurden, nachdem sie deren ideologische Revision und den Verzicht auf den Klassenkampf kritisiert hatten. Eine andere Gruppe war »Lotta continua«, eine spontane, durch den Aufruhr von 1968/69 radikalisierte Bewegung von Studenten und Jugendlichen, die sich außerhalb der Gesellschaft fühlten und die etablierten Institutionen und Sitten umzustürzen suchten. Es handelte sich mehr um ungehemmte Planspiele als um ernsthafte Aktionen.

Außerdem gab es eine Reihe von Bewegungen, die das politische Bewußtsein der Arbeiter stärken wollten, wie »Movimento politico dei lavoratori« (MPL), eine winzige linkskatholische Organisation von Sozialisten, die von den ACLI herkamen, und »Avanguardia operaia«, eine kleine revolutionäre Gruppe von Marxisten-Leninisten. Daneben stand eine reiche Auswahl von anderen marxistisch-leninistischen und anarchistischen Parteien und von trotzkistischen und maoistischen Gruppen. Die radikalste unter ihnen war »Potere operaio«; sie war in den Fiat-Werken von Turin besonders aktiv und machte sich nicht nur für den Kampf gegen den Kapitalismus, sondern auch gegen die Arbeit stark. Die Gruppe stellte sich selber als Speerspitze der revolutionären Arbeiterbewegung dar und betrachtete Gewalt und in gewissen Fällen Terrorismus als legitim.

Diese extremistischen Gruppen waren die »Sekten« des politischen Systems Italiens. Wie ihre religiösen Gegenstücke waren sie gekennzeichnet durch individuelle Hingabe, ideologischen Fanatismus, Exklusivität, Entfremdung gegenüber der herrschenden Kultur und Feindschaft gegen die etablierten Institutionen, und auch hier waren Ausschlüsse und Abspaltungen an der Tagesordnung. Sie hatten die Tendenz, sich immer neu zu teilen. Charakter, Führung und Namen wechselten ständig. In Doktrin und Praxis wiesen sie schleichende Übergänge vom orthodoxen Marxismus zum Außerparlamentarismus, von der friedlichen Revolution zur Verfechtung von Gewalt auf. Doch wie im Falle dissidenter religiöser Bewegungen, neigten sie sehr bald Reformen zu. Nachdem diese Gruppen anfangs die etablierten politischen Institutionen abgelehnt hatten, begannen die meisten von ihnen, im bestehenden politischen Rahmen zu arbeiten, nahmen an Wahlen teil, rückten ins Parlament ein und akzeptierten staatliche Gelder wie die anderen Parteien. Nachdem sie erst für die Revolution eingetreten waren, warben sie nun für Reformen. Nachdem jede ihren eigenen Weg eingeschlagen hatte, begaben sie sich auf die Suche nach Einheit.

Zu einem Schritt in diese Richtung kam es 1974 mit der Bildung der »Demokratischen Partei der proletarischen Einheit« (PDUP). Die Gruppe des »Manifesto«, der MPL und die Reste der alten »Sozialistischen Partei der proletarischen Einheit« schlossen sich zusammen. Obwohl es dem PDUP mißlang, größere Teile der äußersten Linken zu vereinigen, blieb er lange die zentrale Partei in diesem Bereich des politischen Spektrums. Ihren größten Erfolg in der Zusammenführung verbuchten alle diese Organisationen vor den Wahlen von 1976, als sie, mit Ausnahme von »Potere operaio«, ein Wahlbündnis eingingen. Als Wahlziel schwebte ihnen eine Million Stimmen vor, um zusammen mit den wiedererstarkten Kommunisten und Sozialisten die Democrazia cristiana zu schlagen und die gesamte Linke an die Macht zu bringen. Doch die Kandidatenliste erreichte nur eine halbe Million Stimmen und erhielt nur sechs Sitze in der Kammer. Es war eine Niederlage, von der sich die äußerste Linke nie voll erholt hat.

Zwei Stadien der späteren Entwicklung nahmen der äußersten Linken die letzte Bedeutung. Eines war die »Bewegung 77«, eine höchst amorphe Gruppe von Studenten und jungen Leuten, die kurz, aber gewalttätig wieder den studentischen Aufstand des vorangegangenen Jahrzehnts inszenierte. Sie stellte eine spontane, unorganisierte Revolte arbeitsloser, entfremdeter und zorniger Jugendlicher gegen die Gesellschaft dar. Sie war apolitisch, wenn nicht antipolitisch, und soweit die unterschwelligen Regungen sich bestimmen lassen, handelte es sich um die Suche nach persönlicher Erfüllung. Ihre Ideologie war der Mythos der »Befreiung«, ihr Leibblatt ›Lotta continua‹. Gewalttätige, bewaffnete Elemente schalteten sich ein; im März und April kam es zu offenen Straßenschlachten in Rom und Bologna. Die Agitation von 1977 fand außerhalb der Linksparteien statt, ja richtete sich gegen diese, insbesondere gegen die Kommunisten. Sie markierte einen bedeutsamen Bruch der Jugend mit der orthodoxen Linken. Viele Jugendliche wandten sich damals der Radikalen Partei zu. Die andere Entwicklung war die Zunahme des Linksterrorismus. Sie hatte zur Folge, daß der Anspruch der äußersten Linken, »revolutionär« zu sein, als bloße Rhetorik offen zutage trat; eine Abkehr von Gewaltanwendung setzte ein und zwang diese Gruppen zur Mitte hin.

Trotz allem wurde 1978 die neue Partei »Democrazia proletaria« gegründet, um die äußerste Linke zu vereinigen. Doch sie spaltete diese politischen Kräfte mehr denn je. PDUP und »Democrazia proletaria« waren 1979 sogar außerstande, ein Wahlbündnis einzugehen, und zogen getrennt in den Wahlkampf. Für den PDUP wiederholte sich das Ergebnis von 1976, während »Democrazia proletaria« nicht einmal ein Prozent der Stimmen gewann und kein Mandat eroberte. 1983 wurden die PDUP-Kandidaten auf die kommunistische Liste gesetzt; die »Demoproletarier« errangen unter Leitung des einstigen Studentenführers von 1968, Mario Capanna, im Alleingang 1,5 Prozent der Stimmen und konnten 1987 das Resultat sogar verbessern.

Die äußerste Linke hat fast jedes Ziel verfehlt, das zu erreichen sie sich vorgenommen hatte. Nachdem alle Kampfrufe verklungen waren und die Demonstrationen sich aufgelöst hatten, blieb nicht nur die Revolution aus, auch die Gesellschaft wurde nicht von Grund auf erneuert, die Randgruppen waren weder besser integriert noch befreit, das Bewußtsein der Arbeiter nicht höher und das Hochschulleben in Scherben. Das ideologische Hauptanliegen der äußersten Linken bestand angeblich darin, die Lebensbedingungen der Arbeiter zu verbessern. Aber diese Gruppen und die Arbeiter hatten kaum Kontakt zueinander. Die äußerste Linke befand sich in einem intellektuellen Streit, nicht in einem wirklichen Klassenkampf; ihre Waffen waren Worte oder Schlagworte. Die Beteiligten besaßen geringes Gepäck, was Theorie, Programm und Strategie anbetraf. Aufgrund ihrer sektiererischen Natur konnten sie weder Kräfte vereinen noch konkrete Ziele ins Auge fassen. Nachdem der Terrorismus eingesetzt hatte, war Gewalt nicht mehr legitim für sie, und damit verflüchtigte sich ihr Kampfgeist. Die extremistische Linke hatte ihre Funktion, auch wenn diese mehr sozialer als politischer Art war. Italien hat in Europa die größte Anzahl an Parteien der äußersten Linken. Diese Parteien gaben den radikalen Regungen politische Gestalt; sie waren für entfremdete und unzufriedene Gruppen Mittel der Artikulation und verschafften ihnen ein Gefühl des politischen Engagements.

Gefahren für den Staat: Terrorismus, Mafia, Camorra

Italien, das unter einem aufgesplitterten Parteiensystem, fast permanenten politischen Krisen wie wechselnden Regierungen leidet und das ohne den Halt einer starken demokratischen Tradition ist, wird darüber hinaus von einer Reihe bedrohlicher Übel und schwerer Plagen heimgesucht: Terrorismus aus dem Lager der äußersten Rechten und Linken, der Hang zur Verschwörung in ultrakonservativen Kreisen und die mächtigste kriminelle Organisation der Welt, die Mafia. Sie alle haben ihre Wurzeln in einem schwachen Staat, dessen Institutionen nicht respektiert, sondern ignoriert, manipuliert oder gar zerstört werden. Wenn immer eine dieser Gefahren Schlagzeilen macht, wird die bange Frage laut, wie ernst die subversive Drohung sei und ob die italienische Demokratie die neue Belastungsprobe bestehe.

Die rechtsradikale »Strategie der Spannung«

Der Glaube an die befreiende und reinigende Wirkung der Gewalt hat eine lange Tradition in Italien und war in diesem Jahrhundert ein Element des faschistischen Weges an die Macht. In der Nachkriegszeit tauchte der Terrorismus zum erstenmal im Südtirol der fünfziger Jahre auf, als Terroristen deutscher Sprache in ihrem Kampf für Autonomie Bahngeleise und Hochspannungsmasten sprengten. Zum nationalen Problem wurde der Terrorismus in den sechziger Jahren, als die äußerste Rechte sich seiner Mittel bemächtigte. Ende der siebziger Jahre hatten sich rund hundert rechte Organisationen der Gewalt verschrieben. Die einzelnen Gruppen unterschieden sich sehr voneinander. Es gab Banden von Jugendlichen, die sich an der Bartheke trafen, unter ihnen Elemente, die einmal paramilitärische Ausbildungslager in den Bergen östlich von Rom frequentiert hatten. Dazu kamen Gangs von faschistischen Rowdies alten Stils, die bei Gelegenheit linke Altersgenossen in den Straßen zusammenschlugen oder auf sie schossen. Den Kern bildeten professionelle Terroristen, die mit Sprengstoff arbeiteten und Morde begingen. Ohne Zweifel hatten diese Gruppen Kontakte untereinander und mit ähnlichen Formationen im Ausland. Doch gab es keine Beweise für eine zentrale Steuerung im Lande oder für eine Kontrolle von außen.[24]

Dem Rechtsterrorismus lag kaum eine oder gar keine Weltanschauung oder gesellschaftskritische Analyse zugrunde. Selten bekannte er seine Täterschaft und lieferte darum auch keine Erklärung für seine Aktionen. Jüngere Extremisten wollten häufig einfach Gewalt und Gewalttätigkeit verherrlichen. Die Parole »Gegen eine Welt der Ratten wird sich eine Nation der Wölfe erheben« gab die primitive Mentalität einer dieser Gruppen wieder. Sie frönten einem vagen, aufgewärmten Faschismus mit rassistischen Elementen, dem einige aktuelle Motive wie die Opposition gegen Sitten der permissiven Gesellschaft und gegen Drogengenuß oder die Kampagne für die Todesstrafe beigemischt wurden. Das minimale Ziel bestand darin, eine rechtsextremistische Präsenz zu demonstrieren, eine Gegenkraft zur Linken darzustellen und die Bereitschaft zu zeigen, mit Gewalt gegen Gegner vorzugehen. Die fanatischsten Elemente hatten sich einer »Strategie der Spannung« verschrieben. Ihr Ziel war es, so lange Angst und Verwirrung zu stiften, bis das demokratische System zusammenbrechen, ein autoritäres Militärregime an seine Stelle treten oder ein faschistischer Staat wiederkehren würde.

Der Rechtsterrorismus begann Mitte der sechziger Jahre mit kleineren Bombenanschlägen gegen Bahngelände und Werkanlagen. Niemand wurde getötet, und die Presse nahm die Aktionen nicht zur Kenntnis. Doch am 12. Dezember 1969 begingen Rechtsterroristen, wofür viele Indizien sprechen, einen Anschlag von bisher unbekanntem Ausmaß: Sie legten Bomben in der Landwirtschaftsbank an der Piazza Fontana in Mailand und töteten 16 Menschen. Fast um die gleiche Uhrzeit ereigneten sich drei Attentate in Rom. Ein Sprengstoffanschlag auf eine antifaschistische Demonstration in Brescia kostete 1974 acht Menschen das Leben, während im gleichen Jahr das Attentat auf den Expreßzug »Italicus« zwölf Tote forderte.

In den nächsten Jahren kam es nur zu wenigen Gewaltakten der äußersten Rechten – insgesamt fünf Morde und gelegentliche Bombenanschläge ohne Folgen –, die von der dramatischen Zunahme des linken Terrorismus völlig in den Schatten gestellt wurden. In jener Zeit fand unter den faschistischen Terroristen eine Umgruppierung statt, und mindestens einige der alten Organisationen, wie »Ordine nuovo«, »Avanguardia nazionale« und »Squadre d'azione Mussolini« (SAM) wurden verdrängt durch neue wie »Nuclei armati rivoluzionari« (NAR), »Terza posizione« und »Opposizione popolare rivoluzionaria«. Die NAR wurden bald zur führenden Terroristenorganisation der äußersten Rechten. In den ersten zwei Jahren ihrer Existenz verübten sie Sprengstoffanschläge gegen rund 90 Gebäude, einschließlich dem Außenministerium, dem Hauptgefängnis von Rom, dem Sitz des Obersten Rats der Gerichtsbarkeit und dem Rathaus von Rom auf dem Kapitol. Außerdem ermordeten sie bis Ende 1982 insgesamt ein Dutzend Personen, darunter den römischen Staatsanwalt Mario Amato, der die Untersuchungen gegen den rechtsradikalen Terrorismus geleitet hatte. Am 2. August 1980 explodierte eine Bombe im Hauptbahnhof von Bologna und tötete 85 Menschen. Es war der blutigste Terrorakt in Europa seit dem Krieg. Da sich der Anschlag einen Tag, nachdem im »Italicus«-Verfahren Strafanklage gegen vier Personen erhoben worden war und nur wenige Tage vor dem Jahrestag jenes Verbrechens ereignet hatte, wurde allgemein angenommen, daß eine rechtsextremistische Organisation, wenn nicht die NAR selber, dafür verantwortlich war. Vor Weihnachten 1984 kam es zwischen Florenz und Bologna erneut zu einem Attentat in einem Expreßzug, das 15 Tote forderte – laut Anklage von 1987 hatten diesmal Mafia und Camorra die Hand im Spiel. In keinem der Prozesse gegen die Urheber aller dieser Terrorakte hat es endgültige Urteile gegeben.

Kennzeichnend für den rechten Terrorismus sind die völlige Unlogik und Ziellosigkeit seiner Operationen. Alberto Ronchey hat ihn als »blind, wahllos und unpersönlich« charakterisiert.[25] Mit wenigen Ausnahmen hatten und haben seine Zielscheiben weder eine rationale noch symbolische Beziehung zu den Absichten der Rechten – die Opfer waren zufällige Passanten. Wichtig ist der Akt des Tötens, nicht das Objekt. Der Terrorismus der äußersten Rechten steht auch in keinem klaren Zusammenhang zur politischen Situation. In den sechziger und frühen siebziger Jahren erschien der Rechtsterrorismus als Antwort auf den Vormarsch der Linken – auf den Eintritt der Sozialisten in die Regierung, die zunehmende Macht der Kommunisten und die linken Unruhen von 1968/69. So begannen die faschistischen Gewaltakte während der Jahre des Centro sinistra, stiegen zu Beginn der Studenten- und Arbeiterunruhen an und verliefen sich, als die Sozialisten 1974 aus der Regierung ausschieden. Sie setzten jedoch nicht wieder ein, als die Kommunisten zwischen 1975 und 1979 auf der Höhe ihres Einflusses standen. Der Bombenanschlag in Bologna von 1980 ereignete sich, als die Kommunisten zum erstenmal seit sechs Jahren wieder in der Opposition waren.

Noch undurchsichtiger ist die Frage einer stillschweigenden Duldung oder gar eines heimlichen Einverständnisses von seiten einiger Beamten im Innenministerium, in der Polizei und in den Geheimdiensten. Es besteht der heute weitverbreitete Verdacht, daß rechtsextremistische Terroristen mit Regierungsstellen, Polizei und ultrarechten Christdemokraten kooperierten, was zum propagandistischen Schlagwort vom »Staatsterrorismus« führte. Es wird behauptet, daß Polizeibehörden rechtsradikale Terroristengruppen eher protegierten als zum Gegenstand von Untersuchungen machten und daß sie nicht nur Gewalt aus jener Ecke abschirmten, sondern sogar in gewisse Umtriebe verwickelt waren. Der ›Corriere della Sera‹ ging in dieser Auffassung noch weiter: Laut Anklage im Prozeß hätten führende politische und polizeiliche Instanzen das Mailänder Attentat von der Piazza Fontana »inspiriert, geplant, gewollt und geheimgehalten«.[26]

Für diese verschiedenen Behauptungen liegen bis heute keine Beweise vor. Doch informierte Beobachter versichern, ein großer Teil der oberen Ränge des Innenministeriums und der Geheimdienste wie der Carabinieri habe politisch weit rechts gestanden und mit faschistischer Gewalt sympathisiert, wenn nicht sogar verhindert, daß gegen die Rechtsterroristen vorgegangen wurde. Demnach wurden im Kampf gegen den Rechtsterrorismus anfänglich nicht annähernd die Mittel eingesetzt, die im Kampf gegen den Linksterrorismus verwendet wurden. Im Fall des Mailänder Attentats beharrten Sicherheitsorgane und Justiz zum Beispiel auf der »roten Fährte« und nagelten den Anarchisten Pietro Valpreda als Hauptverantwortlichen fest. Erst als sie nach einigen Jahren immer noch keinen überzeugenden Nachweis bringen konnten, gewann die »schwarze Fährte« an Bedeutung. Zwei Neofaschisten, Franco Freda und Giovanni Ventura, wurden 1972 schließlich verhaftet und angeklagt. Beide flüchteten später, doch Freda wurde wieder festgenommen und erneut vor Gericht gestellt. Im Lauf des Prozesses entpuppte sich Guido Giannettini, ein früherer Agent des Geheimdienstes SID, als einer der Hauptschuldigen. Der Prozeß ging fast zehn Jahre nach dem Verbrechen in erster Instanz zu Ende. Die Urteile lauteten auf lebenslängliche Haft für Freda, Ventura und Giannettini und Freispruch für Valpreda mangels

Beweisen. Im März 1981 wurden in zweiter Instanz alle Hauptangeklagten wegen Mangels an Beweisen freigesprochen. Dieses Urteil wurde jedoch im Sommer 1982 annulliert und ein neues Verfahren in Bari angeordnet. Inzwischen ist in Catanzaro der sechste Prozeß mit neuen Angeklagten im Gang.

Verschwörungen und Putschpläne

Es ist erwiesen, daß ernsthafte Drohungen von rechts gegen die verfassungsmäßige Ordnung nicht vom neofaschistischen Terrorismus, sondern von ultrakonservativen Rechtskreisen innerhalb des Regierungsapparats kamen. Vor allem im Innenministerium und im Sicherheitsdienst gab es Beamte, die die Linke als unerträgliche Bedrohung empfanden und eine starke, ultrakonservative Ordnung befürworteten. Diese Kreise waren voller Mißtrauen gegen die nach 1963 gebildeten Centro-sinistra-Regierungen und der Meinung, daß viele Christdemokraten gegenüber den Gefahren von links blind seien, ja, selber zu links stünden. Die Befürchtung erreichte Anfang 1964 ihren Höhepunkt, als der Chef der Carabinieri und frühere Chef des Geheimdienstes SIFAR, General Giovanni De Lorenzo, einen Plan für die Carabinieri entwickelte, offensichtlich in Kenntnis, wenn nicht auf Veranlassung von Staatspräsident Segni. Er sah vor, eine große Zahl von Politikern festzunehmen und auf Sardinien gefangenzuhalten, die Präfekturen zu besetzen, Radio und Fernsehen zu übernehmen und sich der Hauptquartiere und Zeitungsredaktionen der Linksparteien zu bemächtigen.

Ob dieser Plan nur gedacht war, um die Sozialisten aus der Regierung zu entfernen und eine Mitte-rechts-Regierung zu bilden, oder ob er entworfen wurde, um ein Präsidialsystem unter Kontrolle der Rechten einzusetzen, wurde niemals klar. Auf jeden Fall kam das Vorhaben einem Putschplan der Rechten gleich. Der Coup kam nicht zustande. Vielleicht war für De Lorenzo der richtige Moment noch nicht gekommen; vielleicht zerschlug er sich an der Opposition von gemäßigten Offizieren, Führern der laizistischen Parteien und Christdemokraten, die davon Wind bekamen. Trotzdem blieb De Lorenzo nicht nur Chef der Carabinieri, sondern wurde zwei Jahre später zum Generalstabschef des Heeres befördert. Erst 1967 wurde er aus seiner Stellung entlassen, und erst 1970 erklärte eine parlamentarische Untersuchungskommission, daß De Lorenzo gegen

Gesetz und Verfassung verstoßen habe. Zwei Jahre später saß der Monarchist als neofaschistischer Abgeordneter wieder im Parlament, bis zu seinem Tode im Jahre 1973.

Nach den studentischen Unruhen von 1968 und dem Aufruhr in den Fabriken im Jahr danach unternahm Prinz Valerio Borghese, einst Kommandant der »X-Mas«, der legendären U-Bootjäger im Zweiten Weltkrieg, früherer Ehrenvorsitzender des MSI und Gründer der Rechtsorganisation »Fronte Nazionale«, in der Nacht auf den 7. November 1970 einen Putschversuch. Bis zur Morgendämmerung war alles wegen Unfähigkeit, Konfusion und bloßer Farce gescheitert, nachdem jeder der militärischen Kommandanten auf den ersten Schritt des anderen gewartet und keiner diesen Schritt getan hatte. So wurde das Forstkorps unter Oberst Luciano Berti, das im Anmarsch auf die Zentrale des italienischen Radio und Fernsehen RAI war, wieder zurückbeordert. Der Chef des damaligen Geheimdienstes SID, Vito Miceli, wurde wegen Begünstigung der Teilnehmer des Coups – angeblich hatte er seine Vorgesetzten nicht informiert – vorübergehend in Haft genommen, später aber freigesprochen. Auch er rückte als MSI-Abgeordneter in die Kammer ein. Borghese selbst starb 1974 im spanischen Exil. Zehn Jahre später wurden alle Männer Borgheses freigesprochen – es hatte den Putsch nach Meinung der Richter nie gegeben.

Die Affäre P 2, in der es seit 1981 um die ominöse Freimaurerloge Propaganda 2 von Licio Gelli geht, stellte im Kern weniger ein politisches Komplott als ein obskures Zentrum politischer, finanzieller und wirtschaftlicher Umtriebe dar. Gelli, ein Geschäftsmann mit schillernder politischer Vergangenheit, hatte es verstanden, unter der Tarnung einer Freimaurerloge ein fantastisches Netz von Beziehungen aufzubauen. Ihre weitverzweigte Existenz wurde 1981 bekannt, als in der Villa Gellis bei Arezzo die Mitgliederliste der Loge und andere Dokumente beschlagnahmt wurden. Die Liste, an deren Echtheit gewisse Zweifel bestehen, wurde einige Monate später veröffentlicht. Unter den 962 Namen befanden sich Staatssekretäre, Senatoren und Abgeordnete, Bankiers, Diplomaten, Richter, hohe Offiziere und Polizeibeamte, die Chefs der beiden Geheimdienste und Journalisten – ein Querschnitt durch das ganze italienische Establishment. Die Spekulationen, daß es sich um eine neue Verschwörung von Rechtsgruppen handle, bestätigten sich nicht.

In den Untersuchungen der Justiz und einer parlamentarischen Kommission wurde immer unklarer, welche Ziele Gelli, abgesehen von seinen geschäftlichen Interessen, hatte, wer unter den Mitgliedern einfach um seiner Karriere willen eingetreten war, wer ein autoritäres Modell für die italienische Politik anstrebte oder wer in ungesetzliche und korrupte Tätigkeit verwickelt war. Jedenfalls waren die Christdemokraten durch die Enthüllungen derart kompromittiert, daß nicht nur die Regierung Forlani stürzte, sondern die Partei bei der Bildung der Nachfolgeregierung zum erstenmal seit 1945 auf die Ministerpräsidentschaft verzichten mußte. Inzwischen stellte sich der seit Jahren flüchtige Gelli den Genfer Behörden – er hatte dort im Gefängnis gesessen – und wurde an Italien ausgeliefert. In erster Instanz hatte ihn kurz zuvor ein Florentiner Schwurgericht wegen Bildung bewaffneter neofaschistischer Banden zu acht Jahren Gefängnis verurteilt.

Ohne Zweifel wird in Italien ein gewalttätiger und verschwörerischer neofaschistischer Restbestand bleiben. Die sprunghafte Natur des Rechtsterrorismus war jedoch ein Zeichen für seine Schwäche – er war nicht koordiniert, besaß keine einheitliche Planung und beschränkte sich auf wahllose Blutbäder. Die Gewerkschaften, die Linke, die laizistischen Parteien und die Democrazia cristiana sind jedenfalls stark genug, um jeden Vorstoß von rechts gegen die demokratische Ordnung zurückzuweisen. Die Geheimdienste wurden 1977 wegen ihrer Verwicklung in die Rechtsumtriebe gesäubert und neu organisiert. Die beiden neuen Dienste waren wegen des Mangels an qualifiziertem Personal und wegen der Überschneidung der Kompetenzen derart schwach, daß sie dem Angriff des Linksterrorismus, der sich damals seinem Höhepunkt näherte, nicht gewachsen waren.

Der linke Angriff auf das »Herz des Staates«

Während der »schwarze« Terrorismus in den Jahren 1969/70 immer heftiger wurde, begann auch der »rote« Terrorismus Gestalt anzunehmen. Die Umwandlung der radikalen Linken in die organisierte Bewegung von Großstadt-Guerilleros war ein schrittweiser, aber rascher Prozeß. Der erste entscheidende Schritt fand im September 1969 statt, als einige dissidente Katholiken und Kommunisten der außerparlamentarischen Linken – am bekanntesten unter ihnen Renato Curcio und Margherita Cagol – in Mailand ein »Collettivo politico metropolitano« gründeten. Ihr erklärtes Ziel war die Verschärfung des Kampfes für die Rechte der Arbeiter und dessen Verlegung in die Fabriken. Einige Wochen später trafen sich Mitglieder des Kollektivs im ligurischen Ort Chiavari und gingen einen Schritt weiter, indem sie der Notwendigkeit bewaffneter geheimer Aktionen zustimmten. Im Juli 1970 wandelte sich die Gruppe in die noch radikalere Organisation der »Sinistra proletaria« und begann konkrete Pläne für den »bewaffneten Kampf« gegen den Feind, nämlich gegen die gesamten politischen, wirtschaftlichen und gesellschaftlichen Strukturen zu entwickeln.

Auf diese Weise entstand im Laufe von etwa einem Jahr eine geheime, dem Terrorismus verpflichtete Gruppe, die »Roten Brigaden«. Während einiger Jahre, in denen sich die »Roten Brigaden« vermutlich auf Organisierung, Training und Infiltration konzentrierten, waren ihre Aktionen symbolischer Art und relativ harmlos. Der bewaffnete Kampf begann im September 1970 mit dem Anschlag gegen die Garage des Personalchefs von Sit-Siemens. Der große Konzern für Elektronik in Mailand war wie Fiat, Pirelli und Alfa Romeo ein Prototyp des kapitalistischen Feindes und stand als solcher im Brennpunkt der terroristischen Infiltration und Aggression. Eine Reihe ähnlicher Aktionen folgte, manche davon als »Aufnahmeprüfung« von Anfängern in die »Roten Brigaden«. 1972 griffen die »Roten Brigaden« zu einer neuen Methode, zur musterhaft ausgeführten Entführung. Im Zeitraum von zwei Jahren entführten sie vier »symbolische« Funktionäre, hielten einen kurzen »proletarischen Prozeß« ab und ließen die Opfer frei: einen Direktor von Sit-Siemens, einen Provinzialsekretär der rechtsstehenden Gewerkschaft CISNAL, einen Direktor von Alfa Romeo und den Personalchef von Fiat. Die Entführungen gipfelten vorerst im April 1974 in Genua, als zum erstenmal ein Beamter ihr Opfer war, der stellvertretende Staatsanwalt Mario Sossi, der als konservativ galt und harte Strafen für Linksradikale gefordert hatte. Auch Sossi wurde nach 33 Tagen unversehrt freigelassen, trotz der Weigerung der Regierung, acht verurteilte Mitglieder der Genueser Terroristengruppe »22. Oktober« auf freien Fuß zu setzen, wie die »Roten Brigaden« es gefordert hatten.

Zu jener Zeit erlitten die »Roten Brigaden« einen kurzen Rückschlag. Im Herbst 1974 glückte der Polizei eine Reihe von Aktionen gegen den Terrorismus, zum Teil dank der erfolgreichen Infiltration von Informanten in die Reihen der Terroristen. Der bekannteste unter ihnen war Silvano Girotti, ein Mann mit abenteuerlicher Vergangenheit als Franziskanermönch und Guerillero in Südamerika. Curcio geriet in einen Hinterhalt und wurde gefaßt, und gegen Ende des Jahres saß ein halbes Dutzend der Gründer und Schlüsselfiguren der »Roten Brigaden« hinter Schloß und Riegel. Im Jahr darauf wurde Margherita Cagol erschossen, laut Polizei, weil sie während einer Entführungsaktion zu fliehen versucht hatte; laut »Rote Brigaden« war die Unbewaffnete kaltblütig ermordet worden. Bei dem Feuergefecht erlitt auch ein Polizist tödliche Verletzungen. Nach dem Tod der Terroristin ertönte der Ruf der Rotbrigadisten: »Nie mehr ohne Gewehr.« Der Krieg gegen den Staat setzte ein.

Im Juni 1976 erschossen die »Roten Brigaden« den Staatsanwalt Francesco Coco, der eine harte Haltung gegenüber den Terroristen im Fall Sossi befürwortet hatte, samt seiner Eskorte in Genua. Im April des nächsten Jahres wurde kurz vor Beginn des Turiner Prozesses gegen Curcio und andere Rotbrigadisten der Vorsitzende der Anwaltskammer von Turin, Fulvio Croce, ermordet. Das Gericht war daraufhin außerstande, die erforderliche Zahl von Geschworenen für den Prozeß zu rekrutieren. Im folgenden November wurde wiederum in Turin der stellvertretende Chefredakteur der ›Stampa‹, Carlo Casalegno, vor seiner Wohnung niedergestreckt. Damals und in den Jahren darauf setzten die »Roten Brigaden« ihre Kampagne brutaler Einschüchterung fort, indem Polizeioffiziere, Justizbeamte und Richter umgebracht und Journalisten, Industrielle und christdemokratische Funktionäre durch Beinschüsse verletzt und christdemokratische Parteilokale durch Anschläge zerstört wurden.

Der Terrorismus der »Roten Brigaden« erreichte am 16. März 1978 seinen Höhepunkt mit der Entführung von Aldo Moro, dem früheren Regierungs- und Parteichef der DC und Strategen des Plans, die KPI im Regierungssystem zu integrieren. Seine aus fünf Mann bestehende Eskorte wurde beim Überfall erschossen. In den Wochen zuvor hatte Moro sich in seiner Partei dafür eingesetzt, eine Regierung mit parlamentarischer Unterstützung der KPI zu akzeptieren. Er wurde auf der Fahrt zur Kammer entführt, die der Regierung das Vertrauen aussprechen sollte. Am 9. Mai wurde Moro ermordet und seine Leiche im Kofferraum eines Autos inmitten Roms, nahe der Hauptquartiere der Kommunistischen und der Christdemokratischen Partei, aufgefunden.

Die Morde, Beinschüsse und Sprengstoffanschläge gingen danach weiter. Justizbeamte, Polizisten und Carabinieri waren die Zielscheibe der Mordanschläge. Männer aus der Industrie und Politiker erlitten Beinschüsse. Die Verbrechen der Rotbrigadisten forderten 1978 16, 1979 zehn und 1980 16 Todesopfer. Dazu kamen die Anschläge von über 100 anderen linksterroristischen Organisationen, von denen einige wie »Prima linea« und »Nuclei armati proletari« sich Gewaltakten ähnlicher Art verschrieben hatten. Für die Öffentlichkeit war neben der Zahl der Toten fast noch erschreckender, daß die Terroristen straflos davonzukommen schienen. Im Dezember 1981 verzeichneten die »Roten Brigaden« den spektakulärsten Erfolg seit dem Fall Moro: Sie entführten in Verona den stellvertretenden Chef der NATO-Landstreitkräfte Europa Süd, den amerikanischen General James Dozier. Nach 42 Tagen wurde Dozier durch die brillante Aktion einer italienischen Sondereinheit befreit. So markierte die Entführung nicht einen neuen Gipfel der Erfolge, sondern stellte eher ein Nachhutgefecht der »Roten Brigaden« dar.

Im Sommer nach der Ermordung Moros hatte die Polizei eine wirksame und koordinierte Antiterrorismus-Operation unter dem Carabinierigeneral Carlo Alberto Dalla Chiesa eingeleitet. Bis zum Herbst waren fast alle Führer der »zweiten Generation« der »Roten Brigaden« ihrem Gründer ins Gefängnis gefolgt. Am 7. April 1979 wurde die Führung der »Autonomia organizzata« in Padua mit Toni Negri an der Spitze zerschlagen. Die Antiterrorismus-Gesetze der Jahre 1979 und 1980 machten den reumütigen Terroristen, die mit der Polizei zusammenarbeiteten, den sogenannten »pentiti«, das Angebot milder Strafen. Im Frühjahr 1980 nahm die Polizei eine Reihe führender Rotbrigadisten fest, unter ihnen Patrizio Peci, den Chef der Turiner Organisation; im Gegensatz zu der älteren Generation »sangen« Peci und sechs weitere Genossen. Eine Welle von Verhaftungen und die Entdeckung einer Reihe von Verstecken mit Dokumenten und Waffen folgten. Mit der Ermordung von Pecis Bruder, die als Vergeltung und Abschreckung vor weiteren Geständnissen verhafteter Terroristen gedacht war, wurde sichtbar, wie sehr die Formation vom Zerfall bedroht war. Anfang 1983 waren 740 Rotbrigadisten samt Helfershelfern und Verdächtigen in Haft.

Zwischen 1969 und 1987 forderte der Links- und Rechtsterrorismus in Italien insgesamt 419 Tote. Mit den achtziger Jahren fiel die Zahl der Opfer; aber den »Roten Brigaden« gelang es, entweder einen harten Kern am Leben zu erhalten oder neue Kräfte zu rekrutieren. 1985 wurde in Rom der amerikanische Funktionär der internationalen Libanon-Truppe, Leamon Hunt, ermordet, im Jahr darauf in Florenz der frühere Bürgermeister Lando Conti und im März 1987 in Rom General Licio Giorgieri. Die Terroristen motivierten ihre Verbrechen mit der Verantwortung der beiden Italiener für die Rüstungsindustrie, analog den Anschlägen der französischen Action directe und der deutschen Rote-Armee-Fraktion.

Ende 1987 befanden sich 841 Personen wegen terroristischer Verbrechen in Haft, davon 527 als Strafgefangene. Die Linksterroristen bildeten die überwiegende Mehrheit. Ein Jahrzehnt nach der Ermordung Moros stellt die terroristische Linke keine umfassende Bedrohung des Staates mehr dar; aber sie ist nach wie vor imstande, durch isolierte Morde oder den Raub von Geldtransporten ihre destruktive Präsenz zu demonstrieren. Das bestätigte im April 1988 während der Regierungsbildung De Mitas der Mord der Roten Brigaden an Senator Roberto Ruffilli, einem Berater De Mitas.

Die Motive der »Revolutionäre«

Die Ursachen, die Struktur, die Identität der Anführer und die ausländischen Verbindungen der »Roten Brigaden« sind bis heute weitgehend ungeklärt oder umstritten. Soziologen wie Sabino Acquaviva sehen die Ursprünge des Linksterrorismus letztlich in der Desintegration der Familie und der traditionellen Werte; sie gehe einher mit der Krise der doppelten »Kirche« der Italiener, nämlich der katholischen Kirche und der Kommunistischen Partei, die beide allmählich ihren intellektuellen und sozialen Rückhalt verloren hätten. Laut Acquaviva mußten die Terroristen ihr eigenes transzendentes System schaffen, um das verlorene zu ersetzen.[27] In der Tat sind die ursprünglichen Terroristen – über die Zwischenstufen der außerparlamentarischen Linken – nach Roncheys Worten vom Katholizismus und vom Kommunismus bekehrt worden »zu jener postreligiösen Ideologie, in der absolute Werte vom transzendenten Glauben auf heiliggesprochene Gesellschaftskonflikte übertragen werden«.[28] Es überrascht darum nicht, daß Linksterroristen in ihrer Hingabe an einen absoluten Glauben einer fanatischen Priesterschaft ähneln. Toni Negri, Professor für Staatsdoktrin und führender Theoretiker der revolutionären Gewalt, sprach von seiner früheren Gruppe »Potere operaio« als von einem »religiösen Kampforden«.

Eine andere verbreitete Theorie sieht die Gründe einfach in den mißlichen Bedingungen des italienischen Alltags, in der Arbeitslosigkeit der Jugend, der Misere in Krankenhäusern, Schulen, Universitäten und im Wohnungswesen – und im Schluß, daß Reformen innerhalb der bestehenden politischen Institutionen unmöglich seien. Die KPI stellte interessanterweise diese Erklärung in Frage. Das Wochenblatt der Partei, ›Rinascita‹, argumentierte 1978 in einem längeren Leitartikel, daß die direkten Gründe für den Terrorismus nicht in Problemen der sozialen Randgruppen lägen, sondern daß diese strategisch ausgewählt würden als Sprungbrett für einen Angriff auf die Gesellschaft. Außerdem sei der organisierte Terrorismus in den entwickelten Regionen des Landes mit geringer Arbeitslosigkeit verbreiteter als im Süden mit seinen akuten wirtschaftlichen und sozialen Problemen.[29] Fast alle Gründer und Führer des Linksterrorismus kommen zudem aus dem bürgerlichen Mittelstand. Deshalb das Paradox, daß linke Gewalt mit der Periode der höchsten Prosperität und Demokratie zusammenfiel, die Italien bis dahin gekannt hat.

Noch schwieriger und umstrittener ist die Antwort auf die Frage, was diese kritische Masse unzufriedener Ultralinker in eine geheime, organisierte und bewaffnete Kraft verwandelt hat. Viele Beobachter glauben, daß der Auslöser völlig subjektiver Art gewesen sei. Einige vertreten die Ansicht, als erster Katalysator hätten Enttäuschung und Angst gewirkt – Enttäuschung, weil die Unruhen von 1968/69 nicht zu einem grundlegenden gesellschaftlichen Wandel geführt und die Kommunisten den Klassenkampf aufgegeben hätten, und Angst, weil das Ansteigen des schwarzen Terrorismus zu Unterdrückung und schließlich zu einer Lösung nach dem Muster der griechischen Obersten hätte führen müssen. Laut dieser These bildeten Exponenten der äußersten Linken, inspiriert von Lenin, der chinesischen Revolution und den lateinamerikanischen Guerilleros die »Roten Brigaden«, um der Drohung von rechts zu begegnen und eine wahre kommunistische Gesellschaft herbeizuführen. Die KPI, dies läßt sich ergänzen, trägt keine direkte Verantwortung für den italienischen Terrorismus und ist an vorderster Front an der Abwehr beteiligt; aber durch das ursprünglich revolutionäre Element ihres Klassenkampfes trug sie psychologisch und ideologisch zur Förderung des Terrorismus bei. Um ein bekanntes Bild aufzunehmen: Ins »Familienalbum« der Terroristen gehören auch kommunistische Ahnen. Es ist nicht reiner Zufall, daß die Linksterroristen noch immer den Begriff Kommunismus für sich in Anspruch nehmen.

Beamte von Justiz und Geheimdienst zeigen sich jedenfalls überzeugt – und Geständige haben es bestätigt –, daß die Linksterroristen keine ausländischen Anweisungen erhielten. Es gab einen gewissen Austausch von Waffen und Informationen, insbesondere mit der deutschen Rote-Armee-Fraktion, Lieferungen an Sprengstoff und Waffen von den Palästinensern und angeblich rund acht Millionen Dollar von den Libyern. Aber der Terrorismus in Italien ist fast ausschließlich italienischer Herkunft.

Auf der anderen Seite sind sich selbst manche Politiker und hohe Regierungsbeamte einig, daß es »externe« Elemente wie die osteuropäischen und sowjetischen Geheimdienste, palästinensische Gruppen oder die CIA gegeben habe, die den Linksterrorismus letztlich angekurbelt und geleitet hätten. Prominentester Verfechter dieser These war Präsident Pertini, der wiederholt erklärte, daß sich die Zentrale des italienischen Terrorismus im Ausland befinde, und andeutete, daß dafür die Sowjetunion oder ein ihr befreundetes Land in Frage komme. Wörtlich gab er im Januar 1981 in einem Interview zu bedenken: »Warum wurde der Terrorismus in der Türkei entfesselt, die auf tausend Kilometer an die Sowjetunion grenzt? Warum wird er in Italien entfesselt, einer demokratischen Brücke zwischen Europa, Afrika und dem Mittleren Osten?« Ein Jahr später erklärte Ministerpräsident Spadolini vor der Kammer, wie schwierig es sei, feste Beweise für diese These beizubringen. Doch die Masse der Indizien würde den Umriß einer konkreten Drohung gegen die Stabilität und den westlichen Standort Italiens ergeben, eines Landes, »das sich seit geraumer Zeit im Zentrum aller Spannungen des Mittelmeerraumes befindet, angrenzend an einen der heißesten und entscheidendsten Schauplätze für das globale Gleichgewicht, nämlich an den Mittleren Osten«. Die Auseinandersetzung zwischen Rom und Sofia um die »Bulgarian Connection« des türkischen Papstattentäters Ali Agca gab der These im Winter 1982/83 neuen Auftrieb. Zwar erbrachte der Prozeß keine Beweise für die Strategie einer »Libanisierung« der exponierten Apenninhalbinsel im Auftrag Moskaus. Aber der Verdacht hält sich in Italien, teils, weil vielen Italienern das Ausmaß an terroristischem Fanatismus und dessen kaltblütige Effizienz als unitalienisch erscheint, teils, weil mancher Politiker sein Land von einer Verantwortung für zugrundeliegende soziale und politische Ursachen der Gewalttätigkeit freisprechen möchte.

Das unmittelbare Ziel der »Roten Brigaden« wird meist darin gesehen, eine allgemeine Destabilisierung und Chaos herbeizuführen. Dadurch würde schließlich eine autoritäre Reaktion ausgelöst, die ihrerseits den proletarischen Aufstand entfachen und in der Folge den kapitalistischen Staat zerstören würde. Nach eigenen Worten besteht die Strategie der »Roten Brigaden« darin, das »Herz des Staates« zu treffen, indem sie seine eigentlichen und seine symbolischen Vertreter töten oder verstümmeln. Das Gewehr ist ihr Kampfmittel. Männer der Industrie, Journalisten und Anwälte nicht weniger als Politiker, Polizisten und Richter – in ihren Augen alles Diener des Staates – sind die Zielscheiben. Von allen Interpretationen terroristischer Motivierung ist die von Ronchey die einfachste, wonach die Terroristen in ihrer Zerstörungswut jene Mächte, die sie nicht auszurotten vermögen, wenigstens symbolisch zerstören.

Den Linksterroristen ist es zwar wie jenen von der rechten Gegenseite gelungen, ein »Klima« zu schaffen, ohne aber irgendein für sie positives Ergebnis zu erreichen. Sie gingen von falschen Voraussetzungen aus, ihre Analyse war falsch: Italien war nicht am Rande eines wirtschaftlichen Zusammenbruchs, die bürgerliche Gesellschaft nicht in Auflösung, und die Massen waren nicht bereit zum allgemeinen Aufstand. Ihre Ziele lagen jenseits jeder Realisierung. Nie bestand hier die Chance, einen Klassenkrieg auszulösen, um eine kommunistische Gesellschaft zu schaffen. Ihre Strategie bewirkte das Gegenteil. Statt die Massen zu einer »revolutionären Solidarität« anzufeuern, isolierten sich die »Roten Brigaden« selber immer mehr. Bis 1978 ging unter den Anhängern der äußersten Linken eine schleichende, manchmal offene Sympathie für Curcio und die »Roten Brigaden« um, ein Hang, in ihm den zwar todbringenden, aber doch wohlmeinenden Räuberhauptmann zu sehen. Ende der siebziger Jahre war diese Haltung verschwunden. Die Serie wahlloser Morde an Richtern und Polizisten veranlaßte selbst die außerparlamentarische Linke, jede Form von Gewaltanwendung abzulehnen.

Auch die Entführung von Aldo Moro kam in keiner Weise dem politischen Ziel der Terroristen zustatten. Freilich machten sie den Namen der »Roten Brigaden« in aller Welt bekannt, und die Überlistung der Polizei in jeder Etappe der Operation bewies ihre eigene Effizienz und die Schwäche der Ordnungskräfte. In diesem Sinn versetzten sie dem »System« einen Schlag. Doch sie gewannen keine politische Legitimierung, weil die Regierung und die DC sich nicht zu Verhandlungen bereit erklärten. Sie erreichten keine Freilassung gefangener Rotbrigadisten, weil die Regierung diese Art von Lösegeld ablehnte. Sie erhielten keine Unterstützung durch die Arbeiter; die Gewerkschaften und die KPI gehörten im Gegenteil zu den ersten, die sie verurteilten. Schließlich konnten sie auch nicht verhindern, daß die Kommunisten unter Andreotti zur Zusammenarbeit mit der Regierung herangezogen wurden.

Mafia und Camorra in der Offensive

Polizei und Justiz stehen seit Jahren in einem verschärften Kampf gegen Mafia und Camorra; diese kriminellen Organisationen in Sizilien, Südkalabrien und im Raum von Neapel sind in vieler Hinsicht für die soziale Ordnung tödlicher als der Terrorismus. Sie haben sich einzeln oder koordiniert in den internationalen Rauschgifthandel eingeschaltet, erpressen »Schutzzölle« von Geschäften, kontrollieren Großmärkte und kassieren bei der Vergabe öffentlicher Arbeiten, sofern sie nicht mit eigenen Firmen das Feld beherrschen. Der kleine Ladeninhaber an der Ecke zahlt monatlich pünktlich seine 60000 Lire, sonst droht Gefahr für Schaufenster, für Person und Familie. Zigaretten- und Waffenschmuggel, Spielhöllen, Rennbetrieb, Prostitution und Menschenraub sind andere Schwerpunkte dieses Verbrechertums. Die Milliardenbeträge werden auf dem Weg durch die Banken »gesäubert« und mehr und mehr im normalen Geschäftsleben, insbesondere im Bauwesen, im Tourismus und in der Industrie investiert. Heute stellt die Mafia eine wirtschaftliche Macht dar, deren Fangarme den sozialen, wirtschaftlichen und politischen Alltag durchdringen.[30]

Die Methode der Mafia ist die Einschüchterung. Mord ist das letzte Mittel, um sich durchzusetzen und interne Konflikte zu lösen; zugleich soll die Gewalttat Respekt verschaffen: Die Verstümmelung des Toten zeigt die »Handschrift« der Mafia und verrät die Motive ihres Urteils. Eine Drohung, ein Anschlag, eine Vergünstigung oder Bestechung reichen in der Regel aus, um Schweigen oder Einverständnis zu garantieren. Die Zahl der Morde zeigt zugleich Macht und Krise der Mafia auf. Im Jahre 1982 ereigneten sich im Bereich von Palermo, dem Zentrum der sizilianischen Mafia, 151 Morde. Die Zahl der Vermißten lag bei rund 100. In Kalabrien betrug die Zahl der Ermordeten 142 und in Neapel sogar 265, vorwiegend Opfer des Machtkampfes zwischen verfeindeten Camorra-Banden. Die Stadt Reggio Calabria registrierte 1987 einen sprunghaften Anstieg von Morden. Unter den Opfern in Sizilien waren der Präfekt von Palermo, der Präsident der Region, der kommunistische Parteichef der Insel, der Chef der DC in der Provinz Palermo, ein früherer Bürgermeister, außerdem hohe Beamte der Polizei, Carabinieri und Justizbeamte. In der Regel werden die Mörder nicht entdeckt, die Täter gehen straflos aus.

Von den Anfängen bis zu den Morden und dem Mafia-Unternehmertum von heute ist ein langer Weg. Ursprünglich beschränkte sich die Mafia auf Westsizilien und Südkalabrien und dort auf das offene Land. Innerhalb genau umschriebener Gebiete herrschten »Ehrenmänner«, die »Schutzzölle« für die Agrumenkulturen, die Olivenhaine und die Wasserzufuhr erpreßten, an Viehdiebstählen und Schmuggel beteiligt waren, oft Armen Schutz boten und in der Bekämpfung von Kriminalität auch mit Behörden zusammenarbeiteten und damit zum Ordnungsfaktor wurden. In einem Machtvakuum fern von Neapel und später von der neuen Hauptstadt Rom entwickelten sich Formen von Selbstjustiz und Ausbeutung; vor allem aber nistete sich zwischen dem abwesenden Latifundienadel und dem Landproletariat das mafiose Parasitentum ein. Ein System permanenter Einschüchterung garantierte die »omertà«, jenes mafiose Schweigen der Bevölkerung, das keiner den Carabinieri und Richtern gegenüber bricht. Gemäß dem Sprichwort »Chi parla muore, chi tace campa« (Wer spricht, stirbt, wer schweigt, überlebt) folgt auf jede Auskunft und auf jedes Geständnis blutige Rache. Mafia ist insofern auch eine bestimmte Mentalität, die alles durchdringt. Es sind alle mafios oder niemand. Der sizilianische Schriftsteller Leonardo Sciascia hat in seinen Romanen die Atmosphäre unter dem Mafia-Terror unübertrefflich geschildert.

Seit dem Zweiten Weltkrieg hat sich die Mafia völlig gewandelt. Mit Hilfe der amerikanischen Armee wurde sie 1943 neu belebt und verlagerte sich mit Landflucht, Urbanisierung und Industrialisierung in die Städte. Sizilianische Auswanderer aus Mafia-Familien kamen als versierte Gangster aus Amerika in die Heimat zurück. Die Mafia drang in die Bodenspekulation und das Bauwesen ein, während sie gleichzeitig ihre Rackets auf alle Bereiche des Geschäftswesens und des Handels ausdehnte. Die rasch wachsende Regionalverwaltung und die Vielzahl staatlicher und halbstaatlicher Körperschaften boten Chancen für eine aufgefächerte Infiltration. Die alte Mafia hatte sich Drogen und Prostitution ferngehalten, die neue Mafia kannte keine Schranken. In den sechziger Jahren schaltete sie sich peripher in den internationalen Rauschgifthandel ein. Ein Jahrzehnt später zog sie einen großen Teil dieses Geschäfts an sich, und Palermo wurde ein, wenn nicht das internationale Zentrum für die Herstellung und den Verkauf von Heroin. In derselben Zeit entwickelte sich auch der Waffenhandel. Die Mafia dehnte sich nach Ostsizilien aus, wo Catania heute eine kriminelle Hochburg ist. Inzwischen hatte die Mafia auch in Norditalien Fuß gefaßt, vor allem wegen der gerichtlichen Verbannung verdächtiger Mafiosi in Orte der Poebene. Diese führten dort ihre dunklen Geschäfte weiter und rekrutierten Handlanger aus der Masse zugewanderter Sizilianer. Die Unterwelt der Großstädte erhielt Verstärkung. Es entstanden Entführungsbanden, die seither in ganz Italien mit Perfektion brutal ihr Unwesen treiben. Allein im Jahr 1986 betrug die Zahl der Entführungen 267; viele davon waren langfristige und spektakuläre Fälle.

Die sizilianische Mafia hat sich auch in anderer, ebenso bedrohlicher Hinsicht geändert. Die enormen Gewinne aus Drogenhandel, Entführungen und Erpressungen müssen investiert werden. Objekte für derart legitimierte Geschäfte sind Feriendörfer und Restaurants, Bauunternehmen und Transportfirmen. Von der Mafia kontrollierte Firmen bedienen sich mafioser Methoden – Einschüchterung und Erpressung –, um durch günstige Zinsbedingungen und niedrige Löhne Konkurrenten zu schlagen. Bei der Ausschreibung öffentlicher Arbeiten wagen manche Firmen überhaupt nicht, in Konkurrenz mit mafios infiltrierten Wettbewerbsteilnehmern zu treten. Im Laufe der siebziger Jahre hat sich der Bandenchef oder der Gangster in einen Unternehmer verwandelt.

Die kalabresische Mafia, die in ihrer traditionellen Form

»ndrangheta« hieß, hat eine ähnliche Wandlung erlebt.[31] Aus einem Phänomen agrarischer Rückständigkeit ist ein modernes Mafia-Unternehmertum geworden. Nur spielten in dem unterentwickelten Berg- und Küstenland die öffentlichen Gelder eine viel wichtigere Rolle. Der Bau der Autobahn war die eigentliche Initialzündung. Nach den Unruhen von Reggio Calabria im Jahre 1970 kam das ganze Hilfsprogramm Kalabrien als weitere Fundgrube für die Mafia hinzu. Das Musterbeispiel staatlicher Fehlplanung, von dem die lokalen Mafiosi profitierten, war das Projekt eines Stahlwerks in Gioia Tauro. Andere Quellen fanden sich im Schmuggel von Zigaretten, Drogen, Edelsteinen und Waffen, wofür die langen Küsten der Region ideal waren. Im Machtkampf der »cosche«, der Mafia-Cliquen, wurden zwischen 1950 und 1980 rund tausend Menschen ermordet. Schwerpunkt ist die Provinz Reggio Calabria mit Reggio, Gioia Tauro und Locri – der Prozentsatz der Morde von Gioia Tauro lag zeitweilig über dem von New York. Inzwischen hat sich die Mafia in die benachbarte Provinz Catanzaro, ja selbst bis in die Provinz Cosenza ausgedehnt.

Kalabrien ist nach wie vor ein Refugium für Entführungsbanden, deren Aktionsbereich bis Mailand reicht. Der Fall Paul Getty, Enkel des amerikanischen Erdölmilliardärs, der aus Rom entführt wurde, sei als Beispiel für die perfekte Organisation vom Raub bis zum Recyling des Lösegeldes genannt. Verhängnisvoller für Kalabrien und seine wirtschaftliche Zukunft ist die Erpressung von Geldern bei all den Projekten für die Entwicklung der rückständigen Region. Beim Bau des Hafens von Gioia Tauro haben die Mammoliti, Rugolo und andere Familien der Mafia angeblich rund 2,5 Milliarden Lire durch das verschachtelte System der Vergabe von Arbeiten (appalti und subappalti) kassiert. Allein im Sommer 1976 wurden dort im Streit zwischen verfeindeten Cosche 36 Männer unter 25 Jahren umgebracht. Beim Bau der zweiten Spur der Eisenbahnlinie Villa San Giovanni–Reggio und des Betriebs der Liquichimica in Saline Ioniche versickerten in ähnlicher Weise öffentliche Gelder. Während Jahren setzten Unternehmer, die öffentliche Aufträge übernahmen, rund 15 Prozent unter dem Titel »Rischio Calabria« (Risiko Kalabrien) in ihre Kostenvoranschläge ein. Der Druck der Mafia wirkte sich katastrophal auf kleinere und mittlere Unternehmer aus, ja führte zu deren Auszug aus der Region. 1980 stellte beispielsweise in Gioia Tauro eine Maschinenfabrik mit 80 Arbeitskräften ihren Betrieb ein: Nach ersten kleinen Attentaten, durch die Zahlungen erzwungen werden sollten, waren schließlich durch eine Explosion das Dach und eine größere Zahl von reparaturbedürftigen Lastwagen zerstört worden. Alarmiert durch die wachsende Macht der Mafia, hatte bereits ein Jahrzehnt zuvor eine Gruppe kalabresischer Industrieller an Ministerpräsident Rumor appelliert und sich über derartige Erpressungen beklagt, ebenso wie über die Unmöglichkeit, offen zu reden oder gar Widerstand zu leisten.

Die Camorra, die einst nicht viel mehr als ein unorganisiertes, fast folkloristisches Bandenwesen war, hat heute den Ruf von Neapels größter Industrie, allerdings rein krimineller Art. Sie erpreßte schon zu Zeiten der Bourbonen Geld von Händlern und Ladeninhabern und rekrutierte ihren Nachwuchs in den neapolitanischen Gefängnissen. Nach dem Zweiten Weltkrieg wurde die Camorra, nicht unähnlich der Mafia, durch Funktionäre der amerikanischen Besatzungsmacht neu lanciert, von denen einige, wie Vito Genovese, einst der Mafia angehört hatten. Allmählich wurde die Kriminalität der Camorra, was Personal und Operationen anbelangt, professioneller. Die Szene wurde lange durch zwei Organisationen bestimmt, die vom inhaftierten Raffaele Cutolo über Vertrauensleute geführte »Neue organisierte Camorra« und die »Neue Familie«, ein loser Dachverband von acht anderen Camorra-Banden. Der Generalstaatsanwalt von Neapel schätzte Anfang 1982, daß den in rund 30 Klans organisierten »Familien« der Camorra mit ihren Hilfskräften 5000 Personen angehören, daß in deren Umtriebe und kleine und große Verbrechen jedoch rund 100000 Personen verwickelt sind.

Die Camorra mit ihrem Schwerpunkt in Neapel und dem umliegenden Kampanien kontrolliert heute wie in alten Zeiten die Frucht- und Gemüsegroßmärkte der Gegend und zieht regelmäßig ihre Beiträge bei den Händlern und Geschäftsinhabern ein. Im Januar 1983 schlossen diese aus Protest während zweier Tage die Geschäfte – unter dem Druck der Einschüchterung regt sich der Mut der Verzweifelten. Auch in der »Schattenindustrie« (industria sommersa) Neapels, die unter anderem der größte Produzent der Welt an Handschuhen ist, mischt die Camorra mit. Der Schmuggel von amerikanischen Zigaretten war dort während vieler Jahre ein Hauptgeschäft, und noch 1980 sollen 30000 Personen direkt und 270000 indirekt an diesem Unternehmen beteiligt gewesen sein. In jenem Jahr wurde mit rund 30000 Kisten Zigaretten im Wert von 40 bis 50 Millionen Dollar gehandelt. Zigarettenschmuggel war eine Säule der neapolitanischen Wirtschaft, und weder die Zollbehörden noch die Carabinieri griffen scharf ein, um, wie sie argumentierten, Kriminalität schlimmerer Art zu verhindern. Um 1980 veränderte sich jedoch die Lage: Die Polizei beschlagnahmte den Hauptbestand der Schmugglerflotte, und das illegale Geschäft verlagerte sich in andere Zonen.

Der Zigarettenschmuggel und auch der Drogenhandel gerieten im November 1980 in den Schatten der Erdbebenkatastrophe, die Kampanien und die Basilikata heimsuchte und in Neapel 60000 Menschen obdachlos machte. Die Hilfe an Gütern und Geldern, die in die Stadt strömte, wurde sogleich ein Objekt hemmungsloser Ausbeutung. Dann folgte die staatliche Finanzierung mit ihren Riesensummen für den Wiederaufbau in weitgehend von der Camorra kontrollierten Gebieten. Bei einem ersten Bauprojekt wurde ein Ingenieur durch Schüsse verletzt, aus Rache für seine Weigerung, an die Camorra zu zahlen. In all der Zeit mußten sogar Obdachlose für provisorische Unterkünfte ihren Schutzzoll leisten. Zwischen den rivalisierenden Banden brach der Krieg um neue lukrative Gewinne aus. Die »Neue organisierte Camorra« Raffaele Cutolos, der zwar in Haft ist, aber durch seine Gewährsmänner eine straffe Organisation kontrollierte, unterlag im Kampf gegen die »Neue Familie«. Wenn die Mordquote für Neapel und seine Zone früher bei ungefähr 50 Toten gelegen hatte, begann sie nun sprunghaft anzusteigen. Die Zahl der Morde stieg von 148 im Jahr 1980 über 127 für 1981 auf 265 im Jahr 1982. Im Frühsommer 1983 löste die Justiz von Neapel eine landesweite Offensive gegen die Camorra aus, in deren Verlauf mit Hilfe geständiger »camorristi« insgesamt über 1000 Personen verhaftet wurden, darunter Persönlichkeiten von Rang und Namen, auch Geistliche und Advokaten.

Die knappe Skizze von Mafia und Camorra macht klar, daß diese mächtigen Organisationen schwerer zu bekämpfen sind als der Terrorismus. Ihnen fehlt zwar jede ideologische Motivierung und jede revolutionäre Absicht, aber sie sind als gewinnbringende Unternehmen mit familiärem Rückhalt viel stärker in Mentalität und Alltag integriert und sind dank dieser starken Basis auf die Dauer eine ernstere Bedrohung. Die wirtschaftlichen Konsequenzen der Präsenz der Mafia sind in mehr als einer Hinsicht unkalkulierbar. Am Beispiel Kalabrien verwiesen wir auf den Abzug von Firmen oder auf deren Verzicht, in mafiaverseuchten Gegenden zu investieren. Wie viele ausländische und inländische Investitionen wegen der Perspektive, mit der Mafia rechnen zu müssen, gar nicht erst zustande kommen, ist unmöglich zu wissen. Doch die Mafia als eigene wirtschaftliche Macht hat noch dunklere und trübere Implikationen. Die Mafiagelder aus Drogenhandel, Entführungen und dem dichten Netz der Erpressungen werden verwendet für den Aufbau eigener Firmen und für Investitionen im Tourismus, im Immobilienhandel, in Bau- und Transportunternehmen. Polizei und Justiz versuchen mittels der neuen Antimafiagesetze von 1982, diese finanziellen Operationen »gesäuberter« Mafia-Gelder innerhalb des Bankwesens aufzudecken. Man vermutet, daß auch Michele Sindona, der Bankier sizilianischer Herkunft, der in die Affäre der Vatikanbank verwickelt war, Gelder mafioser Herkunft in nationalen und internationalen Unternehmen zu plazieren versucht hatte.

Die Mafia bedroht durch die Herstellung von harten Drogen und deren Verkauf auch die italienische Gesellschaft. In den letzten Jahren hat die Mafia mehr Menschen umgebracht als der Terrorismus in der ganzen Nachkriegszeit. Im Gegensatz zu Terroristen arbeiteten Mafiosi bis in die jüngste Zeit nie mit der Polizei zusammen. Da die Mafia außerhalb des Gesetzes stand und praktisch straflos ausging, stellte und stellt sie eine schwere und permanente subversive Bedrohung der Autorität des Staates dar.

Nach den Worten eines mutigen Kämpfers gegen die Mafia, Michele Pantaleone, begegnet dieser erschreckende Zustand einer allgemeinen Gleichgültigkeit, als ob die Ereignisse sich in einem anderen Land abspielten, fern den Interessen des italienischen Volkes. Gründe für diese Haltung liegen in der Beschränkung der Mafia auf gewisse Gebiete des Mezzogiorno, in der Tatsache, daß die Opfer meist Angehörige der Mafia selber sind, und in der Einsicht, daß es in zwei Jahrhunderten nicht gelungen ist, Mafia und Camorra auszumerzen, weil sie zu sehr Teil des sozialen Gewebes sind. Außerdem waren sie nie eine Gefahr für die herrschende politische Klasse und die etablierte soziale Ordnung. Pantaleones Urteil von 1962 ist noch heute weitgehend gültig, obwohl die blutige Herausforderung in den letzten Jahren die Öffentlichkeit alarmiert, den Staat zu neuen Maßnahmen und selbst die Kirche zu Kampfansagen gegen die Mafia veranlaßt hat.

Das führt zur Frage, ob und wie weit die Mafia die Politik

beeinflußt, Verbindungen zu Politikern unterhält und es so etwas wie eine »politische omertà« im Sinne Pantaleones gibt. Das politische Ziel der Mafia ist einfach: Der Staat soll zu schwach sein, um dem Gesetz Nachdruck zu verschaffen, die Regierung soll die mafiosen Umtriebe nicht behindern, und die öffentliche Verwaltung soll ein Auge zudrücken. Die Mafia-Bosse waren aus eigenem Interesse und Temperament stets tief konservativ und harte Verteidiger des Status quo, den sie so gewinnbringend auszubeuten verstanden. Mussolini hatte Cesare Mori als Präfekten nach Palermo geschickt, der dann während Jahren die Mafia zwar nicht ausmerzte, aber zurückdrängte. Nach 1943 unterstützten die Mafia-Bosse für eine Weile die Separatistenbewegung, um ihren Einfluß auf der Insel zu erweitern. Als der Separatismus eine verlorene Sache wurde, verlagerten sie ihren Einfluß auf den rechten Flügel der Democrazia cristiana. Da die Mafia imstande war, einen Wählerblock bereitzustellen, gewann sie nicht nur Einfluß auf die Partei, sondern half ihr, an der Macht zu bleiben – Sizilien gehört zu den Regionen, in denen die Christdemokraten seit 1945 an der Macht sind.

Die Chefs der Mafia fühlen sich der DC jedoch nicht verpflichtet. In den nationalen und regionalen Wahlen von Anfang der siebziger Jahre verlagerten sie ihre Unterstützung auf die Neofaschisten und teilweise auf die Republikaner. Im Grunde möchten sie mit allen Parteien Verbindung haben. Die Kommunisten haben den besten Ruf in der Abwehr der Mafia, aber sie neigen dazu, das Problem in ideologischer Polemik zu behandeln – als einen Aspekt der unvermeidbaren Korruption des kapitalistischen Systems.

In den vergangenen 100 Jahren hat das Parlament wiederholt Mafia und Camorra ohne großen Erfolg untersucht. Die 1962 eingesetzte Kommission legte 1976 ihren Schlußbericht vor. Obwohl dieser sich über die politische Rolle ausschweigt, viele Lücken enthält, dem Mehrheitsbericht außerdem ein Bericht der Kommissionsminderheit beigefügt ist, sind die umfangreichen veröffentlichten Akten eine Fundgrube an Information über die Mafia. Drei christdemokratische Politiker, die in den Verdacht mafioser Verbindung gerieten, waren Giovanni Gioia, Minister in mehreren Regierungen, der Staatssekretär Salvatore Lima und der Lokalpolitiker Vito Ciancimino. Im Fall Ciancimino ging es um den früheren Assessor für öffentliche Arbeiten in Palermo, in dessen Amtszeit es zu massiven Infiltrationen der

Mafia gekommen war. Ciancimino wurde 1970 zum Bürgermeister gewählt und zog sich erst nach zwei Monaten, unter dem Druck von Protesten und von Demarchen in der eigenen Partei, zurück. Die Justiz klagte ihn schwerer Korruption an, zu der auch die Verschiebung großer Fluchtgelder auf Schweizer Bankkonten gehörte.

Ende der siebziger Jahre stieg die Mafia-Kriminalität sprunghaft an, eine Folge ihres Einstiegs in den Rauschgifthandel. Die Rivalitäten zwischen den geheimen Organisationen verschärften sich und führten zu blutigen Abrechnungen. Offiziere der Polizei und Carabinieri, aber auch Untersuchungsrichter und Staatsanwälte, die Drogenringe aufzudecken begannen, wurden erschossen, so der Carabinieri-Oberst Giuseppe Russo, der Polizeioffizier Boris Giuliano, der frühere Abgeordnete Cesare Terranova, der Chef der Staatsanwaltschaft in Palermo, Gaetano Costa, und andere. Im Januar 1980 wurde in Palermo der christdemokratische Präsident der Region, Santi Mattarella, ermordet, angeblich, weil er sich mafiosem Druck bei der Vergabe öffentlicher Arbeiten entgegenstellte. Im April 1982 wurden der Abgeordnete und kommunistische Parteichef von Sizilien, Pio La Torre, Verfasser des Minderheitsberichts der Antimafia-Kommission, und sein Chauffeur Opfer der Mafia. Kurz danach setzte die Regierung Spadolini den Carabinierigeneral Carlo Alberto Dalla Chiesa, der schon früher als Oberst ein Kommando in Palermo innegehabt und später mit Erfolg den politischen Terrorismus bekämpft hatte, zum Präfekten in der Hauptstadt Siziliens ein. Schon nach vier Monaten fielen er und seine junge Frau einem Mordkommando zum Opfer.

Erst dieses dramatische Ereignis veranlaßte Innenminister Rognoni und die Regierung, den Nachfolger als Hochkommissar für die Mafia-Bekämpfung sogleich mit jenen Vollmachten auszustatten, die Dalla Chiesa vergeblich für sich verlangt hatte. Unter dem Eindruck der Mordtat verabschiedete das Parlament 1982 das Antimafia-Gesetz, dessen Entwurf noch vom KPI-Abgeordneten La Torre stammte. Es gibt den Behörden neue Kompetenzen, um der Mafia durch die Aufdeckung von Bankkonten auf die Schliche zu kommen. Außerdem können Immobilien und Bankkonten beschlagnahmt werden.

Die weiteren achtziger Jahre standen im Zeichen des großen Prozesses gegen 456 Angeklagte der Mafia, der 1986/87 in einer zu dem Zweck gebauten Halle neben der Gefängnisfestung Ucciardone von Palermo durchgeführt wurde. Dieses bisher größte Verfahren gegen die Mafia war aus verschiedenen Gründen ein Novum. Zum erstenmal wurde in fast zwei Jahren das ganze Panorama der mafiosen Umtriebe und ihrer Organisation abgehandelt. Dabei spielten die Enthüllungen des früheren Bosses Tommaso Buscetta über Struktur und Tätigkeit der Mafia eine zentrale Rolle – die Justiz hatte zum erstenmal einen großen »pentito«, einen reumütigen Mafioso als Zeugen. Im Gegensatz zu vielen früheren Prozessen gab es nicht nur die üblichen Freisprüche wegen Mangels an Beweisen: Das Schwurgericht verurteilte 19 Angeklagte zu lebenslänglicher Haft, darunter Mafiabosse wie Michele Greco aus Palermo und Benedetto Santapaola aus Catania. Mit der Verurteilung des früheren Steuereinziehers Ignazio Salvo zu neun Jahren Gefängnis wurde zugleich ein Mann getroffen, der zwischen Mafia, Wirtschaft und Politik vermittelt hatte.

Durch den Prozeß näherte sich die Justiz dem Komplex der von der Mafia infiltrierten Politik, die im Verfahren gegen den früheren DC-Bürgermeister Ciancimino zur Sprache kommen wird. Inzwischen ist einer seiner Nachfolger und früheren Parteifreunde, Giuseppe Insalaco, Anfang 1988 ermordet worden. Er hatte in seiner kurzen Amtszeit versucht, die Konzessionen für die Reinigung und Beleuchtung der Straßen öffentlich auszuschreiben und so ein mafios infiltriertes Monopol zu brechen. In seinem Nachlaß fand die Polizei Aufzeichnungen und Dokumente, die auch Politiker belasten. Seine Aussagen gegenüber der Justiz mögen zu seinem Tod beigetragen haben. Jedenfalls geht nach dem Monsterprozeß von Palermo der Kampf gegen die Mafia weiter. Auch die Einsetzung einer neuen parlamentarischen Antimafia-Kommission in Rom ist eine Bestätigung dafür.

Wer von den Tribünen der Kammer im Palazzo Montecitorio oder des Senats im Palazzo Madama das parlamentarische Leben verfolgt und auf diese Weise als Zaungast in die Geheimnisse des italienischen Parlamentarismus einzudringen versucht, erlebt bald Enttäuschungen. Die Handvoll Parlamentarier, die an einem normalen Sitzungstag im Halbrund des Plenarsaals ausharrt, verrät bereits, daß das Schwergewicht des Betriebes anderswo liegen muß. Auch die Aussprache über die Regierungserklärung eines neuen Kabinetts, die Einbringung eines Reformgesetzes von sozialer und politischer Tragweite oder die Debatte über ein Thema von brennender Aktualität verwandeln die Häuser des Parlaments nicht in einen Schauplatz grundsätzlicher Kontroversen, in ein Forum der Klärung nationaler Fragen. Die Kammer wird nicht zur Arena, in der die politischen Parteien ihre Kräfte messen.

Das Parlament als Nebenschauplatz

Der Regierungschef wie die Sprecher der großen Fraktionen vermeiden in der Debatte eine rhetorische Profilierung ihrer Argumente und damit eine harte Konfrontation ihrer Standpunkte. Improvisationen, das Salz der parlamentarischen Debatte, sind selten. Jene handgreiflichen Auseinandersetzungen mit Deputierten und Senatoren beider extremistischen Flügel gehören der Vergangenheit an. Die Entschärfung des parlamentarischen Betriebs erstreckt sich über die Umgangsformen hinaus auf die Behandlung der Streitfragen, wie sich zeigen wird. Das Parlament ist ein Nebenschauplatz des politischen Kampfes. Der Beobachter auf der Tribüne hat den Eindruck, daß die Parlamentarier unter ihm ein politisches Schattendasein führen. Montecitorio wie Palazzo Madama sind zwar ein willkommener Treffpunkt für Kontakte und Verhandlungen – der »transatlantico«, die der Kammer vorgelagerte Halle im Stil der alten Überseedampfer, ist für die Abgeordneten Corso und Piazza zugleich. Die eigentliche Auseinandersetzung ist andernorts im Gange.

Die Machtzentren im Spannungsfeld der italienischen Politik

sind die Hauptquartiere der Parteien. Der Ausspruch, daß eine parlamentarische Regierung im Westen im Grunde eine Parteienregierung sei, tritt nirgends klarer zutage als in Italien. Im Wettbewerb oder Konflikt zwischen Parteizentrale und Fraktion zieht die parlamentarische Seite stets den kürzeren. In der Regel wird die Demission einer Regierung und damit die Krise nicht durch ein Votum in Kammer oder Senat ausgelöst, sondern durch den Entscheid einer Parteiführung, die Koalition aufzukündigen oder die Minderheitsregierung zurückzuziehen. Ein Mißtrauensvotum im Parlament wird dabei als überflüssig und als schädliche Dramatisierung zwischen den Parteien betrachtet; der demissionierende Ministerpräsident begibt sich, ohne diese Bestätigung im Plenum zu fordern oder abzuwarten, zum Präsidenten der Republik in den Quirinal. Von den 48 Regierungen Italiens seit 1945 sind nur wenige in aller Form im Parlament gescheitert. Bei den meisten war der Zerfall der Koalition und damit das Ausscheiden eines Partners die Ursache des Rücktritts. Wiederholt traten Kabinette zurück, um einer bereits vorbereiteten neuen Lösung Platz zu machen. In anderen Fällen handelte es sich um die normale Demission nach Parlamentswahlen oder nach der Neuwahl des Präsidenten der Republik. Symptomatisch sind jedoch vor allem die Rücktritte, die durch Krisen und Kräfteverschiebungen innerhalb der Democrazia cristiana ausgelöst wurden. Beispiele sind der Sturz der sechsten Regierung De Gasperi (1951), der ersten und zweiten Regierung Moro (1964 und 1966), der zweiten Regierung Andreotti (1973) und der zweiten Regierung Cossiga (1980).

Es liegt auf der Hand, daß besonders die Kommunistische Partei mit ihrer straff organisierten zentralen Führung die eigene parlamentarische Arbeit den Zielen der Partei unterwirft. Schon die konsequente Rotation von Abgeordneten und Senatoren aus ihren Reihen ist ein Beweis dafür, daß ein parlamentarisches Eigenleben der KPI-Parlamentarier verhindert werden soll. Die Partei ordnet sozusagen Männer und Frauen ihrer Kader in die beiden Häuser ab und setzt sie dann wieder für Aufgaben in der Partei oder in anderen öffentlichen Funktionen ein. In der internen Rangordnung steht die Parteifunktion stets höher als die parlamentarische Rolle oder Anciennität. Darum kann von einer »begrenzten Parlamentarisierung« der KPI gesprochen werden. Im Unterschied dazu ist die Democrazia cristiana stärker im italienischen Parlamentarismus verwurzelt. Der christdemokratische Parlamentarier, aber auch der Vertreter der kleineren Parteien, hat vor allem dank seines Rückhalts im Wahlkreis oder in einer regionalen Hochburg eine solidere Position im Parlament, seine Amtszeit dauert in der Regel länger. Trotz dieser und anderer Gründe stehen aber auch die DC-Parlamentarier im Schatten ihrer Parteizentrale.

Ein Zweikammersystem ohne Differenzierung

Dem von den Parteien überschatteten Parlament gelang es nicht, seine eigene Identität und Führung zu entwickeln, obwohl die Autoren der Verfassung, die dem Parlament Souveränität verleihen wollten, eine legislative Körperschaft mit wirklicher Autorität im Sinne hatten und ihrer Struktur große Aufmerksamkeit schenkten. Die Christdemokraten traten aufgrund ihres Programms von 1946 für eine ständestaatlich organisierte zweite Kammer ein, ein Leitbild, das aber durch den Faschismus diskreditiert war. Den Kommunisten schwebte eine einzige Volkskammer vor, die ihren zentralistischen Vorstellungen entsprach. Die Lösung, auf die man sich schließlich einigte, war einer der vielen Kompromisse der Konstituante. Später wurden die Laufzeit der Mandate angeglichen und die Wahltermine zusammengelegt – die Angleichung von Kammer und Senat ging weiter. Auch die Chance, mit der Schaffung der Regionen diesen neuen Körperschaften eine verstärkte legislative Mitwirkung auf nationaler Ebene im Senat zu geben, etwa im Sinne des Bundesrates in der Bundesrepublik, wurde nicht wahrgenommen. Die Verdoppelung des gesetzgeberischen Verfahrens, ohne daß ein Vermittlungsausschuß das Prozedere beschleunigt, beschert in jedem Sinne langwierige und kostspielige Verzögerungen.

Die Mitglieder der Kammer sind auf 630, die des Senats auf 315 festgesetzt. Im Vergleich zu Staaten mit ähnlicher Bevölkerungsgröße, wie die Bundesrepublik, Großbritannien und Frankreich, hat Italien eine viel höhere Zahl von Parlamentariern. Sie werden für fünf Jahre gewählt, nachdem die frühere Amtszeit der Senatoren von sechs Jahren jener der Abgeordneten angeglichen wurde. Im aktiven wie im passiven Wahlrecht bestehen geringe Unterschiede: Für die Kammer kann man mit 18, für den Senat erst mit 25 wählen; ein Abgeordneter muß mindestens 25 Jahre, ein Senator mindestens 40 Jahre alt sein. Auch im Wahlverfahren und in der Einteilung der Wahlkreise unterscheiden sich die beiden Häuser. Da für eine Direktwahl in den Senat 60 Prozent der Stimmen erforderlich sind, werden in der Praxis auch alle Senatoren im Proporzverfahren gewählt.

Die Kammer ist politisch aktiver als der Senat und spielt in der Regel eine größere Rolle. Ihr gehören auch die meisten Parteiführer an. Der Senat bewahrt noch etwas von der Atmosphäre der vorrepublikanischen Institution, deren Mitglieder vom König ernannt wurden, und ist für viele die erste Etappe des Rückzugs auf das Altenteil, ein Refugium für verdiente Notabeln der Republik. Daneben gibt es eine Reihe von Senatoren auf Lebenszeit. Zu ihnen gehören alle früheren Präsidenten der Republik und höchstens fünf Persönlichkeiten, die der Präsident aufgrund ihrer Verdienste ernennen kann. Unter Pertini wurden der neapolitanische Schauspieler und Dichter Eduardo De Filippo, der Historiker und Publizist Leo Valiani und die KPI-Veteranin Camilla Ravera Mitglieder des Senats. Der Präsident des Senats folgt in der Rangordnung auf den Präsidenten der Republik und führt in dessen Abwesenheit oder im Falle von dessen Ausscheiden die Geschäfte. In der Reihe der Ministerpräsidenten kamen nur vier aus dem Senat: Zoli (1958), Leone (1963 und 1968), der Republikaner Spadolini (1981) und Fanfani (1982 und 1987).

Der parlamentarische Betrieb Italiens zeichnet sich durch zwei ungewöhnliche Prozeduren aus. Die eine verlangt, daß die Schlußabstimmungen über Gesetze im Plenum geheim sein müssen; die geheimen Abstimmungen über einzelne Artikel werden jeweils durch die offenen Vertrauensabstimmungen verhindert. Obwohl diese Vorschrift eine gewisse Freiheit von der Hegemonie der Partei garantieren mag, haben Hinterbänkler sie nicht benützt, um bei umstrittenen Gesetzen ihrem Gewissen zu folgen, sondern um der Regierung einen Denkzettel zu geben oder um heimlich ein Kabinett zu stürzen, dem ihre eigene Partei angehört. Regierungen sind auf diese Weise der geheimen Abstimmung zum Opfer gefallen.

Das andere Unikum ist das grundsätzliche Recht der parlamentarischen Ausschüsse, in eigener Vollmacht Gesetze zu erlassen. Dadurch werden die Schwergewichte vom Plenum zu den Kommissionen verschoben. Sie alle beschäftigen sich in dreifacher Weise mit Gesetzen: als beratendes Organ (in sede referente), als redaktionelles Organ (in sede redigente) und als legislatives Organ (in sede deliberante). Über die Zuteilung der Gesetzesentwürfe entscheidet der Präsident der Kammer, wobei für Fragen von allgemeiner Bedeutung, wie der Verfassung, des Wahlrechts, internationaler Abkommen und des Haushalts, allein das Plenum zuständig ist. Zu den großen Vollmachten des Präsidenten gesellen sich die der Ausschußvorsitzenden, die zuständig sind für die Tagesordnung der Kommissionen. Allerdings hat sich der Kammerpräsident mit der Konferenz der Fraktionschefs ins Einvernehmen zu setzen. Die Kammer bestellt insgesamt 14 ständige Kommissionen, an ihrer Spitze jene für Verfassungsfragen, gefolgt von der für die Angelegenheiten der Ministerpräsidentschaft, des Inneren und des Kultus sowie für öffentliche Körperschaften. Die weiteren Ausschüsse sind grosso modo einzelnen oder Gruppen von Ministerien zugeordnet. Das gleiche gilt geraffter für den Senat.

Mit diesen Details aus der parlamentarischen Geschäftsordnung nehmen wir bereits die Reform von 1971 auf. Zu den Neuerungen gehören die nach dem amerikanischen Vorbild der Hearings geschaffenen »indagini conoscitive«, die unter der (nichtöffentlichen) Anhörung von außenstehenden Experten Sachfragen abklären und durch ihre Informationen die legislativen Entscheide vorbereiten, beispielsweise über Umweltverschmutzung, Errichtung neuer Kernkraftwerke und so weiter. Weitere Elemente sind die Stärkung der Konferenz der Fraktionschefs, die bei der Ankurbelung des parlamentarischen Lebens aber nicht die erhofften Früchte getragen hat, die Stärkung der Rechte der parlamentarischen Minderheiten im Plenum und in Kommissionen, neue Kompetenzen für den Haushaltsausschuß in Verbindung mit der Kontrolle durch den Rechnungshof und eine Einschaltung bei den Nominationen der Chefs der großen wirtschaftlichen Körperschaften in Staatsbesitz. All dies dient einer Rationalisierung der parlamentarischen Arbeit, zugleich aber dem Ausbau der Kontrollfunktionen gegenüber der Exekutive. Im November 1981 wurden die bisher unbegrenzten Redezeiten abgeschafft und auch die Kompetenzen für die Festlegung der Tagesordnung erweitert, um die Filibuster-Taktik der Radikalen auszuschalten, die mit Abertausenden von Zusatzanträgen die Arbeit des Parlaments lähmten.

Flut der »Minigesetze«

Wichtiger als das Problem der Parteiensuprematie und der Strukturen ist die Frage, welchen Beitrag die Legislative zur

Entwicklung des modernen italienischen Staates und seiner Gesellschaft leistet, die Frage nach der Arbeitskraft, dem Leistungsvermögen und damit dem Output von Kammer und Senat. Angesichts der Flut von Gesetzen, die in Rom verabschiedet werden, neigt man auf den ersten Blick zum oberflächlichen Schluß, daß entgegen der geringen Effizienz der Administration das Parlament auf legislativem Gebiet erstaunlich hohe Erträge liefert. Doch diese Spitzenleistung bedarf der Überprüfung, und es zeigt sich bald, daß gerade die bescheidene Qualität der Gesetzgebung ihre Quantität möglich macht. Das einschlägige Stichwort dafür lautet in Rom »leggine«, und es ist die Flut dieser »Minigesetze«, dieser Gesetze im Diminutiv, die das Bild einer hohen legislativen Produktivität vortäuscht.

Der Politologe Giuseppe Di Palma ist in einer Untersuchung des italienischen Parlaments der Natur dieser »leggine« nachgegangen und hat statistisch dargelegt, in wie hohem Maße diese Gesetzgebung der Besserstellung der Angehörigen des öffentlichen Dienstes dient. Dazu ein flüchtiges, aber illustratives Beispiel: 37 Prozent der Gesetzesprojekte von seiten der Regierung und des Parlaments im Zeitraum 1963–1972 beziehen sich vor allem auf Gehaltsfragen, die Laufbahn und den Rechtsstatus der öffentlichen Angestellten.[32] Es handelt sich um eine Gesetzgebung mit klientelistischen Zügen in winzigen Bezirken, der jeder weitere Zusammenhang fehlt. Der Inflation dieser Mikrogesetze zugunsten von Gruppen innerhalb des öffentlichen Apparates, die den Politikern besonders nahe sind, steht die spärliche Gesetzgebung auf dem wichtigen Feld konstitutioneller Fragen, der Reformen, der wirtschaftlichen Programmierung und so weiter gegenüber. Die italienische Gesetzgebung ist überreich, weil sie der parlamentarischen Initiative auch des einzelnen Parlamentariers samt der Einbringung von Zusatzanträgen beträchtlich Raum läßt. Der Hauptgrund dafür ist jedoch, daß die Ausschüsse Gesetze mit allen legislativen Vollmachten verabschieden. Allerdings müssen Gesetzesentwürfe wieder zurück ans Plenum, wenn ein Fünftel der Kommission oder ein Zehntel der Abgeordneten es verlangen. Die Gesetzgebung im geschlossenen Kreis dieser Gremien hat sich aber laut Di Palma in hohem Maße als »fragmentarisch und ohne Zusammenhang und darum im wesentlichen als nicht kontrovers« erwiesen.[33] Je bescheidener die Gesetzgebung in ihrer Tragweite und je weniger sie umstritten sei, um so leichter gelinge es, gemeinsam unter Mitwirkung der Hinterbänkler aller Parteien Gesetze zu produzieren.

Eine Vorstellung dieser Situation vermag die folgende Tabelle über die Zahl der verabschiedeten Gesetze in den einzelnen Legislaturperioden zu verschaffen:

Legislatur	1.	2.	3.	4.	5.	6.	7.	8.	9.
Plenum	587	496	484	395	205	366	421	426	374
Kommissionen	1840	1598	1558	1604	954	1110	450	846	761

Zunächst darf bei diesen Zahlen nicht übersehen werden, daß die fünf letzten Legislaturperioden vorzeitig abgebrochen wurden: Viele Gesetzesentwürfe, »leggine« von minimaler Bedeutung wie große, aber umstrittene Reformvorhaben blieben auf der Strecke; die »Sterblichkeit« von Gesetzesvorlagen nahm zu. Auffällig ist jedoch, daß vor allem die Zahl der »leggine«, die in den Kommissionen verabschiedet wurden, zurückgegangen ist. Einige Gründe lassen sich dafür anführen. Ein Teil der Gesetzgebung ging im Laufe der siebziger Jahre im Zuge der Dezentralisierung des Staates auf die Regionen über. Außerdem machen sich die Gesamtarbeitsverträge auch im öffentlichen Dienst bemerkbar, die den »Minigesetzen« für einzelne Gruppen allmählich den Boden entziehen. Schließlich hat auch die bessere Überwachung der Ausgabenpolitik durch parlamentarische Kontrollen vielen der »leggine« mit finanziellen Konsequenzen den Garaus gemacht.

Trotz dieser Reformen im Parlament bleibt die Schwerfälligkeit und Langsamkeit der Legislative weiterhin typisch für Italien. Ein Symptom dafür ist die Tatsache, daß die Regierung die Ausflucht zu Gesetzesdekreten nimmt, die laut Verfassung innerhalb von 60 Tagen vom Parlament als Gesetz verabschiedet werden müssen. Von der 7. zur 9. Legislaturperiode ist ihre Zahl von 167 auf 275 angestiegen. Diese Inflation hat Kritiker auf den Plan gerufen; denn laut Verfassung sind Dekrete nur für Not- und Dringlichkeitsfälle vorgesehen. Es erweist sich außerdem, daß Dekrete kein ausreichender Beweis für das Durchsetzungsvermögen der Exekutive sind, weil diese nachträglich im Parlament zu Kompromissen gezwungen wird, um das Dekret wenigstens teilweise vor seinem Verfall nach 60 Tagen zu retten.

Der italienische Parlamentarismus zeichnet sich in paradoxer Weise durch das Fehlen klarer und verläßlicher Mehrheiten und häufig durch die Absenz einer klaren Opposition aus. Deutlichstes Zeichen ist der allmähliche Abbau des Antagonismus von Christdemokraten und Kommunisten, der in den späten siebziger Jahren praktisch aufhörte; doch selbst in den Jahren des Kalten Krieges hatte es eine beträchtliche parlamentarische Zusammenarbeit zwischen den großen Parteien gegeben. Die Mitwirkung der KPI an der Gesetzgebung in den Ausschüssen und – in geringerem Maße – im Plenum steht offensichtlich im Widerspruch zu ihrer Rolle als Opposition. Wenn die Kommunisten im Parlament während der ersten fünf Legislaturperioden 70 Prozent der Anträge unterstützten, die von der Regierung oder von den Christdemokraten eingebracht wurden, so bedeutet dies, daß das Modell einer klaren Scheidung von Mehrheit und Opposition außer Kraft war. Die Wahl des Kommunisten Ingrao zum Präsidenten der Kammer und die Übernahme der Vorsitze in sieben der insgesamt 26 ständigen Kommissionen beider Häuser durch kommunistische Abgeordnete und Senatoren nach den Wahlen von 1976 waren weitere Schritte auf dem Wege der Eingliederung der parlamentarischen Opposition. Nach dem Rückschlag in den Wahlen von 1979 behielt die KPI den Vorsitz der Kammer, verlor jedoch die Kommissionspräsidien.

Trotz der parteipolitischen Annäherung entschlossen sich die beiden Häuser nicht zu einem System der proportionalen Mitwirkung aller parlamentarischen Kräfte, zu einem Konkordanzsystem. Di Palma kommt zum Schluß, daß sowohl ein »Proporzsystem« wie ein »Majorzsystem« ihre Anziehungskraft ausüben.[34] Doch das eine wie das andere verlangt eine Praxis von gegenseitigen Regeln und einen Grad zentraler Kontrolle, die noch nicht erreicht worden sind. Ein halbfertiger Kompromiß ist zustande gekommen, der das eine wie das andere System aus den Angeln gehoben hat. Die DC ist nicht gewillt, geschlossen ihre Rolle als führende Mehrheitspartei zu spielen, sondern handelt in unzähligen Übergängen kleine und große Kompromisse mit dem politischen Gegner aus. Die KPI ihrerseits agiert auch im Parlament in der Doppelrolle der Opposition und der künftigen Regierungspartei. Damit stehen die Parteien der Republik freilich in einer alten Tradition. Die Regierungspartei übt die alte Praxis des »Transformismus«, indem sie die Opposition zu absorbieren versucht; die Opposition selber ist unfähig und nicht willens, ihre Funktion voll zu erfüllen. Die oft heimliche Zusammenarbeit der beiden großen Parteien trägt nicht zu Dynamik und Entscheidungskraft der Regierung bei; der mangelnden Opposition entspricht eine Regierung, die nicht regiert.

Diese Zweideutigkeit der Rollen von Regierung und Opposition im Parlament wird noch verstärkt durch die Spaltungen innerhalb der Parteien. Gelegentlich wirken Correnti einer Partei enger mit anderen Parteien oder einzelnen von deren Correnti zusammen als mit der eigenen Fraktionsführung. Bei geheimen Abstimmungen kann das bedenkliche Folgen haben. Im Herbst 1980 wurde die Regierung Cossiga offensichtlich durch Heckenschützen vom linken Flügel der DC und der Sozialistischen Partei gestürzt, weil sie gegen das Bündnis zwischen den Parteien waren.

Gegen das bestehende parlamentarische System versuchte lange Zeit die kleine Radikale Partei nicht nur mit Referenden, sondern auch unter Ausnützung aller Hebel der Geschäftsordnung vorzugehen, um die Verabschiedung von Gesetzen zu verhindern. Durch Filibuster – des öfteren unter gleichzeitiger Mitwirkung der Neofaschisten – und mit anderen Mitteln, die den Minderheiten zustehen, durchkreuzte sie das Prozedere der großen Parteien. Sie versteht sich als Partei und als Bewegung, die sich durch das landesweite Mißtrauen gegen die etablierten Parteien getragen fühlt, und will, ohne Demagogie zu verschmähen, ihren Kampf auch gegen den herrschenden italienischen Parlamentarismus führen.

Referenden als demokratisches Heilmittel

Das Referendum ist seit den siebziger Jahren zu einem Faktor geworden, der das parlamentarische, ja das politische Leben überhaupt, kompliziert. Auch andere europäische Länder machen vermehrt von diesem Instrument der direkten Politik Gebrauch. Das Volk kommt damit als absoluter Souverän ohne Rücksicht auf das Parlament zum Zuge, sehr zum Mißfallen vieler Politiker. In Italien sah zwar bereits die Verfassung den Volksentscheid zur gänzlichen oder teilweisen Aufhebung von Gesetzen aufgrund eines Verlangens von 500000 Wahlberechtigten vor; doch das Ausführungsgesetz zum Verfassungsartikel 75 wurde erst 1970 verabschiedet und trat im Mai 1971 in Kraft. Rechtskatholiken griffen mit ihrer Initiative gegen die Scheidung als erste zum Mittel der Volksabstimmung, und am 12. Mai 1974 fand das Referendum gegen das Scheidungsgesetz statt, in dem sich die Wähler jedoch mit rund 20 gegen 13 Millionen klar für die Beibehaltung der Reform aussprachen. Seither machten vor allem die Radikalen das Referendum zum Mittel ihres politischen Kampfes.

Im Jahr 1978 standen insgesamt neun von den Radikalen lancierte Referenden bevor. Das Verfassungsgericht, das über die Gültigkeit von Referenden befinden muß, erklärte, daß vier von ihnen, eingeschlossen eines über die Lateranverträge, ungültig seien. Später im Jahr verabschiedete das Parlament zur rechten Zeit Gesetze zu drei weiteren Anträgen, darunter den des Schwangerschaftsabbruchs, womit das heikle Thema durch eine liberale Lösung der Volksbefragung entzogen wurde. Zum Schluß blieben nur zwei Referenden für die Abstimmung vom Juni 1978. Die staatliche Parteienfinanzierung, die man 1974 eingeführt hatte, um die Parteien von Geldern aus trüben Quellen freizumachen, wurde mit 56 gegen 44 Prozent knapp gerettet. Eine größere Mehrheit brachte die Abstimmung über die »Legge reale«, die seit 1975 dem verschärften Kampf gegen Terrorismus und Kriminalität dienen sollte, mit rund 77 Prozent der Stimmen für ihre Beibehaltung.

Trotz dieser Niederlage sammelten die Radikalen 1980, teilweise unterstützt von den Sozialisten, die Unterschriften für zehn weitere Referenden. Gleichzeitig gelang es der katholischen »Bewegung für das Leben«, zwei Referenden gegen die legalisierte Abtreibung in die Wege zu leiten. Das Verfassungsgericht erklärte im Februar 1981 sechs dieser insgesamt zwölf Referenden für gültig, darunter je eines für das Verbot und für die Freigabe der Abtreibung. Im Mai darauf kamen schließlich fünf Referenden gegen Gesetze für Abtreibung und öffentliche Sicherheit zur Abstimmung. Alle wurden mit klaren Mehrheiten abgelehnt. 70 Prozent der Wähler waren für die Beibehaltung des begrenzten Schwangerschaftsabbruchs, aber 90 Prozent gegen eine völlige Freigabe im Sinne des radikalen Referendums. Selbst Süditalien mit seinen rückständigen Gegenden war gegen die Abschaffung der Reform. Als einzige Provinz folgte Südtirol der Parole der Abtreibungsgegner. Das Referendum hatte wie im Falle der Scheidung sechs Jahre zuvor eine klärende und beruhigende Wirkung in der Öffentlichkeit.

Die Kommunisten strengten 1984 das Referendum gegen Craxis Eingriff in die gleitende Lohnskala an, unterlagen aber. Drei Jahre später traten Linksgruppen, aber auch die Sozialisten mit Referenden an. Sie erreichten die richterliche Haftung für Fehlurteile, eine erschwerte nukleare Energiepolitik und die Abschaffung der parlamentarischen Untersuchungskommission, die eine Art Sonderjustiz gewesen war.

Das Referendum als Element der direkten Demokratie kann das Parlament und so die repräsentative Demokratie heilsamen, vielleicht aber auch gefährlichen Belastungsproben aussetzen. Schon 1972 war die Festsetzung vorzeitiger Neuwahlen ein Motiv gewesen, um einen Aufschub des Scheidungsreferendums zu erreichen; denn ein Referendum konnte bis dahin nur im Abstand von mindestens einem Jahr zu Wahlen stattfinden. Die Meinungen waren seinerzeit auch in der verfassunggebenden Versammlung auseinandergegangen, obwohl es in allen Parteien prominente Befürworter dieses Instruments einer direkten politischen Kontrolle durch das Volk gab. Der Radikale Pannella und seine Partei setzten auf die befreiende Kraft der Referenden, sahen in ihnen Hebel gegen das Kartell der etablierten Parteien. Wiederholt gelang es ihnen, Senat und Kammer zu zwingen, unter dem Druck eines Referendums Reformgesetze zu verabschieden. Doch der Versuch, mit ganzen Bündeln von Referenden den Angriff vorzutragen, illustriert, daß der direkten Volksbefragung in einer parlamentarischen Demokratie mit gegen 60 Millionen Einwohnern Grenzen gesetzt sind. Auch aus diesen Gründen beschäftigt sich das Parlament mit einem Gesetz zur Änderung des Referendums. So sollten Referenden bereits vor der Unterschriftensammlung als zulässig oder unzulässig erklärt werden. Nach den Erfahrungen mit dem Verfassungsgericht ist es wichtig zu wissen, aufgrund welcher Kriterien Referenden von vornherein als verfassungswidrig abgelehnt werden können. Außerdem gilt es, die Form dieser Vorschläge – die Radikalen hatten ganze Listen von Gesetzen vorgelegt – zu prüfen.

Regierungskrisen sind die augenfälligste Erscheinung der italienischen Krise. Die durchschnittliche Lebenserwartung eines Kabinetts liegt bei zehn Monaten, wenn wir die 48 Regierungen seit Kriegsende zählen. Den Rekord erreichte Craxi mit 1058 Tagen für sein erstes Kabinett, gefolgt vom dritten Kabinett Moro (833 Tage). Nur neun Tage dauerte Andreottis erste Regierung. Regierungen für eine gesamte Legislaturperiode sind in Italien Traum geblieben. Die Demission von Ministerpräsidenten, das inzwischen verkürzte Ritual der Konsultationen im Quirinal, die Sondierungen und Verhandlungen designierter Kandidaten nehmen Wochen, ja oft Monate in Anspruch. Solange eine Regierungskrise währt, ist nicht nur das amtierende Kabinett zur bloßen Erledigung der laufenden Geschäfte verurteilt, sondern auch das Parlament stellt seinen normalen Betrieb ein und beschränkt sich auf die allerdringlichsten Traktanden. Ein neidvoller Blick richtet sich jeweils nach London, wo sich Demission, Neuwahlen und Kabinettsbildung in wenigen Wochen abwickeln lassen.

Wie das Parlament ist auch die Regierung dem Druck der Parteien ausgesetzt. Die Koalitionsarithmetik oder die Dosierung innerhalb der christdemokratischen Correntocrazia kompliziert und belastet die allerletzte Phase jeder Regierungsbildung und ließ im Laufe der Jahre die Ministerliste unmäßig anschwellen. In der ersten Regierung De Mita vom April 1988 waren es 30 Minister. Die Einsetzung von Ministern ohne Portefeuille, die meist Sonderaufgaben ohne wirkliche Kompetenzen erhalten, ist ein Hilfsmittel für den Ausgleich. Dazu kommt als weiteres Korrektiv die Ernennung von Staatssekretären (sottosegretari), die in der Regel nicht derselben Corrente wie der Minister angehören. Im Kabinett De Mita war es eine Schar von 64 Christdemokraten, Republikanern, Sozialisten, Sozialdemokraten und Liberalen. Die Ausbalancierung der Kräfte ist ebenso wichtig wie schwierig. Qualifizierung und Erfahrung folgten meist an zweiter Stelle. Ein Beispiel für viele: Als Außenminister Franco Maria Malfatti 1980 aus Gesundheitsgründen zurücktreten mußte, wurde er durch Attilio Ruffini ersetzt, der weder Kenntnisse noch Neigungen für die Aufgabe besaß, aber wie sein Vorgänger zur Gruppe Fanfanis gehörte. Regierungen werden aufgrund eines befristeten Waffenstillstandes im Kampf unter

Parteien und Correnti geschlossen und stürzen, wenn der Waffenstillstand endigt.

Der Regierungschef, der in anderen Ländern als siegreicher Spitzenkandidat aus den Wahlen hervorgeht, wurde in Italien bisher nach langem Ringen von der DC vergeben – mit den Ausnahmen der Regierungen Spadolini und Craxi. Auch diese Praxis ist ein Symptom für die Führungsschwäche des italienischen Systems, wenn wir von der Regierungszeit De Gasperis absehen. Seither ist die Autorität des Ministerpräsidenten permanent umstritten. Bezeichnenderweise ist das Gesetz über die Ordnung der Ministerpräsidentschaft und der Ministerien trotz Anläufen über Jahrzehnte nicht zustande gekommen. Dabei gibt der einschlägige Artikel 95 der Verfassung klare Auskunft: »Der Präsident des Ministerrats bestimmt die allgemeinen Richtlinien der Regierungspolitik und übernimmt dafür die Verantwortung. Er sorgt für die einheitliche Führung von Politik und Verwaltung, indem er die Amtstätigkeit der Minister fördert und koordiniert.«

Das Postulat der Richtlinienkompetenz und Koordinierung der gesamten Arbeit der Minister, die auf Vorschlag des Regierungschefs vom Präsidenten ernannt werden, steht aber im Widerspruch zur Praxis. Dem Ministerpräsidenten fehlt beispielsweise der Rückhalt des konstruktiven Mißtrauensvotums, das in der Bundesrepublik den Sturz des Kanzlers erschwert – in Bonn kann der Regierungschef erst gestürzt werden, wenn sein Nachfolger feststeht. Die Macht des Ministerpräsidenten ist gegenüber dem von ihm gewählten, meist aber von der Partei oder von der Corrente vorgeschlagenen Einzelminister beschränkt; hinter diesem steht die Partei oder eine Parteifraktion, die auf die Entlassung ihres Exponenten hin die Koalition zum Einsturz bringen könnte. Im Herbst 1982 zwang der Streit zwischen Schatzminister Andreatta (DC) und Finanzminister Formica (PSI) schließlich Ministerpräsident Spadolini zum Rücktritt – die Verteilung der Wirtschafts- und Finanzpolitik auf drei Ressorts ist ein Beispiel für die unzweckmäßige Gliederung der Ministerien. Es bleibt bei dem Nebeneinander von teils eigenmächtigen Einzelministerien, die umgeben sind von der unübersehbaren Masse staatlicher und parastaatlicher Körperschaften.

Dazu kommt das Parlament mit seinen gesetzgebenden Kommissionen, die ihrerseits verwirrend und ohne Plan auf die Exekutive und die öffentliche Verwaltung einwirken. Die Regierung selber ist aus Schwäche und mangels interner Koordinierung außerstande, im Parlament als Autorität präsent zu sein, und darum auch kaum in der Lage, langfristige Programme durchzusetzen. Programmierung gehört in die Traumbücher der italienischen Politik. Zum Verhältnis der Exekutive zur Legislative schreibt Andrea Manzella, Kabinettschef unter Spadolini und De Mita: »Kein modernes parlamentarisches Regime häuft so viele für die Regierung negative Bedingungen; keine Regierung ist im Parlament schwächer als die italienische.«[35] Verbesserungen für das Kabinett wären eine beschleunigte parlamentarische Behandlung von Regierungsvorlagen, ein »Vortrittsrecht« der Exekutive im Betrieb der Legislative, außerdem die offene Schlußabstimmung über Gesetze, um Heckenschützen das Handwerk zu legen.

Der Versuch, durch Einsetzung interministerieller Ausschüsse die fehlende Synthese der Regierungspolitik herzustellen, ist mißglückt. Heute existieren deren acht, an ihrer Spitze das Komitee für die wirtschaftliche Programmierung (CIPE). Es kam zu Fehlschlägen, weil, wie Giuliano Amato erklärt, unter den Ausschüssen ein System aufgesplitterter administrativer Apparate, ein Untergrund erhalten blieb, dem eine magnetische Kraft gegenüber den oberflächlichen Einigungsversuchen eigen sei.[36] Die Bemühungen, neue operative Mittel für die wachsende Verantwortung der Regierung einer modernen Industrienation vor allem auf dem Gebiet der Wirtschafts-, Finanz- und Sozialpolitik einzusetzen, stoßen weiterhin auf die passiven Widerstände der Verwaltung mit ihrer lähmenden Parzellierung.

Während der 9. Legislaturperiode erarbeitete die parlamentarische Kommission unter dem Liberalen Aldo Bozzi minimale Vorschläge. Mit der 10. Legislaturperiode ist das Problem noch dringlicher geworden; doch ist es nicht einmal gelungen, die parlamentarische Geschäftsordnung zu verbessern. Die Stärkung der Exekutive ist Gegenstand eines noch nicht verabschiedeten Gesetzes. Doch die übrigen Reformen befinden sich noch immer im Stadium von Planspielen.

Auch die heikle Frage eines neuen Wahlrechts ist völlig offen. Schon in der Zeit De Gasperis hatten sich in Wahlen unstabile parlamentarische Mehrheiten ergeben, und so lancierte er 1953 ein Gesetz, durch das die Partei oder eine Verbindung von Parteien, die die Mehrheit der Stimmen erreicht, dank einer Prämie rund 65 Prozent, also fast zwei Drittel der Mandate, erhalten sollte. Die Linksparteien bekämpften zusammen mit der Rechten dieses sogenannte »Schwindelgesetz« (legge truffa), und in den Wahlen vom 7. Juni 1953 unterlagen die Regierungsparteien mit ihrem Vorhaben nur knapp. Seither ist ein derartiger Versuch nicht mehr unternommen worden. Die vorzeitige Auflösung der fünf letzten Parlamente brachte erneut Diskussionen um eine Wahlreform mit sich, in denen die Modelle Frankreichs, Großbritanniens und der Bundesrepublik eine Rolle spielten, Alternativen, die aber das Überleben der kleinen laizistischen Parteien in Italien gefährden würden. Da das Wahlgesetz nur mit der großen Mehrheit der Parteien geändert werden könnte und diese Mehrheit fehlt, bestehen zur Zeit keine Chancen für eine Wahlreform.

Viele Experten haben Zweifel an technischen Korrekturen angemeldet, weil sie der Meinung sind, daß nicht die Institutionen, sondern die Politiker Schuld tragen und daß nur der gemeinsame Wille der Parteien zur Erneuerung ein Gelingen garantieren könne. Das gewählte Modell habe niemals eine Chance gehabt, normal zu funktionieren; statt dessen habe man alles getan, es zu verunstalten und zu verstümmeln, und gleichzeitig geschrien, daß es nicht funktionieren könne. Die erwähnten Ausführungsgesetze und Verordnungen könnten bestimmt Mißstände und Fehlkonstruktionen aus der Welt schaffen; doch die grundlegende Stärkung von Parlament und Regierung verlangt von den Parteien Eigenreform und Verzicht zugunsten der Institutionen. Der Arzt muß selbst gesund sein, um das kranke System heilen zu können.

Der Präsident – Fixpunkt in der Krise

Mit der Abschaffung der Monarchie durch eine relativ knappe Mehrheit von rund 13 gegen rund 11 Millionen Stimmen trat 1946 an die Stelle des Königs der Präsident der Republik. Der Neapolitaner Jurist und Politiker, Enrico De Nicola, amtierte ad interim als Präsident, bevor 1948 die republikanische Verfassung in Kraft trat. Dann bezog Luigi Einaudi aus Turin, der liberale Professor für Nationalökonomie, als erstes aufgrund der Verfassung gewähltes Staatsoberhaupt den Quirinal, den Königspalast, der zuvor den Päpsten als Sommerresidenz gedient hatte. Entgegen seiner puritanischen Gesinnung mußte der Piemontese damit einen Teil des Pomps der Monarchie mit Kürassieren und Dienerschaft übernehmen. War der Präsident, der laut Artikel 87 der Verfassung die Einheit der Nation verkörpert, darum als dekorative Symbolfigur ein »fainéant«, ein Nichtstuer, wie V.E. Orlando vor der Konstituante erklärt hatte?

In über drei Jahrzehnten ist die Präsidentschaft eine feste Position im Gefüge der italienischen Institutionen geworden. Auf dem Hintergrund schwacher Regierungen und Parlamente repräsentiert der Präsident mit seiner siebenjährigen Amtszeit ein Element der Stabilität und Kontinuität. Besonders De Nicola und Einaudi waren Beispiele für eine Amtsführung von unbestrittener Sachkenntnis, von moralischer und politischer Autorität. Der Christdemokrat Gronchi versuchte während seines Septennats von 1955 bis 1962 mit politischem Ehrgeiz die enggezogenen Grenzen des obersten Amtes auszuweiten. Sein Nachfolger, der christdemokratische Rechtsprofessor Antonio Segni aus Sardinien, wurde schon nach zwei Jahren durch einen Schlaganfall zum Rücktritt gezwungen. Im Sozialdemokraten Giuseppe Saragat (1964–1971) trat zum erstenmal ein Politiker der Linken an die Spitze des Staates, der in den schwierigen Jahren des allmählich zerfallenden Centro sinistra und der Unruhen in Universitäten und Fabriken die Würde von Staat und Institutionen zu wahren verstand. Der christdemokratische Strafrechtler Giovanni Leone (1971–1978) wurde nach dem guten Start der ersten Jahre wegen seiner bedenklichen Freundschaften im Zusammenhang mit dem Lockheed-Skandal und wegen der Geldgeschichten seiner Familie Zielscheibe von Pressekampagnen; er trat unter dem Druck der Parteien ein halbes Jahr vor Ablauf seiner Amtszeit zurück.

Leones Nachfolge übernahm im Sommer 1978 der damals 82jährige Sozialist Sandro Pertini, ein Mann des antifaschistischen Widerstands, der unter Mussolini viele Jahre in Gefängnissen und in Verbannung verbracht hatte. Von 1968 bis 1976 war er Präsident der Kammer. Pertini nahm die Kompetenzen seines Amtes voll wahr und erwarb sich durch seinen integren Charakter und durch seine offene Kritik an den Mißständen im Lande große Popularität. Im Grunde blieb er ein Einzelgänger, der sich den Manövern und Intrigen der Parteien stets fernhielt und der in seinem puritanischen Zuschnitt an die ersten Präsidenten erinnerte. Im Sommer 1985 wurde der christdemokratische Politiker Francesco Cossiga sein Nachfolger. Der aus Sardinien stammende Professor für Verfassungsrecht, Jahrgang 1928, war Innenminister (während der Entführung Moros), leitete zwei kurzlebige Regierungen und präsidierte den Senat. Im Unterschied zu Pertini führt er sein Amt sehr zurückhaltend und versucht, mit unabhängigem Urteil die Institutionen zu stärken.

Das übermächtige Spiel der Parteien wirkte im Verlauf der Jahre immer stärker auf die Wahl des Präsidenten ein. Die Wahlversammlung – Kammer und Senat in gemeinsamer Sitzung unter Teilnahme von Vertretern der 20 Regionen – wurde zu einem langwierigen Konklave, das sich über viele Tage hinzog und die ganze Zersplitterung des Parteiensystems demonstrierte. Für Einaudi und Gronchi reichten vier, für Segni neun Wahlgänge. Die Wahl Saragats kam 1964 nach langem Ringen im 21. Wahlgang zustande. Noch unerfreulicher war 1971 die Wahl Leones, der am 24. Dezember im 23. Wahlgang den Sieg davontrug. Bei der Wahl Pertinis kam es, nicht zuletzt dank des Drucks der ungeduldigen Öffentlichkeit, zu nur 16 Wahlgängen. Cossiga wurde schon im ersten Wahlgang mit großer Mehrheit gewählt.

Die Liste der Vollmachten des Präsidenten, aufgeführt in Artikel 87 der Verfassung, wirkt auf den ersten Blick eindrücklich. Er ernennt den Ministerpräsidenten. Obwohl die Auswahl begrenzt ist – zwischen Parri und Spadolini wurden nur Christdemokraten nominiert – kann das Staatsoberhaupt die Richtung der Regierung bestimmen helfen. Pertini erweiterte diese Prärogative und beauftragte dreimal einen nicht-christdemokratischen Kandidaten, um so ein Monopol der DC zu brechen. Es gelang beim drittenmal, und der Republikaner Spadolini wurde Regierungschef. Zwei Jahre später folgte der Sozialist Craxi.

Der Präsident kann mit Ausnahme des letzten Halbjahres seiner Amtszeit Kammer und Senat auflösen, allerdings erst nach Anhörung der Vorsitzenden beider Häuser. Er hat den Oberbefehl der Streitkräfte inne und führt den Vorsitz des Obersten Verteidigungsrats. Er nominiert ein Drittel der 15 Mitglieder des Verfassungsgerichts und kann fünf Senatoren auf Lebenszeit ernennen. Er hat auch das Recht, Botschaften an die Kammern zu richten.

Von dem Recht, das Veto gegen ein Gesetz einzulegen und in einer begründeten Botschaft eine erneute Beratung zu verlangen, haben nur wenige Präsidenten Gebrauch gemacht. Meist ging es dabei um Gesetze, denen die vorgeschriebene finanzielle Deckung fehlte. Da der Präsident der Republik seine Unterschrift unter alle Gesetze, Verordnungen mit Gesetzeskraft und

Durchführungsbestimmungen setzen muß, räumt diese Funktion eines obersten Notars die Marge einer Kontrolle ein, die freilich meist nur aufschiebender Natur ist. Durch die Vorschrift, daß jede Amtshandlung des Präsidenten nur gültig wird durch Gegenzeichnung des vorschlagenden Ministers, der dafür die Verantwortung trägt, bleibt das Staatsoberhaupt an das Kabinett gebunden. Diese Klausel ist zweideutig und umstritten und würde dem Präsidenten, streng genommen, jede Autorität entziehen. Nach wie vor bleibt die Frage, wie unbeeinflußt der Präsident von der Politik ist und wie weit er in seiner Beeinflussung der Politik gehen kann. Mancher Präsident verlangte nicht mehr als die Vollmachten, die der englische Nationalökonom Walter Bagehot dem britischen Monarchen zugestand: das Recht, konsultiert zu werden, das Recht zu ermutigen, das Recht zu warnen.

Der italienische Präsident hat jedenfalls mehr Macht als Präsidenten anderer parlamentarischer Demokratien des Westens, freilich weniger als die Oberhäupter der Präsidialdemokratien. Was ihm an Macht fehlt, muß er durch persönliche Autorität ersetzen, dies in einem Land schwindender, ja fehlender Autorität. Als höchster Moderator wahrt er die Kontinuität und hat nach dem Wort des Juristen Piero Calamandrei den Auftrag, die lebende Stimme der Verfassung zu sein. Und obwohl der Präsident allein weder eine Regierungskrise noch gar die Dauerkrise Italiens zu lösen vermag, stellt er unter instabilen Institutionen einen Fixpunkt, eine feste Position dar.

Der Platz der Justiz

Die Verfassung läßt zwar eine gewisse Unklarheit über die Rolle und die Macht der exekutiven Instanzen des Landes – Präsident und Ministerpräsident – bestehen; sie tritt jedoch klar und nachdrücklich für die Schaffung einer eigenständigen Justiz ein, deren Angehörige laut Artikel 104 »einen selbständigen und von jeder anderen Gewalt unabhängigen Stand« bilden. Um diese Bestimmung in die Praxis umzusetzen, sieht die Verfassung vor, daß die Richter auf Lebenszeit ernannt werden und daß ihre Auswahl, Ernennung, Beförderung und Versetzung wie die Disziplinargewalt nicht bei der Regierung, sondern generell bei den Richtern selber liegen. Deshalb wurde der Oberste Rat der Gerichtsbarkeit errichtet, eine unabhängige Körperschaft von Richtern, Staatsanwälten, Advokaten und Rechtsgelehrten, die diese Verantwortung wahrnehmen soll.

Die Verfassung geht noch weiter und sieht in einer wichtigen Neuerung für Italien die Schaffung einer obersten Verfassungsinstanz vor, und zwar durch die Schaffung eines Verfassungsgerichts, das die Aufgabe hat, die Verfassungsmäßigkeit der legislativen und exekutiven Tätigkeit und der Beziehungen zwischen Regionen und Staat zu überwachen. Es prüft die verfassungsmäßige Gültigkeit von Referenden und hat außerdem das Recht, über eine Anklage gegen den Präsidenten, den Ministerpräsidenten oder einen Minister zu befinden.

Das Verfassungsgericht wurde 1956 geschaffen, nach langer Verzögerung durch die Parteien, insbesondere durch die DC, und durch den Streit um die Instanzen, die für die Ernennung zuständig sind. Es umfaßt 15 Mitglieder, die nach einer Amtszeit von neun Jahren nicht wieder gewählt werden können. Fünf werden durch den Präsidenten bestimmt, je fünf durch das Parlament und den Obersten Rat der Gerichtsbarkeit (Consiglio superiore della magistratura), der erst 1958 errichtet wurde. Dieser hat 32 Mitglieder, von denen 20 direkt von den Richtern gewählt und zehn vom Parlament ernannt werden. Ihre Amtszeit dauert vier Jahre, ohne daß sie sofort wieder gewählt werden können. Der erste Präsident des Kassationshofes, des obersten Berufungsgerichtes, und der Generalstaatsanwalt beim Kassationshof gehören ihm ex officio als Mitglieder an. Der Präsident der Republik hat den Vorsitz inne, doch führt der Vizepräsident praktisch die Geschäfte. Ein Inhaber dieses Amtes war der christdemokratische Verwaltungsrechtler, Professor Vittorio Bachelet, der 1980 von den »Roten Brigaden« ermordet wurde.

Die Regierung tat zu Beginn ihr möglichstes, um die konstitutionelle Unabhängigkeit dieser Körperschaften einzuschränken. Der Oberste Rat der Gerichtsbarkeit sollte dem Justizministerium unterstellt und damit seines eigentlichen Zwecks beraubt werden. Das entsprechende Gesetz wurde später als nicht verfassungsmäßig erklärt. Mit dem Verlangen, auch die fünf Ernennungen des Präsidenten zu beanspruchen, versuchte die Regierung und damit die Parteien praktisch zwei Drittel der Mitglieder des obersten Gerichts zu nominieren. Die Regierung weigerte sich auch, einem der ersten Urteile Folge zu leisten, was schließlich zum Rücktritt des ersten Präsidenten und früheren amtierenden Präsidenten der Republik, Enrico De Nicola, führte.

Seit jener Zeit hat das Verfassungsgericht als oberster Interpret der Verfassung an Ansehen gewonnen. Volle Unabhängigkeit und Neutralität erreichte es jedoch nicht. Gerichte leben nirgendwo in einem politischen oder sozialen Vakuum; das gilt auch für das Verfassungsgericht in Rom, das unter ungewöhnlichen politischen Einwirkungen tätig ist. In seinen Urteilen hält es sich an die Stimmung des Parlaments, obwohl es liberaler ist in Fragen der bürgerlichen Freiheiten und konservativer in Fragen der privaten Eigentumsrechte. Es ist den Gewerkschaften freundlich gesonnen und stützte zum Beispiel deren Recht auf politische Streiks. In Streitigkeiten zwischen dem Staat und den Regionen hält es sich in der Regel auf seiten des Zentralstaates. In Fragen von Kirche und Staat wahrt es vorsichtig das Gleichgewicht. Es zeigt Verständnis für die Anwendung von Reglementen der Europäischen Gemeinschaft in Italien. In der Lockheed-Affäre, in der es um die Korruption durch die amerikanische Firma ging, hatte das Verfassungsgericht 1979 zum ersten und einzigen Mal über Minister zu urteilen, nämlich über die früheren Verteidigungsminister Tanassi und Gui.

Das Verfassungsgericht wie das Justizsystem insgesamt spüren unentwegt den Druck der Politik. Die meisten Ernennungen zum Verfassungsgericht sind parteipolitisch gefärbt. Nach einer ungeschriebenen Übereinkunft unter den Parteien werden von den fünf Ernennungen des Parlaments zwei den Christdemokraten und je eine den Kommunisten, Sozialisten und den laizistischen Parteien zugeteilt. Die fünf Ernennungen des Präsidenten sind in geringerem Maße parteipolitischem Einfluß ausgesetzt. Die fünf Ernennungen des Rates der Gerichtsbarkeit schließlich sind am wenigsten politisiert. Die Mehrheit der Mitglieder des Gerichtshofes verdankt also ihre Ernennung den Parteien. Dieses parteipolitische Junktim wird verstärkt durch das parteipolitische Repertoire möglicher Belohnungen und Bestrafungen. Ein Verfassungsrichter, der auf eine anschließende Karriere im öffentlichen Leben hofft – als Parlamentarier, Senator auf Lebenszeit oder Chef einer angesehenen Institution –, muß sich den Wünschen der Parteien gegenüber offen erweisen. Die Parteien zögern nicht, durch einen Artikel in einem Parteiorgan zum Beispiel, Signale zu geben, in welchem Sinne geurteilt werden soll.

Die Auswirkung der Politik auf die Unabhängigkeit der Richterschaft, einschließlich der Staatsanwälte, tritt offensichtlich zutage. In diesem Falle geht es weniger um den Druck der

Parteien von außen als um die internen Verhältnisse. Das Justizsystem stand nach dem Kriege unter der Kontrolle älterer, äußerst konservativer Richter, was an sich nicht überrascht, da es sich um Veteranen des faschistischen Staates handelte. Durch ihren Einfluß auf Ernennungen und Beförderungen bestimmten diese Richter den politischen Ton, den die anderen nicht zu ändern wagten. Ende der sechziger Jahre wurde durch eine Reihe von Reformen die automatische Beförderung und somit die Macht der älteren Generation gebrochen. Die jüngeren Richter fühlten sich in ihrem politischen Engagement und ihrer parteipolitischen Zugehörigkeit nicht länger eingeschränkt. In kurzer Zeit entwickelten sich die politischen Correnti in der Justiz, dehnten sich aus auf den Obersten Rat der Gerichtsbarkeit und unterminierten das Prinzip einer unabhängigen und neutralen Richterschaft.

Die langsamen Mühlen der Justiz

Zu den irritierenden Paradoxen Italiens gehört der Widerspruch zwischen dem dichten Gewebe seines rechtlichen Formalismus auf allen Ebenen und der permanenten Übertretung von Gesetzen und Vorschriften durch die Bürger. Schließlich neigt man zu der verbreiteten zynischen Schlußfolgerung, daß das Land nur dank der Mißachtung kleiner und großer Gesetze funktioniert und daß Gesetzesübertretungen von den Verkehrsvorschriften bis zur Steuererklärung zu den bescheidenen Lustbarkeiten, zu den nützlichen Beweisen persönlicher Schlauheit und zu der Kunst des Überlebens zu rechnen sind. »Paese legale« und »paese reale« spalten sich hier bewußt und in voller Absicht. Der bittere Ausspruch kehrt wieder, daß Italien die Wiege des Rechts und das Grab der Gerechtigkeit sei. Die große Rechtstradition reicht in tiefe Vergangenheit und wird noch immer in den Universitäten gehegt und gepflegt, während im rechtlichen Alltag des Landes Versäumnisse, gescheiterte Reformen und nur streckenweise Anpassung an neue soziale Verhältnisse sich fast zu einem undurchdringlichen Wildwuchs verflechten.

Diese Diskrepanz zwischen Realität und Legalität macht auch den Gerichten zu schaffen, die längst nicht mehr in der Lage sind, rechtzeitig und umfassend Recht zu sprechen. In der zweiten Hälfte der siebziger Jahre hatten der Angriff des politischen Terrorismus auf den Staat und der sprunghafte Anstieg der gemeinen Kriminalität (Morde der Mafia, Entführungen, Raub und Diebstähle) die Justiz vor neue und schwere Aufgaben gestellt und die Schwäche des Systems noch offenkundiger gemacht. Mit den Carabinieri und Polizisten stehen Staatsanwälte und Untersuchungsrichter, ja auch die Richter in der vordersten Reihe eines erbitterten Kampfes um öffentliche Ordnung und Sicherheit.

Der Prozeßstau in den Gerichten

Langwierige, über viele Jahre sich hinziehende Prozesse beschäftigen über die Justiz hinaus die Öffentlichkeit des Landes. Es gibt berühmte Fälle wie jenen Streit um die Fischereirechte im Binnensee von Cabras auf Sardinien, der vom Jahre 1858 bis in die Gegenwart dauerte. Im Januar 1980 wurde ein Streit um die Erbschaft Don Carmelo Parisis, des Duca di Leucadi e Casalecchio, entschieden, der 1914 in Messina begonnen hatte. Da die Immobilien im Lauf der Jahre zerfallen und die Banknoten nichts mehr wert waren, zogen die Erben nach 65 Jahren schließlich einen Schlußstrich. Einer der politischen Riesenprozesse der siebziger Jahre gegen die Urheber des Anschlages auf die Mailänder Filiale der Nationalen Landwirtschaftsbank an der Piazza Fontana, der am 12. Dezember 1969 16 Tote und gegen 90 Verletzte gefordert hatte, fand im Februar 1979 nach wiederholten Anläufen in Catanzaro im tiefen Süden vor einem Geschworenengericht seinen Abschluß in erster und im März 1982 in zweiter Instanz – und heute, bald 20 Jahre nach dem Verbrechen, versucht ein sechstes Verfahren die Wahrheit herauszufinden. Der Europäische Gerichtshof für Menschenrechte in Straßburg sprach italienische Gerichte wegen Saumseligkeit wiederholt schuldig, 1987 etwa jenes von Lagonegro (Basilikata). Eine Frau hatte 1976 eine Wohnung erworben und geklagt, weil ihre Terrasse als öffentlicher Durchgang zur Straße benützt wurde. Da das Gericht zu keinem Urteil kam, wandte sie sich an den Straßburger Gerichtshof, der den italienischen Staat zur Zahlung einer Entschädigung von acht Millionen Lire an die Klägerin verurteilte.

Dies mögen Extremfälle sein; doch Straf- und Zivilverfahren nehmen in Italien Jahre in Anspruch. Nach dem Bericht des Obersten Rates der Gerichtsbarkeit von 1976 dauert das Zivilverfahren vor der einzelnen Instanz durchschnittlich zwischen 630 und 700 Tagen, nämlich 470 bis 550 Tage auf der untersten Stufe der Einzelrichter, 800 bis 900 Tage vor den Gerichten und 700 bis 770 Tage vor den Appellationsgerichten.[37] Die Dauer der Strafverfahren liegt in den letzten Jahren darunter, die der Zivilverfahren noch höher. Die Faustregel, daß für ein Rechtsverfahren über drei Instanzen sieben bis zehn Jahre gerechnet werden, hat also konkrete Anhaltspunkte. In der Bundesrepublik sind die entsprechenden Zeitspannen um mindestens ein Drittel kürzer.

Eine Hauptursache und zugleich Folge für dieses Schneckentempo der Justiz ist der Stau von hängigen Verfahren in jeder Instanz. Für 1979 betrug die Zahl der pendenten Verfahren rund 1,5 Millionen, die der zivilrechtlichen Verfahren lag bei rund 1,15 Millionen. Manche Zahlen, die sich im Längsschnitt von der Strafverfolgung bis zum Strafvollzug ergeben, sind unter dem

Ansturm des Terrorismus und der Kriminalität großen Stils noch angestiegen. Hinter diesen gravierenden Fällen, die eine hohe Zahl von Beamten der Polizei und der Justiz in Anspruch nehmen, muß die Masse der Verfahren zurückstehen. Selbst die Verwaltungsgerichte der Regionen drohen unter der Last unbewältigter Rekurse zu ersticken.

Veraltete Strukturen und verwirrende Normen

Ein naheliegender Grund für die Mängel der Justiz sind die vakanten Stellen in Gerichten, nicht zuletzt wegen der wachsenden Schwierigkeiten, Nachwuchs zu rekrutieren. Die geographische Verteilung der Gerichte stammt aus dem Jahr 1941, und nach dem Exodus von Millionen von Menschen aus dem Süden und der Landflucht in allen Teilen des Landes entspricht sie heute längst nicht mehr den demographischen Verhältnissen. Im Frühjahr 1983 umfaßte der Stellenplan 7352 Beamte aller Stufen. Davon waren zu jenem Zeitpunkt 650 Stellen nicht besetzt. Rund 300 Gerichtsämter könnten wegen Unterbeschäftigung geschlossen werden, um dafür neue in den Ballungszentren einzurichten.

Die Justiz ist wie die Administration vor allem von Süditalienern besetzt. Dies hat zur Folge, daß viele Justizbeamte südlicher Herkunft eine Versetzung in ihre Heimat anstreben, sobald sie sich die ersten Sporen in oberitalienischen Städten verdient haben, und daß darum in Städten wie Mailand und Turin, aber auch in peripheren Gebieten wie dem Friaul oder Sardinien erhebliche Lücken entstehen.

Die Reorganisation der Gerichte mit ihrer Entfernung sogenannter dürrer Äste ist trotz der Wiederkehr des Postulats in Regierungserklärungen bis heute weitgehend auf dem Papier geblieben, weil das Parlament die entsprechenden Gesetze nicht verabschiedet hat. Zu diesem personellen Rückstand gesellt sich der Mangel an genügendem und qualifiziertem Hilfspersonal in den Gerichtskanzleien, die Unterbringung in altertümlichen Justizpalästen mit ungenügenden Einrichtungen und antiquierten Strukturen. Die staatlichen Gelder fehlen, um den Apparat bis zu den notwendigen Datenbanken zu modernisieren. Die Justiz des Landes ist Teil seiner Bürokratie mit all den bekannten Mangelerscheinungen. Visiten in altmodischen Gerichtspalästen gleichen Ausflügen tief ins 19. Jahrhundert.

Wiederholt haben die Angehörigen der Justiz aus Erbitterung über diese Zustände zum Kampfmittel des Streiks gegriffen. Ein erster Streik, dessen Ziel höhere Löhne waren, fand im März 1975 statt. Seither gab es eine wachsende Zahl von Streiks aller Art, um die Regierung und das Parlament zur Reform des Justizsystems, zu einem besseren persönlichen Schutz der Justizbeamten und zu höheren Gehältern zu drängen. Der erste Ausstand hatte noch eine Diskussion über die Legalität von Richterstreiks ausgelöst. Präsident Leone erklärte in einem Aufruf derartige Streiks als unvereinbar mit der verfassungsmäßigen Stellung der Justiz und der Beamten; doch seither hat sich die Öffentlichkeit daran gewöhnt und akzeptiert sie als Teil der italienischen Szene.

Die Magistratura, die Gerichtsbarkeit Italiens, stellt ein streng in sich geschlossenes System dar, das Richter wie Staatsanwälte umfaßt. Aufgrund eines alljährlichen Wettbewerbs wird der Nachwuchs ausgewählt, und der Kandidat beginnt mit einem Praktikum als Auditor (uditore) seine Laufbahn. Er ist auf Lebenszeit ernannt und hat gemäß seinem Dienstalter Anspruch auf Beförderung, für die, wie für Versetzung, der Rat der Gerichtsbarkeit zuständig ist. Richter auf unterster Stufe ist – abgesehen vom Sonderfall des ehrenamtlichen Friedensrichters – der Einzelrichter (pretore). Die nächste Instanz in der Justizpyramide sind die rund 150 Landgerichte (tribunale) mit einem Dreierkollegium von Richtern. Darüber stehen die 23 Oberlandesgerichte (corte d'appello) – außerdem Sektionen in Campobasso, Salerno und Reggio Calabria. Der Kassationshof (corte di cassazione), als oberste Berufungsinstanz dem deutschen Bundesgerichtshof vergleichbar, hat seinen Sitz in Rom. Er gliedert sich in drei zivilrechtliche und sechs strafrechtliche Sektionen, über denen je eine vereinigte Sektion für die wichtigsten Fälle zuständig ist.

Die Spitzen der zweistufigen Verwaltungsgerichtsbarkeit, aufgebaut von den Regionen her, sind der Staatsrat (consiglio di stato), der dem Bundesverwaltungsgericht entspricht, und der Rechnungshof (corte dei conti). Der Staatsrat urteilt in Spruchsenaten über die Rechtmäßigkeit von Verwaltungsakten und kann diese annullieren. Er berät die Regierung in den Gutachtersenaten auch über die Rechtmäßigkeit von Dekreten, Verordnungen und der Gesetzgebung im allgemeinen. Der Rechnungshof wacht über das öffentliche Rechnungswesen, gewährt dem Bürger Schutz gegenüber der Verwaltung, insbesondere in der Frage von Pensionen.

Die Richter und Anwälte Italiens üben ihr Amt auf einer komplizierten, ja verwirrenden Rechtsgrundlage aus. Vor allem das Prozeßrecht ist als unübersichtliches Terrain eine der Ursachen für die Schwerfälligkeit der Justiz. Die Gesetzbücher stammen noch aus der Zeit des Faschismus. Inzwischen kamen aber mit der Verfassung von 1948 die Prinzipien einer freiheitlichen Demokratie zum Durchbruch. Doch das Zivil- und Strafrecht wurde nicht umfassend erneuert. Man behalf sich mit Einzelgesetzen und Teilreformen, deren Masse nun die alten Gesetzbücher überlagert. Das Strafgesetzbuch aus dem Jahr 1931, das den Namen des damaligen Justizministers Alfredo Rocco trägt, ist noch immer in Kraft, obwohl es nun überwuchert ist von zahlreichen Revisionen, teils aufgrund von Urteilen des Verfassungsgerichts, das Bestimmungen im Lichte der republikanischen Verfassung annullierte, veränderte oder ergänzte. Relikte aus faschistischer Zeit und progressiv überspitzte Gesetze, wie sie zum Teil im Strafvollzug zu finden sind, stehen einander entgegen. Trotz verschiedener Anläufe blieben beispielsweise die Artikel über das sogenannte Ehrendelikt bis Sommer 1981 in Kraft. Sie sahen minimale Strafen für Mörder vor, die aus verletzter Ehre Frau, Tochter oder Schwester umbringen. Dasselbe galt für eine andere archaische, aus dem Mezzogiorno stammende Bestimmung, nämlich für die Tilgung der Strafe wegen Vergewaltigung, wenn der Täter sein Opfer heiratet. In den Kreisen der Justiz schiebt man dem saumseligen Parlament zu Recht einen Teil der Schuld zu, weil es bis heute außerstande war, ein einheitliches modernes Rechtssystem zu schaffen.

Statt weniger und klarer Gesetze hat Italien viele voll unpräziser Bestimmungen. Der legalistische Formalismus nimmt den weiten Spielraum wahr, um sich voll zu entfalten. Justizbehörden können damit das langsame Prozedere motivieren und entschuldigen. Den Advokaten wiederum bietet es vielfältige Gelegenheit, Formfehler aufzustöbern und Termine hinauszuzögern. Jährlich werden Tausende von Prozessen aufgeschoben und Urteile annulliert wegen eines kleinen Formfehlers, den man im Eifer juristischer Spitzfindigkeit entdeckt hat. Kein Wunder, daß nicht nur der Laie auf Leitfaden und Führer durch den italienischen Rechtsdschungel angewiesen ist. Reformen selber können die Probleme noch verschärfen, wenn ihre Einführung nicht genügend vorbereitet ist oder das erforderliche Personal und die notwendigen Einrichtungen nicht zur Verfügung stehen. So versichern Experten, daß eine übereilte Inkraftsetzung der längst fälligen und weit gediehenen neuen Strafprozeßordnung zur Zeit der herrschenden Justizkrise verheerende Folgen haben könnte und erinnern dabei an den Mißerfolg der Reform des Strafvollzugs in der zweiten Hälfte der siebziger Jahre, für deren Verwirklichung die Mittel fehlten.

Das unübersichtliche Terrain der Rechtsnormen ist ein idealer Nährboden für Prozeßsucht. In einem Volk, das zur Diskussion und zur polemischen Profilierung der Standpunkte neigt, liegt es auf der Hand, daß man vor Gericht bis zum äußersten die eigene Sache durchfechten und Recht bekommen will. Wenn eine Partei unterliegt, geht sie fast automatisch in die nächste Instanz. Die Verlängerung der Prozesse hat in den letzten Jahren allerdings dazu geführt, daß in wachsendem Maß Vergleiche zwischen den Parteien gesucht und ausgehandelt werden. Das Heer der Advokaten – in ganz Italien sind es rund 45000, davon über 8000 in der Hauptstadt – findet in Rechtsstreitigkeiten sein Auskommen. Der Anwalt ist eine Figur des italienischen Alltags. Er hat seine Urbilder, auch negative wie den Winkeladvokaten Azzeccagarbugli in Alessandro Manzonis ›Verlobten‹, der skrupellos den Mächtigen dient. Im Zerrbild wird der Anwalt zum Lotsen, der in trüben Gewässern der Bürokratie und Justiz nach Vorteilen fischt und gemäß dem Spruch »Fatta la legge, trovato l'inganno« bei jedem Gesetz sogleich dessen Umgehung ausfindig macht.

Italien mit seinen Affären und Skandalen ist auch das Land der großen Prozesse, vom Fall Montesi in den fünfziger Jahren, in dem es um den Mord an einer jungen Römerin und um den Sohn eines christdemokratischen Politikers ging, bis zum Lockheed-Verfahren, das 1978 in dem ehemaligen Verteidigungsminister Tanassi zum erstenmal einen Minister der Republik verurteilte, und zum Prozeß gegen die Urheber des Massakers in einer Mailänder Bank von 1969. Parteipolitik, Extremismus von rechts und links, Geheimdienste, Korruption und Kriminalität mischen sich in vielen dieser Justizskandale, ohne daß die Urteile Klarheit schaffen. Mehr als vom Formalismus werden diese Riesenverfahren von Mystifikationen, Verschwörungstheorien und spekulativen Theorien überlagert, und die Randzonen der Ungewißheiten und Widersprüche sind so groß, daß die Drahtzieher und Täter in der Regel nicht eindeutig ausgemacht werden können. Die Konfusion, die sich ergibt oder die künstlich geschaffen wird, überfordert Richter und Geschworene; so bleibt häufig nur der Ausweg, die Verfahren hinauszuzögern und aufzuschieben, bis alles im Sande verläuft.

Alle Chancen, ein Monsterprozeß ohne Ende zu werden, hat die Affäre der Freimaurerloge P 2, die unter ihrem Chef Licio Gelli in ein ominöses Machtzentrum umgewandelt wurde. Die These, daß es sich um den größten Skandal in der Geschichte der Republik handle, ist noch nicht bewiesen. Fest steht jedenfalls, daß der machthungrige Geschäftemacher Gelli ein großes Netz von Verbindungen aufgebaut hatte, das mit trüben Machenschaften, darunter Erpressung durch Material des Geheimdienstes, mit illegalen Finanzoperationen und mit politischen Manövern die Ganglien des Staates und der Verwaltung durchsetzte. Der Skandal P 2 in all seinen Verzweigungen verrät einen bedenklichen Fäulnisprozeß öffentlicher und staatsbürgerlicher Moral. Selbstverständlich wird der Fall von allen Seiten politisiert.[38]

Die politisierte Justiz

Die Verwaltung einer gerechten Justiz erfordert nicht nur Effizienz des Gerichtssystems, sondern auch eine unabhängige und unpolitische Richterschaft. In Italien ist das aus dem Piemont stammende, vorrepublikanische Ideal einer politisch neutralen Richterschaft erheblich kompromittiert worden. Dies rührt von Entwicklungen in den frühen siebziger Jahren her, in denen sich die Richter in politische Fraktionen aufspalteten. Die Spaltungen durchzogen bald das ganze Justizsystem und wirkten sich nicht weniger auf seine Organisation als auf seine Tätigkeit aus. Das erste Opfer war der Nationale Richterverband (Associazione nazionale dei magistrati), die Berufsorganisation, der alle Richter und Staatsanwälte angehörten. Junge, politisch aktive Richter hatten die Oberhand gewonnen. Die älteren und damit höheren Richter schieden aus und gründeten die konservative »Unione dei magistrati italiani«, die sich 1979 wieder auflöste. Die »Associazione« selber gliederte sich in verschiedene politische Fraktionen auf, die sich im Laufe der Zeit so voneinander unterschieden wie die Correnti in den Parteien. Zur Zeit gehören rund 37 Prozent der Mitglieder zum gemäßigt-rechten Flügel »Magistratura indipendente«, 45 Prozent zur reformistischen »Unità per la costituzione« und 18 Prozent zur aktiven Linksgruppe »Magistratura democratica«.

Die politische Aufspaltung wurde in den Obersten Rat der Gerichtsbarkeit übertragen und untergrub dessen Unabhängigkeit und politische Neutralität. Diese bereits in der Verfassung vorgesehene, erst 1958 mit Verspätung geschaffene Institution sollte den Angehörigen der dritten Gewalt eine weitgehende, dem zuständigen Ministerium und damit der Regierung entzogene Autonomie geben und so Schutz vor politischen Eingriffen bieten. In die Zuständigkeit des Rates gehören die Ernennung, Versetzung und Beförderung von Richtern und so weiter, aber auch Disziplinarmaßnahmen. Er stellt außerdem ein einflußreiches Konsultativorgan in allen Rechtsfragen dar, das dem Ministerium Vorschläge für die Reform der Justiz macht und dem Parlament Berichte über den Stand der italienischen Justiz unterbreitet.

Die Unabhängigkeit des Rates der Gerichtsbarkeit war auch in den besten Zeiten nicht völlig garantiert. Die zehn der 32 Mitglieder, die das Parlament aus den Reihen der Rechtsprofessoren und Anwälte wählt, werden von den Parteien bestimmt; vier kommen den Christdemokraten, drei den Kommunisten, zwei den Sozialisten und eines den laizistischen Parteien zu. Nachdem die Richterschaft politisiert war, wurden auch die 20 den Richtern zustehenden Ernennungen einer parteipolitischen Auswahl unterworfen. Doch der politische Einfluß reicht damit noch nicht an seine Grenze. In den Gremien wird hart und zäh darum gekämpft, die Gerichte aufgrund der Fraktionen und deren relativen Stärke zu besetzen. Darüber hinaus bleiben Versetzungen – im Gegensatz zu Beförderungen, die heute gemäß Anciennität automatisch sind – Gegenstand politischer Überlegungen. Das Ergebnis ist ein politisches Patronageverfahren, das die Justiz wie alle anderen öffentlichen Institutionen durchsetzt.

Die politische Aufsplitterung verursacht große Spannungen innerhalb der Richterschaft. Ein Beispiel dafür war zu Beginn 1980 die überraschende Anschuldigung Claudio Vitalones, eines christdemokratischen Senators und früheren Staatsanwaltes in Rom, wonach Mitglieder von »Magistratura democratica« Kontakte mit ultralinken Terroristen gehabt hätten. Die Gruppe antwortete mit dem persönlichen Gegenangriff, daß Vitalone als Staatsanwalt Fälle, die die Christdemokraten in eine peinliche Lage gebracht hätten, liegengelassen oder auf Nebengeleise geschoben habe. Bezeichnenderweise verloren die Angriffe trotz ihrer Schwere bald an öffentlichem Interesse, ohne daß die einen oder die anderen je geklärt worden wären.

Politisches Aktivistentum setzte in den siebziger Jahren ein, als junge »pretori« Zorn, aber auch Beifall auslösten durch teilweise sehr harte Urteile, wie bei der Durchsetzung des Arbeiterstatuts in den Betrieben, beim Vorgehen gegen Bauspekulanten oder Fabrikanten, deren Betriebe die Umwelt verschmutzten oder deren Lebensmittel gesundheitsschädliche Stoffe enthielten. Es gab skurrile Beispiele wie das vom Richter, der die Entlassung eines Metzgerburschen rückgängig machte, der vom Meister beim intimen Umgang mit seiner Frau überrascht worden war. Begründung: Der Ehebruch habe außerhalb der Arbeitszeit stattgefunden. Oder einer Firma wurde es verboten, einen Betrieb in der Provinz Bergamo zu verlegen, weil die Verlegung gegen das Interesse der Arbeiter verstoßen hätte. Das waren progressive Zerrbilder, die ihre konservativen Gegenstücke in Aktionen wie der des Staatsanwalts Donato Bartolomei hatten, der viele der Bücher und Filme verbot, mit denen Italien im Ausland Ruhm und Ansehen erwarb. Viele der sogenannten »pretori d'assalto«, was sich mit »Sturmrichter« übersetzen läßt, haben inzwischen in ihrem Eifer nachgelassen oder die Öffentlichkeit hat sich an diese extreme Auslegung der Gesetze gewöhnt. Andere progressive Exponenten näherten sich allerdings dem ultralinken Extremismus an.

Die Aktionen dieser »Sturmrichter« warfen die alte Frage auf, wieweit die Justiz im Interesse der Gesellschaft handeln kann, um das auszugleichen, was Behörden auf nationaler und örtlicher Ebene versäumen. In der jüngsten Zeit haben sich diese Fragen erweitert, und Justizverfahren wurden oft in noch illegitimerer Weise politisiert. Es kommt vor, daß Untersuchungen und Anklagen durch die politischen Auffassungen von Staatsanwälten und Untersuchungsrichtern beträchtlich beeinflußt und Prozesse als Mittel zum Klassenkampf oder zur Verteidigung des Status quo betrachtet werden. Der sozialistische Rechtsprofessor Federico Mancini faßte die Haltung der Linksideologen in der Toga des Richters mit Ironie folgendermaßen zusammen: »Parteilichkeit ist eine Tugend und Neutralität ein Mißverständnis oder ein Schwindel. Das gilt auch für die Unabhängigkeit. Eine Richterschaft, die sich in diese falschen Tugenden kleidet, ist ein Diener der Macht und muß so genannt werden; Richter müssen die Unterdrückten und Bedrängten verteidigen, mit der Arbeiterbewegung zusammenarbeiten und ein Gegengewicht zur politischen und industriellen Führung darstellen.«[39] Diese Verbindung von juristischer Macht und politischer Parteilichkeit hat als Erscheinung des öffentlichen Lebens Unsicherheit und Mißtrauen geschaffen.

Ein Beispiel, wie alle Fälle dieser Art teilweise in dunkel getaucht, muß genügen. Es geht dabei um die Banca d'Italia, eine der angesehensten Institutionen des Landes und eine der wenigen, die ihre politische Unabhängigkeit bewahrt hat, um deren Gouverneur Paolo Baffi, einen integren Mann, der für die finanzielle Sanierung Italiens in der Mitte der siebziger Jahre verantwortlich war, und um Mario Sarcinelli, den stellvertretenden Generaldirektor, der im Aufspüren suspekter Institute im Bankensystem besonders aktiv war. Im März 1979 wurde Sarcinelli auf Anordnung des rechtsstehenden Untersuchungsrichters Antonio Alibrandi verhaftet. Baffi wurde der Mitwisserschaft beschuldigt, weil er es laut Alibrandi unterlassen hatte, die Justiz vom Ergebnis einer Inspektion in Kenntnis zu setzen, wonach von einer bestimmten Bank leichtfertig Kredite vergeben worden waren. Die Bank von Italien war aufgrund des Bankengesetzes nicht verpflichtet, eine derartige Initiative zu ergreifen; eine solche war nach dem einhelligen Urteil der Anwälte auch nicht gerechtfertigt. Trotzdem saß Sarcinelli fast zwei Wochen im Gefängnis. Baffi wurde in erniedrigender Weise der Paß entzogen. Sarcinelli, der einige Monate später Generaldirektor hätte werden können, wurde nicht befördert, weil die gerichtliche Abklärung noch ausstand. Baffi trat bald darauf zurück.

Es läßt sich zumindest sagen, daß, wie die ›Financial Times‹ schrieb, mit Alibrandis Aktion beabsichtigt wurde, »Sarcinelli mundtot zu machen und die für Überwachung zuständige Abteilung der Zentralbank lahmzulegen«. Das eigentliche Ziel der Operation war, wie sich im Lauf der Jahre zeigte, die Untersuchungen der Notenbank gegen den Banco Ambrosiano zu verhindern, dessen ungesetzliche Operationen 1982 zum finanziellen Kollaps führten.

Die Verhaftung von Verdächtigen aus heiterem Himmel wirft in Italien stets die Frage nach den Machtbefugnissen der Staatsanwälte und Richter auf. An Beispielen fehlt es nicht. Leiter von Theatern, Medizinprofessoren, Bankdirektoren und Männer anderer Stände geraten unversehens hinter Schloß und Riegel. Gegen Bürgermeister und Stadträte werden Strafuntersuchungen eingeleitet. Die Schlagzeilen in der Presse sind gewaltig. Der große Schatten von Korruption, Schwindel und Betrug legt sich wieder über das Land. Die Staatsanwälte bleiben dabei nicht anonym im Hintergrund, sondern werden zu mächtigen Figuren des öffentlichen Lebens; ihre Lebensläufe werden bekannt, und sie selbst geben Interviews. In Zeitungsberichten ist von Manövern und Konflikten innerhalb der Justiz die Rede. Angesichts dieses personalistischen Elements wundert sich niemand, wenn nach einigen Tagen, Wochen oder Monaten die Verhafteten wieder auf freien Fuß gesetzt werden, nach Jahren dann endlich ein in der Sache selber reduziertes Verfahren in Gang kommt, das sich häufig in nichts auflöst.

Die weiten Kompetenzen der Staatsanwälte haben zur Folge, daß es auch zu politisch instrumentierten Fehden und Kompetenzkonflikten zwischen Staatsanwaltschaften kommt. Ein Beispiel dafür war im Sommer 1981 die Behandlung der Affäre P 2. In Rom argwöhnte man, daß die Mailänder Staatsanwälte im Auftrag der Kommunistischen Partei den Fall der obskuren Freimaurerloge aufgedeckt und zum nationalen Skandal aufgemöbelt hätten. Den römischen Staatsanwälten wurde dagegen von Mailand her der Vorwurf gemacht, sie suchten den Fall an sich zu ziehen, um ihn im Interesse der Regierungsparteien zu entschärfen und im Sand verlaufen zu lassen. Im Frühjahr 1983 leitete die römische Staatsanwaltschaft sogar Strafuntersuchungen wegen hoher Spesen für Getränke und Essen gegen den Obersten Rat der Gerichtsbarkeit ein – die Justiz ging gegen sich selber vor, drohte mit Selbstjustiz ...

Begreiflicherweise wächst angesichts derartiger Auswüchse das Verlangen, die Staatsanwaltschaften strengerer Kontrolle zu unterstellen. 1982 wurden die sogenannten Freiheitsgerichte geschaffen, die darüber entscheiden, ob im Einzelfall wirklich genügend Indizien vorliegen, um eine Person in Haft zu halten. Durch diese Regelung ist die Staatsanwaltschaft noch nicht wie in Nachbarländern vom Justizministerium und damit von der Exekutive und politischen Instanzen abhängig. Gemeinsam mit den Sozialisten wurde 1987 ein Referendum für die zivile Verantwortung der Richter lanciert und vom Volk gutgeheißen: Richter und Staatsanwälte sollen künftig für die Verurteilung und Verhaftung Unschuldiger zur finanziellen Wiedergutmachung gezwungen werden.

Der Schutz der bürgerlichen Grundrechte vor Übergriffen der Justiz wurde bereits in den siebziger Jahren bei der Abwehr des Terrorismus zu einer umstrittenen Frage. Der terroristische Angriff auf den Staat machte Gegenmaßnahmen auch rechtlicher Art notwendig. 1975 wurde ein Gesetz erlassen, das den Namen des damaligen Justizministers, Oronzo Reale, trägt; vier Jahre später folgte die »Legge Cossiga«, benannt nach dem früheren Innenminister und späteren Präsidenten der Republik. Diese Gesetze sehen die polizeiliche Festnahme verdächtiger Personen ohne richterlichen Haftbefehl vor, der erst innerhalb von 48 Stunden vom Staatsanwalt oder Einzelrichter ausgestellt werden muß. Verhöre können in dieser Zeitspanne ohne Anwesenheit von Justizbeamten und Verteidigern stattfinden. Außerdem ist die Durchsuchung ganzer Gebäude oder Häuserkomplexe erlaubt; die Autorisierung der Polizei durch die Staatsanwaltschaft per Telefon reicht aus. Die Polizei, so wird von seiten des Innenministeriums erklärt, hat von diesen Gesetzen insgesamt wenig Gebrauch gemacht, und das Gesetz für die polizeiliche Festnahme ist seit 1983 nicht mehr in Kraft.

Besonders umstritten war die Verlängerung der Fristen für Untersuchungshaft, die – inklusive zweiter und dritter Instanz – mehr als ein Jahrzehnt dauern kann. Damit wollte die Justiz verhindern, daß weiterhin schwerbelastete Terroristen wegen Ablaufs der gesetzlichen Frist auf freien Fuß gesetzt werden mußten, untertauchten und erneut mit der Waffe in der Hand den Kampf gegen Staat und Gesellschaft aufnahmen. Die Fristen wurden 1984 wieder verkürzt. Auf Kritik stießen zudem die erleichterten Bestimmungen für den Waffengebrauch durch Polizei und Carabinieri; sie trugen zu schweren Zwischenfällen bei, in denen Polizisten, oft in Zivil, unschuldige Passanten erschossen, häufig aus Nervosität und Angst oder weil ihnen die notwendige Ausbildung an der Waffe fehlte.

Verbreitete Besorgnis mußte die Verhaftung von Personen auslösen, die der Verbindung mit Terroristen verdächtigt, nach Monaten oder Jahren aber freigelassen oder später in einem Prozeß freigesprochen wurden. Im Bericht von »Amnesty International« von 1981 werden Fälle zitiert und Bedenken angemeldet, weil man ursprüngliche Beschuldigungen fallen ließ, wenn die Anhaltspunkte nicht ausreichten, und einfach durch neue ersetzte. Damit ergebe sich das Risiko, daß eine Verhaftung sich eher auf politische Gründe als auf einen ausreichenden Verdacht stütze. Ein heikler Fall besonderer Art war das Verfahren gegen die Angehörigen der »Autonomia organizzata« von Padua mit ihrem Ideologen Toni Negri. Die Anklage, daß der Professor für Staatsdoktrin und seine Freunde an der Spitze der »Roten Brigaden« stünden und damit direkt für die Ermordung Moros verantwortlich seien, wurde zurückgezogen; doch blieb es beim Tatbestand des bewaffneten Aufstands gegen den Staat und einer Reihe anderer Verbrechen. Der Prozeß gegen die 71 Angeklagten begann erst rund vier Jahre nach der Verhaftung vom 7. April 1979. Doch Negri wurde 1983 auf der radikalen Liste ins Parlament gewählt, erhielt die parlamentarische Immunität, wurde darum frei und floh nach Frankreich. Im Jahr darauf verurteilte ihn das Gericht wegen terroristischer Aktivitäten zu 30 Jahren Haft. In den Europawahlen von 1984 stellten die Radikalen mit Erfolg den populären Showmaster Enzo Tortora als Kandidaten auf. Er war des Drogenhandels angeklagt, in Haft und später in Hausarrest. Ein Gericht verurteilte ihn zu zehn Jahren Haft, doch wurde er in zweiter Instanz freigesprochen. Ein Jahrzehnt vor dem Fall Negri hatte schon die Verhaftung des Anarchisten Pietro Valpreda Aufsehen erregt, der, des Mailänder Attentats von 1969 beschuldigt, drei Jahre in Haft war, dann provisorisch freigelassen und mehr als ein Jahrzehnt nach dem Anschlag mangels Beweisen freigesprochen wurde.

In Italien hatte man Anfang der siebziger Jahre die scharfe Bekämpfung des Terrorismus in der Bundesrepublik kritisiert und das Schreckbild des totalitären Staates heraufbeschworen; später gingen die italienischen Eingriffe in die bürgerlichen Freiheiten weit über die deutschen Regelungen hinaus. Nach Meinung des Turiner Strafprozeßrechtlers Giovanni Conso ist durch die Gesetze zum Schutz der öffentlichen Ordnung und Sicherheit seit 1974 ein Abbau der Freiheitsrechte in Gang gesetzt worden. Die Initianten und Befürworter dieser Gesetze, ja selbst der frühere Präsident des Verfassungsgerichts, Paolo Rossi, erklärten jedoch, daß die Antiterrorismusgesetze sich im Rahmen der Grundrechte hielten. Im Rückblick auf die dramatischen Jahre drängt sich der Schluß auf, daß in einer Zeit des terroristischen Angriffs auf den Staat im Spannungsverhältnis zwischen Sicherheit und rechtlichen Garantien die letzteren, auch unter dem Druck der öffentlichen Meinung, den kürzeren ziehen mußten. Die Wahrung der Bürgerrechte wurde im Notstand, da es galt, Mordkommandos und deren Hintermänner auszuschalten, auf die zweite Stelle verwiesen. Dehnbare Ausnahmegesetze, Mißbräuche von seiten der Justiz und der Polizei und Auswüchse wie die überlangen Fristen für Untersuchungshaft sind nach der Eindämmung des Terrorismus weniger denn je zu rechtfertigen.

Ein Hemmschuh für die konsequente Wahrung rechtsstaatlicher Prinzipien ist die in Italien verbreitete fatalistische Reaktion auf Übergriffe, daß Pannen und Ungerechtigkeiten in der Rechtsprechung und im Strafvollzug eben unvermeidlich seien; rechtsstaatliche Effizienz bleibe ein unerreichbares Ziel, in der Strafverfolgung, in den Prozessen und im Strafvollzug. Der Bürger nimmt den Zustand der Justiz mit übermächtigen Staatsanwälten und übereilten Verhaftungen als Teil der Mißstände in der öffentlichen Verwaltung hin. Es mischt sich ein Gefühl der Ohnmacht ein, daß es zwischen wahr und unwahr, recht und unrecht keine Unterschiede, daß es keine Maßstäbe, daß es nur Schattierungen und Übergänge gebe. Im Felde mit den Mächtigen und Schwachen gelte es, sich auf die richtige Seite zu schlagen, sich um des Überlebens willen anzupassen. Wer allein auf Recht und Gerechtigkeit setze, der verschreibe sich einer höchst ungewissen Sache. Bei dieser allgemeinen Skepsis hat die Justiz als Institution in Italien einen schweren Stand. Das gilt begreiflicherweise auch für die Welt der italienischen Gefängnisse und alle Versuche, sie zu reformieren.

Die Misere des Strafvollzugs

Die Praxis des Strafvollzugs, die auch andere westliche Staaten vor schwierige Aufgaben stellt, ist in Italien besonders umstritten. Viele Kritiker sehen in der Misere des Gefängniswesens das Kernproblem der Justiz. Dabei wird die Strafjustiz nur eines Bruchteils der Kriminalität habhaft. Der Prozentsatz der unaufgeklärten Verbrechen war laut Bericht des Rats der Gerichtsbarkeit allein von 1970 bis 1974 von 55 auf 78 Prozent angestiegen. Seither ist es nicht besser geworden. Die Wahrscheinlichkeit, entdeckt und am Ende zu einer Haftstrafe verurteilt zu werden, übersteigt nicht die Größenordnung von drei Prozent. Wenn man bedenkt, daß 1986 96 Prozent der Diebstähle, 90 Prozent der Raubüberfälle und 60 Prozent der Entführungen unbestraft blieben und daß die Strafen im Gefängnis erheblich reduziert werden, stellt sich das Problem der Kriminalität in seiner ganzen Dramatik.[40]

Ein anderes Hindernis des Strafvollzugs ist die Verzögerung der Prozesse. Anfang 1987 waren von 34000 Häftlingen nur 13000 endgültig verurteilt. Um die überfüllten Gefängnisse zu entleeren und die Gerichte zu entlasten, werden von Zeit zu Zeit Amnestien und Strafnachlässe beschlossen. So wurden im August 1978 über 7000 Häftlinge freigelassen, 1981/82 rund 10000 und zuletzt im Winter 1985/86 rund 5000, von denen viele auf den Prozeß warteten oder für relativ geringe Delikte verurteilt worden waren. Auch diese Gnadenerlasse tragen dazu bei, die drohende Sühne und damit das Gesetz der Gerechtigkeit streckenweise aufzuheben. Im zitierten Bericht heißt es, daß nur 20 Prozent der Sträflinge die totale Strafe abbüßen: 55 Prozent werden provisorisch auf freien Fuß gesetzt, und die restlichen 25 Prozent werden aus den verschiedensten Gründen, wie Amnestien, freigelassen.[41]

Weitere Probleme ergeben sich aus dem Strafvollzug selber. Italien gehört zu den Ländern, deren Gefängnisse in mittelalterlichen Festungen und in Klöstern untergebracht sind, mit Kerkern, die früher oft Schauplatz eines archaischen Systems der Repression gegenüber den Gefangenen waren. Es kam immer wieder zu Revolten mit Protesten gegen schlechtes Essen, feuchte Zellen und unmenschliche Behandlung. Im Juli 1975 wurde vom Parlament eine Gefängnisreform verabschiedet, die auch in Italien einen humaneren Strafvollzug mit dem Ziel der Reintegrierung der Strafentlassenen anstrebte. Die Abschaffung der Nummern und der gestreiften Sträflingskleider, die Modernisierung der Bauten, eine strengere Trennung von Straf- und Untersuchungsgefangenen und eine rechtzeitige Einschaltung der Fürsorge bei Haftstrafen unter zwei Jahren gehörten zu diesen Maßnahmen. Erschwert wurde die Realisierung durch die beschränkten Mittel, die der Staat inmitten einer bedrohlichen Wirtschafts- und Finanzkrise für Neubauten und für qualifiziertes Personal zur Verfügung stellen konnte. Wie so oft in Italien, und dies besonders in den siebziger Jahren, verfiel man in der Abkehr von repressiven Methoden dem anderen Extrem einer übermäßigen Liberalisierung. Es kam zu Mißbräuchen der Reform, wie etwa bei der Möglichkeit der Familienurlaube, Ausgänge und Telefongespräche für Häftlinge. Ministerpräsident Spadolini sprach seinerzeit von einer »totalen Durchlässigkeit« der Haftanstalten. Trotz allem gibt es noch immer chaotisch überfüllte Gefängnisse. Poggioreale in Neapel gilt als der überbesetzteste Kerker weit über Italien hinaus mit gegen 2000 Häftlingen statt der ursprünglich vorgesehenen Zahl von 800 bis 900.

Eine Belastung für die Reform war der Umstand, daß sie zeitlich mit der steigenden Welle des Terrorismus zusammenfiel. Der Senat hatte im Unterschied zur Kammer nachträglich noch einige Neuerungen gestrichen, weil Kriminalität und Terrorismus bereits bedrohlich zunahmen. Das Postulat eines humanen Strafvollzugs geriet in Gegensatz zur Notwendigkeit, auch in den Gefängnissen der Verbrecher und Terroristen, die erfindungsreich und skrupellos die Schwächen des Gefängniswesens ausnutzten, Herr zu werden. Die Gefängnisse sind nach wie vor eine Brutstätte künftiger Kriminalität. Vor allem junge Untersuchungshäftlinge werden dort für die »malavita« gewonnen. Die verhafteten Terroristen verstehen es, Kriminelle politisch zu indoktrinieren und für ihre Kommandos zu rekrutieren. Gefängnisse waren neben den Universitäten und industriellen Großbetrieben der Ort, an dem sich der Terrorismus formierte und seinen Kampf gegen die Institutionen des Staates vorbereitete.

Inzwischen ist durch die Schaffung der sogenannten »Superkerker« eine weitgehende Isolierung der Terroristen, jedenfalls der Anführer, gelungen. In diesen rund zehn Gefängnissen, die mit den modernsten Mitteln der Kontrolle ausgerüstet sind, befinden sich rund 850 Häftlinge, etwas über die Hälfte davon besonders gefährliche Kriminelle. Seit 1977 gab es in diesen »Superkerkern« nur einen Ausbruch, während die Flucht von Gefangenen früher an der Tagesordnung war und noch 1979 aus den normalen Gefängnissen durchschnittlich jeden zweiten Tag ein Häftling entwich. Die »Superkerker« wurden auch für die »Roten Brigaden« ein Hindernis, weil sie den Kontakt zwischen den gefangenen Terroristen und Terroristen im Untergrund verhindern und durch die Isolierung innerhalb der Gefängnisse der Anwerbung neuer Mitglieder einen Riegel vorschieben. Das erklärt die Tatsache, daß die »Roten Brigaden« den Kampf gegen die »Superkerker« zu einem Hauptziel erhoben, eine Reihe von Beamten im Justizministerium, die für die Gefängnisse mitverantwortlich waren, erschossen und im Dezember 1980 einen von ihnen, Giovanni D'Urso, entführten, um den Staat zu erpressen. Schon im Herbst zuvor hatten sie in einem großen Kommuniqué eine Vernichtung all jener Beamten angekündigt, die durch »raffinierte und kriminelle Methoden die proletarischen Gefangenen zu kontrollieren und zugrundezurichten versuchten«.

Die Polizei an vorderster Front

Die Gefährdung von Ordnung und Sicherheit durch den Ansturm des Terrorismus im vergangenen Jahrzehnt tritt heute zurück angesichts der Ausbreitung und des Überhandnehmens traditioneller Formen organisierter Kriminalität, nämlich der Mafia in Sizilien, der »ndrangheta« in Kalabrien, der Camorra in Neapel und des Banditentums auf Sardinien. In der Abwehr und Bekämpfung dieser Bedrohung stehen die Carabinieri und die Bereitschaftspolizei (polizia di stato) in vorderster Front. Der Zustand dieser Ordnungskräfte, ihre Schwächen, ihr Verhältnis zu den Behörden und Parteien, ihre Erfolge und gravierenden Mißerfolge sind seit Jahren Teil der öffentlichen Diskussion.

Der Carabiniere ist eine der letzten, von der Krise wenig angefressenen, Respekt heischenden Autoritäten Italiens. Er verkörpert patriotische Traditionen und ist vor allem auf dem Lande vielfach noch ein Ordnungsfaktor, der auch für das soziale Zusammenleben eines Dorfes von Bedeutung sein kann. Durch die kapillare Organisation der Truppe ist der einzelne Carabiniere ein wichtiger Informant, Auge und Ohr des Gesetzes. Die »prima arma« ist Teil der Armee, auch wenn sie als Polizeitruppe operativ dem Innenministerium unterstellt ist. Sie marschiert an der Spitze von Paraden und stellt in den Kürassieren (corazzieri) die Ehrengarde des Präsidenten der Republik. Rund 80000 Mann, inklusive Rekruten, gliedern sich in drei Divisionen. Die breite Basis bilden die 4700 Carabinieri-Stationen, die sich übers ganze Land auf mehr als die Hälfte der 8000 Gemeinden verteilen, jeweils geleitet von einem Wachtmeister (maresciallo). Die Carabinieri-Einheiten sind auch mit schwerem Gerät ausgerüstet, von modernen Helikoptern bis zu Panzern und gepanzerten Fahrzeugen für die Städte.

Im Vergleich zu den Carabinieri ist die Bereitschaftspolizei der jüngere Bruder mit geringerem sozialem Prestige, ohne das Rückgrat einer militärischen Disziplin und damit auch in höherem Maße den Einwirkungen der italienischen Krise ausgesetzt. Während die Carabinieri dank des starken Andrangs die Anwärter weiterhin auswählen können, ist es um den Nachwuchs bei der Polizei mit einem Bestand von 76000 Mann schlecht bestellt. Die Bereitschaftspolizei versieht den Dienst auf den Straßen, bei den Eisenbahnen und bei der Post. Auch an der Grenze werden sie eingesetzt, obwohl dort die Finanzpolizei (guardia di finanza) mit ihren 45000 Mann die meisten Aufgaben übernimmt. Diese tritt auch als Steuerpolizei auf und ist an der Aufdeckung mafioser Wirtschaftskriminalität beteiligt. Zur Bereitschaftspolizei gehören die motorisierten Einheiten, die in den Zeiten von Innenminister Scelba vor drei Jahrzehnten gegen kommunistische Demonstranten eingesetzt wurden und die noch heute bei Kundgebungen und bei drohenden Zwischenfällen zur Stelle sind.

In Berichten über die italienische Polizei, die sich zur Hauptsache aus Süditalienern rekrutiert, kehrt die Kritik wieder, daß die Polizisten ungenügend auf ihre schwierigen Aufgaben vorbereitet seien. Das gilt in erster Linie für die unzureichende Ausbildung an den Waffen, die seltenen Schießübungen, so daß wachhabende Polizisten oder Patrouillen zu wehrlosen Opfern von Kriminellen und Terroristen werden. Außerdem soll angeblich nur die Hälfte des Bestandes für eigentliche Polizeiaufgaben bereitstehen, während die andere Hälfte bloße Büroarbeiten verrichtet, Politikern und hohen Beamten als Leibwache, Chauffeur, Diener oder »Mädchen für alles« zur Verfügung steht. Die bescheidenen Löhne werden vielfach durch Schwarzarbeit aufgebessert, indem der Polizist in seiner Freizeit als Begleiter einen gefährdeten Mitbürger beschützt. Die Zahl der Privatpolizisten, vollamtlich oder im Nebenberuf, ist jedenfalls höher als der Umfang des eigentlichen Polizeikorps.

Die Polizisten hatten seit 1969 nicht mehr das Recht, verhaftete Personen einzuvernehmen, Verhöre fielen in die Zuständigkeit der Justizbeamten. Dieser Abbau von Kompetenzen der Polizei ist durch die Antiterrorismusgesetze von 1979/80 wieder revidiert worden, deutet aber nach wie vor auf ein Problem hin, das sich in allen Ländern stellt, nämlich das der Zusammenarbeit zwischen Polizei und Justizbehörden. Es kommt immer wieder zu Spannungen zwischen den beiden Organen, die des öfteren auch Gegenstand von Untersuchungen waren. Größere Schwierigkeiten stellt jedoch die Koordinierung der Aufgaben von Polizei und Carabinieri. Seit Dezember 1979 besteht aufgrund eines Dekrets im Innenministerium ein nationaler Ausschuß für öffentliche Ordnung und Sicherheit, der von der Spitze her die Ordnungs- und Sicherheitskräfte laufend koordinieren soll. In diese Koordinierung ohne einheitliche Befehlsstruktur sind auch die neu strukturierten Geheimdienste einbezogen, die sich nach totaler Lähmung in einer schwierigen Phase des Wiederaufbaus befinden und die noch immer nur einen bescheidenen Beitrag zur Bekämpfung staatsfeindlicher Umtriebe leisten.

An einem Oktobertag des Jahres 1976 ließ der Spengler Vito Pennetta aus einem gemieteten Flugzeug anderthalb Millionen Lire in Banknoten auf die Piazza Venezia in Rom schneien. Mit diesem spektakulären Protest wollte er, anderthalb Jahre nachdem sein Sohn Roberto beim Absturz eines Segelflugzeuges vor den Toren Roms ums Leben gekommen war, endlich Auskunft über die Gründe oder Hintergründe des Unglücks erzwingen. Trotz aller Demarchen hatte er weder das Ergebnis der gerichtlichen Untersuchungen noch das technische Gutachten erhalten. Offizielle Erklärung im Luftfahrtministerium: Es fehle eine Schreibkraft, um die technischen Daten der Expertise tippen zu lassen.

Anderthalb Jahre sind eine lange Frist für einen vom Unglück heimgesuchten Vater. Die italienische Verwaltung rechnet jedoch mit längeren Fristen. Im Schatzministerium gab es bis vor wenigen Jahren eine Generaldirektion für Kriegsschäden mit großem Stab. In den Steuerverwaltungen – Fotos bestätigen es – verstauben Säcke unerledigter Erklärungen in den Korridoren. Wer ins Rentenalter tritt, kann viele Monate, oft Jahre warten, bis er in die Gunst der staatlichen Pension kommt. Für die Realisierung eines normalen Bauprojekts werden rund drei Jahre gerechnet; wenn aber im sozialen Wohnungsbau eine Reihe öffentlicher Instanzen eingeschaltet wird, verzögern sich die Termine nicht nur, sondern die bereitgestellten Kredite werden durch die Inflation dezimiert. Massimo Severo Giannini, Minister für den öffentlichen Dienst in den beiden Regierungen Cossiga, erklärte in seinem Bericht über die staatliche Verwaltung von 1979, daß hier Entscheidungsprozesse normalerweise dreimal länger dauern als im privaten Bereich – ein Durchschnitt, der sich manchmal durch Geschick reduzieren läßt, der in der Praxis aber oft höher liegt.

Die italienische Bürokratie, das ist eine Erfahrung, die schon der Neuankömmling am Postschalter wie im Einwohnermeldeamt macht, arbeitet vorsätzlich langsam. Wer sich in einem Amt ein Dokument verschaffen oder in der Bank eine Zahlungsanweisung einlösen will, ist hinhaltendem Formalismus ausgesetzt. Man denkt an Salveminis Wort vom »bürokratischen Absolutismus«, tröstet sich mit Erfahrungen anderer, wie denen des sizilianischen Bürgermeisters im Erdbebengebiet des Belice, dem man ein Wohnprojekt ungeprüft aus Rom zurückschickte, weil das Dossier nicht mit der Schnur in den Farben der italienischen Trikolore versehen war. Die Macht der Bürokratie entfaltet sich im Formalismus; ihr passiver Widerstand und ihr lethargisches Beharrungsvermögen bedienen sich der Formalitäten. Pedanterie entspringt nicht einem lückenlosen Pflichtbewußtsein, sondern dient der Selbstdarstellung bürokratischer oder nationaler Macht.

Jede Nation hat ihre eigenen Geschichten, der Italiener seine Witze zum Thema Bürokratie. Freilich ist in vielen Ländern der öffentliche Dienst ein Gegenstand von Verachtung oder Spott. Doch schafft der allgemeine Kontext Unterschiede: In einem Land, in dem das Parlament seine Aufgaben nicht voll erfüllt und die Regierung fast immer in Krisen verwickelt ist, hat die Verwaltung mehr als eine normale Bedeutung. Hinzu kommt, daß hier wie überall in Europa die staatliche Administration die wachsenden Lasten der Sozialpolitik und der staatlichen Wirtschaftspolitik bewältigen muß.

Starrer Aufbau und einseitige Rekrutierung

Auf der italienischen Verwaltung lastet noch immer das Erbe der Einigung Italiens, die hierarchische Starrheit des Zentralismus. Die alten komplizierten Prozeduren haben fast ein Jahrhundert überlebt. Die strenge Gliederung in vertikale Strukturen förderten das autonome Einzelleben von Einzelministerien und Abteilungen und damit den Immobilismus der Beamten. Nach einer Untersuchung aus den letzten Jahren besteht die Tätigkeit der Verwaltung zu mehr als der Hälfte in Selbstverwaltung der Apparate. Kompetenzen werden nicht nach unten delegiert. Alle Reformpläne sind auf dem Papier geblieben. Es ist nicht gelungen, die Ministerialbürokratie weniger kopflastig, die Grenzen zwischen den Ministerien und der übrigen Verwaltung durchlässiger, ja die Administration als ganzes moderner und effizienter zu machen. Die Administrationen in fortgeschrittenen Industrienationen, die früher vorwiegend Ordnungsfunktionen hatten, sind zu Verwaltungen mit neuen Aufgaben geworden, die auch riesige Geldsummen transferieren. Dieser raschen Umwandlung paßten sich viele staatliche Administrationen an, die italienische nicht.

Der italienische Staatsangestellte kommt laut Gesetz auf dem Wege des öffentlichen Wettbewerbs (concorso) zu seinem Amt; doch viele werden einfach ernannt, häufig aus politischen Gründen. Die Karriere innerhalb der Verwaltung stützt sich weitgehend auf das Anciennitätsprinzip, die Leistungen treten daneben zurück. Der Posten ist sicher, aber schlecht bezahlt. Darum leidet die italienische Bürokratie auch unter dem Mangel an qualifiziertem Personal. Der Anteil an Juristen ist übermäßig groß, auch dort, wo spezielle berufliche oder technische Anforderungen gestellt werden. Aufschlußreich ist zudem, daß die Staatsangestellten mit Ausbildung in den technischen und exakten Wissenschaften vorwiegend aus Norditalien stammen, die Juristen und Beamten mit Ausbildung in politischen und humanistischen Wissenschaften dagegen mehrheitlich aus dem Süden. Die Theorie der juristischen Ausbildung wirkt laut Aussage des Verfassungsrechtlers Sabino Cassese dahin, im Juristen einen Funktionär zu sehen, der nur Normen anwendet, statt die administrative Tätigkeit zu planen[42] – eine Gefahr, die allerdings auch vielen anderen europäischen Ländern droht. Italien fehlt, ganz allgemein gesprochen, eine solide und homogene Verwaltungselite, wie sie etwa Frankreich mit der Tradition seiner »grandes écoles« besitzt. Zwar gibt es seit 1962 eine höhere Schule für den Nachwuchs in der Verwaltung, doch ist es dieser Institution nicht gelungen, die Qualität der italienischen Administration zu verbessern. Da heute ein Wettbewerb von der Anmeldung bis zum Entscheid im Durchschnitt zwei Jahre beansprucht, haben die qualifizierten Kandidaten inzwischen meist eine andere Stellung gefunden.

Nach einer Studie des Statistischen Zentralamtes (Istat) von 1983, die inzwischen keine substantiellen Verschiebungen erfahren hat, ließ sich das Personal des öffentlichen Dienstes folgendermaßen aufgliedern:[43]

Gesamte staatliche Verwaltungen		2181000
davon:	eigentliche Ministerialbürokratie	400000
	Streitkräfte (einschl. Carabinieri, Polizei)	320000
	Erziehungswesen	865000
	Post, Eisenbahn, staatl. Telefon usw.	465000
Verwaltung von Kommunen, Provinzen und Regionen		652000

Andere öffentliche Betriebe und Körperschaften (ENEL usw.)	400000
Gesundheitsdienst	680000
Staatliche Unternehmen (IRI, ENI usw.)	690000

Die verbreitete Meinung, daß die italienische Bürokratie aufgebläht sei, wird durch folgende Zahlen widerlegt. Italien hat auf 100000 Einwohner 5,3 staatliche Angestellte und liegt damit unter Staaten mit qualifizierteren öffentlichen Diensten: Bundesrepublik (5,9), Frankreich (6,2) und Großbritannien (8,2).[44] Bei näherem Hinsehen sind jedoch andere Mängel zu registrieren. Im Vergleich zu Großbritannien ist in Italien die Spitze viel zu stark besetzt; es fehlt vor allem ein starker ausgeglichener Mittelbau, wogegen die Basis zu breit ist. So stehen in den Ministerien 36000 Beamte (11 Prozent) im höheren Dienst (carriera direttiva) und 55000 (16,5 Prozent) im gehobenen Dienst (carriera di concetto) den 140000 (42 Prozent) im mittleren Dienst (carriera esecutivo) und 102000 (30,5 Prozent) im einfachen Dienst (personale ausiliario) gegenüber. Viele unproduktive und unwichtige Organe sind personell überbesetzt, während im Bereich der öffentlichen Ordnung und Sicherheit und auch der Justiz trotz Terrorismus und Kriminalität der Personalbestand fast unverändert geblieben ist.

Ein bezeichnendes Element ist auch die ungleiche geographische Verteilung der Beamten innerhalb Italiens. In Norditalien, wo die Hälfte der Bevölkerung lebt, ist nur ein Drittel der Staatsangestellten beschäftigt. Entscheidend ist der Umstand, daß sich die Beamtenschaft vorwiegend aus dem Süden selbst rekrutiert und zunächst im Norden arbeitet, da dort die offenen Stellen frei sind, dann aber wieder in ihre Heimat zurückstrebt. In den Berichten von Ministerien finden sich Klagen über die Nöte, im Norden mit seinem demographischen und wirtschaftlichen Übergewicht die Büros ausreichend zu besetzen.

Damit sind wir beim schwierigen Thema der Meridionalisierung der Beamtenschaft. Die massive Präsenz von Süditalienern ist für voreilige Kritiker der Hauptgrund für die Mängel der staatlichen Administration; sie bedenken nicht, daß die Klagen gegen die Bürokratie schon geführt wurden, als sie noch in piemontesischer Hand war. In den Jahren und Jahrzehnten nach 1870 rückten die Männer der Verwaltung Piemonts in die römischen Zentralen ein. Um die Jahrhundertwende stellte Piemont zusammen mit der Lombardei und Venetien 60 Prozent der oberen Beamtenschaft. Nebenbei: Noch heute begegnet man im einst von Österreich besetzten Oberitalien bei Politikern und Beamten der Überzeugung, daß das administrative Erbe und die Traditionen der Donaumonarchie dort bis zur Stunde in Kommunen, Provinzen und Regionen eine höhere Qualität der Verwaltung garantieren. Seit der Gründung der Republik wurde die zentrale Verwaltung in steigendem Maße meridionalisiert. Ende 1961 kamen 63 Prozent der führenden Beamten aus dem Mezzogiorno, und zwar mit Spitzen von 70 bis 75 Prozent im Schatz- und Innenministerium, obwohl der Süden nur 38 Prozent der Gesamtbevölkerung umfaßt.[45] Reichstes Reservoir sind Kampanien (mit der Hauptstadt Neapel) und Sizilien. Seither ist dieser Prozeß weitergegangen, so daß der süditalienische Anteil in gewissen Sektoren des Innenministeriums wie etwa in den Präfekturen und in der Bereitschaftspolizei heute über 80 Prozent beträgt.

Die Gründe für diesen meridionalen Sturm auf die staatliche Administration sind verschiedener Art. Während die Industrialisierung im Norden auch dem akademischen Nachwuchs breite Möglichkeiten eröffnete, strebten die Absolventen südlicher Universitäten einen Posten im Staatsdienst an, der ihrer Ausbildung, ihrer Mentalität und ihren Ambitionen eher entsprach. Die Bedeutung des Staates in Süditalien und die Sicherheit einer Anstellung mit fast automatischer Beförderung taten ihre Wirkung. Im Lauf der Jahre bot der Staat nicht nur den Hochschulabsolventen bürgerlicher Herkunft eine Chance, sondern auch den unteren Schichten, die in der Polizei, bei der Post und den Eisenbahnen oder in den verstaatlichten Elektrizitätswerken Arbeit und Verdienst fanden. Kritiker der Administration machen für die Verschlechterung des öffentlichen Dienstes geltend, daß in ihr die althergebrachte Relation zwischen Notabeln und Klientele, in der Effizienz und pragmatische Leistung eine minimale Rolle spielten, weiterlebe und mit dem Klientelismus auch der Politisierung Tür und Tor geöffnet seien.

Geringe Effizienz und behinderte Reform

Die Effizienz oder Produktivität der italienischen Verwaltung wird geschmälert und behindert durch einen überspitzten Formalismus, der die Form einer bürokratischen Prozedur wichtiger nimmt als ihren sachlichen Zweck. Italien mit seiner langen Rechtstradition ist zu einem Land des juristischen Perfektionismus geworden, der sich immer mehr von der Realität abgelöst hat. Unzählige Maßnahmen, die man durch schlichte Anweisungen oder Verordnungen in Gang setzen könnte, werden zum Gegenstand eines Gesetzes gemacht und damit übermäßig kompliziert. Die Aktion einer Regierungsbehörde wird zu einem langwierigen Vorgang, der zahllose Stellen beschäftigt, über anonyme Schreibtische wandert, unter Aktenbergen verschwindet, gesucht und wieder gefunden und von Amtsdienern (commessi) weitergetragen wird, bis aus dem Beschluß vielleicht Tat und Wirklichkeit werden. Das Projekt eines Schulhausbaus zum Beispiel hat 64 Stellen zu passieren.

Die Behörde scheint nicht im Dienst der Bürger zu stehen, um deren Anliegen zu prüfen und gegebenenfalls zu erfüllen. Sie begnügt sich in ihrer eigenen Existenz, bleibt der Versuchung des bloßen Selbstzwecks und damit des selbstherrlichen Immobilismus ausgesetzt. Auf diese Weise lösen sich die Funktionen der Bürokratie, des »paese legale«, vom »paese reale« ab und erschöpfen sich im eigenen inneren Betrieb. Die Verwaltungen aller Länder sind derartigen Gefahren ausgesetzt. In Italien nehmen sie jedoch besonders drastische Formen an und führen dazu, daß die einzelne Behörde sich in selbstsüchtiger Abkapselung gegenüber anderen Behörden behauptet und abgrenzt. Die Folge ist eine horizontale Aufsplitterung der Kompetenzen im öffentlichen Dienst und damit ein Wirrwarr von Instanzen, eine Überfülle von Karrieren und damit auch ein »Besoldungsdschungel«, wie der Experte Ermanno Gorrieri es nennt.[46] Der normale Bürger kennt sich nicht mehr aus in dieser unübersichtlichen und komplizierten Apparatur des Staates. Sie entwickelt eine anonyme Vetogewalt, die sich lähmend auf das öffentliche Leben legt und in ihrer defensiven Haltung auch Reformen sabotiert. Gegenüber den wechselnden Regimen bewahrte die Bürokratie ihre Autonomie und überlebte so die Machtergreifung wie den Sturz des Faschismus. Trotz vielfältiger Versuche ist es den Politikern nicht gelungen, die Bürokratie flottzumachen.

In der italienischen Verwaltung steht für den Bewerber der Posten an sich und nicht seine Funktion im Vordergrund. Besonders im Süden ist eine »sistemazione«, die Erringung einer Stelle beim Staat und den mit ihm verbundenen Betrieben in den Regionen und Gemeinden ein begehrtes Ziel für Prestige und materielle Sicherheit. Zugleich bietet sie für viele die Chance, daneben einen zweiten Beruf auszuüben. Tausende von

Funktionären aller Stufen in den Ministerien Roms, die um 14 Uhr ihren kurzen, durch Kaffeepausen aufgelockerten Arbeitstag abschließen, nehmen sogleich oder nach der Mittagspause ihre zweite Beschäftigung auf, arbeiten in einem privaten Unternehmen, besorgen die Buchhaltung einer Firma, stehen in einer Werkstatt oder hinter einer Bartheke. Der Posten im Ministerium mit seinem bescheidenen Gehalt gibt ihnen soziale Sicherheit, die private Beschäftigung bringt ihnen Geld für ein komfortableres Leben, für ein stärkeres Auto oder für eine Ferienwohnung am Meer. Laut einer Umfrage der römischen Arbeitskammer von 1978 gehen 74 Prozent des gehobenen Dienstes, 40 Prozent des mittleren und 76 Prozent des einfachen Dienstes (Amtsdiener, Arbeiter, Chauffeure) einer Zweitarbeit nach.

Es liegt auf der Hand, daß eine derartige Doppel-Beschäftigung der Arbeitsmoral abträglich ist und dazu verführt, auch während der Dienststunden absent zu sein. Der sogenannte »Absentismus« ist eine schwere Plage im öffentlichen Dienst wie in der Industrie. Im Frühjahr 1982 verbreitete eine diesbezügliche Strafuntersuchung in Rom Panik in der öffentlichen Verwaltung. Unter den Opfern in Haft war ein angeblich kranker Briefträger, der sich ausschließlich dem Elektrogeschäft seiner Ehefrau widmete. Angestellte drängten sich plötzlich in den Büros, und es wurde von erfreuten Kollegen berichtet, die sich in den Korridoren nach Jahren zum erstenmal wieder begegneten. Der extreme Fall eines Angestellten der Elektrizitätswerke läßt sich anfügen: Er erschien jeweils nur zum Zahltag, teilte den Lohn mit seinen fünf Kollegen im Büro, um – mit deren stillem Einverständnis – wieder an seine eigentliche Arbeitsstätte zurückzukehren.

Diese Beispiele dürfen nicht darüber hinwegtäuschen, daß innerhalb der Verwaltung das Arbeitsethos sehr verschieden ist. Außen- und Schatzministerium zum Beispiel haben mit ihren qualifizierten Stäben das Prestige gewahrt. In der Hierarchie begegnet man einer erstaunlichen Arbeitskapazität der hohen Beamten, ohne Rücksicht auf Dienstschluß. Der Schlendrian greift häufig in den unteren Chargen um sich, wo neben den niedrigen Löhnen konfuse Organisation und mangelnde Arbeit den Dienst noch unproduktiver machen.

Wer vor einem Schalter oder in einer Amtsstube ein Gesuch stellt, weiß längst, daß der Dienstweg lang und beschwerlich und der Erfolg seines Antrags höchst ungewiß ist, und versucht deshalb den Weg abzukürzen. Er greift zum alten Mittel der persönlichen Empfehlung, der »raccomandazione«, die als Korrektiv die Hürden einer schlecht funktionierenden Bürokratie überwindet. Wie sehr diese Abkürzung Teil des Systems ist, bestätigen die Formulare für Empfehlungsschreiben, die lange vom italienischen Staatsverlag gedruckt wurden und auf denen steht, wer wen wofür empfiehlt. Wie weit wird die Praxis der Empfehlung bei der Bewerbung um eine Stelle, für die Behandlung eines Gesuchs selber zum System, und wie sehr tritt anstelle von Eignung und Leistung die Klientele und damit der Mechanismus von Gefälligkeit und Gegendienst? Dazu ein zynischer Kommentar: Wenn jeder Kandidat für sein Anliegen einen Befürworter, seinen »santo in paradiso«, aufbieten würde, wären im Endeffekt alle einander wieder gleichgestellt und die eigentliche Qualifikation käme doch zum Zuge. Doch gibt es auch die entgegengesetzte Erfahrung: Wenn Hunderte von Kandidaten bei der schriftlichen Aufnahmeprüfung an erster Stelle sind, geben die »besten« Empfehlungen den Ausschlag. Italien hat ein einzigartiges Verfahren entwickelt, durch die Intervention einer hochgestellten Persönlichkeit oder eines einflußreichen Anonymus, der zum Telefon greift, eine Notiz macht oder einen Brief losschickt, die Hindernisse der Verwaltung zu überlisten und so indirekt der Bürokratie auf die Beine zu helfen.

Es ist dieses Element der persönlichen Beziehung, das die Ideale und Kriterien einer Leistungsgesellschaft außer Kraft setzt, zugleich aber ein Ersatzsystem liefert. Im wirren Gefüge der italienischen Ämter bis ins politische System hinein entwikkelt es eine, freilich verminderte, Effizienz eigener Art. Auch in der Konfrontation mit der Bürokratie ist der Italiener erfindungsreich und überlebt, indem er seine eigenen Regeln und Methoden anwendet. Der meßbare Grad bürokratischer Schwerfälligkeit gibt insofern keine ausreichende Auskunft: Viele Bürger wissen die Klippen zu umschiffen und kommen rechtzeitig zu ihrer Sache.

Angesichts der bürokratischen Widerstände wächst allerdings die Versuchung zur Bestechung. Soll man einen Geldschein in den Paß legen, um die zeitraubende Prozedur abzukürzen? Möchte man nach bestandener Fahrprüfung vier bis sechs Monate auf den Führerschein warten? Liegt der Griff in die Tasche nicht nahe, damit die Gerichtskanzlei das Urteil statt Ende des Monats schon bis zum Wochenende ausschreibt? Und wer kennt nicht die Fälle von Baubewilligungen, in denen durch Schmiergeld ein Gesuch flott gemacht und bessere Bedingungen geschaffen werden? Gelder werden so zum Mittel, die verrostete und träge Maschinerie zu schmieren. Dem einen bescheren sie eine willkommene Gehaltsaufbesserung, dem anderen eine prompte Erledigung seines Gesuchs. Korruption ist nicht der Normalfall; doch findet sie im Labyrinth einer schlecht funktionierenden, undurchsichtigen Verwaltung einen besonders fruchtbaren Boden.

In seinem Reformplan von 1979 schlug Giannini als ein Mittel zur Erhöhung der Effizienz im öffentlichen Dienst die Schaffung von Organisationsbüros innerhalb der Ministerien vor. Sie hätten die Funktion eines hauseigenen Ombudsman. Zu ihren Aufgaben würden die Vereinfachung der internen und externen Prozeduren gehören, die Formulierung von Indikatoren für Produktivität, vor allem aber auch eine »delegificazione« innerhalb der Ministerien, das heißt, die verwirrende Fülle entbehrlicher Gesetze im Verwaltungsbereich würde durch einfache Verordnungen ersetzt. Im Bereich der Personalpolitik schlägt Giannini eine Privatisierung vor; aufgrund privater Arbeitsverträge könnten Fachleute vorübergehend für die staatliche Verwaltung gewonnen werden. Mit solchen Maßnahmen, die mehr einem knappen Notstandsprogramm entsprechen, sollen Staat und Verwaltung zu einem wirklichen Dienstleistungsbetrieb werden, zu einem modernen Unternehmen, dessen Qualität an den Kriterien der Effizienz gemessen wird.[47]

Die Chancen dieser Vorschläge sind abhängig vom Verhältnis, das der Italiener zu seinem Staat hat. Der Durchschnittsitaliener sieht im Staat und seinen Institutionen eine fremde Macht. Auch Giannini nimmt zum Schluß dieses Thema auf: Der Staat sei für den Bürger kein sicherer und verläßlicher Freund, sondern »eine zweideutige, unvernünftige, ferne Kreatur«. Der Italiener versteht die Administration nicht als notwendigen Bestandteil eines demokratischen Gemeinwesens und als Dienstleistung, für die er irgendwie mitverantwortlich ist, sondern als Institution, deren Druck und Forderung er sich zu entziehen sucht, so gut er kann, deren Vorteile und Angebote er zugleich aber ungehemmt auszunutzen trachtet. Die niedrige Steuermoral wie die rücksichtslose Inanspruchnahme der sozialen Dienste illustrieren dies. Auch darum vermag Italien als moderner Sozialstaat, der immer neue Aufgaben übernehmen muß, nicht zu funktionieren. Das jüngste Beispiel liefert die

Gesundheitsreform, die ihre Aufgabe nicht zu erfüllen vermag und laut Spadolini ein Faß ohne Boden ist. Das gestörte Verhältnis Bürger–Staat, Hauptgrund für die schlechte Qualität der Verwaltung, ist von politischer Tragweite, es wirkt permanent auf den Alltag und die Politik des Landes ein.

Die Nationalisierung all'italiana

Um die staatliche Verwaltung gruppieren sich in Italien öffentliche Institutionen, Körperschaften und Organisationen von Gewicht, für die es in anderen Ländern kaum Entsprechendes gibt. Von einfacher Struktur sind die Staatsbetriebe wie Eisenbahnen, Post und Telekommunikationen, Elektrizitätswerke (ENEL), Straßenbauamt und Staatsmonopole für Tabak und Salz. Sie beschäftigen insgesamt 465000 Personen. Jede dieser Verwaltungen hat einen eigenen Verwaltungsrat und Generaldirektor, und das zuständige Ministerium bestimmt weitgehend deren Politik. Abgesehen vom Postwesen werden diese nationalisierten Betriebe mehr oder minder befriedigend geführt, wenn auch die Eisenbahnen in den letzten Jahren unter Arbeitskämpfen gelitten haben.

Die Italien eigene Komponente sind jedoch die öffentlichen Körperschaften. Es handelt sich um einen ungewöhnlichen Archipelagus von – man ist auf Schätzungen angewiesen – rund 35000 sogenannten »enti pubblici«. Theoretisch sind sie selbständig in ihren Operationen, und oft haben sie private Aktionäre. Da sie aber Zugang zu finanzieller Unterstützung des Staates haben und ihre Manager vom Staat ernannt werden, sind sie dem Einfluß der Regierungsparteien ausgesetzt. Ihr Bereich umfaßt die meisten der großen Industriebetriebe, die großen Banken und Kreditinstitute, die Einrichtungen für soziale Sicherheit, Radio, Fernsehen und zahllose Organisationen auf so unterschiedlichen Gebieten wie Erziehung, Landwirtschaft, Wohnbau, Sport, Kultur und wissenschaftlicher Forschung. Diese Körperschaften reichen in jeden Winkel der Gesellschaft und berühren jeden Bürger.

Das Kernstück dieser parastaatlichen Domänen sind die vier staatlichen Holdinggesellschaften, die rund 500 Beteiligungsgesellschaften kontrollieren. An der Spitze steht das »Istituto per la ricostruzione industriale« (IRI). Es war 1933 errichtet worden, um Banken und Industrien während der internationalen

Wirtschaftskrise vor dem Bankrott zu retten. Nach dem Krieg wurde das IRI auf weitere Sektoren der Wirtschaft ausgedehnt, und so entstand schrittweise ein System der Nationalisierung all'italiana. Dies war der Ursprung dessen, was in der Nachkriegszeit als die »IRI-Formel« berühmt wurde – eine Kombination von staatlichen und privaten Interessen, beruhend auf freiem Wettbewerb und staatlicher Planung zugleich, mit einem Management, das sich mehr in den Händen von Nationalökonomen als von Bürokraten befand. Sie erwies sich als wirksames Mittel, um Schlüsselindustrien wie Stahlproduktion, Schiffbau, Chemie zu entwickeln, die von Privaten allein nicht finanziert werden konnten. Das IRI wurde nach dem Zweiten Weltkrieg zum Motor für das italienische Wirtschaftswunder und seine Formel ein Modell für andere Länder Europas und darüber hinaus.

Heute ist das IRI eine der fünf größten Gesellschaften Europas und mit 470000 Angestellten weitaus der größte Arbeitgeber. Das Reich des IRI ist weitgespannt. Mit sektoriellen Finanzierungsgesellschaften kontrolliert es unter anderem den Hauptteil der Eisen- und Stahlproduktion (Finsider), des Schiffbaus (Fincantieri), der Schiffahrt (Finmare), einen hohen Anteil der Industrie für Telekommunikationen und Elektronik (STET), einen hohen Anteil der mechanischen Industrie wie den Flugzeugbau (Finmeccanica), Radio und Fernsehen (RAI), die Luftfahrtgesellschaft Alitalia und einen Großteil der Autobahnen, eine Vielfalt von nationalen und lokalen Projekten für Wohnbau, Stadtplanung, Infrastrukturen, Sanierung von Stadtzentren (Italstat), vermischte Industrien und Dienstleistungen im Lebensmittelsektor wie Hotelgesellschaften, Fernsehpublizität, einige Flughäfen und örtliche Verkehrsbetriebe wie auch den italienischen Anteil am Montblanc-Tunnel. Dem IRI gehört auch die Aktienmehrheit der drei großen Banken: Banca Commerciale Italiana, Credito Italiano, Banco di Roma und das gesamte Kapital des Banco di Santo Spirito.

Doch das IRI ist nur eine unter den Staatsholdings. Nach dem Kriege wurden drei weitere nach dem IRI-Modell aufgebaut. Die weitaus wichtigste davon ist die ENI (Ente nazionale idrocarburi), welche die Erdölgesellschaft Agip kontrolliert sowie wichtige Bereiche der chemischen und nuklearen Industrie des Landes und eine Anzahl von Maschinenfabriken. Sie ist einer der größten Erdöl- und Chemiekonzerne der Welt mit gegen 200 Tochtergesellschaften. Die Agip steht unter den Erdölgesellschaften an siebter Stelle. Die dritte, viel kleinere Holding-Gesellschaft ist die EFIM, während die GEPI errichtet wurde, um wirtschaftlich angeschlagene Gesellschaften zu sanieren. Drei kleinere staatliche Holdings, eine verantwortlich für Heilbäder, eine andere für die Filmindustrie und ein Konglomerat im Rahmen des Maschinenbaus, wurden Ende der siebziger Jahre aufgelöst und von anderen Staatsunternehmen übernommen. Die drei Staatsholdings mit ihren Hunderten von Gesellschaften und ihen 690000 Arbeitskräften produzieren mehr als ein Drittel der gesamten industriellen Wertschöpfung.

In der parastaatlichen Wirtschaft spielt das Bankenwesen eine vielleicht noch größere Rolle. Die Verwaltung der größten Handelsbanken, das staatliche Sparkassensystem und verschiedene wichtige Kreditinstitute werden durch öffentliche Instanzen eingesetzt. Auf der kommerziellen Seite sind dies, zusätzlich zu den drei großen IRI-Banken, sechs Banken des öffentlichen Rechts – Banca Nazionale del Lavoro, Banco di Napoli, Monte dei Paschi di Siena, Istituto Bancario San Paolo di Torino, Banco di Sicilia und Banco di Sardegna. Die Banca Nazionale del Lavoro und der Banco di Napoli sind zusammen mit den drei IRI-Banken die »großen Fünf« des italienischen Bankenwesens. Die Handelsbanken sind spezialisiert auf kurzfristige Geschäfte mit größeren Industrie- und Handelsfirmen. Die Sparkassen sind auf regionaler Basis organisiert und spezialisiert auf mittelfristige Kredite für lokale Firmen und für Einzelpersonen. Einige dieser Sparkassen sind groß und mächtig; die Cassa di Risparmio delle Province Lombarde (Cariplo) in Mailand ist die größte Sparkasse der Welt. Außerdem gibt es eine Vielzahl von Instituten für Sonderkredite, die langfristige Darlehen an industrielle und infrastrukturelle Projekte verleihen sowie Bauhypotheken und landwirtschaftliche Kredite gewähren.

Ein anderer wichtiger Bereich sind die Institutionen für soziale Sicherheit und öffentliche Fürsorge. Die sozialen Dienste – Renten, Arbeitslosenunterstützung, Gesundheitsdienst und Familienbeihilfe – werden in Italien nicht direkt durch den Staat, sondern durch unabhängige öffentliche Körperschaften verwaltet. Da fast jede wirtschaftliche und soziale Gruppierung ihr eigenes soziales Versicherungssystem hat, gibt es Tausende solcher Organisationen. Durch Gesetzgebung ist die Unzahl dieser Institutionen in einer einzigen verschmolzen worden, im INPS (Istituto nazionale della prevvidenza sociale). Das INPS, das Italiens größte soziale Einrichtung ist, sieht für 1988 ein Budget von über 160000 Milliarden Lire mit einem Defizit von 2434 Milliarden Lire vor; es ist in den letzten Jahren beträchtlich reduziert worden, belastet aber nach wie vor die Staatsfinanzen schwer. Ferner gibt es einen anderen Typ von Fürsorgeeinrichtungen, die staatliche Gelder erhalten: Organisationen für die Blinden, Waisen, Kriegsopfer, die Mittellosen und für jede erdenkliche Gruppe von Notleidenden. Viele dieser Tausenden von Organisationen haben vorwiegend Selbstzweck; sie existieren vielfach um ihrer Existenz willen, wobei das meiste oder alles an Geld und Energie in Selbstverwaltung verbraucht wird. Zu ihnen gehören die »enti inutili« (unnütze Körperschaften), von denen inzwischen einige Hundert aufgelöst oder mit anderen zusammengelegt wurden.

Eine andere Komponente dieses Parastaates ist das öffentliche Radio- und Fernsehnetz (RAI), das zwar zum IRI gehört, aber in seiner Tätigkeit unabhängig ist. Es bestehen Hunderte von Körperschaften im Bereich von Erziehung, Erholung, Sport, Unterhaltung, Kultur und wissenschaftlicher Forschung, an deren Spitze die Körperschaft für Alternative Energie (ENEA) steht, die für Nuklearenergie zuständig ist.

Sottogoverno – Staatsunternehmen im Griff der Parteien

Die rohen Daten vermögen allein keine Vorstellung vom Gewicht und vom Einfluß dieser öffentlichen Körperschaften zu geben. Die parastaatlichen Industrien und Banken behaupten Schlüsselpositionen der wirtschaftlichen Macht. Andere Körperschaften nehmen starken Einfluß auf die Gesellschaft. Alle zusammen bilden ein Gewebe von Abertausenden von Positionen, die sich gegenseitig in ihrer Macht stützen. Auch andere westeuropäische Staaten verfügen über einen ausgedehnten öffentlichen Bestand an Banken und Industrien, aber keiner besitzt eine vergleichbare Palette an öffentlichen und halböffentlichen Körperschaften mit derartigem Einfluß.

Die Konglomeration dieses Parastaates bildet das suspekte und umstrittene Sottogoverno, weniger eine »Subregierung«, was der italienische Begriff wörtlich bedeutet, als eine »Nebenregierung«. Seine Macht, so verstreut sie sein mag, kommt fast jener der Regierung gleich. Die Antwort auf die Frage, wie der öffentliche Sektor zu einem Machtbereich von eigenem politischen Einfluß wurde, ist einer der Schlüssel zum Verständnis der italienischen Politik.

Ursprünglich sollten die Staatsunternehmen mit ihrem frei rekrutierten Personal gegen politischen Einfluß immun sein. Doch mit der Ernennung der Spitzenmanager durch die Regierung war die Bresche für derartige Einflüsse bereits geschlagen. Die Faschisten respektierten im großen und ganzen die Autonomie der Unternehmen. Anfangs taten dies auch die Christdemokraten. Chefs und Manager wurden aufgrund ihrer beruflichen Eignung ernannt, operative Unabhängigkeit wurde geschätzt, und der Entscheid über Investitionen fiel allein aufgrund wirtschaftlicher Überlegungen. Nachdem die DC jedoch in den Parlamentswahlen von 1953 die parlamentarische Mehrheit verloren hatte, hielt sie nach neuen Mitteln Ausschau, um ihre politische Hegemonie zu erhalten und sich von der Privatindustrie finanziell unabhängig zu machen. Unter Parteichef Fanfani nahm das Konzept, außerhalb der Institutionen des Staates eine Machtbasis zu errichten, Gestalt an. In den Staatsbeteiligungen erkannte er ein ausgedehntes Imperium, das für politische und finanzielle Vorteile genutzt werden konnte.

Die »Kolonisierung« begann Mitte der fünfziger Jahre, zunächst außerhalb des wirtschaftlichen Bereichs. Von da an unterwarfen die Christdemokraten die parastaatlichen Unternehmen, die Banken und andere öffentliche Körperschaften zunehmend einer stärkeren Kontrolle durch die Partei. Spitzenpositionen wurden mit Personen besetzt, die von der DC ausgewählt oder deren Nominierung von ihr gebilligt worden waren. Ende der sechziger Jahre waren IRI, ENI samt Tochtergesellschaften sowie die Banken und Sparkassen, Italcasse (zentrales Finanzierungsinstitut), soziale Dienste sowie eine Fülle weiterer Körperschaften im direkten oder indirekten Griff der Partei. Einzelne christdemokratische Correnti hatten ihre besondere Domäne: Das Bankinstitut Monte dei Paschi di Siena war lange in den Händen der Anhänger Fanfanis. Unter Ettore Bernabei, einem Protégé Fanfanis, wurde das staatliche Radio und Fernsehen RAI zu einer Zitadelle parteipolitischen Einflusses ausgebaut. Die Banca Commerciale Italiana ist eine traditionelle Hochburg laizistischer Kräfte, die Banca Nazionale del Lavoro, die größte unter den italienischen Banken, ist eine Domäne der Sozialisten.

Im Lauf der Zeit wurden Chefs – Präsidenten und Verwaltungsräte, Generaldirektoren und Direktoren – immer weniger aufgrund ihrer beruflichen Qualifikation nominiert als vielmehr wegen ihrer Zugehörigkeit oder ihrer Verbindungen zur Partei samt der Bereitschaft, die Interessen der Partei über die der Unternehmen zu stellen. Häufig war die einzige Qualifikation politischer Art. Die Hälfte der Präsidenten der Sparkassen war 1980 ohne nationalökonomische oder eine andere entsprechende Fachausbildung. So hatte zum Beispiel der Chef der Sparkasse Turin Kunstgeschichte studiert, und sein Vorgänger war Zahnarzt. Die Banca d'Italia hat mit geringem Erfolg gegen diese eklatante Patronage angekämpft. Normalerweise steht einer Ernennung höchstens eine Meinungsverschiedenheit zwischen Correnti entgegen. Dann bleiben Posten manchmal für Jahre unbesetzt. Auf diese Weise waren 1980 mehr als 60 Sparkassen ohne Präsident, eine von ihnen seit über zwölf Jahren.

Die Industrien und Banken standen unter dem Druck sich verstärkender politischer Richtlinien, die wirtschaftliche Überlegungen immer mehr einschränkten. Wirtschaftliche Grundentscheide im industriellen Bereich zum Beispiel – ob und wo man eine Fabrik erstelle, ob man einen unrentablen Betrieb schließe, ob man eine Autobahn baue und welcher Route sie folge – werden unter dem Gesichtspunkt getroffen, inwieweit sie der Partei in Wahlen nützen, auch wenn die Fabriken Geld verlieren und die Straßen ins Nichts führen. Es kam vor, daß der politische Einfluß einem Manager zu massiv wurde. So nahm Egidio Egidi zweimal seinen Rücktritt, 1977 als Chef der Agip und 1980 als Chef der ENI. Der angesehene Finanzfachmann Rinaldo Ossola räumte 1982 das Feld als Präsident des Banco di Napoli, nachdem der Druck der Desavouierungskampagne zu stark geworden war. Der ENI-Präsident Umberto Colombo wurde im Februar 1983 zum Rücktritt gezwungen, weil er nicht genügend Rücksicht auf die Sozialisten genommen hatte.

Die Manipulation war ebenso kraß auf anderen Gebieten. Soziale Dienste wurden mit Administratoren besetzt, die bei der Erhebung der Beiträge und der Verteilung sozialer Hilfe elastisch, das heißt unter dem Aspekt der parteipolitischen Begünstigung verfuhren. Das Rentensystem hat immer wieder Ärgernis erregt, vor allem im Süden, wo Pensionen als finanzielle Quelle für Unbeschäftigte, Unterbeschäftigte und auch Beschäftigte lebenswichtig sind. Nicht nur, daß eine Person zwei bis drei Renten erhalten kann; auf ganz Italien verteilt, werden so viele Invalidenrenten bezahlt, daß einer von zehn Italienern

Invalide zu sein scheint. Allein in der Provinz Potenza figuriert einer von vier Bewohnern als Invalide. Im Bankwesen haben die Christdemokraten laut Wochenmagazin ›Il Mondo‹ das ganze System in einen »Supermarkt für Kredite zur eigenen Verfügung« verwandelt. Landwirtschaftliche Kredite sind lebenswichtig für jeden Bauern. Solange er nicht zur christdemokratisch kontrollierten »coldiretti« gehörte, war es für ihn bis in die siebziger Jahre schwierig, ein Darlehen zu erhalten. Als Mitglied konnte er mit einem günstigen Zins rechnen. Noch ist die christdemokratische Vormacht auf dem Lande erhalten, aber die Konkurrenz, vor allem der kommunistisch inspirierten Organisationen, und die Regionalisierung haben ihr Monopol gebrochen.

Auch im Pressewesen kam es zu einem ähnlichen Prozeß. Viele Zeitungen und Illustrierte sind finanziell schwach und brauchen periodisch Darlehen. Die Darlehen werden auf politischer Basis vergeben, und der politische Standpunkt des Organs paßt sich entsprechend an. Dies ist vor allem draußen in der Provinz der Fall. Aber auch der angesehene ›Corriere della Sera‹ liefert ein Beispiel. Er wurde 1974 vom Verleger Rizzoli erworben und nahm etwas später unter einem neuen Chefredakteur – jedenfalls vorübergehend – eine freundlichere Haltung gegenüber der DC ein. Später wirkte sich auch der Einfluß der zwielichtigen Loge P 2 aus. Das Exempel läßt sich auf andere Bereiche übertragen. Ob es sich um eine große Industriefirma, einen Bauunternehmer, einen Ladeninhaber, einen Verleger oder einen einfachen Bürger handelt, der eine günstige Hypothek benötigt – jeder braucht einen politischen Beistand, mehrheitlich von christdemokratischer Seite.

Die Patronage und ihre Auswüchse

Den Christdemokraten ging es außer um Einfluß auch schlicht und einfach um Patronage. Die meisten Länder haben ihr Patronagesystem, durch das Spitzenpositionen an Getreue der Partei verteilt werden. Doch das Sottogoverno mit seinen Tausenden von Organisationen und Hunderttausenden von Posten ist durch die DC in ein beispielloses Kartell von Patronage verwandelt worden. Allmählich drang es in fast alle Positionen vor, bis hinunter zum Sekretär, Bürogehilfen und Boten.

Politische Patronage in Italien funktioniert wie der ökonomische Multiplikator: Eine einzige Begünstigung kann das Vielfache an Klienten, Gefolgsleuten und Stimmen bringen. In einem Land, in dem das Klientelewesen die Gesellschaft durchdringt, bereitet die Macht, einen Arbeitsplatz anzubieten, ein Darlehen zu gewähren, die Konzession für eine Agip-Tankstelle zu erteilen oder einen Tip für Landspekulation zu geben, gleichzeitig auch den Weg zu politischem Einfluß oder Wahlunterstützung. Die Verdoppelung einer armseligen Rente im Süden mag ausreichen, einen Mitbürger in den Reihen der christdemokratischen Wähler zu halten, auch wenn der Gemeinde asphaltierte Straßen, eine eigene Kanalisation für die Abwässer als Minimum an Infrastruktur fehlen. Eine politische Ernennung, wirtschaftliche Entscheidung oder persönliche Begünstigung sind nur der Anfang. Auf sie folgt die »Rückzahlung« in Form von zusätzlichen Arbeitsplätzen für die Parteigetreuen und von Beschlüssen, die politisch hilfreich sind.

Zwar hört die Politisierung hier nicht auf. Cesare Merzagora, der frühere Präsident des Senats, schrieb 1979, daß staatliche Unternehmen zu Fälschungen der Buchhaltung gezwungen wurden. Ein Teil des geschäftlichen Verkehrs wurde über sogenannte »schwarze Konten« abgewickelt, die in der offiziellen Buchhaltung nie erscheinen. Der Nationalökonom Francesco Forte, sozialistischer Finanzminister in der fünften Regierung Fanfani, trat seinerzeit als Vizepräsident der ENI zurück, weil er sich keine echte Bilanz verschaffen konnte und nicht gewillt war, die gefälschte zu unterzeichnen. Er wußte, daß darin Konten unterschlagen wurden, die für politische Bestechung Verwendung fanden, und Gelder, die die Gesellschaft illegalerweise im Ausland hatte. 1977 schätzte ›Il Mondo‹, daß die verschiedenen DC-Correnti in den zwölf vorangegangenen Jahren rund 100 Millionen Dollar erhalten hätten. Diese Schmiergelder waren der Ruin für einige führende Manager. Camillo Crociani, Chef der Finmeccanica, floh 1975 nach Mexiko, weil er in den Lockheed-Bestechungsskandal verwickelt war. Fünf Jahre später mußte der Präsident der ENI, Giorgio Mazzanti, wegen der Anschuldigungen zurücktreten, daß er im Erdölgeschäft mit Saudi-Arabien einer Reihe von italienischen Politikern Gelder vermittelt hätte.

Mehr als Industrien waren in den letzten Jahren Banken in derartige Finanzskandale verwickelt. Am bekanntesten wurde der Fall Italcasse, die in den siebziger Jahren aufgrund persönlicher und politischer Begünstigung ungedeckte Darlehen gegeben hatte. Der damalige Präsident Giuseppe Arcaini hatte angeblich nicht nur große Summen veruntreut, sondern aus einem politischen Geheimfonds Gelder gebraucht, die nie in der Buchhaltung auftauchten. Arcaini starb, bevor der Skandal 1980 aufgedeckt wurde. Als man später erfuhr, daß durch einen der Hauptnutznießer der Darlehen, Gaetano Caltagirone und dessen zwei Brüder, dem Christdemokraten Franco Evangelisti Gelder zugekommen waren, mußte dieser als Minister zurücktreten. 49 Präsidenten und frühere Präsidenten von Sparkassen wurden damals unter dem Verdacht verhaftet, in die Unregelmäßigkeiten der Italcasse verwickelt zu sein.

Unzweifelhaft hat die politische Ausbeutung der öffentlichen Unternehmen jenen Industrien Schaden zugefügt, die zum italienischen Wirtschaftswunder beigetragen hatten. Die »IRI-Formel« wurde als Modell für Europa diskreditiert und das einst stolze Bild italienischer Unternehmen durch Korruption, schlechtes Management und Gefahr des Bankrotts entstellt. Der christdemokratische Politiker Antonio Bisaglia, Minister für Staatsbeteiligungen von 1974 bis 1980, gestand öffentlich ein, daß die »Staatsunternehmen in eine Krise gerieten, als sie sich Entscheidungen unterwerfen mußten, die vom Management aus übergeordneten politischen Gründen nicht abgelehnt werden konnten«.[48] Niemand kannte die Wahrheit besser als Bisaglia und war zugleich mitverantwortlich dafür. Die deutlichste Auskunft geben die Bilanzen. Nach 25 Jahren der Gewinne waren die Staatsbetriebe in eine Periode steigender Defizite geraten.

Selbstverständlich war dieses trübe Defizit nicht nur eine Folge politischer Ausbeutung, sondern auch der Rezession nach der Erdölkrise von 1973 wie der organisatorischen Mängel innerhalb der staatlichen Gesellschaften. Zudem setzten die Tätigkeit und Ziele der öffentlichen Unternehmen stets eine gewisse politische Führung voraus. Es ist die Essenz parastaatlichen Unternehmertums, Prinzipien der freien Wirtschaft mit gewissen sozialen Zielen zu verbinden. In den ersten Nachkriegsjahren galt es, Grundindustrien zu schaffen oder zu erhalten. Die Werften in Ligurien wurden beispielsweise gerettet, obwohl sie eindeutig Verlustgeschäfte waren. Später wurden die Staatsunternehmen veranlaßt, einen wachsenden Anteil ihrer Investitionen in den Mezzogiorno zu verlegen; deshalb die Stahlwerke in Tarent, der Alfa-Romeo-Betrieb bei Neapel, die chemischen Industrien auf Sardinien und Sizilien. Die Staatsholdings mußten zusammen mit den Banken unter dem Druck der großen Parteien und der Gewerkschaften verschuldete Firmen retten, besonders im Chemie-, Stahl- und Maschinensektor. Damit wurden die Staatsunternehmen noch tiefer in Schulden hineingezwungen, statt sich an die veränderte Weltwirtschaft anzupassen, nämlich Betriebe mit Verlusten loszuwerden und Personal abzubauen. Das IRI-Defizit von 1981/82 war fast zur Hälfte durch die Verluste im Stahlsektor verursacht.

Ende der siebziger Jahre zeigte das System, das ursprünglich Unternehmertum und Flexibilität des Kapitalismus mit der Planung und den sozialen Zielen des Sozialismus verbinden sollte, die schlimmsten Züge beider: Mangel an Planung, schlechtes Management, falsche wirtschaftliche Beschlüsse und Korruption. So präsentierte sich die Machtstruktur, die von den Christdemokraten geschaffen und ausgenutzt wurde. Mit derartigen Mitteln, mehr als mit der eigentlichen Regierung, hielten sie Italien in Gang und sich selber an der Macht. In den Wahlen erreichten sie bis zum Rückschlag von 1983 durchschnittlich 38 Prozent der Stimmen, doch durch die Kontrolle des Sottogoverno erfreuen sie sich eines viel größeren Einflusses.

Dabei soll nicht übersehen werden, daß das Sottogoverno stabiler und dauerhafter ist als die Regierung. Die Partei benutzt die Staatsunternehmen; aber die Staatsunternehmen nützen auch die Partei aus. In der Tat war es Enrico Mattei, der Gründer der ENI, der der DC als erster beibrachte, wie man die wirtschaftliche und politische Welt zusammenbringt, wie Geld dazu benutzt werden kann, um Politiker, Correnti, Zeitungen und Einfluß zu kaufen. Er begann mit der Finanzierung von Parteien und mit dem Gebrauch von Bestechungsgeldern. Seit Matteis Zeiten war der Parastaat stets sorgfältig darauf bedacht, sich innerhalb jeder Partei seine Unterstützung zu sichern, um der politischen Deckung der Programme der eigenen Gesellschaften sicher zu sein.

Grenzen der »Parzellierung«

Die erste Herausforderung an die Herrschaft der DC ergab sich aus der Bildung der Mitte-links-Regierung von 1963. Bis dahin hatten die Christdemokraten ihre kleinen Koalitionspartner mit wenigen Brosamen, Positionen ohne großen politischen und finanziellen Gewinn, zufriedengestellt. Nun verlangten die Sozialisten im Zuge dieser »Parzellierung« (lottizzazione) zwischen den Parteien ihren »gerechten Teil« an Posten. Zahlenmäßig erhielten sie recht viele, doch es waren fast immer untergeordnete, so daß sie, wie ein Parteifunktionär es formulierte, zur »Partei der Vizepräsidenten« wurden. Eine teilweise Ausnahme davon waren Radio und Fernsehen, die für die Sozialisten so wichtig waren, daß zu der Aufteilung von RAI-Positionen regelmäßig Koalitionsvereinbarungen zwischen DC und Sozialisten gehörten. Trotzdem behielt die DC die Spitzenpositionen, die des Generaldirektors, in der Regel für sich. Mit dem Verfall des Centro sinistra und dem ständigen Zuwachs der Kommunisten in den frühen siebziger Jahren waren die Christdemokraten mehr denn je darum besorgt, die Kontrolle über das Sottogoverno zu behalten. Ende der siebziger Jahre begann diese Vorherrschaft abzubröckeln. Die Probleme der Staatsunternehmen wurden zu schwerwiegend, und das Drängen und die Wünsche der anderen Parteien konnten nicht länger unbefriedigt bleiben. Die Konkurrenten hatten keine Einwände gegen die Politisierung: Sie wollten nur ihren eigenen Anteil. Sie nahmen für sich nicht nur gewisse Positionen in Anspruch – die Christdemokraten die Leitung des IRI und des GEPI, die Sozialisten die der ENI, die Sozialdemokraten die der EFIM –, sondern legten auch wiederholt ihr Veto gegen Kandidaten anderer Parteien für andere Posten ein.

Zu Beginn der achtziger Jahre setzte für den Parastaat eine neue Phase ein. Craxi führte die Sozialisten in die Regierung zurück und begann die DC aus ihrer bisherigen Monopolstellung im Sottogoverno zu verdrängen. Die DC überließ zum erstenmal einem Sozialisten, Gianni De Michelis, das Ministerium für Staatsbeteiligungen. Er nahm mehr als seine Vorgänger direkten Einfluß auf die Geschäftspolitik und setzte ohne Rücksichten parteipolitische Interessen durch. Das Beispiel der Christdemokraten hatte Schule gemacht, und so wurden konsequent christdemokratische Positionen erobert und parteipolitisch ausgebeutet. Die Christdemokraten befanden sich in den Verwaltungsräten der vier größten Holdinggesellschaften bereits in der Minderheit. Ihre Kontrolle im Sozial- und Fürsorgewesen wurde im Lauf der Regionalisierung und mit dem Einrücken der Gewerkschaften in das Management geringer, ist aber im Süden noch stark. Als Domäne einer verheerenden Ausbeutung durch lokale Parteipolitiker erweist sich in Städten und Regionen seit den achtziger Jahren der nationale Gesundheitsdienst. Die örtlichen Sanitätseinheiten (USL) sind von

Korruption überschattet, wie die vielen Justizverfahren beweisen.

Mit der Übernahme des IRI durch den Christdemokraten Romano Prodi und des ENI durch den Sozialisten Franco Reviglio setzte unter Führung qualifizierter Technokraten in den Staatsholdings 1983 ein Prozeß der Sanierung ein. Die ENI, die noch in den frühen achtziger Jahren große Verluste hatte, erzielte 1985 822 Milliarden Lire und 1986 510 Milliarden Lire Gewinn. Das Defizit des IRI betrug 1983 noch 3200 Milliarden Lire. 1986 wurde, einschließlich Banken, bereits ein Gewinn von 322 Milliarden Lire verzeichnet. Die Stimmung veränderte sich spürbar. Alle Seiten erkannten, daß die öffentlichen Unternehmen durch die kurzsichtige parteipolitische Nutzung an den Rand des Ruins gebracht wurden, daß Effizienz als Hauptkriterium für die Führung anzusehen sei und daß der politische Einfluß auf ein Minimum reduziert werden müsse. Diese Einsichten verminderten zwar nicht den Eifer der Parteien, die Staatsunternehmen weiterhin als Lehen zu betrachten und die Spitzengremien unter sich aufzuteilen. Angesichts der gravierenden Situation der Staatsholdings anerkannten sie immerhin, daß ihre Kandidaten der Aufgabe angemessene Managerqualitäten besitzen müßten. Aber in vielen Bereichen bleibt das Sottogoverno nach wie vor ein System der Mißwirtschaft mit ernsten ökonomischen und sozialen Folgen.

Regionalismus mit Nord-Süd-Gefälle

Jeder Italienreisende erfährt die erstaunlichen Gegensätze zwischen Landschaft, Kultur und Gesellschaft: Gletscher unter verschneiten Gipfeln und Orangenhaine hinter südlichen Stränden, hochmoderne Vorstädte im Norden und primitives Bauerntum im entlegenen Süden. Industrie- und Handelsstädte wie Turin und Mailand sind Brüssel und Frankfurt verwandter als Palermo oder Neapel, deren chaotisches, farbiges Leben schon an den Orient erinnert. In Unterhaltungen kursiert darum der überspitzte Ausspruch, daß zwischen Florenz und Rom Afrika beginne. Südtirol am Alpenrand repräsentiert in Sprache und Brauchtum ein Stück germanischer Kultur. In Hafenstädten wie Genua, Triest und dem gefährdeten Venedig in der Lagune leben maritime Traditionen fort. Trotz Flugzeug und Fähre haben Inseln wie Sardinien und Sizilien ihr Eigenleben bewahrt. Ein Piemontese oder Lombarde, ein Florentiner oder Neapolitaner geben sich eher als Bürger ihrer Region oder Stadt denn als Italiener zu erkennen. Damit unterstreicht ein Italiener nicht nur seine Herkunft, sondern identifiziert sich auch historisch und ethnisch eher mit der ihm vertrauten Umgebung und Umwelt als mit dem erst ein gut Jahrhundert alten Einheitsstaat. Das Land Italien setzt sich bis heute aus eigenständigen Landschaften und Gemeinwesen zusammen. Es ist ein Land von Ländern. Noch geht das Wort des piemontesischen Staatsmanns aus dem 19. Jahrhundert, Massimo d'Azeglio, um, Italien sei geschaffen, nun gelte es die Italiener zu schaffen. Das regionale Leben Italiens entfaltet sich darum nach wie vor in einem Rahmen, der weiter gespannt ist als die landsmannschaftlichen Unterschiede in Frankreich oder in der Bundesrepublik.

Der italienische Regionalismus begann nach dem Zweiten Weltkrieg, durch den das Land vom nationalistischen Einheitsstaat Mussolinis befreit worden war, in der Peripherie. Auf den Inseln wurde er vom Separatismus getragen und neutralisierte diesen zugleich, an den Grenzen Norditaliens kam er dem Schutz ethnischer Minderheiten zustatten. Noch vor der republikanischen Verfassung war in Sizilien unter den letzten Wirkungen des separatistischen Fiebers am 15. Mai 1946 das Autonomiestatut verabschiedet worden. Sardinien, die andere Insel mit separatistischen Fermenten, gab sich im Februar 1948 ein

Statut. Im Aostatal an der französisch-schweizerischen Grenze hatte das Nationale Befreiungskomitee schon im Januar 1946 einen ersten Regionalrat eingesetzt. Das Statut folgte zwei Jahre später. Südtirol, das Österreich 1919 an Italien verloren hatte, erhielt durch das Pariser Abkommen von 1946 die Grundlage für die Autonomie der deutschsprachigen Minderheit. Die Verwirklichung war später für lange Jahre ein brisantes nationales und internationales Thema. Die letzte Region mit Sonderstatut entstand 1963 an der Ostgrenze: Nach der Verständigung über die Grenzen mit Jugoslawien wurden Triest samt schmalem Hinterland und das nördlich angrenzende Friaul zur Region Friaul-Julisch Venetien zusammengefügt, in der auch eine kleine slowenische Minderheit lebt.

Sonderfall Südtirol

Unter diesen regionalistischen Vorspielen und Sonderfällen, die 1970 mit der Schaffung der 15 Regionen mit Normalstatut ihr Pendant im nationalen Rahmen fanden, verdient Südtirol besondere Aufmerksamkeit. Zwischen dem Brenner im Norden und der Klause von Salurn im Süden ist ein für Italien einmaliges politisches Gebilde entstanden, das zwar in den italienischen Staat integriert ist, jedoch einen hohen Grad an Selbstverwaltung erreicht hat. In dieser Autonomen Provinz Bozen geht die deutschsprachige Jugend in eigene Schulen. Wer studiert, schreibt sich meist an österreichischen Universitäten ein. Die wirtschaftlichen Verbindungen zu Österreich sind aufgrund des Sonderabkommens mit Nordtirol und Vorarlberg besonders eng, und touristisch ist Südtirol fast ein hauseigener Tummelplatz für Bundesbürger und Österreicher.

Südtirol war 1919 zu Italien geschlagen worden. Nach den Verfolgungen durch die Faschisten und dem Trauma des Abkommens zwischen Hitler und Mussolini, das die Südtiroler zur Umsiedlung nach Deutschland zwingen sollte, bestand auch am Ende des Zweiten Weltkrieges keine Aussicht, zu Österreich zurückzukehren. De Gasperi und der österreichische Außenminister Gruber einigten sich 1946 am Rande der Pariser Friedenskonferenz auf einen Kompromiß, der den Südtirolern im italienischen Staatsverband eine Autonomie garantieren sollte. Doch diese rechtliche Grundlage des Pariser Abkommens reichte nicht aus. Die erhoffte Autonomie kam nicht zustande, weil die Südtiroler innerhalb der Region Trentino-Südtirol eine Minderheit darstellten und weil die Zentralregierung der Verlagerung von Kompetenzen Hindernisse in den Weg legte. Unter der Parole »Los von Trient« forderte die kämpferische Vorhut der Südtiroler Volkspartei eine Befreiung von der regionalen Übermacht des Trentino. Auf einem langen und bitteren Umweg, dessen Stationen die Einschaltung der Schutzmacht Österreich, die Behandlung des Südtirolkonflikts vor der Generalversammlung der Vereinten Nationen und die Jahre des Südtiroler Terrorismus waren, kam es 1969 endlich zu einer italienisch-österreichischen Einigung.

Im Jahre 1972 trat das neue Autonomiestatut in Kraft. Unter dem dünnen Dach der Region entstanden die zwei Autonomen Provinzen Bozen und Trient. Seither sind zwei Kommissionen an der Arbeit, um das »Paket« von 137 Maßnahmen zum Schutz der deutschsprachigen Minderheit in Durchführungsbestimmungen umzusetzen. Diese Verhandlungen, die in Rom stattfinden, sind dem Abschluß nahegekommen. Schritt um Schritt sind im zähen Ringen um Details die Kompetenzen Südtirols ausgebaut worden. Unbestrittener Führer der Südtiroler Sammelpartei und Regierungschef im Landhaus von Bozen war in diesen Jahren Silvius Magnago, seit mehr als zwei Jahrzehnten Obmann der Partei und Landeshauptmann von Südtirol. Er steuert einen realpolitischen Kurs in einem weiten Spannungsfeld, das von Südtiroler Hitzköpfen bis zu zähen Verfechtern des zentralistischen Kurses in Rom reicht.

In den letzten Jahren zeichneten sich in den Südtiroler Tälern neue Belastungen des politischen und sozialen Klimas ab, dic mit der Realisierung des Autonomiestatuts zusammenhängen. Einstellungen im öffentlichen Dienst, die Verteilung von Sozialwohnungen und Ansprüche auf anderen Gebieten erfolgten aufgrund des ethnischen Proporzes, der die Anteile für die italienische, deutsche und die winzige ladinische Sprachgruppe festlegt. Wer in staatlichen Dienst eintreten will, muß außerdem eine Zweisprachigkeitsprüfung ablegen, die besonders Italienern zu schaffen macht. Durch diese Vorschriften hat die italienische Sprachgruppe frühere Privilegien und Vorteile verloren. Mancher Italiener in der Provinz, in der die Südtiroler mit zwei Dritteln von rund 430000 Einwohnern das Übergewicht haben, beginnt sich nun seinerseits als Angehöriger einer Minderheit zu fühlen. Einseitige Berichte in der italienischen Presse trugen zu dieser Psychose bei. Unbekannte Radikalinskis aus dem italienischen wie deutschsprachigen Lager machten sich in Anschlägen gegen Denkmäler, Hochspannungsmasten und Zeitungen Luft. In Wahlen wurden die Neofaschisten zur stärksten Fraktion im Stadtparlament von Bozen und zur stärksten italienischen Partei in der Provinz. Die baldige Fertigstellung des Statuts drängt sich auf, um den festen Rahmen für die Zusammenarbeit zu sichern. Gleichzeitig aber sollte sich die Südtiroler Minderheit von den Verkrampfungen einer Bollwerkmentalität freimachen, die für die erfolgreiche Selbstbehauptung nützlich war, aber ein ersprießliches Zusammenleben erschwert und belastet und die schließlich auch das komplizierte Räderwerk des Autonomiestatuts gefährden könnte.

Am Gängelband Roms

Der italienische Regionalismus hat offiziell nur bescheidenen Spielraum in dem relativ jungen Einheitsstaat. Föderalistische Ideen des Risorgimento waren nach 1870 auf der Strecke geblieben. Italien ließ sich nicht in eine Konföderation mit voller Regionalautonomie aufgliedern, vielleicht weil die partikularistischen Kräfte zu stark waren und die nationale Einheit nur durch zentralistische Gewalt geschaffen werden konnte. Nach 1945 führte der Weg nicht über die Hoheit von Ländern oder Kantonen zum Bund, sondern der Zentralstaat gab Kompetenzen an die später geschaffenen Regionen ab. Dies wurde in der Konstituante als Kompromiß zwischen Einheitsstaat und Bundesstaat bezeichnet. Das Übergewicht liegt jedenfalls bei den zentralen Instanzen der Regierung und ihrer Verwaltung. Statt von regionaler Autonomie läßt sich mit Recht von einem »überwachten Regionalismus«, von einem Regionalismus am Gängelband Roms sprechen.

Durch die Schaffung der 15 Regionen mit Normalstatut kam die landesweite Dezentralisierung trotz Verfassungsauftrag mit einer Verspätung von mehr als zwei Jahrzehnten erst 1970 zustande, gegen politische Widerstände und gegen die verbreitete Abneigung, mit der erweiterten Selbstverwaltung auch eine neue Bürokratie aufzubauen. Erst als mit den Centro-sinistra-Regierungen die Sozialisten Koalitionspartner waren und die Errichtung der Regionen zu einem Punkt des gemeinsamen Programms machten, kam diese in Gang. Die Fronten hatten sich verkehrt. Die Democrazia cristiana mit ihren föderalistischen Neigungen legte als führende Partei in Rom keinen Eifer an den Tag, Macht an die Peripherie und an die Opposition abzugeben. Die zentralistisch gesinnten Kommunisten erkannten in der Dezentralisierung jedoch ein Mittel, ihren Weg an die Macht von den Regionen her auszubauen. In den ersten Regionalwahlen von 1970 eroberten sie die Führung in der Emilia-Romagna, in der Toskana und in Umbrien. Ein Jahrfünft später kamen Piemont, Ligurien und Latium hinzu, parallel zum Vormarsch in den Großstädten. Seit den Regionalwahlen von 1980 mußte die KPI wieder einige regionale Positionen räumen.

Die Verlagerung von Kompetenzen des Zentralstaates in die Regionen vollzog sich in zwei Etappen, nachdem sich die Regionen zunächst ihr eigenes Statut gegeben und einen ersten Kern von Regierung und Verwaltung gebildet hatten. Die drei Organe der Durchschnittsregion sind das Regionalparlament (consiglio regionale), die Exekutive (giunta regionale) und ihr Präsident, der in einem eigenen Wahlgang bestimmt wird. Je nach Größe der Region schwankt die Zahl der Sitze im Regionalparlament (zwischen 30 und 80) und auch die der Assessoren in der Giunta. In jeder Regierungskapitale koordiniert ein von Rom ernannter Regierungskommissär die legislativen und die administrativen Akte des Staates gegenüber der Region und hat gleichzeitig den Vorsitz der Kontrollkommission inne, welche die Verwaltungsakte der Region überwacht. Die Regionen mit Sonderstatut, oder der oben dargestellte Sonderfall Südtirol, sind im Vergleich zu den normalen Regionen mit größeren und exklusiven legislativen Kompetenzen ausgestattet, freilich im Rahmen der Wahrung der nationalen Interessen. Im Fall Sizilien, der allerersten Region, die sich noch vor der Verfassung im eigenen Statut viele autonome Vorrechte gab – der Präsident sollte auch das Kommando der Polizei innehaben –, blieben die Ausführungsgesetze aus; die Insel mußte nach und nach viele Prärogativen an den Zentralstaat abgeben.

Mit dem 1. April 1972 ging aufgrund eines Bündels von Dekreten eine lange Reihe von Vollmachten an die Regionen, und im Juli 1977 wurde mit weiteren Dekreten ein noch größerer Schritt getan. Damit wurde der Artikel 117 der Verfassung erfüllt, der den Regionen legislative Befugnisse unter anderem auf folgenden Gebieten einräumt: Gemeindegrenzen, Ortspolizei, Messen und Märkte, Fürsorge, Gesundheitsdienst und Krankenpflege, Handwerks- und Berufsschulen, Städtebau, Tourismus, Verkehrswesen von regionalem Interesse, Binnenschifffahrt, Mineral- und Thermalquellen, Steinbrüche und Torfgruben, Jagdwesen und Fischerei auf Binnengewässern, Land- und Forstwirtschaft, Handwerk. Artikel 118 der Verfassung legt fest, daß den Regionen in diesen Bereichen die Verwaltung obliegt, fügt aber hinzu, daß die Regionen normalerweise ihre administrativen Befugnisse ausüben, indem sie diese an Provinzen, Kommunen und andere örtliche Körperschaften delegieren. Schließlich räumt Artikel 119 der Verfassung den Regionen eine eigene Finanzautonomie ein, aufgrund eigener Einkünfte sowie staatlicher Beiträge.

Diese minimale Finanzautonomie ist ein Gradmesser für die Unterordnung der Region unter den Zentralstaat. Die Einkünfte der Region kommen zur Hauptsache aus der Staatskasse; sie machen mindestens 90 Prozent des regionalen Budgets aus. Die Gesamtsumme der Gelder beläuft sich immerhin auf ein Fünftel des Staatshaushalts. Die Regionen haben ein eigenes Steueraufkommen, das vor allem aus Grundbesitz und Immobilien stammt – auch die Kommunen haben direkte Einkünfte aus diesen Quellen. Dazu kommen Gelder aus Konzessionen und ähnlichem; doch die Gesamtsumme dieser direkten Steuern liegt unter zehn Prozent der gesamten Einkünfte. Angesichts des unterschiedlichen Wohlstands im Lande ergeben sich hier beträchtliche regionale Differenzen. Die Ausgaben liegen zur Hauptsache fest, dienen der Erfüllung der durch die Verfassung festgelegten Aufgaben, das heißt der Selbstverwaltung, und zu einem geringen Teil regionalen Entwicklungsprogrammen. Außerdem gibt es staatliche Gelder, die für die Gemeinden bestimmt sind, etwa im Rahmen des nationalen Gesundheitsdienstes, und die durch die Regionen lediglich weitergeleitet werden. Die Stiftung Censis kommt in ihrem Bericht über die soziale Lage Italiens von 1979 darum zum Schluß, daß die Regionen über weniger als ein Drittel der Einkünfte frei von Zweckbestimmung verfügen können.[49]

Ein finanzieller Aspekt, der ein bedenkliches Licht auf die administrative Kapazität und Tüchtigkeit der Regionen wirft, ist die Höhe der sogenannten »residui passivi«, das heißt jener Gelder, die der Staat an die Regionen ausrichtet, die aber nicht ausgegeben werden. Der Grund dafür ist in den Augen der römischen Behörden häufig die Saumseligkeit der regionalen Behörden und Parlamente. Bei den Regionen erklärt man dagegen, daß die Schuld oft bei den zentralen Instanzen oder bei nicht ausreichenden oder widersprüchlichen Gesetzen liege.

Wenn draußen in einer Region ein Zentrum für Berufsausbildung nicht gebaut und der bereitstehende Kredit nicht gebraucht wird, kann dafür die unzureichende Formulierung der gesetzlichen Grundlage und der Verordnungen in Rom, die fehlende Bereitstellung des Baugrundes in der Gemeinde oder aber, und dies ist mehr als ein Einzelfall, die schlechte Administration der Region verantwortlich sein. Diese nicht verwendeten Subventionen, Transferzahlungen und so weiter machen ein Drittel aller zweckbestimmten Gelder aus. In den unterentwikkelten Regionen des Mezzogiorno sind die Summen dieser ungenutzten Gelder besonders hoch; an der Spitze stand zeitweilig ausgerechnet das arme Sardinien.

Das schwache Eigenleben der Regionen

Nach einer demoskopischen Umfrage des Instituts Doxa, die 1979 in der Toskana durchgeführt wurde, sind acht von zehn Italienern die Funktionen und Machtbefugnisse der Regionen unbekannt. Wer sich, in Italien unterwegs, nach der Tätigkeit, dem Einfluß und dem Prestige der Regionen erkundigt, sammelt ähnliche Ergebnisse. Es ist den Regionen in fast zwei Jahrzehnten nicht gelungen, eine feste politische Größe zu werden. Zwischen dem dominierenden Zentralstaat, der sich noch immer auf die Provinzen stützt, und der eigenen Stadt ist die Region für den Bürger zwar zunehmend eine administrative Instanz geworden, aber keine vitale Institution mit eigener Physiognomie. Die erhoffte »Durchblutung« der Institutionen stellte sich nicht ein. Dem Versuch, dem Bürger auf diesem Weg den Staat näherzubringen, blieb ein bescheidener Erfolg beschieden.

Die Chance eines administrativen Neubeginns war außerdem begrenzt, weil die Beamten zu 80 Prozent aus der Zentralverwaltung übernommen werden mußten. Die Funktionäre bewahrten weitgehend die bürokratische Mentalität von früher, und Kritiker sprechen von überbezahlten und unterqualifizierten Kräften. Das macht auch den regionalen Zentralismus verständlich, der sich sträubt, die Kompetenzen gemäß Verfassungsauftrag in die Gemeinden hinunter zu verlagern. Bürgermeister beklagen sich bitter über die Regionalassessoren, die Minister der Region, die selbstherrlich und ungenügend kontrolliert ihre Machtpositionen ausbauen würden. Die hohen Erwartungen, daß der Regionalismus die bürokratische und ideologische Lösung von Sachfragen überwinden und einem pragmatischen Geist Auftrieb geben werde, haben Enttäuschungen Platz gemacht.

Auffällig ist für jeden Beobachter, daß die Konstellationen und Manöver der nationalen Parteipolitik sich auf regionaler Ebene wiederholen und variieren. Das Treiben in manchem Regionalparlament wirkt wie eine schlechte Kopie der Kammer von Montecitorio in Rom. Die Gefahren einer von den ungelösten Problemen des Landes getrennten Parteienwirtschaft kehren bis zum Klientelewesen im kleineren Bereich einer Regionalkapitale wieder und führen dazu, daß in endlosen Regierungskrisen, insbesondere in süditalienischen Regionen wie Sizilien und Kalabrien über Monate hin zwischen und innerhalb von Parteien nach Formeln für eine neue Giunta gesucht wird. Die Parteiensituation in Rom wirkt sich insbesondere in jenen Regionen aus, in denen weder die DC noch die KPI unbestritten die Führung hat und in labiler Lage verschiedene Lösungen infrage kommen und auch mit Formeln experimentiert werden kann, die vielleicht eines Tages auf nationaler Ebene aktuell werden. Klar ist jedenfalls, daß die politische Unstabilität auf regionalem Niveau die Effizienz von Regionalrat, Giunta und Regionalverwaltung hemmt.

Ein anderes Problem ergibt sich aus den ungeklärten Kompetenzen zwischen Regionen, Provinzen und Gemeinden. Reformen für den Status der Gemeinden und der 94 Provinzen, aus denen sich Staat und Regionen zusammensetzen, stehen noch immer aus, und damit dauert ein Zustand der Ungewißheit mit lähmenden Konsequenzen an. Die Provinzen leben als administrative Einheit des zentralistischen Staates mit einem Präfekten als Chef an der Spitze ihrer Verwaltung weiter, obwohl viele ihrer Funktionen an die Regionen übergegangen sind. Gleichzeitig haben die Provinzen in Parlament und Giunta ihre eigene Selbstverwaltung. Sozialisten und Republikaner sind für die Auflösung der Provinzen durch entsprechende Verfassungsrevision. Auf der Gegenseite haben jedoch Kräfte, die für die Beibehaltung der Provinzen oder deren Umwandlung in territoriale Zwischenformen neuer Art eintreten, immer stärkeren Auftrieb erhalten. Der Notstand nach der Erdbebenkatastrophe in Kampanien und in der Basilikata vom November 1980 zeigte zum Beispiel, daß das Präfektensystem nach wie vor ein solides administratives Rückgrat darstellt, während die Regionen außerstande waren, sofort zu handeln.

Die Gemeinden sind besonders unter dem Druck des regionalen Zentralismus noch mehr zur Endstation nationaler und regionaler Entscheide geworden. Die örtliche Instanz, eingeklemmt zwischen fixen Einnahmen und steigenden Ausgaben, sucht immer mehr den Dialog mit Rom, nicht mit der Region. Italien hatte in der Epoche der Kommunen im Hochmittelalter eine Zeit hoher Blüte erlebt, die in den Rathäusern und in den Stadtfesten jeweils heraufbeschworen wird. Heute setzen im zentralistischen Staat die beschränkten Vollmachten und die finanziellen Nöte angesichts minimaler eigener Einkünfte der Eigenständigkeit enge Grenzen. Zwar haben viele der Parlamentarier und Minister ihre Laufbahn als Bürgermeister oder als Gemeinderat in einem Stadtparlament begonnen; aber es war mehr ein bloßes Sprungbrett an die Macht als eine wirkliche Bewährung in kommunaler Selbstverwaltung. Gegenbeispiele aus der Bundesrepublik sind die Bundeskanzler Adenauer und Brandt, die sich beide als Bürgermeister einen Namen gemacht hatten.

Beim Versuch der Regionalisierung des Staates, der nach dem Urteil von Sabino Cassese heute freilich über die Grenzen des Verfassungsauftrags hinausgeht, sind viele graue Zonen entstanden, in denen sich regionale und staatliche Kompetenzen überlagern und verwirren.[50] Größeren regionalen Kompetenzen steht zugleich eine stärkere »Invasion« des Staates (Sozialwesen, Gesundheitsdienst und so weiter) in den Regionalbereich entgegen. Die Funktionen wurden regionalisiert, doch gleichzeitig Steuerung und Mittel »nationalisiert«. Dazu kommt ein zweiter Aspekt der Entwicklung: Die regionale Gesetzgebung ersetze nur wenig jene des Staates und habe damit kaum Neuland erobert, sie entwickle und integriere lediglich die staatliche Gesetzgebung. In diesem Prozeß hätten die Regionen den kürzeren gezogen. Ferner stellt Cassese fest, daß der Dualismus zwischen dem Norden und dem Süden des Landes, zwischen dem modernen Oberitalien, das ausgiebig Gebrauch mache von den Chancen der begrenzten Regionalautonomie, und dem zurückgebliebenen Süden auch den Regionalismus kennzeichne. Mit anderen Worten zeichne sich das Nord-Süd-Gefälle auch im Regionalismus ab.

Die Studien amerikanischer Politologen unter Robert D. Putnam über den italienischen Regionalismus bestätigen das.[51] In diesen auf sechs Regionen beschränkten Untersuchungen stehen die Emilia-Romagna und die Lombardei meist an der Spitze der Skalen, Apulien und Basilikata am Ende. Kenner in Rom teilen dieses Urteil, machen jedoch geltend, daß die Größe der Regionen, deren Einwohnerzahl und die Größenordnung der Probleme berücksichtigt werden müßten. Lombardei und Piemont haben mit ihren Ballungszentren größere Aufgaben zu bewältigen als Emilia-Romagna oder Trentino-Südtirol. Im Süden ist Kampanien durch den Dauernotstand Neapels belastet, während Molise und Basilikata im kleineren Rahmen gut funktionierende Regionen sind.

Die Last des Südens

Das größte regionale Problem Italiens versteckt sich im Kontrast zwischen Nord und Süd, den ungleichen Hälften des Landes. Seit dem letzten Jahrhundert ist die »questione meridional«, die Südfrage, ein nationales Traktandum. Sie gilt der Suche nach den geographisch und historisch bedingten Ursachen für die Rückständigkeit des Mezzogiorno und deren Überwindung – Mezzogiorno heißt Süden und Mittag, wie früher auch im Deutschen das Wort beides bedeutete. Auf einem Gebiet von der Größe Griechenlands leben 20 Millionen Menschen, ein Drittel aller Italiener. Die Traumbilder der romantischen Italienreisen, daß sich dort am Mittelmeer paradiesisch der Garten Europas ausbreite, werden von den harten Realitäten zwischen glühendem Sommer und kaltem Winter im Innern widerlegt: unfruchtbare Gebirge, ausgetrocknete Täler, durch die sich in Regenzeiten wilde Gewässer wälzen, und karge Hochflächen herrschen vor. Neben diesem »Gebein« (ossa) des Mezzogiorno macht, wie der Meridionalist Giustino Fortunato erklärte, das »Fleisch« (polpa) der Küstenstreifen und Ebenen, die inzwischen melioriert worden sind, nur einen Bruchteil der Oberfläche aus. Naturkatastrophen stellen sich alljährlich mit Überschwemmungen, Erdrutschen und Dürrezeiten ein. Der Ruf nach Verbauungen, Flußregulierungen, Aufforstung und besserer Wasserversorgung erhebt sich dann von neuem.

Der Süden gehörte in der Antike zu den fruchtbarsten Gebieten Italiens; im Mittelalter fiel er hinter das übrige Land zurück, und in den späteren Jahrhunderten vergrößerte sich das Nord-Süd-Gefälle. Die Einigung Italiens änderte wenig daran. Die

Bourbonen in Neapel verloren ihr Königreich, und die Macht der Kirche wurde vermindert. Doch die Barone blieben, und die piemontesische Bürokratie trat eher als ausländische Besatzungsmacht denn als Befreier aus dem Norden auf. Institutionen, Gesetze und Wirtschaftspolitik, die dem Süden aufgedrängt wurden, blieben den Bewohnern fremd und im Gegensatz zu ihren eigenen Interessen. Das Steuersystem hatte verheerende Wirkungen, die wirtschaftliche Basis wurde unterminiert, und die Industrialisierung des Nordens vertiefte die Kluft zwischen den beiden Landesteilen. Die Misere war so groß, daß in den fünfzig Jahren vor dem Ersten Weltkrieg rund die Hälfte der Bevölkerung des Südens – damals fünf Millionen Menschen – ihre Heimat verließen, um in Übersee eine neue und bessere Existenz aufzubauen. Die Versuche des faschistischen Regimes, zum Beispiel durch Trockenlegung der Pontinischen Sümpfe, der Landwirtschaft des Südens Impulse zu geben, waren ohne große Wirkung. Die Auswanderung ging weiter und fand auch in den afrikanischen Kolonien ein neues Ziel.

Regionale Unterschiede sozialer und wirtschaftlicher Art gibt es in jedem Land, vor allem, wenn der eine Teil industrialisiert wurde und der andere Teil Agrarland blieb. Die Besonderheit der italienischen Situation liegt in der Tiefe dieses Gegensatzes und in der unverminderten Schwierigkeit, ihn zu überwinden. Warum der Mezzogiorno ein derart rückständiges Gebiet darstellt, ist ein Thema endloser Spekulationen. Der Meridionalismus, der sich als die wissenschaftliche Erforschung des italienischen Südens gegen Ausgang des letzten Jahrhunderts breit entfaltete – Namen dafür sind Giustino Fortunato, F. S. Nitti, Gaetano Salvemini – und der nach dem Zweiten Weltkrieg einen neuen Aufschwung nahm, war reich an Untersuchungen und Theorien, ohne sich immer durch Realismus in Plänen und Rezepten auszuzeichnen.[52] Die Erklärungen für die Rückständigkeit des Südens reichten von rassischen Theorien (Inferiorität der »meridionali«) bis zu historischen, wirtschaftsgeographischen, soziologischen und politischen Konzepten. Das Erdbeben in Kampanien und in der Basilikata löste im Winter 1980/81 wieder eine breite Pressedebatte über die Wurzeln der Rückständigkeiten von »cafoni« und »terroni« (Schimpfwörter für die Süditaliener) aus; sie waren im Unterschied zu den Friulanern im Norden unfähig, durch eigenen energischen Wiederaufbau der Katastrophe Herr zu werden.

Ebenso vielfältig wie die Begründungen für den Charakter

der süditalienischen Unterentwicklung sind auch die Rezepte für deren Bewältigung. Antonio Gramsci, der KPI-Mitbegründer und marxistische Denker, sah die Lösung im revolutionären Kampfbündnis zwischen den Bauernmassen des Südens und dem Arbeiterproletariat des Nordens. Das Modell wirkt nach in der Mezzogiornopolitik der KPI, die sich in den Rahmen einer allgemeinen Umwälzung des gesamten Landes stellt. Auf der Gegenseite stand das Konzept begrenzter und außerordentlicher Maßnahmen des Staates, die unter den christdemokratisch geführten Regierungen im Rahmen einer freien Marktwirtschaft verwirklicht werden sollten. Dazu kam der Kontrast zwischen Befürwortern einer massiven Industrialisierung, deren Fehlschläge in den letzten Jahren allzu deutlich zutage getreten sind, und den Anhängern eines agrarischen Südens, in dem sich der Tourismus entfalten sollte. Debatten über Probleme des Mezzogiorno geraten häufig in die Sackgasse abstrakter Extremlösungen, in das Niemandsland von Doktrinen. Um so lauter erhebt sich dann der Trauerchor über verpaßte Gelegenheiten, über Fehlentwicklungen oder vorsätzliche Blockierung notwendiger Reformen südlich von Rom.

Die Entwicklungshilfe der Südkasse

Das dramatische Vorspiel zur staatlichen Mezzogiornopolitik der Republik waren die Bauernunruhen und Landbesetzungen in den Jahren 1949/50. Damals lebte im Süden noch die Hälfte der Bevölkerung als Kleinbauern, Pächter und Landarbeiter von der Landwirtschaft. Um dem Druck des Landhungers und der Proteste zu begegnen, setzte die Regierung 1950 eine bescheidene Landreform in Kraft. Ungefähr die Hälfte des verfügbaren Landes wurde verteilt, und bei Abschluß des Programms im Jahr 1962 hatten rund 85000 Bauern ein Stück Land erhalten; es reichte an Größe und Qualität häufig nicht aus, die Existenz einer Familie zu sichern. Bald setzte vor allem im gebirgigen Hinterland die massive Landflucht nach Norditalien ein. Nur in den Ebenen und flachen Küstengebieten wie am Golf von Tarent gelang es, durch die Verbindung von Landreform, Entwässerung und modernen Techniken eine leistungsfähige Landwirtschaft zu entwickeln.

Im Jahr 1950 wurde durch die Regierung die Südkasse (Cassa per il Mezzogiorno) geschaffen, die auf breiter Front die Probleme des Südens in Angriff nehmen sollte und die zur größten regionalen Entwicklungsagentur in Westeuropa wurde. Ihr Bereich setzt südlich von Rom mit den Provinzen Latina und Frosinone ein, reicht nordwestlich bis zur Adria hinüber und umfaßt ganz Unteritalien und die Inseln Sizilien und Sardinien. Ihr Ziel war, durch ein weitgespanntes Programm außerordentlicher Maßnahmen die Armut der Provinzen des Südens zu überwinden. Durch Infrastruktur-Maßnahmen durchbrach sie mit Straßen und später mit Autobahnen die uralte Isolierung entlegener Landstriche. Mit dem Bau von Staudämmen kamen das elektrische Licht und das Wasser in die Dörfer. Ebenen wurden melioriert und bepflanzt. Dank dem DDT der Amerikaner waren die letzten Reste der Malaria in den Sumpfgebieten ausgetilgt worden, und tiefliegender Boden konnte nach mehr als einem Jahrtausend wieder bebaut werden.

Auf diese erste Phase, bestimmt durch die Priorität der öffentlichen Arbeiten, folgte Anfang der sechziger Jahre die zweite Phase der forcierten Industrialisierung durch staatliche Großprojekte. Die neuen Infrastrukturen und besseren Aussichten für die Landwirtschaft hatten wenig an der Arbeitslosigkeit und an der Abwanderung nach dem industriellen Norden geändert. Viele Mezzogiorno-Experten verfochten die These, daß einzig eine beschleunigte industrielle Entwicklung Arbeitsplätze schaffen und so den Teufelskreis südlicher Rückständigkeit durchbrechen könne. Um »Entwicklungspole« würden sich dann allmählich Agglomerationen kleinerer Zulieferbetriebe sammeln. Standorte dafür waren die Zone von Neapel–Salerno und das Drcieck Tarent–Bari–Brindisi, in denen Grundindustrien die Ansiedlung von Sekundärindustrien nach sich ziehen sollten. Dem Süden schien sich die Chance einer eigenen und autonomen Wirtschaftsentwicklung zu eröffnen.

Die Ausgabe der Südkasse zur Verbesserung der Infrastruktur wurde zwischen 1957 und 1965 von 42 auf 13 Prozent reduziert, während in der gleichen Zeitspanne die Hilfe an industrielle Unternehmen von 48 auf 82 Prozent aufgestockt wurde. Die Regierung förderte private Investitionen durch großzügige Kredite und Steuererleichterungen. Die staatlichen Holdinggesellschaften IRI und ENI wurden verpflichtet, 40, später 60 und noch später 80 Prozent ihrer gesamten Investitionen im Süden zu plazieren. Das IRI als Hauptgeldgeber investierte zwischen 1963 und 1978 2000 Milliarden Lire im Mezzogiorno. So entstanden die Stahlwerke von Tarent, die Alfasud-Werke bei

Neapel und die gigantischen petrochemischen Werke auf Sizilien und Sardinien. Nach Schätzungen nahm das industrielle Volumen von 1951 bis 1975 um das Siebenfache zu; im übrigen Italien verdoppelte es sich lediglich in derselben Zeitspanne.

Doch der Süden holte seinen Rückstand nicht auf. Noch 1960 war das Durchschnittseinkommen im Süden mehr als um die Hälfte niedriger als im Norden. Während die staatlich gesteuerte Industrialisierung im Gang war, brachen aus den Städten und Dörfern Hunderttausende auf, um in Oberitalien, in den EG-Ländern und der Schweiz Arbeit zu suchen. Es war die Zeit, in der Massen von Süditalienern wie Flüchtlinge auf den Bahnhöfen von Mailand und Turin eintrafen, ohne Arbeitsplatz und ohne ausreichende Unterkunft. Diese große Auswanderungswelle – insgesamt vier Millionen Menschen in den fünfziger und sechziger Jahren – war neben der Flucht und Aussiedlung aus den ehemaligen deutschen Ostgebieten die größte im Nachkriegseuropa. Sie entschärfte die sozialen Probleme des Südens und war damit ein Ventil für den Druck, der sich sonst politisch in Protest und Unruhen explosiv hätte entladen können. Zugleich aber verlor Süditalien mit diesem Aderlaß ein gewaltiges Potential an Arbeitskräften.

Die Fehlschläge der Mezzogiorno-Politik, die Unruhen Ende der sechziger Jahre und der Start der Regionen im Jahre 1970 veranlaßte die Regierung zu einem neuen Konzept. In Gesetzen von 1971 und 1976 erhielt die Südkasse den Auftrag, sich auf eine Reihe intersektorialer und interregionaler Vorhaben zu konzentrieren. Gleichzeitig sollten der Bau von Infrastrukturen für die Produktion, die Nutzung und der Schutz von Natur und Umwelt und der Ausbau der sozialen Einrichtungen in Ballungszentren wie die Förderung neuer Entwicklungszonen in Angriff genommen werden. Beispiele dafür sind die Wassergewinnung für Trinkwasserversorgung, Bewässerung und Industrie, die Sanierung des Golfs von Neapel, der Ausbau des Straßennetzes im gebirgigen Hinterland und Projekte für die Tierzucht, die Aufforstung mit industriellen Zielen und die Förderung der Agrumenkulturen. Nach den Enttäuschungen über die Industrialisierung rückten Landwirtschaft und Tourismus als Chancen für die Entwicklung des Südens erneut in den Vordergrund. Die Auswirkungen der Erdölkrise seit 1973 und die Krise der Finanzen und der Wirtschaft Italiens verzögerten und blockierten aber einen großen Teil dieser Vorhaben. Die Südkasse hat zwischen 1951 und 1986 insgesamt rund 70000 Milliarden Lire ausgegeben, davon ein Drittel für Infrastrukturen und zwei Drittel für die produktiven Sektoren. Der Regionalfonds der EG fügte von 1975 bis 1986 sechs Milliarden Mark hinzu und machte den Mezzogiorno damit zu seinem Hauptnutznießer.

Nach jahrelangen Beratungen gelang es 1987, anstelle der Südkasse eine Agentur zu schaffen, die vor allem die Projekte nur finanziert, sie nicht in eigener Regie realisiert und die den Regionen mehr Kompetenzen und Eigenverantwortung einräumt. Das mehrjährige Programm soll insgesamt 120000 Milliarden Lire zur Verfügung stellen. Wie weit die Dezentralisierung das Werk der Entwicklung Süditaliens effizienter macht, wird sich zeigen. Zunächst hat sich an der bürokratischen Verschleppung vieler Projekte wenig geändert.

Fehlschläge und alte Übel

Die industrielle Entwicklung Süditaliens ist, wie diese Etappen zeigen, auf weiten Strecken gescheitert. Viele Gelder der Südkasse wurden nach dem Gießkannenprinzip ohne Gesamtplan auf zahllose Projekte verteilt. Die großen kapitalintensiven Projekte verlangten riesige Investitionen, schufen aber nicht die entsprechende Zahl von Arbeitsplätzen. Damit wurde das Ziel arbeitsintensiver Betriebe, in Gebieten chronischer Arbeitslosigkeit die Industrialisierung mit erhöhter Beschäftigung zu verknüpfen, verfehlt. Auch die Hoffnung, daß der Initialzündung die Ansiedlung privater Betriebe folgen würde, blieb unerfüllt, und so wurde kein wirtschaftliches Umland geschaffen. Es entstanden die sogenannten »Kathedralen in der Wüste«, Monumente der Industrialisierung fern der wirtschaftlichen Schwerpunkte des Landes. Die Unternehmer waren dem Druck der internen und internationalen Konkurrenz und den Krisen nicht gewachsen. So wurden die Stahlwerke von Tarent und Bagnoli bei Neapel in den siebziger Jahren mit der ganzen europäischen Stahlindustrie von der Krise betroffen. Die großen petrochemischen Werke an den Küsten Siziliens und Sardiniens, die eine Versorgung mit billigem Erdöl zur Voraussetzung hatten, näherten sich mit der Verteuerung seit 1973 dem Bankrott. Da es politisch unmöglich ist, diese Verlustbetriebe zu schließen, geht die Arbeit weiter. Ihr Unterhalt ist der Hauptgrund für die Finanzkrise der staatlichen Holdings. Außerdem versickerten Gelder in der undurchsichtigen Klientelewirtschaft, in Korruption oder in obskuren finanziellen Operationen. All dies läßt sich unter dem Stichwort »Industrialisierung ohne Entwicklung« zusammenfassen.

Ein emblematisches Beispiel für politisch-wirtschaftliche Fehlplanung des Staates ist der Fall des in Gioia Tauro an der kalabresischen Westküste projektierten fünften Stahlwerks von Italien. Nach den Unruhen von Reggio Calabria im Jahre 1970, in denen es um die Wahl der Hauptstadt der Region gegangen war und in denen sich die ganze Frustration und Bitterkeit des vernachlässigten Südens entladen hatte, versuchte Rom mit dem Versprechen für Gioia Tauro neue Arbeitsplätze und neuen Wohlstand in Kalabrien zu schaffen. Fruchtbare Olivenhaine wurden enteignet und gerodet; doch nach enormen Ausgaben, von denen auch die lokale und in blutige Fehden verwickelte Mafia mächtig profitierte, ging der Plan in der Krise des europäischen Stahlmarkts unter. Eine Alternative für diese trostlose Investitionsruine ist noch nicht in Sicht.

Der Fehlschlag der Industrialisierung hat einen weiteren Aspekt. Während der Staat die eigenen und die mit ihm verbundenen Unternehmen zwingen oder überreden konnte, die finanziellen Risiken von Niederlassungen im Süden auf sich zu nehmen, reichte die Macht nicht aus, private Investitionen nach Süden zu lenken. Giovanni Agnelli, der Chef der Fiat-Werke, die selber eine Reihe von Betrieben im Mezzogiorno aufgebaut haben, bemerkte, daß der potentielle Investor sich nicht nur dem »italienischen Risiko« gegenübersehe – Terrorismus, trübe Bereiche des öffentlichen Lebens, Entführungen, Mafia, Camorra, Schmiergelder –, sondern in erster Linie dem »süditalienischen Risiko«: Absentismus der Arbeiter, niedrige Produktivität, unzufriedene Arbeiterschaft, geringe Mobilität der Arbeitskräfte.[53] Ein konkretes Beispiel dafür liefern die Alfasud-Werke hinter Neapel, wo der Absentismus Spitzen von 42 Prozent erreichte. Durch diese Lücken in der Belegschaft und Konflikte aller Art erlitt die Fabrik schwere Verluste. Jeder Wagen von Alfasud war mit staatlichen Geldern subventioniert. Viele italienische und ausländische Unternehmer sind das Wagnis von Investitionen im Mezzogiorno nicht eingegangen. Die Zahl der Firmen, die Unteritalien in den siebziger Jahren verließen, ist größer als die Zahl der Neugründungen. Die Folge davon ist, daß der Süden seine Position im internationalen Wettbewerb verliert.

Zahlen bestätigen, wie groß in Italien nach wie vor das soziale und wirtschaftliche Gefälle zwischen beiden Landesteilen ist. Nach Anstrengungen von 30 Jahren, das Problem des Südens zu lösen, macht dessen Anteil am Bruttoinlandprodukt nach wie vor rund 24 Prozent aus. Die Zahl der Beschäftigten im Süden war 1980 geringer als 1950, während sie in Mittel- und Oberitalien zugenommen hat; die Schaffung neuer Arbeitsplätze und der Exodus nach Norden reichten nicht aus, um die Zunahme der Bevölkerung durch hohe Geburtenrate und Rückgang der Kindersterblichkeit wettzumachen. Die Arbeitslosigkeit ist im Süden rund doppelt so hoch wie im übrigen Italien, insbesondere unter der jüngeren Generation. Im Jahr 1986 waren im Süden von 1270000 Arbeitslosen 669000 auf der Suche nach der ersten Arbeit; im Norden lagen die entsprechenden Zahlen um die Hälfte niedriger. Die Einkommen im Süden erreichen nur 60 Prozent des nationalen Durchschnitts. Das Bruttoinlandprodukt pro Arbeitskraft betrug 1984 in der Lombardei 116,5, in Sizilien 88 und in Kalabrien und Molise nur 74,5 und 73,8 Prozent des nationalen Durchschnitts.

Der späte Start aus eigener Kraft

Trotz dieser negativen Bilanzen ergeben Untersuchungen der letzten Jahre ein Bild des Südens, in dem sich Zonen neuer überraschender Prosperität von Gebieten mit stagnierender Wirtschaft abheben. Die Stiftung Censis griff in ihrem Bericht für 1979 im Kapitel ›Aufsteigender Mezzogiorno‹, der auch auf die im Vergleich zu Gesamtitalien stärkere Zunahme der Arbeitsplätze in der verarbeitenden Industrie Süditaliens verwies, drei Gebiete heraus: Bekleidungs- und Möbelindustrie im Gebiet von Teramo (Abruzzen), die Konzentration industrieller Kleinbetriebe im Norden der Provinz Bari und die elektronische Industrie in der Gegend von Caserta (Kampanien).[54] Der 1982 verstorbene Politiker und Meridionalist Francesco Compagna, dessen Zeitschrift ›Nord e Sud‹ seit 1954 ein Mittelpunkt des liberalen Meridionalismus war, spannt den Bogen in seinem Buch ›Mezzogiorno in salita‹ (Mezzogiorno im Aufstieg) weiter.[55] Zu den Zonen, in denen die Industrialisierung wirklich eingesetzt hat, rechnet er die Achse Rom–Neapel, die südlichen Marken, die adriatische Küste der Abruzzen über die kleine Region Molise bis Bari, der Hauptstadt Apuliens. Weit zurück liegen dagegen Kalabrien, Basilikata, das Innere Siziliens, Sardinien und die beiden Sonderfälle Neapel und Palermo. Bei näherem Hinsehen entdeckt man, daß diese unerwartete industrielle Vitalität auf eine Generation jüngerer Unternehmer zurückgeht, die selber aus dem Süden stammt. Der Vorwurf, daß der Süditaliener nicht »business-minded« sei und nur die Karriere und Sicherheit im öffentlichen Dienst suche, wird hier widerlegt. Jedenfalls kam in den letzten Jahren weit verteilt über den Süden manches in Gang, nicht durch staatliche Intervention, sondern dank privater Initiative.

Compagna tritt in seinem Buch der Schwarzweißmalerei, mit der die Mezzogiorno-Politik bilanziert wird, entgegen. Seine wichtigsten Argumente sind: Trotz vieler Fehlplanungen ist die Industrialisierung nicht gescheitert, was die eben zitierten Beispiele belegen; die Südkasse hat allen Mängeln zum Trotz nicht nur permanent staatliche Mittel vergeudet; die Förderung von Landwirtschaft und Tourismus wurde nicht übergangen, denn dank Staudämmen, Bewässerungsanlagen und Bodenverbesserungen präsentiert sich heute ein anderes Bild der süditalienischen Agrarwirtschaft. Die landwirtschaftliche Entwicklungsrate betrug zwischen 1951 und 1978 jährlich 2,25 Prozent, dies trotz der gewaltigen Landflucht in den sechziger Jahren.[56] (Dabei fiel in der Zeitspanne von 1951 bis 1980 der Anteil der in der Landwirtschaft Beschäftigten von 57 auf 24 Prozent und der entsprechende Anteil des Südens am Bruttoinlandprodukt von 33 auf 12 Prozent.) Compagna teilt die Meinung, daß die Distanzen zwischen Nord und Süd sich in den drei Jahrzehnten nicht so verringert haben, wie man nach der Schaffung von Grundindustrien gehofft hatte; doch durch diese Feststellung sollten die auf vielen Gebieten erzielten Fortschritte nicht geschmälert werden.

Für den grundlegenden Wandel des Südens noch einen anderen Zeugen: Der 1980 verstorbene KPI-Politiker Giorgio Amendola, ein Kenner der Südfrage, erinnerte in seinem ›Interview über den Antifaschismus‹ daran, daß nach dem Zweiten Weltkrieg noch in ganzen Regionen die Mehrheit der Frauen und Kinder barfuß gingen, daß in Lukanien der Fleischkonsum pro Kopf im Jahr 1,5 Kilogramm betrug, was bedeutete, daß es nur an Festtagen ein Stück Fleisch gab.[57] Die Italiener, so Amendola, seien nie so frei gewesen wie heute und hätten nie so gut gegessen in ihrer Geschichte. Gleichzeitig sei die Plage des Analphabetentums ausgemerzt worden. Inzwischen ist der Süden durch seine Autobahnen und den Flugverkehr an Mittel- und Norditalien angeschlossen. Der Lebensstil hat sich dem übrigen Land angeglichen. Das Fernsehen und auch der Tourismus halfen mit, die Isolierung zu durchbrechen, sich in Lebensweise und Konsumgewohnheiten dem anderen Italien anzupassen. Zur Zeit gibt es im Norden nicht nur Beamte südlicher Herkunft, die eine Rückversetzung in den Mezzogiorno beantragen, sondern bereits Arbeiter, die den norditalienischen Industriestädten den Rücken kehren und in ihre unteritalienische Heimat zurückkehren.

Wer heute in den Regionen des Mezzogiorno unterwegs ist, begegnet einer Welt, die sich in schärferen Kontrasten präsentiert. Das Bergland im Innern ist unverändert öde und arm, wie eh und je mit halbverlassenen Felsnestern, in denen nur die Alten, die Frauen und die Kinder geblieben sind. Die »Knochen« treten noch immer hervor, doch das »Fleisch« ist kräftiger geworden, hat Fett angesetzt. Längs der Küsten stößt der Reisende auf gut bewässerte, intensiv bewirtschaftete Pflanzungen. Apulien mit dem Handelszentrum Bari, den Industrien in Brindisi, den Stahlwerken von Tarent ist eine Region voll eigener Widersprüche. In Kampanien ist die Diskrepanz zwischen den Elendsvierteln von Neapel und dem internationalen Tourismus auf Capri und Ischia und an der Küste von Amalfi noch größer. Der Mezzogiorno läßt sich nicht mehr auf einen Nenner bringen.

Der Versuch, dieses Mosaik von Gegensätzen und damit die Südfrage weiterhin als *das* Problem Italiens zu betrachten und aus ihr die nationale Klagemauer zu machen, stellt sich immer mehr als Rhetorik heraus. Anstelle der Agrarkrise von einst stehen dort heute die ungelösten Probleme der Verstädterung, einer chaotischen Urbanisierung und der Arbeitslosigkeit im Vordergrund. Der Süden hat heute ähnliche Probleme zu bewältigen wie der Norden. Bei andauerndem wirtschaftlichem Abstand geht die soziale Angleichung, zu der indirekt auch die Meridionalisierung der zentralen Verwaltung und die interne Wanderungsbewegung beitrugen, weiter. Was unterscheidet noch die Jugend in Blue jeans und in der letzten Teenagermode auf dem abendlichen Corso eines süditalienischen Städtchens von den Altersgenossen in einer norditalienischen Metropole?

Eine schwere Hypothek im Prozeß der Angleichung bleibt nach wie vor die ungenügende Qualität der Politik und der Administration im Mezzogiorno, bis hin zur Plage von Patronage, Korruption und organisierter Kriminalität. Politiker aus Süditalien – Namen dafür sind Aldo Moro aus Apulien, Emilio Colombo aus der Basilikata, der Neapolitaner Giovanni Leone – haben eine Schlüsselrolle in der Republik gespielt, und die meisten Spitzen der Verwaltung in Rom sind mit Süditalienern besetzt: Doch dem Mezzogiorno selber fehlt eine aktive politische Führungsschicht und eine qualifizierte Verwaltung, um den Rückstand zu überwinden. Statt dessen sind Regionalregierungen in interne Streitigkeiten verwickelt, durch lange Krisen paralysiert. Große Verantwortung für diesen Zustand trägt die Democrazia cristiana, die im Mezzogiorno seit Kriegsende am Ruder war. Die Wählerschaft stellte ihre Bedenken angesichts der Begünstigungen zurück, die ihr dank eines kapillaren, mit der Südkasse und anderen Einrichtungen des Staates verbundenen Klientelesystems zugute kamen. Die Zonen frischer Initiative und neuer Prosperität, über die wir berichteten, sind helle Flecken auf dunklem Grund. Der Mezzogiorno löst sich zunehmend auf in Zonen wachsenden Wohlstands und Zonen alten, aber auch neuen Notstands.

Im unruhigen Italien mit seinen wechselnden Regierungen und mit dem permanenten Kleinkrieg der Parteien sind auch die Gewerkschaften aller Größenordnungen unentwegt in Auseinandersetzungen verwickelt. Es geht um die längst fällige Erneuerung von Lohnverträgen, um die Verteidigung sozialer Errungenschaften und um den gemeinsamen Kurs gegenüber Arbeitgebern und Regierung. Der Kampf um Positionen, die durch die Automatisierung in den Betrieben und den wilden Syndikalismus an der Basis in Gefahr geraten sind, hat die Gewerkschaften in interne Schwierigkeiten gebracht. Dabei waren sie noch vor wenigen Jahren eine unerschütterliche Größe im öffentlichen Leben, repräsentiert durch die Chefs des Dreierbundes der Gewerkschaften als Troika des etablierten Syndikalismus. Die italienischen Gewerkschaften spielten eine auffälligere, vielleicht wichtigere Rolle als in den übrigen Staaten Westeuropas. Sie hatten im politischen System einen zentralen Platz neben den Parteien erobert. Die Regierung konnte nicht ohne den Willen der Gewerkschaften über ihre Sozial- und Wirtschaftspolitik und über Reformen entscheiden. Inzwischen hat der Syndikalismus im politischen Kräftespiel an Gewicht verloren und steht unter wachsendem Druck. Der Kommunist Antonio Pizzinato, Chef der CGIL, der Christdemokrat Franco Marini, Chef der CISL, und der Sozialist Giorgio Benvenuto, Chef der UIL, müssen nach allen Seiten eigene oder gemeinsame Positionen verteidigen.

Wie war es zu dieser Machtposition gekommen und wie wirkte sie sich auf die Regierungspolitik und auf die Gewerkschaften selber aus? Und da sich in den letzten Jahren Krise und Niedergang abzeichnen: Wo liegen die Gründe für die Schwächung syndikalistischer Macht im komplexen Spannungsfeld von Arbeitern, Unternehmern und Regierung?

Ein sichtbares Element gewerkschaftlicher Stärke sind in allen Ländern die Streiks. Sie stellen ein legitimes Mittel des Kampfes der Arbeiter für ihre Rechte und Interessen dar, demonstrieren Macht nach außen, in den Reihen der Arbeiterschaft und innerhalb der Betriebe. In Italien ist Streik, »sciopero«, zu einer Erscheinung des friedlichen Alltags geworden, mit der nicht nur jeder Bürger lebt, sondern auch der Tourist rechnen muß.

Der Streik als Kampfmittel ist derart alltäglich und vertraut, daß etwas mit dem Kampf, mit den Streiks selber oder den dahinterstehenden Gewerkschaften nicht mehr zu stimmen scheint. Demonstriert Streik hier noch Macht oder nicht viel eher Schwäche eines aufgespaltenen, von internen Rivalitäten zerrissenen Gewerkschaftswesens? In jedem Fall bietet sich das für Italien typische Phänomen Streik als Einstieg an, um die komplizierte Welt des italienischen Syndikalismus zu erkunden.

Auffällig ist die Spannweite der Streikpraxis vom Mittel des Lohnkampfes bis zur politischen Demonstration. In der Regel ist der Streik kurz, weil es keine Streikkassen und darum keine Streikunterstützung gibt. Er dient dem Protest gegen ausgebliebene Reformen, gegen nicht eingelöste Versprechen und Verpflichtungen privater Unternehmer wie staatlicher Instanzen. Er ist leicht zur Hand als Improvisation und Reflex und dann ein Ventil des Unmuts gegen kleine und große Mißstände. Er wird sogar zur symbolischen Geste, um mit der grundsätzlichen, freilich befristeten Verweigerung der Arbeit den Kampf gegen den Kapitalismus zu manifestieren. Die Kampfaktion durch Ausstand erstarrt als Routine im sogenannten »demonstrativen Streik«, der Wochen zuvor beschlossen, angekündigt und dann wie vorgesehen abgewickelt wird. Der Streik stellt auf diese Weise ein etabliertes Ritual dar, er wird zur klassenkämpferischen Liturgie, auch wenn der Klassenkampf auf weite Strecken schon zum antiquarischen Versatzstück geworden ist, und er wird durch seine Inflation zu einer stumpfen Waffe.

Italien hatte über die siebziger Jahre bis 1977 die Spitzenposition in der EG-Streikrangliste inne, meist vor Irland und Großbritannien. Seither senkte sich die Kurve. 1985 gingen in Italien pro 1000 Arbeiter 211 volle Arbeitstage in Arbeitskonflikten verloren; die Vergleichszahlen für England und Irland betrugen 298 und 513, für die Bundesrepublik 2. Dabei werden in den offiziellen Statistiken die politischen Streiks gewöhnlich nicht mitgezählt. Vor allem aber werden die Tausende von »Mikrostreiks« in Verwaltung und Industrie nicht mitgerechnet: Wenn ein Fließband ohne Anweisung einfach abgestellt wird, wenn eine Gruppe von Lackierern bei Fiat große Ausfälle in der Autoproduktion verursacht, wenn – bekanntes Beispiel – wie in anderen Ländern Fluglotsen oder Piloten den Luftverkehr zum Erliegen bringen oder wenn einige geschlossene Amtsschalter sich verheerend auf das Geschäftsleben auswirken. Bei all dem darf der Absentismus während eines Streiks nicht vergessen werden: Durch Krankmeldung am Streiktag entgeht man einem Lohnausfall.

Je mehr die Streikagitation empfindliche und lebenswichtige Bereiche des öffentlichen Dienstes heimsucht, um so stärker wird der Ruf, für Spitäler und Eisenbahnen, Schulen und Fährboote das Streikrecht zu regeln und damit einzuschränken. Die italienische Verfassung garantiert in Artikel 40 das Streikrecht mit folgendem simplen Satz: »Das Streikrecht wird im Rahmen der Gesetze ausgeübt, die es regeln.« Diese Ausführungsgesetze sind in den vierzig Jahren der Republik jedoch nicht erlassen worden. Die Gewerkschaften haben ihren Widerstand gegen eine gesetzliche Reglementierung des Streikrechts immer wieder erneuert. Regierung und Parlament aber wagen es nicht, gegen das Nein der Gewerkschaften (und der Linksparteien) den Auftrag der Verfassung zu erfüllen. Schließlich erklärten sich diese bereit, eine »Autoreglementierung« einzuführen, insbesondere zur Sicherung lebenswichtiger öffentlicher Dienste (Krankenhäuser, Stromversorgung, Transport und Verkehr). Es ist bereits gelungen, die Unterzeichnung von neuen Gesamtarbeitsverträgen im Verkehrswesen mit einer gewissen Selbstbeschränkung der Arbeitnehmer zu verknüpfen, ohne daß damit empfindliche Streiks verhindert wurden.

Die syndikalistische Vielfalt

Ein Gradmesser für die Macht der italienischen Gewerkschaften war in den siebziger Jahren die Zunahme der Mitglieder. Die Mobilisierung in den Arbeitskämpfen von 1968/69 hatte ihnen die Rolle einer Führungsmacht verschafft, nach der sich auch die nichtorganisierten Arbeiter richteten. Ein neuer Protagonist stand auf der politischen Bühne, der zugleich mehr als zuvor auch in den Betrieben präsent war. Die Mitgliederzahl stieg, immer nach eigenen Angaben, von 1968 bis 1980 von 4,7 auf neun Millionen, einschließlich rund drei Millionen Rentner. Gegen Ende der siebziger Jahre war rund die Hälfte der Arbeitnehmer gewerkschaftlich organisiert. Eine wichtige Rolle bei der Werbung neuer Mitglieder spielen die großen Fürsorgewerke (patronati) der Gewerkschaften, die sich insbesondere der Rentner annehmen. Italien hat mit Ausnahme Großbritanniens den höchsten Grad an Syndikalisierung in Westeuropa zu verzeichnen.

An der Spitze der italienischen Gewerkschaften steht die kommunistisch-sozialistisch geführte CGIL (Confederazione generale italiana del lavoro) mit 4,5 Millionen Mitgliedern, rund 60 Prozent kommunistischer, 30 Prozent sozialistischer und zehn Prozent ultralinker Herkunft. Dieser disziplinierteste Verband hat die stärkste Position im Norden, insbesondere unter den Industriearbeitern. Eigentliche Hochburgen der CGIL sind die kommunistisch regierten Regionen Emilia-Romagna und Toskana. In der Emilia-Romagna, in der 96 Prozent der Arbeitnehmer organisiert sind, gehören 73 Prozent der CGIL an. Die CGIL war im Juni 1944 durch den Pakt von Rom zwischen Christdemokraten, Sozialisten und Kommunisten gegründet worden. Doch dieser nach Jahrzehnten des Faschismus wiedergeborene freie Syndikalismus geriet schon bald in die Konfrontation des Kalten Krieges hinein. Um 1947 war der Verband bereits unter kommunistischer Kontrolle. In Etappen kam es mit aktiver Unterstützung der amerikanischen Gewerkschaftsverbände AFL und CIO zur Aufspaltung der Einheitsgewerkschaft in ein oppositionelles und ein regierungstreues Lager. Den Auftakt bildete 1948 die Sezession der christdemokratischen Komponente. Im März 1950 konstituierte sich die »Unione italiana del lavoro« (UIL) der sozialdemokratischen und republikanischen Gewerkschaftskader. In die gleiche Zeit fiel auch die Gründung der »Confederazione italiana sindacati nazionale lavoratori« (CISNAL) in Abhängigkeit von der äußersten Rechten. Ende April entstand schließlich die »Confederazione italiana sindacati lavoratori« (CISL), inspiriert vom christlichen Syndikalismus und geführt vom christdemokratischen Flügel.

Die katholisch orientierte Gewerkschaft CISL steht heute mit ihren drei Millionen Mitgliedern, einem Drittel der organisierten Arbeiter, an zweiter Stelle. Sie ist relativ stark im Süden und nimmt eine Vormachtstellung unter den Beamten und Angestellten des öffentlichen Dienstes ein, steht dort allerdings zunehmend unter dem Druck der autonomen Gewerkschaften und der neofaschistischen CISNAL. Die Geschichte der CISL ist reich an Spannungen und Konflikten; auch ist es ultralinken Gruppen des öfteren gelungen, Einfluß zu nehmen. Viele Unternehmer ziehen die CGIL der CISL als Partner vor, weil sie jene in Zusagen und Vereinbarungen für zuverlässiger halten.

Die UIL, in deren Führung sich Sozialisten, Sozialdemokraten und Republikaner teilen, ist mit 1,35 Millionen Mitgliedern der kleinste Partner im 1972 geschlossenen Dreierbund. Relativ stark ist sie in einigen industriellen Großbetrieben, im Sektor der Dienstleistungen und in der öffentlichen Verwaltung vertreten. Trotz des starken Mitgliederzuwachses seit 1968 haben sich die Proportionen zwischen CGIL, CISL und UIL nur gering verändert. Der Hauptgrund ist der feste Verteilerschlüssel in den Gremien der Dreierföderation. Er zwingt dazu, aufgrund von Vereinbarungen die Mitgliedschaft und die Delegierten an der Basis aufzuschlüsseln und einen Proporz zu wahren, was nicht ohne Eingriffe und Korrekturen von oben möglich ist.

Der Grad der Syndikalisierung ist in der Landwirtschaft und im öffentlichen Dienst höher als in der Industrie, befindet sich allerdings im Rückgang. Das Schwergewicht der 740000 organisierten Landarbeiter (braccianti) liegt im Süden; ihre Führer bestimmen dort weitgehend den Syndikalismus. Die christdemokratisch geführte »Confederazione nazionale dei coltivatori diretti« (Coldiretti) gehört nicht zu den Gewerkschaften. Ihr gehört eine Million Bauernfamilien an, die überwiegende Mehrheit der italienischen Kleinbauern.

Im Norden haben die Industriearbeiter das Übergewicht in den Gewerkschaften, angeführt von den Kommunisten. Die Gewerkschaft nimmt zwar eine starke Position in den Großbetrieben ein, hat jedoch minimalen Einfluß in den kleineren Betrieben, deren Zahl die große Masse ausmacht. Nicht organisiert sind die Millionen, die in der sogenannten »Schattenwirtschaft« (economia sommersa) in halber Legalität tätig sind, außerdem die über eine halbe Million ausländischer Arbeitskräfte, von denen viele ohne Arbeitserlaubnis sind – trotz 2,6 Millionen arbeitsloser Italiener.

Die Vielfalt der Gewerkschaften ist im Bereich der Dienstleistungen und der öffentlichen Verwaltung besonders groß. Die autonomen Gewerkschaften üben hier einen wachsenden Einfluß aus, so bei den Eisenbahnen, im Luftverkehr, in den Schulen, im Bankwesen. Ihre Mitgliederzahl liegt nach eigenen Angaben über einer Million. Unter den Piloten hat der Verband ANPAC praktisch das Monopol inne. Vor allem CISL und UIL, die starke Positionen im Bereich des öffentlichen Dienstes besitzen, werden durch die Konkurrenz der Autonomen oft zu extremen Streikaktionen veranlaßt. In den letzten Jahren sind die »cobas« (Basiskomitees) in den öffentlichen Diensten zu einem aggressiven und einflußreichen Sproß der Autonomen geworden. Die neofaschistische CISNAL, deren Mitgliederzahl unter einer Million liegen soll, hat besonders im Süden starke Positionen.

Errungenschaften und ideologische Versuchungen

Das Konzept einer Gewerkschaft, die als Sozialpartner für höhere Löhne, für bessere Arbeitsbedingungen und für eine umfassende Politik der sozialen Gerechtigkeit kämpft, gibt eine unvollständige Vorstellung vom italienischen Syndikalismus. Anarcho-syndikalistische Ideen des letzten Jahrhunderts wurden in den unruhigen Jahren 1968/69 massiv wiederbelebt, um im revolutionären Aufwind die Gewerkschaften in den Vortrupp des Klassenkampfes umzuwandeln. Es handelte sich um alte pansyndikalistische Hoffnungen, mit Hilfe der Gewerkschaften eine sozialistische Umwälzung der Gesellschaft und des Staates herbeizuführen.

Diese revolutionäre Versuchung steckt auch noch in Formeln italienischer Gewerkschaften, wonach diese das Gleichgewicht zwischen der Vertretung der Berufsinteressen und einer Strategie der demokratischen Umwandlung des Landes herstellen sollen. Damit wird das Modell der Trade union und auch der westdeutschen Gewerkschaften abgelehnt, das sich, wie die Kritiker behaupten, historisch unterhalb der Schwelle von Entwicklungsprozessen der Gesellschaft halte. Der kommunistische Gewerkschaftsfunktionär Corrado Perna, Autor einer Geschichte des italienischen Syndikalismus, sieht in der angedeuteten Balance eine originale und im kapitalistischen Westen vielleicht einzigartige Lösung.[58] Doch diese Formel von einer Gewerkschaft, die zugleich im Staat integrierte Institution und kämpferische Bewegung für dessen Transformation ist, wirkt als ein typisch italienischer Kompromiß. Sie erinnert an die Selbstdarstellung der KPI, zugleich Garant der demokratischen Ordnung und Motor für deren Überwindung zu sein.

Das Konzept der italienischen Gewerkschaft, wie es sich in diesen Formeln abzeichnet, läßt sich mit einer Rückblende auf die Entwicklung seit Kriegsende verständlicher machen. Die Aufspaltung der Gewerkschaftsbewegung durch die Polarisierung des Kalten Krieges deckte sich bis in die sechziger Jahre mit den Gegensätzen zwischen den Parteien. Die Kommunisten und Sozialisten der CGIL standen der mit der Regierung verbundenen CISL gegenüber, die von der kleineren UIL sekundiert wurde. Die Front der Syndikate war aufgespalten und in den fünfziger Jahren und über die Zeit des Wirtschaftswunders (1959 bis 1963) hinweg darum ein schwacher Partner der Arbeitgeber und der Regierung. Der amerikanische Italienexperte Sidney Tarrow schreibt, das italienische Wirtschaftswunder habe basiert auf einer Verbindung von billigen Arbeitskräften aus dem Süden und aus den ländlichen Gegenden des Nordens, einer exportorientierten Wirtschaft in einer Zeit des liberalisierten Welthandels und einem kräftigen Einsatz privaten Unternehmertums mit substantiellen staatlichen Zuschüssen.[59]

Wenn Italien sich heute als Wohlfahrtsstaat mit frühkapitalistischen Zügen apostrophieren läßt, so waren derartige Überbleibsel in den Anfängen der Republik viel stärker. Die Arbeiterschaft stand unter hartem Druck, und unter den Gewerkschaftern hatten besonders Kommunisten einen schweren Stand. Alessandro Pizzorno kommt zum Schluß, daß die italienische Arbeiterklasse von 1948 bis Anfang der sechziger Jahre wirtschaftlich und politisch schwach gewesen sei, in den Jahren danach wirtschaftlich stark, aber politisch nach wie vor schwach. Nur im Jahrzehnt nach 1968/69 sei die Arbeiterschaft in doppelter Hinsicht stark gewesen.[60] Vor den sechziger Jahren fehlte den Gewerkschaften eine stabile Organisation in den Fabriken. Die Lohnkämpfe wurden mit Rücksicht auf die Arbeitslosigkeit zurückhaltend geführt. Die Verbindungen zu den nahestehenden Parteizentralen waren stärker als zur eigenen Basis. Die Niederlage der CGIL in den Betriebsratswahlen der Fiat-Werke vom Frühjahr 1955 und die politischen Auswirkungen des ungarischen Aufstandes im Jahr darauf waren Alarmsignale für die Bedrängnis der kommunistisch geführten Gewerkschaft; sie verlagerte den Schwerpunkt vom Kampf auf nationaler Ebene in die Betriebe. Mit den Jahren des Centro sinistra, in denen die Sozialisten Koalitionspartner der Christdemokraten wurden, gewannen die Gewerkschaften an Boden, näherten sich einander an und lockerten gleichzeitig ihre parteipolitischen Bindungen.

Durch die Auseinandersetzungen der Jahre 1968 und 1969, die für die Gewerkschaften überraschend kamen, erhielt der italienische Syndikalismus eine neue Dimension. Der »heiße Herbst« von 1969 hatte für Italien größere Folgen als der Mai 1968 in Frankreich. In Streikwellen und Fabrikbesetzungen schien eine Machtergreifung der Syndikate nahezurücken, getragen von einer revolutionären, stark ideologisierten Grundwelle. In spontanen Aktionen, die ihren Schwerpunkt in den einzelnen Betrieben hatten und die ganze Front des Arbeitskampfes an die Werkplätze und in die Fabrikhallen verlagerten, ging es mit der Methode der »conflittualità permanente«, wie die Gegenseite polemisch formulierte, neben konkreten Forderungen auch um Klassenkampf und Politik. Im Kern, erklärt der französische Sozialist Gilles Martinet, habe der Vortrupp des italienischen Syndikalismus nichts weniger als die Revolution verlangt; doch fragt er zugleich, wie man eine Revolution außerhalb einer revolutionären Situation verwirklichen wolle.[61] Die Folge dieser Phase heftiger Auseinandersetzungen war ein starker Lohnschub, durch den die italienischen Lohnstückkosten sich dem mitteleuropäischen Niveau anglichen. Heute hat Italien innerhalb der EG auch wegen seiner großen Sozialleistungen prozentual die höchsten Arbeitskosten, liegt dagegen mit der Produktivität vielerorts zurück. Dazu kam damals eine Garantierung der Rechte von Arbeitern und Gewerkschaften im Betrieb, die ihren Ausdruck im Arbeiterstatut fand, das im Mai 1970 vom Parlament verabschiedet wurde. Zugleich aber gelang es den Gewerkschaften in den frühen siebziger Jahren durch ihre Strategie der sozialen Reformen, gegenüber der Basis die Initiative zurückzugewinnen und gegenüber Regierung und Parteien die Rolle eines starken Partners oder Gegenspielers zu erlangen. Die Confindustria, Arbeitgeberverband der Industriellen, war daneben nicht in der Lage, ihre Aufgabe als Kontrahent voll wahrzunehmen. Ihre Schwäche wurde verstärkt durch den aufgesplitterten Partikularismus, der deutlich wird an den Tausenden von kleinen Betrieben und Verbänden, die ihr angehören.

Neben das Alltagsprogramm einer Gewerkschaft, die sich für höhere Löhne, Garantie der Arbeitsplätze, menschliche Arbeitsbedingungen und soziale Sicherheit einsetzt und die nach den Unruhen von 1968/1969 insbesondere auf eine Reduzierung der Arbeitszeit und eine Angleichung der Lohnsätze drang, trat immer mehr ein politisches Programm. Die CGIL war dank ihrer Ideologie ohnehin auf politische Ziele ausgerichtet. Die CISL, die ihre Wurzeln ursprünglich in der katholischen Soziallehre hatte, bewegte sich unter dem Druck in den eigenen Reihen, vor allem der Metallarbeiter, und unter dem Einfluß des allgemeinen politischen Klimas nach links. Die Gewerkschaften nahmen nun ein Mitspracherecht bei der Investitionspolitik des Staates und bei der Reformpolitik der öffentlichen Hand (wirtschaftliche Planung, Wohnbau, Schule, Gesundheit, Verkehr und so weiter) in Anspruch. Es mußte in dem Augenblick zu Verzerrungen kommen, in dem Teilinteressen in ideologischer Perspektive die Oberhand gewannen, sich pansyndikalistische Versuchungen einmischten und die Rücksichten auf gesellschaftliche und wirtschaftliche Gesamtinteressen außer acht gerieten.

Eine Superpartei im Machtvakuum

Der globale, Reformen übersteigende Anspruch, der bei den Gewerkschaften immer wieder durchschlägt, hat auch mit deren schwierigem Verhältnis zur italienischen Politik zu tun. Nach dem Fehlschlag einer Einheitsgewerkschaft nach dem Krieg und den bitteren Erfahrungen der Spaltung und gegenseitigen Konkurrenz war es verständlich, daß ein Erstarken und eine gegenseitige Annäherung der Syndikate mit einer Distanzierung von den Parteien Hand in Hand gehen mußte. Dieser Aufbruch zur Wiedervereinigung unter der Fahne der Autonomie erhielt besonders in den Jahren 1968 und 1969 starke Impulse von den Betriebsversammlungen her, in denen die Zugehörigkeit zu den einzelnen Organisationen keine Rolle mehr spielte. Die Metallarbeiter erwiesen sich als das aktivste Element in diesem Zusammenschluß. Die Gewerkschaftsführer verließen in jenen Jahren das Parlament, nachdem die Unvereinbarkeit von politischem und gewerkschaftlichem Mandat beschlossene Sache war. Die CISL hatte es vorexerziert und gegen die zögernde CGIL durchgesetzt. Mit der exklusiven Option für das Syndikat gingen dem Parlament, im Unterschied zu den meisten Ländern Westeuropas, aber die Erfahrungen der Gewerkschafter und der tägliche Umgang mit deren Chefs verloren. Experten sehen darin eine verhängnisvolle Wendung der italienischen Politik, da die Gewerkschaftschefs, die in der Regel besser qualifiziert sind als der Durchschnittsparlamentarier, mit ihrem Auszug dem Parlament Wissen und Energie entzogen hätten; diese Gewerkschafter seien um so mehr versucht, von außen her Gegenpositionen zu Legislative und Exekutive aufzubauen.[62]

Nicht nur das Ziel der Einheit, sondern auch die Erfahrungen mit den Parteien selber veranlaßten die Gewerkschaften, einen Trennungsstrich zu ziehen. Die Spaltungen und Konflikte in der Sozialistischen Partei, deren Gewerkschafter mehrheitlich der kommunistisch geführten CGIL angehören, hatten sich stets verheerend auf die Spitzen der mit ihr verbundenen Gewerkschaften ausgewirkt. Dazu kam anderseits die sozialistische Versuchung, in den Gewerkschaften eine ideelle Basis der Partei zu sehen. Die CISL wollte sich von der Democrazia cristiana distanzieren, je unpopulärer die Politik der Regierung und ihrer führenden Partei war und je mehr die Linke in den Reihen der CISL einen Rückhalt an Sympathisanten und Ideen gewann. Ein Symptom dafür war auch der Beschluß der katholischen Arbeitervereinigung ACLI, 1969 formell ihre Bindungen an die DC zu lösen und für die Einheit der Gewerkschaften einzutreten. Von den Kommunisten aber forderten die sozialistischen Partner in der CGIL, die Gewerkschaften nicht mehr im leninistischen Sinne als Transmissionsriemen der Partei zu gebrauchen.

Die gemeinsamen politischen Initiativen der Syndikate hatte einen weiteren gewichtigen Grund. Im Zerfall des Centro sinistra gegen Ende der sechziger Jahre waren Parteien, Parlament und Regierung zunehmend außerstande, die andrängenden Probleme zu bewältigen. Ein Machtvakuum im Staat war entstanden, in das die Gewerkschaften einrückten, und zwar unter dem Beifall des linken Lagers, das in den Gewerkschaften die Avantgarde der nationalen Erneuerung sah. Die Gewerkschaftsführer hatten bei dieser Offensive zudem ein einfaches Argument auf ihrer Seite. Eine gewerkschaftliche Selbstbeschränkung auf den Kampf für höhere Löhne und bessere Arbeitsbedingungen war völlig unzureichend, solange die Gemeinden und der Zentralstaat, und das heißt letztlich auch die Parteien, nicht in der Lage waren, den Arbeitern und ihren Familien in den neuen Vorstädten von Mailand und Turin Wohnungen, Schulen, ärztliche Versorgung und Verkehrsmittel bereitzustellen. Angesichts des Versagens der öffentlichen Hand erhoben die Gewerkschaften vereint ihren Protest, stellten Forderungen und legten Programme vor.

Der Prozeß der Einigung stieß bald auf Grenzen und erreichte im Juni 1972 mit einem losen Bündnis von CGIL, CISL und UIL nur die Vorstufe eines eigentlichen Bundes. Ein dem Deutschen Gewerkschaftsbund (DGB) vergleichbares Ziel, der die vertikal aufgebauten Fachgewerkschaften zusammenfaßt, wurde nicht erreicht. Es blieb bei den vorwiegend horizontal strukturierten Verbänden, die sich nicht völlig von den Parteien freimachen wollen und im Grunde auch nicht können.

Der Einigungsprozeß hatte auch zur Folge, daß die Gewerkschaften ihre internationalen Verbindungen überprüften. Nach der Aufspaltung im Verlauf des Kalten Krieges war die CGIL beim kommunistisch geführten Weltgewerkschaftsbund geblieben, während CISL und UIL dem 1949 gegründeten Internationalen Bund freier Gewerkschaften (IBFG) angehörten. Im Jahr 1973 kam es zur Gründung des Europäischen Gewerkschaftsbundes, der wie der IBFG seinen Sitz in Brüssel hat. Das gemeinsame Engagement der italienischen Gewerkschaften in diesem europäischen Zusammenschluß wurde der CGIL, Mitglied seit 1974, durch das Ausscheiden aus dem Weltgewerkschaftsbund erleichtert.

An die Stelle der Machtentfaltung der vereinigten Gewerkschaften zu Beginn der siebziger Jahre und ihrer Erfolge in Arbeitskämpfen auf breiter Front trat zunehmend eine Ernüchterung, ja oft Unsicherheit. Die Präsenz der Gewerkschaften als privilegierter Partner am grünen Tisch des Regierungschefs im Palazzo Chigi und in den Ministerien trug bescheidene Früchte. Das gilt von der Sozialpolitik bis zur wirtschaftlichen Programmierung samt Investitionen und Planung für den Mezzogiorno. Was vereinbart wurde, mußte den langen Weg durchs Parlament und durch die Administration nehmen, um in die Tat umgesetzt zu werden. Nach 1973 wirkte sich zudem die weltweite Erdölkrise mit ihren schweren Folgen für Italien immer stärker auf den Staatshaushalt aus und warf jede langfristige Planung über den Haufen. Programme wie jene für die Bekämpfung der Arbeitslosigkeit unter den Jugendlichen oder für die wirtschaftliche Entwicklung des Mezzogiorno blieben weitgehend auf dem Papier. An der Basis begriffen die Arbeiter allmählich, daß das Ritual zwischen Regierung und Gewerkschaftstroika an der Spitze und die Rhetorik auf großen Streikkundgebungen den Gang der Dinge nicht änderten; Skepsis und Enttäuschungen wurden laut.

In den Gewerkschaften wuchs angesichts von Teuerung und Inflation die Einsicht in die negativen Auswirkungen einer Lohnpolitik ohne Rücksicht auf die Gesamtwirtschaft. Dank der Initiative der CGIL und ihres Chefs Lama entschloß sich im Februar 1978 die Führung des Dreierbundes auf einer Tagung in der modernen römischen Vorstadt EUR zu einem Kurs der Mäßigung und der »austerità«. Lama selber hatte im Monat zuvor in einem aufsehenerregenden Interview der Tageszeitung ›Repubblica‹ erklärt, daß der Lohn kein von der Wirtschaft unabhängiger Faktor sei, und war für die Mobilität auf dem Arbeitsmarkt eingetreten. Diese »EUR-Linie« wurde durch den Umstand erleichtert, daß die KPI damals der Regierung Andreotti ihre parlamentarische Unterstützung gab. Die Ansätze eines Revisionskurses wurden nicht in die Tat umgesetzt, aber auch nicht widerrufen.

Der Einigungsprozeß des Dreierbundes blieb nach wie vor Belastungsproben ausgesetzt und machte keine Fortschritte. Der Einfluß der politischen Parteien machte immer wieder böses Blut. Insbesondere regte sich der Vorwurf gegen die CGIL, die Gewerkschaftspolitik durch Hegemonisierung der KPI dienstbar zu machen. Die Kommunisten sind die stärkste Komponente, überlassen den kleineren Partnern in den Führungsgremien eine unverhältnismäßig große Vertretung, stellen unterhalb dieser Ebene aber die aktive Mehrheit der Kader. Doch auch die Einflüsse der sozialistischen Politik auf die UIL sind nicht zu übersehen, und einzelne Correnti der Democrazia cristiana haben ihre festen Verbindungen mit der CISL. Im übermäßig politisierten Alltag Italiens bleiben auch die Gewerkschaften trotz der vielbeschworenen Autonomie ins spannungsvolle politische Spiel verflochten.

Diese parteipolitische Nachbarschaft wirkte sich vor allem in den Jahren der Ministerpräsidentschaft des Sozialisten Craxi aus. Die teilweise Außerkraftsetzung der gleitenden Lohnskala (scala mobile) durch Craxi löste Spannungen im Dreierbund der Verbände aus, der im Frühjahr 1984 auseinanderbrach. Die Kommunisten nahmen mit einem Referendum den Kampf gegen Craxis Beschluß auf, unterlagen jedoch. Seither haben sich die Wellen gelegt, obwohl die Sozialisten noch immer Regierungspartei sind; die gemeinsame Bedrohung durch die um sich greifende Agitation der »cobas« in den öffentlichen Diensten zwingt alle Gewerkschaften zu Selbstkritik und besserer Koordination.

Rückschläge in den Betrieben

Nicht nur an der Spitze, auch unten in der einzelnen Fabrik begegnet die Gewerkschaft Kritik und Opposition. Spektakulärer Auftakt dafür war im Oktober 1980 die Demonstration von 40000 Vorarbeitern, Angestellten und Arbeitern, die nach einem wochenlangen heftigen Streik bei den Fiat-Werken in Turin für die Wiederaufnahme der Arbeit und damit gegen die Gewerkschaften und deren Kurs demonstrierten. Das Ereignis war ohne Beispiel in der Geschichte der italienischen Republik und wirkte darum wie ein Schock auf die Kader des italienischen Syndikalismus, die erkannten, daß sie den unmittelbaren Kontakt mit den Arbeitern verloren und die Strömungen und Stimmungen an der Basis völlig falsch eingeschätzt hatten.

Die drei Verbände mit ihren rund 12000 Angestellten – es kommen über 3000 »distaccati« hinzu, die zwar von den großen Betrieben oder gar vom Staat entlohnt werden, aber vollamtlich für die Gewerkschaft arbeiten – stellen einen mächtigen Apparat dar, auch wenn ihnen das finanzielle Fundament des DGB in der Bundesrepublik fehlt. Dieses Korps von Funktionären verwaltet die syndikalistischen Errungenschaften der siebziger Jahre, darunter in erster Linie das Arbeiterstatut, das die Rechte der Arbeiter und Gewerkschaften im Betrieb regelt, doch mit einer Reihe von Mängeln behaftet ist. Eine der Fehlkonstruktionen ist das Verbot direkter Einstellungen. Es zwingt den Arbeitgeber – abgesehen von Ausnahmen –, nach knapper Probezeit die Arbeitskräfte einzustellen, die ihm das Arbeitsamt aufgrund seiner Nummernliste (graduatoria) zuweist, ohne Rücksicht auf Eignung und Tüchtigkeit. Allerdings gibt es Schliche, die Vorschrift zu umgehen. Dazu kommt dank der massiven Sicherung gegen Entlassung der Mangel an Mobilität auf dem Arbeitsmarkt. Auf das Arbeiterstatut geht auch die den Absentismus fördernde Bestimmung zurück, daß die Kontrolle eines fehlenden Arbeiters in völlig unzureichender Weise praktisch beim Vertrauensarzt des Betroffenen liegt. Fehlte den italienischen Arbeitern einst der ausreichende Schutz, so verfiel man nun ins Extrem übermäßiger Privilegierung. In jüngster Zeit ist eine Reihe von Bestimmungen korrigiert worden.

Zu den arbeitsrechtlichen Verzerrungen, Anlaß zu vielen Mißbräuchen, gesellt sich die nicht ausreichend festgelegte Organisation der Gewerkschaft im Betrieb. Betriebsräte und Delegierte werden in offener Wahl bestimmt, in der die Wahrung elementarer demokratischer Grundregeln, wie sie etwa das Betriebsverfassungsgesetz der Bundesrepublik in pedantischer Weise vorsieht, nicht garantiert ist. Das Versammlungsunwesen (»assemblearismo«) der betriebsinternen Revolten 1968/1969 lebt weiter und damit auch die Gefahr, daß Versammlungen von Scharfmachern und radikalen Gruppen dominiert und manipuliert werden. Der kommunistische Politiker Giorgio

Amendola prangerte in seiner Kritik an KPI und Gewerkschaften vom November 1979 auch diese Mißstände an. In Abwesenheit großer Teile der Belegschaft können, oft unter Druck und Einschüchterung, Kampfmaßnahmen beschlossen werden, die in keiner Weise dem Willen der Mehrheit entsprechen. Viele Streiks, aber auch massive Übergriffe, wie die Blockierung von Autobahnen oder von Flugplätzen, kommen auf diese Weise zustande.

Die Agitation im öffentlichen Dienst geht in beträchtlichem Ausmaß auf die autonomen Gewerkschaften und die »cobas« (Basiskomitees) zurück, die im Bereich der Schule, der Krankenhäuser, Eisenbahnen und des Luftverkehrs starke Positionen erobert haben. In Opposition zur Vereinheitlichung und Nivellierung der Lohnstufen durch die großen Syndikate versuchen sie, die Interessen der einzelnen Gruppen und damit die Differenzierung zu verteidigen. An die Stelle des Arbeiters, der unter Verlust seines Lohnes streikt, ist der Beamte oder Angestellte getreten, der nicht unbedingt mit einer Gehaltseinbuße zu rechnen hat und der mit der Verweigerung öffentlicher Dienste vorwiegend Unbeteiligte und Unschuldige trifft. Diese »Tertiarisierung« der Arbeitskonflikte, in deren Verlauf die Ruhe in die Fabrikhallen zurückkehrte, die öffentlichen Dienste dagegen paralysiert werden, ist eine der bedenklichsten Degenerationserscheinungen des italienischen Alltags.

Auf diese Weise splittert sich der Syndikalismus Italiens noch mehr auf, droht sich zu pulverisieren, erinnert vielfach schon an den paralysierenden Streit von Zünften und Gilden in früheren Jahrhunderten. Das Beispiel macht Schule, und so haben in Italien auch die Richter wiederholt gestreikt. Ein anderer Grenzfall war im Herbst 1979 der Ausstand der Fluglotsen, die in Italien als Offiziere und Unteroffiziere der Militärjustiz unterstellt sind. Durch direkte Intervention des Präsidenten der Republik konnte eine Lösung mit dem Ziel schrittweiser Entmilitarisierung dieses Dienstes erreicht werden. In der letzten Zeit haben die organisatorischen Mißstände und die niedrigen Gehälter im Nationalen Gesundheitsdienst Wellen von Ärztestreiks ausgelöst und das Chaos in den Krankenhäusern verschärft. Als Grenzfall ganz anderer Art läßt sich die Organisierung der Rentner betrachten, die sich mit der Hilfe und Intervention der Gewerkschaft ihre Altersrente errechnen und ausrichten lassen. Darum sind bei den Gewerkschaften, vor allem bei der CGIL, heute insgesamt drei Millionen Pensionäre eingeschrieben, ein Drittel aller Mitglieder. Die Zahl der berufstätigen Gewerkschafter ist in den letzten Jahren zurückgegangen (minus 15,5 Prozent von 1977 bis 1986); die Organisationen haben ihren Mitgliederstand nur leicht erhöhen können, weil die Rentner die Lücken schlossen (plus 25,6 Prozent im selben Zeitraum).

Die großen Gewerkschaften begegnen dem Druck und der Konkurrenz der autonomen wie der ultralinken Agitation oft mit schwacher Haltung, ergreifen die Flucht nach vorn, passen sich in den Fabriken dem radikalen Druck an, aus Furcht, die Verbindung mit der Basis zu verlieren. Die imponierende Fassade der italienischen Gewerkschaftsbewegung mit Aufmärschen und Streiks, Reformprogrammen und Verhandlungen auf höchster Ebene steht im Kontrast zu den Schwächen im eigenen Haus. UIL-Chef Giorgio Benvenuto gab 1981 in einem Interview in selbstkritischer, überspitzter Schärfe auf die Frage, was die Gewerkschaft in Italien heute sei, die Antwort: »Eine gelähmte Kraft. Eine konservative Kraft. Eine Kraft, die von der Erinnerung an die Vergangenheit lebt, die keine Erneuerung dulden will. Wir sind in der Tat die siebte Partei des ›Verfassungsbogens‹, wir sind angesehen, gehören zum ›Palazzo‹, kommen im Fernsehen zu Wort, die Polizei ist nicht gegen uns ... Wir sind nicht die ›Herren der Streiks‹, wir sind nur die Priester der Versammlungen, die einen Ritus feiern ... Wir wurden 1969 geboren, weil wir eine Bürokratie zerstört hatten. Inzwischen haben wir sie wieder errichtet.« Und zur Niederlage der Gewerkschaften, die ihnen im Herbst 1980 die Fiat-Werke zugefügt hatten: »Während wir in Ideologie machten, haben sie unsere schwachen Punkte erkannt. Und zuletzt entdeckten sie, daß die Gewerkschaft nicht so sehr ein Koloß auf tönernen Füßen als ein Koloß mit tönernem Kopf ist ...«[63] Das Zitat des Gewerkschaftsbosses illustriert indirekt, wie sehr die Syndikate an Ansehen verloren haben; ein Jahrzehnt zuvor waren sie als Anführer einer sozialen Revolution gepriesen worden.

Die Gewerkschaften sind in eine höchst unbequeme Lage geraten. Durch den Prozeß erneuter Bürokratisierung hat sich der Gewerkschaftsfunktionär dem Arbeiter im Betrieb entfremdet; er ist nicht mehr in der Lage, die Konkurrenz der Autonomen sowie der »cobas« und die Opposition der Ultralinken abzuwehren. Die wilden Streiks, ob von autonomen oder radikalen Formationen, sind ein indirekter Beweis für die Schwäche des Dreierbundes. Da das Fundament geschwächt ist, verliert der Syndikalismus auch als Verhandlungspartner von Regierung und Parteien an Kredit und gerät so zwischen Hammer und Amboß. Dabei sind die Regierung und vor allem die Arbeitgeber heute auf einen Partner angewiesen, der repräsentativ ist für die Arbeiterschaft und der einer Radikalisierung und chaotischen Zersplitterung entgegenwirkt. Angesichts der Wirtschafts- und Finanzkrise Italiens, die den Raum für Lohnforderungen reduziert, ist diese Aufgabe für die Gewerkschaften viel schwieriger. Vor 1969 hatten die Gewerkschaften Mühe, die Arbeiter zu verteidigen; heute haben sie Mühe, sie geschlossen zu führen.

Zur Krise der repräsentativen Vertretung kommt die Krise der Identität. Einerseits sind die Gewerkschaften längst Institution unter Institutionen, vor allem durch ihre Vertretung in zahllosen öffentlichen Gremien und Körperschaften, anderseits weigern sie sich, voll die Verantwortung mitzutragen. Die Tradition früherer Kampfjahre, der ständige Blick auf Mythen der Vergangenheit durchkreuzt die Verpflichtung zur verantwortlichen Mitbestimmung und Integration. Diese Ambivalenz trägt dazu bei, daß die Gewerkschaften ihre politische Rolle nicht zu erfüllen vermögen. Es herrscht Unklarheit über ihre Funktionen und Aufgaben in der modernen Industriegesellschaft. Innerhalb kurzer Zeit hatten sie ein übergroßes Terrain erobert, doch fehlten ihnen im Jahrzehnt ihrer Hegemonie die Energien und die Kenntnisse, es sinnvoll und souverän zu verwalten. Die allgemeine Krise mußte die Krise des Syndikalismus zusätzlich verschärfen. Was Macht war oder als solche erschien, erwies sich an manchen Fronten als Ohnmacht und zwingt nun zum Prozeß einer ernüchterten und realistischen Selbstkritik.

Am 16. Oktober 1978 wählte das Konklave den Erzbischof von Krakau, Kardinal Karol Wojtyla, zum Papst. In Johannes Paul II. bestieg seit 1522 zum erstenmal wieder ein Nichtitaliener den Thron Petri. Während Jahrhunderten war es Gewohnheitsrecht der italienischen Kirchenfürsten gewesen, das Oberhaupt der katholischen Kirche zu stellen. Die Kurie als Hof, Regierung und Verwaltung des Papstes war und ist in ihrer personellen Zusammensetzung weitgehend eine italienische Institution. Das Kardinalskollegium, das den Papst wählte, war zwar bereits internationaler denn je zuvor: Zur überraschenden Wahl Wojtylas in einem Konklave von kurzer Dauer trug entscheidend bei, daß die Italiener im Kardinalskollegium unter Paul VI. das erste Mal in die Minderheit geraten waren – eine Zusammensetzung, die dem universalen Anspruch der Kirche viel besser entspricht. Die italienischen Kardinäle, unter sich uneins, waren im Konklave außerstande, ihr bisheriges Vorrecht auf einen Kandidaten aus ihren Reihen durchzusetzen.

Hatte mit dem Papst polnischer Herkunft das Verhältnis zwischen Kirche und Staat in Italien einen Wendepunkt erreicht? In jenem Herbst blieben Kommentare nicht aus, die behaupteten, daß der Tiber, der das vatikanische Rom vom Rom der italienischen Kapitale trennt, breiter oder noch breiter geworden sei. Die Herrschaft eines Papstes fremder Herkunft ohne persönliche Bindungen an Italien und dessen Politiker muß das Verhältnis zwischen dem Zentrum der katholischen Christenheit und Italien weiter lockern, die Kirche weniger italienisch, dafür universaler machen; sie kann den Weg zur stärkeren, ja vielleicht völligen Trennung von Kirche und Staat in Italien erleichtern.

Wie eng dieses Verhältnis sein konnte, hatte einige Monate zuvor ein bewegendes Ereignis illustriert. Der greise Papst Paul VI., der sich selber schon an der Schwelle des Todes wußte, hatte in eigener Person in der Lateranbasilika San Giovanni das Requiem für den ermordeten Aldo Moro zelebriert. In seinem Gebet gedachte er des Freundes, dem er als einstiger Berater des Katholischen Studentenverbandes seit den Kriegsjahren persönlich verbunden gewesen war. Die Trauerfeier, die nichts von einem triumphalen Auftritt geistlicher und weltlicher

Macht an sich hatte, konnte als Sublimierung jenes schwierigen Verhältnisses von Kirche und Staat in Italien gedeutet werden.

In dem seither verflossenen Jahrzehnt ist der neue Papst auf der internationalen Szene eine Figur von charismatischer Wirkung geworden. Mit seinen Reisen in alle Kontinente, den Auftritten vor Massen sucht er die Begegnung mit der Welt und nimmt bei diesen Pastoralbesuchen zugleich auf die Ortskirchen und Episkopate Einfluß. Dies wiederum verstärkt den Pilgerstrom nach Rom. Papst Wojtyla ist vom Modell seiner heimatlichen Kirche geprägt; die polnische Kirche stellt nicht nur eine religiöse Ordnung, sondern auch eine soziale und politische Macht dar, die sich in der täglichen Auseinandersetzung mit einem kommunistischen Regime behaupten muß. Als Bischof von Rom und Primas von Italien ist er Oberhirte in einem Land, das ein völlig anderes Schicksal hat und Krisen eigener Art ausgesetzt ist; die italienische Kirche unterscheidet sich von Grund auf vom nationalen Katholizismus seiner Heimat.

Abschied vom »katholischen Italien«

Die Kirche der Apenninhalbinsel steht inmitten einer Gesellschaft, die sich seit dem letzten Krieg völlig geändert hat. Aus dem einstigen Agrarland, in dessen Dörfern und Städten der Priester und der Bischof ihren festen Platz hatten, ist ein Industriestaat geworden. Mit der Auswanderung nach Norden, der Landflucht und Verstädterung zerfielen jahrhundertealte Ordnungen einer archaischen Bauernkultur. Armut und Analphabetentum wurden überwunden, Wohlstand und Konsumgewohnheiten, angefacht durch die tägliche Fernsehreklame, breiteten sich aus. Technische Revolution und sozialer Umbruch lösten einen Säkularisierungsprozeß aus, der auch die Bindungen an die Kirche lockern mußte. Das traditionelle Bild von der heilen, einfachen Welt des katholischen Italien gehört der Vergangenheit an. Bereits im letzten Jahrzehnt waren 59 Prozent der Bevölkerung (darunter 43 Prozent aller Jugendlichen) der Kirche gegenüber indifferent, elf Prozent standen im Widerspruch zu ihr. Rund 30 Prozent waren praktizierende Katholiken; doch die als einzelne oder in Gruppen im kirchlichen Leben stärker engagierten Katholiken machten nach einer Umfrage von 1974 nur ein Prozent der gesamten Bevölkerung aus. Nach einer anderen Erhebung von 1973 gingen 23 Prozent der

Männer und 45 Prozent der Frauen regelmäßig zur Messe. Eine Untersuchung der Piemontesischen Bischofskonferenz von 1984 ergab, daß neun Prozent regelmäßig zur Sonntagsmesse gehen, 20 Prozent einmal im Monat.[64]

Inzwischen sind diese Statistiken überholt. Zahlen über die Zunahme der zivilen Eheschließungen mögen dies indirekt bestätigen. Dabei ist noch zu bedenken, daß Taufe, kirchliche Trauung, die zivilrechtliche Gültigkeit hat, und Totenmesse in Italien heute mehr soziale als religiöse Bedeutung haben. Mancher Sozialist oder Kommunist besteht gegen den Widerstand oder die Bedenken des Pfarrers auf einer vor dem Altar geschlossenen Ehe oder auf der Taufe für seine Kinder. Im Jahr 1970, als die Scheidung möglich wurde, gingen lediglich 2,3 Prozent aller Paare zum Standesbeamten. Bis 1985 stieg der Anteil auf 14,2 Prozent. In der Gemeinde Rom macht er inzwischen mehr als ein Viertel aller Ehen aus. Dabei geht die Zahl der Heiraten überhaupt zurück, weil die Ehe als Grundeinheit der Gesellschaft selbst in Italien an Bedeutung verloren hat.

Wie sehr kirchliche Lehre und Praxis der Gläubigen auseinanderklaffen, illustriert eine Erhebung der Diözese Rom über Sexualmoral, Schwangerschaftsabbruch und Scheidung von 1980.[65] Selbst unter den aktiven Mitgliedern der Gemeinden halten über 60 Prozent die Scheidung für zulässig, die Hälfte der Befragten allerdings in den Grenzen des gegenwärtigen Gesetzes. 33 Prozent lehnen die Scheidung in jedem Fall ab. Auch das Nein der Kirche zum Schwangerschaftsabbruch wird von den engagierten Gläubigen nur zum Teil übernommen. 47 Prozent halten den Abort generell für erlaubt, 40 Prozent im Falle einer Gefährdung des Lebens der Frau, zwölf Prozent im Falle von Gefahr für deren Gesundheit. Noch deutlicher ist die Antwort auf die Frage nach den von der Kirche verbotenen Verhütungsmitteln: 52 Prozent stehen ihrem Gebrauch positiv gegenüber. Völlig abgelehnt werden sie nur von 20 Prozent. Die Zahl der legalisierten Abtreibungen hat in Italien in den letzten Jahren abgenommen. Nach den Angaben des Gesundheitsministeriums für 1985 betrug sie 210000, das heißt 365 auf 1000 Lebendgeborene.

Die Säkularisierung wirkt sich auch auf den Nachwuchs an Priestern aus. Italien teilt mit dem übrigen Europa – Ausnahmen sind Polen und Jugoslawien – die Krise der Berufungen. In den 20 Jahren zwischen 1968 und 1988 ist die Gesamtzahl der Priester von 66000 auf 57000 zurückgegangen. 1961 wurden

601, im Jahre 1980 nur noch 347 Priester geweiht; inzwischen ist die Zahl wieder auf 379 angestiegen. Die Zahl der Seminarien (einschließlich der Vorstufe der »kleinen Seminarien«) sank zwischen 1961 und 1978 von 375 auf 259.[66] In der zweiten Hälfte der siebziger Jahre war es zu einer gewissen Stabilisierung gekommen. Inzwischen hat die Zahl der sogenannten Spätberufenen zugenommen, der Geistlichen, die zuerst einen anderen Beruf ausgeübt hatten.

Die Loslösung der Italiener von der Kirche wurde am 12. Mai 1974 mit der Ablehnung des Referendums, das katholisch-konservative Kreise gegen die 1970 eingeführte Scheidung angestrengt hatten, schlagartig deutlich. 59,1 Prozent der Stimmbürger traten für die Beibehaltung der Reform ein, die von den italienischen Bischöfen in unterschiedlicher Tonstärke abgelehnt worden war. Die Democrazia cristiana hatte sich mit ihrem intransigenten Kurs unter Parteichef Fanfani verrechnet und die Haltung der Wählerschaft falsch eingeschätzt. Die Linksparteien interpretierten jene Volksabstimmung als eine historische Wende, für die sie dann in den Regionalwahlen und in den Parlamentswahlen mit dem Vormarsch der KPI und dem Rückgang der DC eine Bestätigung fanden. Doch bedeutsamer als die parteipolitische Verlagerung ist die Tatsache, daß der Einfluß der Kirche auf die Stimmbürger und damit auf die Gesamtbevölkerung zurückgegangen ist. Über Fragen der Moral und Sitte, der Ehe und Familie wird mit immer weniger Rücksicht auf Rat und Mahnung des Gemeindepfarrers und des Bischofs entschieden.

Später wurde die Auseinandersetzung um den Schwangerschaftsabbruch zu einem neuen Kampfplatz zwischen Kirche und laizistischen Reformern. Die Fristenlösung vom Mai 1978, die praktisch einer Freigabe der Abtreibung auf staatliche Kosten gleichkam, führte zu einer breiten Gegenaktion der Kirche mit Dienstverweigerung von Ärzten und Krankenschwestern aus Gewissensgründen. Auch in anderen europäischen Ländern schafft diese Frage Spannungen zwischen Kirche und Staat. Die katholische Kirche, die sich als Hüterin des natürlichen Sittengesetzes versteht und für die das Verbot der Tötung menschlichen Lebens auch Schutz des werdenden Lebens bedeutet, behauptet in einem heiklen Grenzgebiet zwischen Medizin, Ethik und Politik eine letzte Bastion ihrer Macht. In Italien komplizierte sich die Lage in besonderem Maße, weil sowohl im katholischen Lager als auch von der Radikalen Partei Referenden gegen das geltende Reformgesetz angestrengt wurden. In der Abstimmung vom Mai 1981 wurde das katholische Referendum gegen den Schwangerschaftsabbruch mit 67,9 Prozent, jenes der Radikalen für völlige Freigabe mit rund 90 Prozent der Stimmen abgelehnt.

Das überraschende Phänomen, daß 21 Millionen katholischer Wähler dem Aufruf ihrer Priester und Bischöfe und den mahnenden Appellen des Papstes nicht gefolgt waren, wirkte wie ein Schock auf die Hierarchie. Man suchte nach Ursachen in einer falsch angelegten Kampagne, in religiöser Unkenntnis, in den Verführungen einer hedonistischen Konsumgesellschaft. Im Grunde bestätigte sich erneut die Erfahrung des Scheidungsreferendums: Das katholische Italien gehört der Vergangenheit an und hat einer, wie es heißt, pluralistischen, säkularisierten oder laizistischen Gesellschaft Platz gemacht. Darum ist auch die Rede von einem nachchristlichen Italien, in dem die eigentlichen Christen eine Minderheit bildeten, ja, nach den Worten des linkskatholischen Parlamentariers Raniero La Valle, in der Diaspora lebten. Die Aufgabe, die sich aus dieser Situation ergibt, heißt laut der Italienischen Bischofskonferenz »Evangelisierung im eigenen Land«.

Die Abstimmungskampagne gegen den Schwangerschaftsabbruch hatte erneut die Frage nach dem Verhältnis von Staat und Kirche aufgeworfen. Johannes Paul II. engagierte sich persönlich und verurteilte in einer seiner Äußerungen jede Gesetzgebung, die den Abort begünstige, als eine schwerwiegende Verletzung der Menschenrechte und des göttlichen Gebots, nicht zu töten. Von laizistischer Seite wurde die Anklage erhoben, der Papst mische sich in die staatliche Gesetzgebung ein und verletze damit das Konkordat. Der sozialistische Parteichef Craxi warf dem Papst vor, er habe Mühe, die komplizierte Realität Italiens zu begreifen, und laufe Gefahr, Italien durch polnische Brillen zu sehen. War damit die These widerlegt oder bestätigt, daß sich durch die Wahl eines nichtitalienischen Papstes Italien und der Vatikan ferner gerückt seien? Der Papst polnischer Herkunft schenkt Italien im Unterschied zu seinen Vorgängern nicht mehr die tägliche Aufmerksamkeit. Obwohl er als Bischof von Rom am Sonntag eifrig römischen Pfarreien Besuche abstattet oder Bistümer in der italienischen Provinz aufsucht, ist die vatikanische Präsenz viel geringer geworden. Die Italienische Bischofskonferenz genießt eine größere Autonomie. Nur nimmt sich Johannes Paul II. als Oberhaupt der

Kirche das Recht, Grundpositionen der Lehre und des Kirchenregiments in konservativer Gesinnung temperamentvoll zu verteidigen. Auch ist er bereit, in Personal- und Sachfragen, die ihm besonders am Herzen liegen, ein Machtwort zu sprechen.

Religiöses Wiedererwachen?

Das Bild vom säkularisierten Italien verlangt sogleich nach einer ersten Korrektur. In den letzten Jahren haben im kirchlichen Leben eine Reihe von religiösen Bewegungen an Boden und Bedeutung gewonnen.[67] Johannes Paul II. sucht die Begegnung mit ihnen, und zu den Generalaudienzen wie zum sonntäglichen Angelus auf dem Petersplatz finden sich jubelnd Tausende dieser Jugendlichen ein. Viele Beobachter sehen in diesen Gruppen einen Beweis für die religiöse Vitalität innerhalb, aber auch außerhalb des kirchlichen Lebens. Dieser qualitative Aufschwung widerlegt nicht den quantitativen Rückgang im Prozeß der allgemeinen Säkularisierung. Es ist eine katholische Minderheit, und hier vor allem die jüngere Generation, die sich in neuen Formen religiösen Lebens engagiert. Gründe dafür sind die Krise der revolutionären Ideologien, die Desillusionierung marxistischer Zirkel aller Schattierungen, das enttäuschende Ergebnis der Unruhen von 1968/1969. Die Suche nach dem Religiösen hat wieder zugenommen, und es ist von einer »Wiedergeburt des Heiligen« (rinascita del sacro) die Rede. Bestimmt wirkt sich auch die charismatische Gestalt des Papstes auf viele dieser Gruppen aus.

In die Reihe dieser Organisationen gehören die 1943 entstandenen »Focolarini«, die weit über ihr Ursprungsland Italien hinausreichen und die sich aktiv in die Kampagne gegen die Abtreibungsreform eingeschaltet hatten, die »Neokatechumenalen« und die »Cursillos«, die beide spanischer Herkunft sind, und die »Charismatische Bewegung«, die auf Anstöße in den Vereinigten Staaten zurückgeht. Auch die katholischen Pfadfinder mit rund 100000 Jugendlichen aller Altersstufen befinden sich in Expansion. Neben eigentliche Erweckungsbewegungen treten Gruppen, die sich in sozialer Hilfe oder in Aktionen für die Dritte Welt engagieren. Auch die Caritas spielt mit ihren Hilfsprogrammen eine bedeutende Rolle. Vergleichsweise elitären Charakter hat daneben das Opus Dei, das von einem spanischen Priester errichtete Säkular-Institut, das heute die Rechtsform einer Personalprälatur hat und im Bereich des Hochschullebens eine starke Position einnimmt.

Innerhalb Italiens wird die Bewegung »Comunione e Liberazione« (CL) immer wieder zum Gegenstand heftiger Diskussionen. Sie war 1969 von dem Priester Luigi Giussani in Mailand gegründet worden, der bereits in den fünfziger Jahren Promotor einer Organisation für Gymnasiasten gewesen war. Mit ihren rund 70000 Mitgliedern besitzt CL nach wie vor Hochburgen in den Universitäten und schaltet sich dort mit Zimmervermittlung, Studentenhäusern, Buchläden und so weiter in die studentische Sozialarbeit ein. Der Verlag Jaca Book wie die Zeitschrift ›Il Sabato‹ und auch die Tageszeitung ›Avvenire‹ stehen ihr nahe. Aus der Bewegung ging eine eigene politische Formation hervor, der »Movimento popolare«, der mit eigenen Kandidaten auf den DC-Listen teilnimmt und sich unter der Führung Roberto Formigonis in den Versuch der Neugründung und Reideologisierung der DC einschaltete. In den letzten Jahren ist Andreotti zum Protektor der Bewegung geworden. Von CL sagt man, daß sie überall dort anwesend sei, wo der Papst auftauche, ja, daß sie sich den Papst direkt »anzueignen« versuche. Johannes Paul II. seinerseits zeigt Sympathien für die dynamische, offensive Bewegung.

»Comunione e Liberazione« steht deutlich in Opposition zur ältesten und noch immer größten Organisation katholischer Laien in Italien, der Katholischen Aktion, der sie Rückzug in den religiösen Bereich, Bereitschaft zu Kompromissen und damit Neutralisierung des Glaubens vorwirft. Die Katholische Aktion ihrerseits tritt für den Dialog und die Zusammenarbeit mit anderen Kräften ein und kreidet CL die Verfolgung hegemonialer Ziele und einen überholten Integralismus an, der gegen den Geist des Konzils verstoße. Die Debatte zeigt, daß in der gegenwärtigen Renaissance religiöser Jugendbewegungen eine stark restaurative Komponente, eine Suche nach festen Ordnungen und unbestrittenen Autoritäten enthalten ist.

Die Katholische Aktion war in der Zeit des Faschismus das Rückgrat des von der Hierarchie geführten Laientums und wurde nach dem Krieg mit ihren 2,5 Millionen Mitgliedern zur unentbehrlichen Hilfstruppe christdemokratischer Wahlkampagnen. Zusammen mit einer akademischen Elite, aus deren Reihen die Führung der DC hervorging, war die Kirche imstande, im ganzen Land das Personal für Kampagnen zu rekrutieren. Die eigentlichen Kampfgruppen in dieser Mobilisierung waren die Bürgerkomitees (comitati civici) des Professors für Zwillingsforschung, Luigi Gedda, die sich nicht die politischen Rücksichten der Katholischen Aktion auferlegen mußten und besonders dort in Erscheinung traten, wo die DC organisatorische Lücken aufwies.

Nach dem Konzil zog sich die Katholische Aktion aus dem politischen Gelände zurück und besann sich auf ihre religiösen Ursprünge. Während der Präsidentschaft Vittorio Bachelets fand ein Abbau des zentralen Apparats und eine Annäherung an die Organe der Bischofskonferenz statt. Sie gewann an Selbständigkeit, verlor aber einen großen Teil ihrer Mitglieder, die heute bei 560000 liegen. Die »scelta religiosa«, die Besinnung auf den religiösen Kern, kam einem Rückzug in den kirchlichen Bereich gleich. Ihr Präsident Alberto Monticone erklärte auf einer Tagung im April 1983, das wahre Interesse der italienischen Kirche sei nicht, daß die Katholiken regierten, sondern daß die christlichen Prinzipien persönlich und sozial im Lande gelebt würden. Dieser Kurs geriet seither in Gegensatz zur Vorstellung des Papstes, daß die katholischen Laienorganisationen sich als gesellschaftliche Kraft unter kirchlicher Führung mit direkten Aktionen ins öffentliche Leben einschalten sollten. Auf dem Kongreß vom April 1986 traten diese Spannungen mit der kirchlichen Hierarchie offen zutage.

Im Unterschied zur Katholischen Aktion war die katholische ACLI, die nach der Bildung einer überparteilichen Einheitsgewerkschaft 1944 vom Vatikan als kirchliche Gegenposition im Syndikalismus geschaffen wurde, viel stärker den politischen und religiösen Erschütterungen ausgesetzt. Auf ihren Kongressen von 1969 und 1970 ging die Organisation auf sozialistischen Kurs; es kam zu einer Trennung von der Hierarchie, und die geistlichen Betreuer wurden zurückgezogen. Seither steuert die ACLI mit einer halben Million Mitglieder einen autonomen Kurs in Nachbarschaft des linken DC-Flügels und hat ihre Beziehungen zur institutionellen Kirche wieder verbessert. Im Januar 1983 wurden sie unter ihrem damaligen Präsidenten Domenico Rosati nach einer Pause von 15 Jahren zum erstenmal wieder offiziell im Vatikan empfangen. Trotz dieser Rückwendung der ACLI zur Kirche besteht weiterhin der »Movimento cristiano dei lavoratori« (MCL) mit etwa 400000 Mitgliedern; er war 1972 durch Gruppen gegründet worden, welche die ACLI wegen ihres Linkskurses verlassen hatten.

Das Spektrum des progressiven Lagers, das mit seinen sozialen bis politischen Postulaten in Gegensatz zur Hierarchie steht, ist in Italien nach wie vor breit.[68] Geistliche, unter ihnen rund 300 Arbeiterpriester, wie Laiengruppen engagieren sich in dieser Auseinandersetzung. Der Konflikt um die Gemeinschaft des Isolotto in Florenz unter Don Enzo Mazzi, der dann von Erzbischof Florit versetzt wurde, wirkte 1968 als Fanal. In den Vierteln Oregina von Genua und Vandalino von Turin, in Rom, wo der Benediktinerabt Giovanni Franzoni in San Paolo fuori le mura einen Kreis ins Leben rief, und in anderen Orten bildeten sich Gemeinschaften. Einzelne Professoren theologischer Fakultäten gerieten in Konflikt mit ihren Vorgesetzten. 1971 entstand im Widerspruch zur Bischofssynode die »Bewegung 7. November«, und zwei Jahre später formierte sich unter dem Einfluß der lateinamerikanischen Befreiungstheologie die Bewegung »Christen für den Sozialismus«, angeführt vom Salesianerpriester Giulio Girardi. Basisgemeinschaften, deren Zahl heute in Italien auf 250 bis 300 geschätzt wird, entfalteten sich im ganzen Land. Im Februar 1974 fanden auf der von Kardinalvikar Poletti einberufenen Tagung über die Verantwortung der Christen in der Diözese Rom auch Stimmen der Kontestation und der verstärkten sozialen Verantwortung ein Forum.

Sonderfälle in diesem zur Linken hin geöffneten Kräftefeld waren der Professor und Florentiner Bürgermeister Giorgio La Pira (1904–1976) und der Bologneser Kardinalerzbischof Giacomo Lercaro (1891–1976). La Pira, der vom linkskatholischen Kreis Giuseppe Dossettis herkam und mit der Democrazia cristiana und der Kirche wegen politischer Einzelgänge und utopischer Vorschläge wiederholt in Konflikt geriet, war mehr eine religiöse als eine politische Figur. Der ursprünglich engagierte Antikommunist Lercaro wurde als Erzbischof von Bologna ein Gesprächspartner des kommunistischen Bürgermeisters Dozza. Dieser Dialog wurde später landesweit als Beispiel konziliarer Begegnung zwischen der KPI und der Kirche verstanden. Die »rote« Giunta machte ihn 1966 zum Ehrenbürger der Stadt. Er war ein Exponent des reformerischen Flügels des Konzils und hatte große Verdienste um die Liturgiereform, wurde aber später von konservativer Seite des Verrats an der Liturgie beschuldigt.

Die kirchliche Protestbewegung distanzierte sich von den Bischöfen und stellte sich gleichzeitig in Opposition zur Democrazia cristiana. Mit dieser Loslösung von der Amtskirche wurde auch eine Einschränkung der päpstlichen Autorität gefordert. Erstes Ziel war, von der Basis her das Volk Gottes zu erneuern, mit den Armen arm zu werden und in diesem Prozeß sich selber und die Kirche zu reinigen. Doch dieser Einsatz führte auf beiden Seiten, in den Gruppen wie in der Hierarchie, zu Verhärtungen. Der italienische Episkopat hatte nicht zur progressiven Vorhut des Konzils gehört, die Auswirkungen der Reformen waren darum geringer als in anderen Ländern Westeuropas. Auch die Belebung des Laientums gedieh nicht weit, und so blieb die Kirche in Italien nach wie vor in hohem Maße klerikalisiert. Aus diesen Gründen mißlang es der Hierarchie vielfach, kritische Priester und Gruppen zu integrieren und reformerischen Versuchen dienstbar zu machen; der Dissens wurde isoliert, zersplitterte sich oder isolierte sich selber, geriet durch ein einseitiges soziales Engagement in marxistische Fahrwasser und politisierte sich zusehends.

Nachdem die große Zeit dieser Gruppen vorbei ist, zeichnet sich in den letzten Jahren eine neue Welle, die der Friedensbewegung, ab. Sie beruft sich auf Enzykliken der Päpste seit Johannes XXIII. und schaltete sich in die Kampagnen gegen die Aufrüstung, gegen den Bau der Raketenbasis Comiso in Sizilien und gegen den Waffenhandel ein. In vorderster Reihe ist die ACLI-Jugend an diesen Aktionen beteiligt. Die Bischofskonferenz warnt davor, sich vor den Wagen anderer spannen zu lassen – gemeint ist die kommunistisch gesteuerte Friedensbewegung. Religiöse Gruppen und kirchliche Stellen nehmen sich auch der Dienstverweigerer an. Während es 1973, kurz nach der Einführung des Ersatzdienstes, kaum mehr als 100 waren, liegt ihre Zahl heute bei etwa 8000. Von seiten der Kirche versucht man vor allem, die Verfahren für die Anerkennung des Zivildienstes zu beschleunigen.

Historischer Exkurs: die Last der römischen Frage

Wer sich fragt, in welcher Weise die italienischen Bischöfe heute in einem von Grund auf veränderten Land ihre Aufgabe erfüllen, kommt nicht um einen historischen Exkurs herum. Er gilt der römischen Frage, die zwar gelöst ist, aber noch immer nachwirkt. Die Geschichte des Papsttums und der italienischen Halbinsel waren stets miteinander verflochten. Der Bischof von Rom ist als Nachfolger des Apostelfürsten Petrus das Oberhaupt der katholischen Kirche. Während Jahrhunderten beherrschte er ein Territorium, das sich vom Patrimonium Petri um Rom über Umbrien und die Marken bis in die Romagna an der Adria erstreckte. Der Kirchenstaat behauptete sich in der Auseinandersetzung mit dem Feudaladel, den Kommunen, den übrigen Staaten Italiens und den europäischen Mächten. Das machtpolitische Spannungsfeld wurde im 19. Jahrhundert durch den Kampf um neue Ideen und Ideologien überlagert. Für die Führer des Risorgimento, die im Streben nach Freiheit Italien einigen wollten, war das konservative Papsttum das große Hindernis für den Zusammenschluß. Das geopolitische Faktum, daß sich die päpstliche Herrschaft auf italienischem Boden befand und ein Stück Italien war, hatte einmal mehr dramatische Auswirkungen. Am 20. September 1870 eroberten italienische Truppen Rom, das buntgescheckte päpstliche Heer wurde aufgelöst. Die weltliche Herrschaft des Papsttums war zu Ende, und Pius IX. machte sich selbst zum Gefangenen im Vatikan. Der junge Nationalstaat war gegen den Willen der katholischen Kirche und deren Oberhaupt – König Vittorio Emanuele II. war exkommuniziert worden – zustande gekommen.

Die Hypothek der römischen Frage belastete von Anfang an das vereinigte Italien. Pius IX. verweigerte dem Staat seine Anerkennung und grenzte sich in Politik und Lehre gegen den vorherrschenden Liberalismus ab. Mit dem »Garantiegesetz« von 1871 versuchte Italien erste Schritte in Richtung einer Normalisierung, und zwar im Sinne von Cavours Formel von einer »freien Kirche in einem freien Staat«, stieß aber auf Ablehnung des Papstes. Das päpstliche »Non expedit« von 1874, das den katholischen Bürgern die aktive und passive Teilnahme an Wahlen verbot, der gegen die angeblichen modernen Irrlehren gerichtete »Syllabus« und die Erklärung der päpstlichen Unfehlbarkeit stellten ein Bollwerk gegen den Liberalismus und den liberalen Staat dar. Der Staat erließ dagegen Gesetze und Maßnahmen, die, wie die Aufhebung der Klöster, die Beschlagnahme von Kirchengütern und das Exequatur für die Inbesitznahme der Diözesen, einer Aussöhnung entgegenwirkten. Ein Kulturkampf, wie er zur Zeit Bismarcks Deutschland heftig entzweite, wurde in Italien aber vermieden.

Die Kontraste konnten erst im Laufe der Zeit abgeschliffen werden. Um die Jahrhundertwende hatten vatikanische Ansprüche, wie jene auf die weltliche Macht des Papsttums, kein praktisches Gewicht mehr. Die Katholiken näherten sich zusehends der Politik, vorbereitet durch das weite Netz des Verbandswesens, das sich kraftvoll in ihren Reihen entfaltet hatte. Der Nationalismus, der mit der Eroberung Libyens von 1911 und im Verlauf des Ersten Weltkrieges erwachte, bildete Brükken, die den katholischen Bürgern den Rückweg zum Staat erleichterten. Für praktizierende Katholiken wurde Treue zur Kirche mit Loyalität gegenüber dem Staat vereinbar. Anfang 1919 war unter Führung des sizilianischen Priesters Don Luigi Sturzo die katholische Volkspartei entstanden. Noch im selben Jahr hob der Vatikan das »Non expedit«, das längst durchbrochene Verbot eines politischen Engagements der Katholiken, formell auf.

Doch erst ein Jahrzehnt später wurde die römische Frage gelöst. Am 11. Februar 1929 unterzeichneten Mussolini und Kardinalstaatssekretär Gasparri im Lateranpalast das Vertragswerk, bestehend aus dem Staatsvertrag, dem Konkordat und einer finanziellen Vereinbarung. Mit dem Staatsvertrag, der die völkerrechtliche Grundlage für die Vatikanstadt innerhalb Roms schuf, wurde der Konflikt zwischen Papst und Königreich beigelegt. Das Konkordat regelte das Zusammenleben zwischen dem faschistischen Staat und der katholischen Kirche. Mussolini, der seit Jahren mit freundlichen Gesten um den Vatikan geworben hatte, buchte einen innenpolitischen Erfolg und gewann außenpolitisch an Ansehen. Die Masse der italienischen Katholiken fühlte sich endgültig dem Regime verpflichtet, obwohl die Verfolgung der Katholischen Aktion kurz danach einen Schatten auf die Versöhnung warf.

Nach dem Zweiten Weltkrieg verkehrte sich die einstige Trennung von Kirche und Staat des liberalen Italien in ihr Gegenteil. Es begann nach den Worten des katholischen Kirchenrechtlers und Historikers Jemolo eine »konfessionelle Phase« der italienischen Politik, die nach seiner Ansicht bis 1960 dauerte.[69] Die Privilegien der Kirche, die Mussolini der Kirche in den Lateranverträgen zugestanden hatte, ohne daß er ihr einen politischen Einfluß erlaubte, wirkten sich nun voll in der Politik und im sozialen Leben aus. Der Umschlag wurde möglich, weil zum erstenmal in der Geschichte Italiens eine katholische Partei, die Democrazia cristiana, die politische Führung der Republik übernahm.

Dieser Anfang der christdemokratischen Hegemonie fällt zusammen mit dem zweiten Teil des Pontifikats von Pius XII. Er repräsentierte das Papsttum zum letztenmal als triumphale Herrschaft der Kirche, mit vollem Anspruch auf direkte politische Einflußnahme. Ihre Macht beschränke sich – so in einer Rede von 1954 – nicht auf den Bereich der »streng religiösen Fragen«, sondern unter ihre Gewalt würden »Gegenstand, Institution, Auslegung, Anwendung des Naturgesetzes« fallen, soweit es ihren moralischen Aspekt angehe. Die Kirche beanspruchte die Führung durch ihre Lehre bis hinein in den kulturellen, sozialen und politischen Bereich. Kurie, Bischöfe, Orden und Weltpriester dienten der Aufgabe, ein katholisches Italien zu schaffen und zu erhalten.

Die ideologische Frontbildung des Kalten Krieges, zu der auch die Kirchenverfolgung im Ostblock beitrug, erreichte in der italienischen Kirche 1949 einen Höhepunkt mit der Exkommunizierung der Mitglieder, Wahlhelfer und Wähler der KPI. Doch der Kampf galt nicht nur dem Marxismus, sondern richtete sich auch gegen Errungenschaften des liberalen Staates, wie etwa der Fall des Bischofs von Prato, Pietro Fiordelli, zeigte. Der Bischof ließ durch den Gemeindepfarrer einen Brief verlesen, in dem ein junges Paar, das sich nur zivil hatte trauen lassen, als »öffentliche Sünder« angeprangert wurde, die keine Ehe, sondern nur ein »anstößiges Konkubinat« begonnen hätten. Das Paar reichte Anklage wegen Verleumdung ein. Der Bischof wurde zu einer Geldbuße verurteilt. Dies veranlaßte den späteren progressiven Erzbischof von Bologna, Lercaro, die Totenglocken zu läuten. In zweiter Instanz wurde das Urteil aufgehoben.

In jenen Jahren, in denen der katholische Integralismus vehement zum Zuge kam, machte die Kirche vollen Gebrauch von den Bestimmungen des Konkordats. Die evangelische Minderheit, vor allem aber Sekten, wie die Zeugen Jehovas oder die Pfingstbewegung, waren Schikanen der Polizei ausgesetzt. Die Zensur setzte dem intellektuellen Leben innerhalb der Kirche enge Grenzen. Die italienische Hierarchie ging auch gegen Priester wie den frommen Don Mazzolari vor, dessen soziales Engagement verdächtig schien, oder gegen Don Lorenzo Milani, dessen offener Erfahrungsbericht über die Seelsorge in einem winzigen Nest des Apennin das Heilige Offizium auf den Plan rief. Wichtiger als diese Einzelfälle war aber die klerikale Durchdringung des Alltags von der Schule in der Provinz bis zur Personalpolitik in römischen Ministerien und zur Einschaltung des Vatikans bei der Lösung von Regierungskrisen.

Daß der militanten Klerikalisierung und dem direkten Einfluß des Papstes Grenzen gesetzt waren, bewies allerdings die sogenannte »Operation Sturzo« vom Mai 1952. Unter vatikanischer Pression sollte Don Sturzo für die römischen Gemeindewahlen eine antikommunistische Liste unter Einschluß der Neofaschisten lancieren. Der Plan scheiterte an verschiedenen Widerständen, vor allem auch an jenem De Gasperis, der sich als ein Mann des Antifaschismus stets klar von der Ultrarechten abgrenzte. Daß er einige Wochen nach der römischen Episode anläßlich des 30. Jahrestages seiner Eheschließung und des Eintritts seiner Tochter Lucia ins Kloster nicht vom Papst empfangen wurde, erfüllte ihn mit Bitterkeit. Pius XII. hegte Mißtrauen gegen den Politiker, der bei allem Gehorsam gegenüber der Kirche auf der Autonomie der Politik bestand, die Grundlagen der italienischen Demokratie auch durch Bündnisse mit den Parteien der laizistischen Mitte erweitern und damit eine Wiederbelebung des Antiklerikalismus vermeiden wollte. De Gasperi stand in einem doppelten Kampf gegen die linke Volksfront wie gegen die Rückkehr von ultraklerikalen und faschistischen Kräften aus dem antikommunistischen Lager. Allerdings änderten die Divergenzen kaum etwas am Bild einer Kirche von monolithischer Geschlossenheit, die dann mit dem Ende des Pontifikats von Pius XII. zerfällt.

Johannes XXIII. löst im kurzen Jahrfünft seines Amtes durch die Einberufung des Zweiten Vatikanischen Konzils einen Prozeß der Öffnung, der Erneuerung und des »aggiornamento« aus. Mit seinen großen Enzykliken »Mater et Magistra« und »Pacem in Terris« weitet er die katholische Soziallehre auf die Dritte Welt aus, verkündet die Freiheit des Gewissens und der Religion und leitet damit den ökumenischen Dialog ein. Eine aktive Friedenspolitik des Vatikans beginnt sich zu entwickeln, die von seinen Nachfolgern ausgebaut wird. Die Kirche stellt sich der Moderne, setzt sich dem Ansturm neuer Ideen aus und beginnt ideologische Schranken abzubauen. Dieser Aufbruch fällt in der internationalen Politik zusammen mit der Entstalinisierung im Ostblock und mit dem schrittweisen Übergang zu einer Politik der friedlichen Koexistenz, der sich die vatikanische Ostpolitik anschließt. In Italien kommt in den gleichen Jahren die Öffnung nach links zu den Sozialisten hin zustande. Die Anfänge der vatikanischen Ostpolitik und das reduzierte Interesse Johannes' XXIII. an der italienischen Innenpolitik erleichtern die Annäherung der DC an eine Partei marxistischer Herkunft.[70]

Die ersten Schritte der Bischofskonferenz

Für die italienische Kirche brachte das Konzil den zaghaften Anfang zu einer größeren Eigenständigkeit. Im Unterschied zu anderen europäischen Staaten hatten in Italien Ansätze zu einer Nationalkirche gefehlt. Die Mitglieder der Kurie waren zumeist Italiener, und die Kurie verflocht sich deshalb unlösbar mit dem italienischen Klerus. Der Schatten des Vatikans lag auf der Kirche der Halbinsel. Diese enge Schicksalsgemeinschaft mit der päpstlichen Herrschaft verhinderte eine Selbständigkeit und Profilierung des Episkopats; die kollegiale Zusammenarbeit der italienischen Bischöfe konnte erst viel später als in anderen Ländern einsetzen. Unter Leo XIII. wurden noch im letzten Jahrhundert die über 300 Diözesen in 19 Regionen gruppiert, um gemeinsame Probleme zu lösen. Pius XII. schuf bereits die Italienische Bischofskonferenz; doch handelte es sich nur um eine gewisse Koordinierung zwischen den Regionalkonferenzen, deren Präsidenten sich einmal im Jahr trafen. Der Papst als Primas von Italien bewahrte durch die Kurie die direkte Kontrolle über den Episkopat, in dem nach wie vor die Traditionen der früheren Einzelstaaten Italiens stark verwurzelt waren.

Erst unter Paul VI. werden im Dezember 1965 knapp nach dem Ende des Konzils die provisorischen Statuten der Italienischen Bischofskonferenz gutgeheißen, mit einem guten Jahrhundert Verspätung gegenüber verwandten Gremien in anderen Ländern.[71] In seiner Ansprache vor der ersten Vollversammlung der CEI (Conferenza episcopale italiana) erinnert Paul VI. im Juni 1966 daran, daß die Bischöfe Italiens seit Petrus nie eine einzige Körperschaft gebildet hätten; nun seien alle italienischen Bischöfe schließlich in Eintracht vereinigt aufgrund einer einzigen und einheitlichen kirchlichen Formel. Der Papst sei bereit, die organische Entwicklung der CEI nach dem Beispiel anderer nationaler Konferenzen zu fördern. Die Generalversammlung tritt laut der 1970 und 1976 überprüften Statuten einmal im Jahr zusammen. Dazwischen führt der Ständige Rat, der sich aus den Präsidenten der 16 Regionalkonferenzen und von elf Kommissionen zusammensetzt, die Geschäfte, unterstützt vom Generalsekretariat, das sein Hauptquartier in einem modernen Bürohaus am Rande Roms hat.

Der italienische Episkopat war noch während des Konzils der umfangreichste der Gesamtkirche gewesen. Bei der ersten Vollversammlung der CEI von 1966 zählte er 315 Mitglieder. Heute stehen die Vereinigten Staaten und Brasilien mit ihren Konferenzen zahlenmäßig an der Spitze des Weltepiskopats. Das Konkordat von 1929 hatte bereits eine Reduktion der Diözesen durch Angleichung an die Provinzen vorgesehen. Doch erst unter Paul VI. wurden in empirischer Weise – ohne Verbindung mit den Verhandlungen über die Konkordatsrevision – von Fall zu Fall durch Zusammenlegung, Verlegung von Diözesengrenzen und so weiter zahlreiche Zwergdiözesen aufgehoben, um so den administrativen und pastoralen Erfordernissen nach Jahrzehnten, ja Jahrhunderten demographischer Verschiebungen zu genügen. Durch ein Dekret der vatikanischen Bischofskongregation wurde 1986 die Zahl der Diözesen auf 228 gesenkt – für Italien mit seinen 57 Millionen Katholiken noch immer eine hohe Zahl, während in Frankreich auf 54 Millionen 95 Bistümer und in Spanien auf 38 Millionen 65 Bistümer entfallen.

In der kurzen Zeit ihres Bestehens hat die CEI, die heute vom Kardinalvikar des Papstes für Rom, Ugo Poletti, präsidiert wird, keine starke Stimme in der italienischen Öffentlichkeit gewonnen. Die verantwortlichen Bischöfe hielten sich bewußt der politischen Szene fern, vermieden jede Publizität und setzten ihre Kräfte in der innerkirchlichen Erneuerung ein. Typisch dafür war die Zurückhaltung eines Vorgängers von Poletti, des früheren Erzbischofs von Bologna, Antonio Poma. Die Impulse des Konzils trugen Früchte in der Erarbeitung neuer Katechismen und in der Liturgiereform. Dokumente wie ›Evangelisierung und Sakramente‹ und ›Evangelisierung der modernen Welt‹ verstärkten durch die gemeinsame Vorbereitung die interregionale Zusammenarbeit. Diese Arbeit ging von der Erkenntnis aus, daß Italien ein Land sei, das evangelisiert werden müsse; an die Stelle der Pastorale der »Sakralisierung« habe die Pastorale der Evangelisierung zu treten. Es war die sogenannte »Linie Bartoletti«, genannt nach dem damaligen Generalsekretär der CEI, der 1976 kurz vor dem Kongreß »Verkündigung des Evangeliums und menschliche Entfaltung«, dem Höhepunkt dieser Bemühungen, starb.

Inzwischen ist eine neue Generation von Bischöfen angetreten, die konsequent die Kirche und ihre Institutionen zu öffnen versucht und auf breiter Front den Dialog mit der modernen Gesellschaft aufzunehmen entschlossen ist. Sie kommt damit auch der Aufforderung von Johannes Paul II. an die Kirche nach, ihre soziale Präsenz in der Gesellschaft des Landes zu verstärken. In Mailand, der größten italienischen Diözese, hat

Kardinalerzbischof Carlo Maria Martini, der frühere Rektor der Jesuitenuniversität Gregoriana in Rom, die Begegnung mit den sozialen Kräften der lombardischen Metropole aufgenommen. Erwähnt seien in diesem Kontext auch Kardinal Anastasio Ballestrero, der dem Orden der unbeschuhten Karmeliter angehört und der in Turin einen der sozial aufgeschlossensten Bischöfe, Michele Pellegrino, abgelöst hat, sowie der Patriarch von Venedig, Marco Cé, und der Erzbischof von Bari, Mariano Magrassi, ein früherer Benediktinerabt. Bis 1987 vertrat der betagte Kardinal Giuseppe Siri, der seit 1946 die Erzdiözese Genua betreute, innerhalb des italienischen Episkopats eine prononciert konservative Haltung. Der Bischof von Ivrea bei Turin und frühere Weihbischof Lercaros in Bologna, Luigi Bettazzi, der sich an vielen Initiativen der Linken beteiligt, markiert dagegen eine progressive Gegenposition.

Zwei Bischöfe sind durch ihre mutige Haltung gegenüber dem organisierten Verbrechertum in Süditalien bekannt geworden. In Palermo erhob Kardinalerzbischof Salvatore Pappalardo die Stimme gegen die Mafia, erneuerte die Exkommunizierung von Mafia-Verbrechern, deren Auftraggebern und Handlangern und unterstützte Priester, die den Kampf gegen diese Geißel der sizilianischen Gesellschaft aufgenommen haben. Bischof Antonio Riboldi von Acerra im Hinterland von Neapel hatte sich als Pfarrer für die Opfer des Erdbebens im Val Belice in Sizilien eingesetzt und versucht heute, die Bevölkerung seines Bistums für den Kampf gegen die Camorra zu mobilisieren.

In einem Dokument der CEI vom Oktober 1981 unter dem Titel ›Die italienische Kirche und die Perspektiven des Landes‹ mit Richtlinien für ein neues Engagement hieß es, der christlichen Gemeinschaft komme es nicht zu, politische Entscheide herbeizuführen, sie müsse dagegen mit neuer Kraft die »vorpolitischen Sektoren« beleben. Daß die italienische Kirche und der Papst dabei nicht dieselbe Vorstellung hatten, mußte sich bald zeigen. Der Katholikenkongreß vom April 1985 in Loreto, der einer Besinnung auf die Rolle der Katholiken in der Gesellschaft Italiens diente, machte Schlagzeilen, weil mit dem Auftritt des Papstes der Kontrast zur italienischen Kirche sichtbar wurde. Johannes Paul II. rief die Katholiken zu einer kämpferischen und geschlossenen Präsenz auf, wie sie die Bewegung »Comunione e Liberazione« praktiziert. Die Kongreßmehrheit und führende Männer wie der Mailänder Erzbischof Martini vertraten dagegen ein Konzept des offenen Dialogs mit den gesellschaftlichen Kräften und des Zeugnisses einer erneuerten Kirche. Ein Jahr nach Loreto ging es im Konflikt mit der Katholischen Aktion um dieselben Fragen. Inzwischen führt die CEI mit ihrem neuen Sekretär, Erzbischof Camillo Ruini, einen Kurs der beweglichen Vermittlung, ohne daß die Gegensätze überwunden wären.

Der Prozeß der Säkularisierung in Italien fiel zusammen mit dem Abbau der parteipolitischen Ideologien. Das hatte zur Folge, daß die Kirche heute nicht mehr im selben Maß wie früher die Democrazia cristiana als ihren natürlichen Verbündeten und die marxistische KPI als ihren natürlichen Gegner betrachtet. Der Weg zu einem Pluralismus scheint sich zu öffnen, durch den auch andere Parteien, in denen ohnehin praktizierende Katholiken eingeschrieben sind, für die Kirche akzeptabel werden. Jedenfalls räumt die Kirche prinzipiell ein, daß Katholiken sich in Parteien engagieren können, die die Grundfreiheiten des Menschen garantieren und dem christlichen Gewissen nicht widersprechen. Das zitierte CEI-Dokument macht hier eine zusätzliche Einschränkung und erklärt, daß nicht alle Parteiprogramme mit dem christlichen Glauben vereinbar seien: einige wegen ihres kulturellen Ursprungs, wegen ihrer Ziele oder wegen ihres praktischen Verhältnisses zu Grundwerten wie dem menschlichen Leben, den demokratischen Freiheiten, den Rechten und Pflichten des Menschen und so weiter. Das heißt konkret, daß Kandidaten der Parteien, die für Einführung des Schwangerschaftsabbruchs eintraten, oder Parteien totalitären Zuschnitts für die Bischöfe nicht in Frage kommen.

Damit wird der Democrazia cristiana von vornherein eine Vorzugsstellung eingeräumt. In der Abtreibungskampagne hielt sie sich als Partei zwar zurück, übte gewisse Neutralität, während einzelne ihrer Mitglieder, wie der Florentiner Abgeordnete Carlo Casini, die Kampagne anführten. Da sich die Partei auf ihre christliche Inspiration beruft, muß sie nach wie vor das besondere Vertrauen der Kirche besitzen. Trotz der Beteuerungen, sich im »vorpolitischen« Raum anzusiedeln, verlangen viele Kräfte in der Kirche noch immer eine besondere, ihr nahestehende Partei, die damit privilegiert wird. Vor den Parlamentswahlen von 1987 sprach sich die Bischofskonferenz in einem Aufruf klar zugunsten der DC aus, ohne sie namentlich zu erwähnen. Diese Wahlhilfe der Bischöfe und des Papstes wurde als Rückfall in alte Praktiken empfunden. Zwar war es nur eine Erklärung des Präsidiums der CEI, hinter der nicht die ganze

Hierarchie stand. Aber sie bestätigte den restaurativen Kurs des Papstes, der dem Drängen integralistischer Kräfte nach einem politischen, parteimäßig organisierten Katholizismus entspricht.

Auf der anderen Seite besteht allen Revisionen zum Trotz weiterhin das Nein der Kirche zu den Kommunisten. Zwar sind die Zeiten der Exkommunizierungen vorbei. Gegen die »Katholiken des Dissenses«, die 1976 und 1979 als Unabhängige auf der KPI-Liste ins Parlament kamen, wurden keine Sanktionen ergriffen. Zu ihnen gehörten Senatoren wie Mario Gozzini und Raniero La Valle, der in den sechziger Jahren die katholische Tageszeitung ›Avvenire‹ geleitet hatte. Dieser Frontwechsel praktizierender Katholiken vermochte jedoch keine Bresche ins katholische Lager zu schlagen, und auch Gruppen, wie die »Christen für den Sozialismus«, die Marxismus und christlichen Glauben auszusöhnen suchen, blieben sektiererische Versuche von höchst begrenzter Wirkung. Fünf Jahre nach dem Briefwechsel Berlinguers mit Bischof Bettazzi von Ivrea nahm der KPI-Chef im Dezember 1982 in einem großen Interview die katholische Frage erneut auf und sprach von Möglichkeiten konkreter Zusammenarbeit mit den Katholiken außerhalb der DC. Im Vorfeld des KPI-Kongresses ging es darum, mittels der Kampagne gegen die nukleare Nachrüstung und anderer aktueller Themen Sympathien und Stützpunkte im katholischen Lager zu gewinnen. Doch auch diesmal war das Echo negativ.

Das Konkordat – neuer Modus vivendi

Als Ministerpräsident Craxi und Kardinalstaatssekretär Casaroli am 18. Februar 1984 das neue Konkordat zwischen der italienischen Republik und dem Vatikan unterzeichneten, war die Zeit für eine Anpassung an die Gegenwart, für ein »aggiornamento« längst reif. Viele Artikel des Konkordats von 1929 waren schon bei der Gründung der Republik obsolet gewesen, viele wurden durch die Rechtsprechung in den Jahrzehnten danach überholt oder außer Kraft gesetzt. Zwischen dem modernen Italien und der nachkonziliaren Kirche kam endlich eine Einigung zustande, allerdings nur ein Rahmenvertrag, der Richtlinien gab und auch einzelne Probleme regelte, ungelöste Fragen zunächst aber ausklammerte.[72]

Das Konkordat war Teil der Lateranverträge von 1929, durch

die damals in erster Linie Verluste der Kirche wieder gutgemacht werden sollten. Der Vatikan gewann zwar nicht seine weltliche Macht von einst, sondern nur den Rest eines winzigen souveränen Stadtstaates innerhalb eines römischen Quartiers um den Petersdom und die Vatikanischen Paläste zurück. Einige Paläste und Kirchen im übrigen Rom und die Basiliken von Padua, Loreto und Assisi kamen hinzu. Doch die Verträge brachten der Kirche noch andere Gewinne. Aufgrund der Finanzkonvention vergütete der italienische Staat dem Vatikan den Verlust des Kirchenstaats und der Güter kirchlicher Körperschaften mit 1,75 Milliarden damaliger Lire. Sie waren der Grundstock für die vatikanischen Finanzen, die in jüngster Zeit durch Fehlspekulationen und durch die Verwicklung in Bankskandale Einbußen erlitten. Hinzu kamen die Steuerfreiheit für kirchliche Güter und die Weiterführung der finanziellen Leistungen im Rahmen des »Fonds für den Kult« an den italienischen Klerus. Neben die Wiederherstellung alter Privilegien trat die volle zivilrechtliche Gültigkeit der kirchlich geschlossenen Ehe und die Einführung des obligatorischen Religionsunterrichts in den oberen Klassen. Der katholische Glaube wurde mit seinen Symbolen, Prozessionen, neuerbauten Kirchen und seiner konsolidierten finanziellen Basis in allen Ehren als Staatsreligion anerkannt. Thron und Altar waren vereint, allerdings in einem Regime, dessen Diktator sich nur aus realpolitischen Berechnungen mit dem Vatikan versöhnt hatte, der aber bis 1943, zumindest in Grenzen, mit dem Segen und der Unterstützung der Hierarchie rechnen konnte.

Das Vertragswerk war zwar eine Erbschaft des Faschismus, stellte aber trotzdem einen Akt der Aussöhnung zwischen Kirche und Staat dar. Mit seiner komplexen Materie war die Republik gleich zu Beginn in der verfassunggebenden Versammlung konfrontiert. Die Gegner des Konkordats im Lager der Sozialisten und der laizistischen Parteien verwiesen anklagend auf seine fragwürdigen Ursprünge unter Mussolini und beriefen sich mit ihrem Nein auf die Überlieferung des Risorgimento. Für den Sozialisten Nenni war der Religionsfriede bereits 1905 erreicht, als der Papst das »Non expedit« für die katholischen Bürger abzubauen begann. Für De Gasperi wie für andere Christdemokraten garantierte das Konkordat jedoch die Erhaltung des Religionsfriedens, sosehr sie im einzelnen Bestimmungen des Vertrags für modifizierbar oder der Verbesserung bedürftig hielten.

In ihrem Antrag auf Einfügung der Lateranverträge in die Verfassung erhielten die Christdemokraten unerwartet Unterstützung von den Kommunisten. Diese begründeten ihre Schwenkung mit der Notwendigkeit, in der religiösen Frage die Einigkeit des ganzen Volkes zu bewahren und die Zustimmung des Heiligen Stuhls zum republikanischen Italien zu sichern. Ihr Ja zu den Verträgen deckte sich freilich mit der kommunistischen Strategie des italienischen Weges zum Sozialismus. Der Artikel 7 der Verfassung wurde schließlich mit 350 gegen 149 Stimmen verabschiedet, und zwar mit folgendem Wortlaut: »Der Staat und die katholische Kirche sind, ein jeder im eigenen Bereich, unabhängig und souverän. Ihre Beziehungen sind in den Lateranverträgen geregelt. Von beiden Seiten gebilligte Änderungen dieser Verträge bedürfen nicht des für Verfassungsänderungen vorgesehenen Verfahrens.«

Die entschiedenste Ablehnung kam nach wie vor von laizistischer Seite. Der Historiker Gaetano Salvemini forderte 1957 eine Abschaffung des Konkordats und den Kampf gegen die Democrazia cristiana, die mit Hilfe des Vatikans ein totalitäres Regime schaffen wolle. Die innerkirchlichen Gegner des Konkordats gewannen durch das Konzil neue Argumente; denn die Erneuerung der Kirche vertrug sich schlecht mit einer Politik, in der sie als Staat mit Staaten verhandelte und eigene Interessen verteidigte statt die des Menschen und der Menschheit im Sinne der christlichen Botschaft.

Eine Revision kam erst nach dem Konzil in Sicht, als sich auch die Democrazia cristiana in stillschweigendem Einverständnis mit dem Vatikan zu dieser Überholung bereitfand. Auf Grund von Vorstudien einer parlamentarischen Arbeitsgruppe nahm 1971 eine parlamentarische Expertenkommission die Arbeit auf, der auf italienischer Seite der frühere Justizminister Guido Gonella und die Rechtsprofessoren Jemolo und Ago, auf vatikanischer Seite die Monsignori Casaroli und Silvestrini sowie der Jesuitenpater Lener angehörten.

Während dieses Revisionsprozesses schrumpfte die Zahl der Artikel von 45 auf 14. Zuerst wurden jene Bestimmungen getilgt, die durch den Lauf der Geschichte überflüssig geworden waren und die in Jemolos Vergleich als »welkes Laub« aufgekehrt werden konnten. Dazu gehörten die Relikte der Monarchie (Gebet für den König, päpstliche Ritterorden, Adelstitel und so weiter), die besonderen Garantien für die Katholische Aktion während des Faschismus, das Verbot der Parteimitgliedschaft für Kleriker und ähnliches. Mehr Gewicht hatte die Abschaffung der katholischen Staatsreligion, die mit einer wirklichen Trennung von Kirche und Staat nicht vereinbar ist. Auch der Anachronismus, der den besonderen Schutz Roms angesichts des »heiligen Charakters der Ewigen Stadt« vorsieht, wurde gestrichen. Bei Bischofsernennungen hat der Staat kein Mitspracherecht mehr, sondern wird vor der Ernennung einzig vom Heiligen Stuhl informiert. Das Zugeständnis an die Kirche, daß abtrünnige Priester weder ein Amt noch eine Anstellung annehmen können, welches sie in direkten Kontakt mit der Öffentlichkeit bringt, wurde gelöscht. Ein bekanntes Beispiel für diesen kirchlichen Eingriff ins zivile Leben war der Fall des Theologen und Kirchenhistorikers Ernesto Buonaiuti, der schon vor dem Konkordat exkommuniziert wurde und dann seinen Lehrstuhl verlor. Der gläubige Katholik und Gegner des Faschismus konnte auch nach 1944 wegen des Konkordats seine Professur an der Universität Rom nicht wieder übernehmen.

Im Lauf der Jahre wurden sechs Entwürfe ausgearbeitet; aber der Abschluß der Verhandlungen scheiterte immer wieder, vor allem an drei Punkten, die seinerzeit Konzessionen Mussolinis an die Kirche dargestellt hatten: am obligatorischen Religionsunterricht in den öffentlichen Schulen, an der zivilen Gültigkeit von Nullitätsurteilen kirchlicher Ehegerichte und an der Steuerbefreiung für kirchliche Körperschaften. Obwohl Andreotti 1978 und Spadolini 1982 einer Lösung nahe waren, gelang erst Craxi der rasche und erfolgreiche Abschluß der Verhandlungen.

Die 14 Artikel, die von Craxi und Casaroli unterzeichnet wurden, geben dem Verhältnis von Kirche und Staat einen neuen Rahmen, in dem jeder dem anderen für seinen Bereich volle Zuständigkeit einräumt und sich verpflichtet, in Zusammenarbeit für den menschlichen Fortschritt und für das Wohl des Landes zu wirken. Die Präambel und die ersten Artikel – Autonomie von Kirche und Staat, religiöse Freiheit, kirchliche Organisation und Status des Klerus – passen sich dem Wandel der italienischen Gesellschaft und dem Zweiten Vatikanum an. Die gemeinsame Betreuung des historischen und künstlerischen Patrimoniums und die kirchliche Zuständigkeit für die christlichen Katakomben – wie die der jüdischen Gemeinden für die jüdischen Katakomben – werden in anderen Artikeln festgehalten.

Die Artikel, welche die schwierigen Materien des Eherechts

und des Religionsunterrichts regeln, geben fast alle einstigen Privilegien der Kirche preis. Erhalten bleibt einzig die zivilrechtliche Gültigkeit der kirchlich geschlossenen Ehe. Kirchliche Nullitätsurteile sind nur gültig, wenn ein italienisches Appellationsgericht feststellt, daß sie den Landesgesetzen entsprechen. In der Frage des Religionsunterrichts in öffentlichen Schulen machte der Vatikan die größte Konzession, die nachträglich Konflikte auslöste und das Klima zwischen Parteien, Behörden und Kirche belastete. Die alte Regelung machte eine Abmeldung vom Religionsunterricht möglich, während nun eine ausdrückliche Anmeldung für die Teilnahme wie für die Nichtteilnahme notwendig ist. Nach einer Umfrage meldeten sich im Schuljahr 1985/86 über 90 Prozent zum Religionsunterricht an. Die eigentlichen Schwierigkeiten bereiten jedoch die Plazierung der Religionsstunden im Stundenplan, der Religionsunterricht in den Kindergärten und die Stellung der Religionslehrer innerhalb des Lehrerkollegiums.

Die wichtigste konkrete Neuerung des Konkordats ist die Reform des finanziellen Unterhalts für die rund 43000 Weltpriester und Ordensleute im Dienst der Diözesen. Anstelle der staatlichen Mitfinanzierung, der sogenannten »congrua«, die auf das letzte Jahrhundert zurückgeht, treten schrittweise bis 1990 die Kassen der einzelnen Bistümer. Im Jahr 1984 hatte der Staat noch 291 Milliarden Lire aufgebracht, dazu rund 20 Milliarden für den Kirchenbau. Laut Protokoll vom November 1984 müssen ab 1990 die Gläubigen durch ihre Spenden, die fiskalisch erleichtert werden, die Lücken schließen. Mit dem neuen Konkordat ist die Italienische Bischofskonferenz, das ist ein weiteres Novum, zu einem vollen Partner der italienischen Regierung geworden. Inzwischen hat die Regierung in Übereinkünften mit den Waldensern, den jüdischen Gemeinden und anderen religiösen Gemeinschaften den Auftrag der Verfassung zum Schutz der religiösen Minderheiten in Italien erfüllt.

Das Protokoll vom 15. November 1984 löste auch definitiv den schwierigen Knoten der kirchlichen Körperschaften und Güter (enti e beni ecclesiastici), das heißt den Streit um die Steuerfreiheit kirchlicher Einrichtungen und Institutionen. Die öffentlich-rechtlich anerkannten Körperschaften müssen sich als juristische Personen im Register eintragen und dort die erforderlichen Angaben machen. Dabei wird unterschieden zwischen Körperschaften, die der Religion und dem Kult dienen (Seelsorge, Ausbildung des Klerus und der Ordensleute, Mission, Katechese, christliche Erziehung) und anderen Bereichen (Wohltätigkeit, Schulen, Kultur, Handel mit dem Ziel des Gewinns). Wenn die Kirche zum Beispiel Pilgerhäuser und Pfarrkinos unterhält, muß sie dafür normale Steuern bezahlen.

Ein Element, das den Abschluß der Verhandlungen hinauszögerte, war die Verstrickung der Vatikanbank in den Zusammenbruch des Banco Ambrosiano in Mailand. Präsident des »Istituto per le Opere di Religione« (IOR) im Schatten des Petersdoms ist der amerikanische Erzbischof Paul C. Marcinkus. Sein Name war schon im Zusammenhang mit der Finanzaffäre des sizilianischen Bankiers Michele Sindona bekannt geworden, der wegen betrügerischen Konkurses in einem amerikanischen Gefängnis saß, später an Italien ausgeliefert wurde und 1986 nach einer Vergiftung durch Zyankali im Kaffee in seiner Zelle starb. Der Fall der Mailänder Bank und ihres Präsidenten Roberto Calvi – er wurde im Juni 1982 unter einer Themsebrücke in London erhängt aufgefunden – gibt noch Rätsel auf, ebenso wie deren Verwicklungen mit der vatikanischen Bank. Marcinkus stellte sich als Opfer trickreicher Finanzoperationen und dunkler Machenschaften dar. Der christdemokratische Schatzminister Andreatta machte dem IOR vor dem Parlament dagegen Devisendelikte und Mithilfe bei Steuervergehen zum Vorwurf. Im Sommer 1984 bezahlte der Vatikan immerhin 244 Millionen Dollar an die Kreditoren des Banco Ambrosiano, wies aber nach wie vor jede moralische Mitverantwortung zurück. Ein Auslieferungsbegehren gegen Marcinkus und zwei seiner Mitarbeiter wegen betrügerischen Konkurses wurde 1987 vom italienischen Kassationshof abgelehnt, indem Bestimmungen des Lateranvertrages geltend gemacht wurden.

Johannes Paul II. kündigte schon vor Jahren eine Neuordnung des vatikanischen Haushalts an, der durch Spenden und nicht durch Finanzoperationen gespeist werden solle. Der Vatikan ist angesichts der wachsenden Kosten für den Verwaltungsapparat, die weltweite Diplomatie und die Reisespesen für Kardinäle und Bischöfe der Ortskirchen in Geldnöten und auf einen größeren Peterspfennig der Katholiken in aller Welt angewiesen. Das Defizit für 1987 belief sich auf rund 60 Millionen Dollar. Dank des erfolgreichen Spendenaufrufs konnte es mit dem Peterspfennig gedeckt werden. Volle finanzielle Glaubwürdigkeit kann der Vatikan indessen nur durch weniger Geheimnistuerei und mehr Transparenz gewinnen.

Außenpolitik im Schutz der Allianzen

Die Maxime, daß jedes Land nach Macht, Sicherheit und Ruhm verlangen müsse, trifft in geringem Maß auf Italien zu. Viele Italiener, aus Politik wie Öffentlichkeit, halten es für ausgemacht, daß ihr Land keine Rolle in der internationalen Politik zu spielen brauche, daß es nur falsch verstanden und frustriert würde, wenn es dies wirklich versuche. Sie haben weder den festen Wunsch, ihren politischen Einfluß in der Welt zu verstärken, noch sorgen sie sich besonders um ihre militärische Sicherheit. Obwohl Italien 57 Millionen Einwohner hat, sich in einer strategischen Schlüsselposition befindet und unter den Industrienationen des Westens an fünfter Stelle figuriert, beteiligt es sich nicht viel anders als Kleinstaaten an internationalen Angelegenheiten. Es überrascht nicht, daß italienische Diplomaten und Fachwissenschaftler sich beklagen, die außenpolitischen Beziehungen des Landes entbehrten in singulärer Weise der Energie, Führung und Substanz. Pietro Quaroni, ein hervorragender Diplomat Italiens, erklärte nach 44 Jahren im diplomatischen Dienst: »Eine italienische Außenpolitik im eigentlichen Sinn des Wortes gibt es nicht.«[73]

Dieser Rückzug aus der Welt ist vorwiegend eine Reaktion auf das Fiasko der außenpolitischen Abenteuer Mussolinis samt der unvermeidlichen Folge eines verlorenen Krieges. Auch Deutschland und Japan widerstrebt es, in der Außenpolitik voll die Rolle zu übernehmen, die ihnen aus wirtschaftlichen und geopolitischen Gründen zukommen würde. Doch das italienische Mißtrauen hat tiefere Wurzeln. Letztlich kann es auf die Jahrhunderte politischer Teilung und fremder – auch päpstlicher – Einmischung in die nationale Entwicklung des Landes zurückgeführt werden. In der langen Tradition der Unterordnung unter ausländische Mächte, vor und selbst nach der Einigung, bildeten sich nationale Charakterzüge heraus, die das Verhalten Italiens in weltpolitischen Fragen bestimmen.

Die Kunst der Anpassung

Die Italiener haben geringes Interesse an den Geschehnissen außerhalb ihrer Halbinsel, obwohl ein eingefleischter Provinzialismus allmählich verschwindet. Presse, Universitäten, Industrie, Gewerkschaften und politische Parteien schenken der internationalen Politik wenig Beachtung. Dagegen steht ein sehr entwickelter Nationalstolz; der Italiener registriert empfindlich, wie andere sein Land einschätzen. Trotzdem ist der Durchschnittsbürger frei von nationalistischen Regungen. Keinem anderen Land geht jene aggressive Selbstbestätigung, die den westlichen Nationalismus auszeichnet, mehr ab als Italien. Deshalb werden hier die diplomatischen Probleme mit ungewöhnlicher Gelassenheit geregelt. Dem Italiener ist es gleichgültig, welchen Einfluß er auf die Weltpolitik hat, er verzichtet sogar willentlich darauf, die Supermächte in den großen Fragen von Krieg und Frieden zu beeinflussen. Hinter dieser diskreten Haltung versteckt sich ein anderer Zug: Als Angehöriger der internationalen Gemeinschaft fehlt es ihm an Selbstvertrauen. Das kann man den Äußerungen von Machtlosigkeit entnehmen, die man nicht nur bei italienischen Experten und Journalisten findet, sondern auch in außenpolitischen Erklärungen von Parlamentariern und Beamten. In der Praxis läßt sich dies am unveränderten Hang zu Vermittlung und Kompromiß ablesen und am Bemühen, Kontraste und offenen Streit zu vermeiden.

Da es Italien am Interesse, am Willen und an der Selbstsicherheit fehlt, eine aktive Rolle in der Außenpolitik zu spielen, verfolgt es auch seine nationalen Interessen auf ganz andere Weise, als Mittelmächte es sonst tun. Die Prämisse der italienischen Außenpolitik lautet, daß Italien nicht allein stehen und daß es keinen unabhängigen Kurs verfolgen kann. Außenpolitische Ziele beschränken sich so auf ein Minimum und werden über multilaterale Institutionen erreicht. Die nationalen Interessen werden im Kontext der Europäischen Gemeinschaft und der Atlantischen Allianz gefördert. Doch auch dort strebt Italien selten die Führung oder einen bestimmenden Einfluß an. Es ist weder der erste Staat, der eine abweichende Meinung vorträgt, noch der letzte, der sich einem bequemen Konsens anschließt. Es sucht höchstens Kompromisse zu formulieren, die seinen eigenen begrenzten Zielen entsprechen. Während es so die Reibungen mit anderen verringert, verringert es auch seinen Einfluß auf den Gang der Ereignisse. Indem Italien sein Schicksal mit dem der EG und der NATO verband, ging es in der Akzeptierung militärischer und politischer Abhängigkeit weiter als die übrigen Staaten Westeuropas. In einem gewissen Maß ist dies fatalistische Unterwerfung; in einem gewissen Maß ist es auch gesunder Realismus und rettete Italien vor der Gewohnheitssünde der französischen und englischen Diplomatie, die eigene Kapazität zu überschätzen.

Die Passivität und Nachgiebigkeit, so evident sie sind, maskieren eine subtile Form von Selbstschutz, den die Italiener sich im Laufe ihrer Geschichte angeeignet haben. Hinter dem Schild internationaler Institutionen schützt sich Italien vor den direkten Einwirkungen internationaler Konflikte. Indem es seine Sicherheit der NATO überläßt, befreit es sich zum Teil von der schweren Last der Selbstverteidigung. Die italienische Diplomatie ist raffinierter als sie erscheint. Was sich als Konzession darstellt, entpuppt sich oft als Wechsel, der später eingelöst werden will. Wo andere prahlen und poltern, manövriert Italien mit Finesse. Wenn es allem Anschein nach manipuliert wird, kann es selbst in Manipulationen engagiert sein. Auf diese Weise operierte es in der Vergangenheit, und auf diese Weise versteht es auch, in der Gegenwart zu gedeihen. In diesem Sinne spiegelt die italienische Außenpolitik die Geschichte und Psychologie seiner mittelalterlichen Kommunen.

Beamte des Außenministeriums fragen sich manchmal, ob Italien diese selbst auferlegten Schranken durchbrechen und ein positiveres Engagement in der Außenpolitik durchsetzen sollte. Zu guter Letzt kommen sie immer zum Schluß, daß es für einen derartigen Kurswechsel keinen Spielraum gebe. Italienische Politiker fühlen sich bei Gelegenheit aufgerufen, in internationalen Fragen zu vermitteln, da Italien sich nicht nur geographisch in einer einmalig günstigen Position befindet. Manchmal sind ihre Anstrengungen willkommen und nützlich; häufiger jedoch sind die Probleme für Vermittlung ungeeignet. Gronchis Interventionen in Washington und Moskau wegen der Deutschlandfrage und Berlin, Fanfanis Einschaltung im Mittleren Osten und in Vietnam ebenso wie Moros Versuche, nach 1973 eine Verständigung zwischen mittelöstlichen Erdölproduzenten und westlichen Erdölkonsumenten herbeizuführen, erwiesen sich als wirkungslos. Auch die diplomatischen Bemühungen Craxis und Andreottis in den Hauptstädten des Mittleren Ostens für Verständigung und Versöhnung blieben ohne Erfolg. Nützlicher, wenn auch nicht immer erfolgreicher, waren die italienischen Anstrengungen, über die Jahre hin den Makler in EG-Disputen zu spielen. Der einzige Erfolg solcher Dienste war die Lösung des Streits zwischen Großbritannien, Malta und Libyen.

Angesichts der begrenzten außenpolitischen Ziele und der Gleichgültigkeit der Bürger gegenüber internationalen Fragen sollte es in Italien einfacher als anderswo sein, Außenpolitik zu betreiben. In einer Hinsicht trifft dies zu: Die Außenpolitik kann unbehindert von innenpolitischem Druck fast in einem politischen Vakuum operieren. Eine öffentliche Meinung gibt es kaum. Ein Thema wie die amerikanische Intervention in Vietnam, die politische Unterdrückung in Polen und Argentinien oder die Kämpfe in zentralamerikanischen Staaten, rüttelt die Öffentlichkeit zwar auf, doch dies geschieht selten und ist ohne längere Nachwirkung. Presse, Geschäftswelt, Interessengruppen und selbst die politischen Parteien unterlassen meist auch nur den Versuch, den außenpolitischen Kurs der Regierung zu beeinflussen. Das gilt auch für Kammer und Senat, wie Ennio Di Nolfo kommentierte: »Die Geschichte des republikanischen Parlaments ist voll von Debatten über alle wichtigen Ereignisse der (italienischen Außen-)politik und auch über die bedeutsamsten Krisen der internationalen Politik. Es wäre jedoch schwierig, wenn nicht unmöglich, eine Verbindung zwischen bestimmten Debatten und den Prozeduren, die die Beschlüsse herbeiführten, herzustellen.«[74]

Das Unvermögen Italiens, außenpolitische Beziehungen kontinuierlich zu pflegen, hat seinen Grund in der permanenten Schwäche der Regierung. Es mag genügen, daß ein Partner der sorgfältig konstruierten Koalition sich querlegt, und eine außenpolitische Initiative kommt zum Stillstand. Wenn man von den Jahren De Gasperis absieht, machen es die häufigen Krisen und wechselnden Kabinette der Regierung fast unmöglich, sich in der Ebbe und Flut der internationalen Politik über Wasser zu halten. Ministerpräsidenten und Außenminister sind wegen ihrer kurzen Amtszeit normalerweise außerstande, internationale Themen wirklich zu beherrschen oder auch nur persönliche Beziehungen zu europäischen Kollegen herzustellen, wie es viele Politiker in den Nachkriegsjahrzehnten mit Erfolg taten.

Das Außenministerium selbst kann weder für den erforderlichen Impetus noch für die Führung sorgen. Wenn auch Emilio Colombo als Außenminister von 1980 bis 1983 und sein Nachfolger Andreotti, der seit 1983 im Amt ist, beachtliche Leistungen vorzeigen können, wurde das Außenministerium seit 1945 nur einmal von einem überragenden Mann geführt, nämlich von

Carlo Sforza zwischen 1947 und 1951. In der Regel werden die Außenminister nicht aufgrund ihrer außenpolitischen Kenntnisse und Interessen ernannt, sondern um den innerparteilichen Anforderungen der Democrazia cristiana zu genügen. Die Amtsinhaber verstehen, wie Henry Kissinger schrieb, ihre Position als »Machtbasis«, nicht als »Berufung«. Kissinger erinnert weiter: »In den Gesprächen mit dem Ministerpräsidenten und dem Außenminister ging es vor allem um Innenpolitik ..., man konnte sich manchmal des Eindrucks nicht erwehren, daß ein Gespräch mit dem Außenminister über Außenpolitik diesen unter Umständen langweilte.«[75]

Man muß jedoch einräumen, daß die außenpolitischen Beziehungen Italiens zur Hauptsache in den Händen der höchsten Beamten des Ministeriums, meist außerordentlich fähigen Diplomaten, liegen. Der diplomatische Dienst Italiens, vorwiegend eine Domäne der Aristokratie, ist qualifiziert und gut informiert. In Verhandlungen verteidigen und fördern italienische Diplomaten mit Geschick die Interessen ihres Landes. Freilich können die Beamten den Führungsmangel an der Spitze in Rom und die Inanspruchnahme des Ministerpräsidenten durch innen- und parteipolitische Fragen nicht wettmachen. So verschwendet das Außenministerium wertvolle Sachkenntnis und treibt dahin, bis es in eine Krise verwickelt wird, auf die es mit Geschick und Einfallsreichtum zu antworten vermag.

Die Probleme werden noch verschärft durch das Fehlen einer gut arbeitenden institutionellen Maschinerie für die interministerielle Koordinierung. Es gibt in Italien kein dem Sicherheitsrat in Washington oder in Bonn vergleichbares Gremium, in dem außenpolitische Positionen und Ziele diskutiert und entschieden werden. Der traditionelle Vorrang des Außenministeriums ging auf vielen wichtigen Gebieten durch den italienischen Beitritt zur EG und durch die wachsende Bedeutung wirtschaftlicher Fragen verloren. Interministerielle Komitees wurden erstellt, sind aber in der Praxis zumeist unfähig, Differenzen zu bereinigen. Wichtige Fragen werden in der Ministerpräsidentschaft behandelt und können im Gesamtkabinett debattiert werden. Doch der Regierungschef, der nur einen einzigen diplomatischen Berater hat, ist nicht in der Lage, alle Aspekte der Außenbeziehungen klar und konsequent zu verfolgen.

Die Verwirrung um die Zuständigkeiten wird außerdem kompliziert durch die unklare Rolle des Präsidenten der Republik. Einige Präsidenten haben ihre begrenzten Vorrechte – Empfang italienischer und ausländischer Botschafter und Minister, Schreiben an ausländische Staatsoberhäupter und Staatsbesuche – dazu benutzt, eine eigene Position in außenpolitischen Fragen durchzusetzen. Gronchi war der namhafteste Fall. Er beanspruchte für sich und sein Land die Mission, zwischen dem Westen und der Sowjetunion zu vermitteln und dem Westen im Mittleren Osten und in der Dritten Welt zu einer besseren Position zu verhelfen. Er versuchte dies, indem er Erklärungen abgab, Staatsbesuche machte und Briefe an führende ausländische Politiker sandte. Der Versuch gipfelte Ende der fünfziger Jahre in Stellungnahmen, welche die Starrheit des Westens gegenüber der Sowjetunion kritisierten, und im Entschluß, entgegen dem Rat seiner Minister nach Moskau zu reisen.

Kein anderer Präsident ging so weit, obwohl sein Nachfolger, Antonio Segni, italienischen Botschaftern Rat erteilte und in einigen Fällen diplomatische Beziehungen zu blockieren suchte. Sandro Pertini handelte selbständig, als er 1978 eine Botschaft an Breschnew sandte, um gegen Dissidentenprozesse in der Sowjetunion zu protestieren. Er gab auch seinem Ärger Luft über den gelegentlichen Ausschluß Italiens von Treffen westlicher Politiker. Insbesondere erregten die Franzosen wegen ihrer Neigung zu exklusiven Gruppierungen innerhalb der NATO und wegen ihrer engen Beziehungen zur Bundesrepublik stets seinen Unwillen. Als er im Herbst 1979 von Journalisten zu seiner Meinung über den amerikanischen Vorschlag für die Einführung neuer Nuklearsysteme in Italien befragt wurde, antwortete er, seine verfassungsmäßige Position hindere ihn daran, sich öffentlich zu dieser Angelegenheit zu äußern. Praktisch kann ein Präsident, der unabhängig agiert, höchstens Verwirrung stiften. Den politischen Kurs kann er nicht ändern, wofür der Fall Gronchi aufschlußreich ist. Als er in Moskau eintraf, tadelten ihn die Sowjets, und seine Bemühungen lösten sich in nichts auf.

Erfolgreiche Bilanz der Bündnispolitik

Trotz der aufgezeigten politischen und institutionellen Mängel erreichte Italien viele seiner begrenzten internationalen Ziele. Die ersten und wichtigsten Aufgaben hatten darin bestanden, die Schäden der Außenpolitik Mussolinis wieder gutzumachen,

Aufnahme in der westlichen Gemeinschaft zu finden und Hilfe für den wirtschaftlichen Wiederaufbau sicherzustellen. Während Italien diese Ziele verfolgte, hatte es selber fast nichts anzubieten. Es war nicht nur eine besiegte Nation, sondern es konnte auch nicht, wie Cavour dies in brillanter Weise im 19. Jahrhundert getan hatte, eine Siegermacht gegen die andere ausspielen. Die Sowjetunion hatte Italien an den Westen abgeschrieben. Großbritannien war mit dringlicheren Problemen beschäftigt, und die Vereinigten Staaten kümmerten sich nur insoweit, als die Kommunistische Partei amerikanische Interessen bedrohte. Doch Ministerpräsident De Gasperi und Außenminister Sforza ließen keine Gelegenheit außer acht, die ihnen helfen konnte. Den Marshall-Plan benutzten sie nicht nur als Quelle materiellen Beistandes, sondern auch, um bei den Siegermächten politische Anerkennung zu gewinnen. Die Einladung vom April 1948, der Organisation für Europäische Wirtschaftszusammenarbeit beizutreten, die die Mittel des Marshall-Plans verwaltete, markierte die Rückkehr Italiens in die westliche Gemeinschaft.

Auch das Militärbündnis mit dem Westen wandte sich zum Vorteil für Italien. Italien suchte nicht die NATO, sondern die NATO trat an Italien heran. Weder De Gasperi und Sforza noch die Masse der Italiener hatten ursprünglich den Wunsch, einem Militärpakt beizutreten. Der militärische Aspekt war für sie von geringem Interesse, da sie sich nicht durch die Sowjetunion gefährdet fühlten, insbesondere nach Titos Bruch mit der Kominform von 1948. Der Bündnisaspekt ließ sie kalt, weil sie Verpflichtungen vermeiden wollten. Die meisten Italiener waren zweifellos prowestlich, doch sie waren prowestliche Neutralisten. Weitverbreitet war die Opposition gegen die NATO, vehement auf seiten der Kommunisten und Sozialisten, gedämpft unter den linken Christdemokraten und in gewissen kirchlichen und laizistischen Kreisen. Überzeugte Unterstützung kam von seiten der Republikaner und Liberalen und der Mehrheit der Christdemokraten. Die Sozialdemokraten waren zu gleichen Teilen gespalten. Innerhalb des Regierungslagers wurden vom diplomatischen Korps, das überzeugt war, daß Italien sich nicht erneut vom Westen isolieren sollte, und von den um die Sicherheit des Landes besorgten Militärs ein starker Druck ausgeübt. So entschloß sich die italienische Führung zögernd zum Beitritt.

In Wirklichkeit hatte Italien kaum eine Alternative. So wie

das Nachkriegseuropa sich entwickelte, war eine Wahl zwischen Ost und West praktisch unvermeidlich. Eine Neutralität in der Art der Schweiz oder Schwedens war einem Land, das so schwach, aber auch so wichtig war wie Italien, nicht zuträglich. Neutralität hätte geistige Unabhängigkeit und psychologisches Selbstvertrauen verlangt, die jedoch fehlten. Indem es das Unvermeidbare tat, erhielt es zugleich das, was es damals wünschte: volle Aufnahme in die westliche Gemeinschaft, Verbesserung seines internationalen Status und fortgesetzte politische und wirtschaftliche Unterstützung Amerikas. Viel rascher und leichter als Deutschland und Japan stieg Italien, das nach dem Sturz Mussolinis schon 1943 die Front gewechselt und sich am Kampf gegen die deutschen Truppen beteiligt hatte, vom Status des Feindes zum Alliierten der Westmächte auf.

Die Beteiligung Italiens an der wirtschaftlichen und politischen Zusammenarbeit Europas vermehrte diese Gewinne. Obwohl der supranationale Idealismus weniger öffentliche Begeisterung als in Deutschland und in den Benelux-Ländern auslöste, gab es in Kreisen der Republikaner, Liberalen und Christdemokraten einen starken Einsatz für die Idee einer europäischen Föderation. Sforza war als Außenminister in den Jahren 1920 und 1921 ein Befürworter der europäischen Verständigung gewesen, und als Außenminister von 1947 bis 1951 war sein Leitziel wiederum ein starkes und vereinigtes Europa. Italien ermutigte darum zum Integrationsprozeß, so wie sich dieser von den Anfängen der Montanunion von 1951 bis zum Höhepunkt in der Europäischen Wirtschaftsgemeinschaft von 1957 entwickelte.

Aber Italien gehörte nicht zu den treibenden Kräften für den Gemeinsamen Markt und hatte in den Verhandlungen wenig beizutragen. Sein ausschlaggebendes Interesse war eher pragmatisch als idealistisch, das heißt in erster Linie wirtschaftlicher Natur. Die italienischen Politiker sahen in der Wirtschaftsgemeinschaft die Chance, ihren Exporten Auftrieb zu geben, die Emigration von überschüssigen Arbeitskräften zu erleichtern und die Vermittlung von Geldern für den Mezzogiorno zu sichern. Der Beitritt zu den Römischen Verträgen von 1957 fand breite Unterstützung, bei den laizistischen Parteien und der DC mit großer Überzeugung, bei der Mittel- und Großindustrie mit hohen Erwartungen und bei der Landwirtschaft mit Befürchtungen. Die Sozialisten unterstützten das Prinzip der Integration, enthielten sich bei der Abstimmung über den Beitritt aber der Stimme. Nur die Kommunisten und der kommunistisch orientierte Gewerkschaftsbund CGIL lehnten die italienische Mitgliedschaft ab. Die Öffentlichkeit blieb weitgehend gleichgültig.

Die Europäische Gemeinschaft ist in den 30 Jahren ihres Bestehens zum Eckpfeiler der italienischen Außenpolitik geworden. Der Anschluß an Europa war für die Italiener wichtiger als die Bindung an das Atlantische Bündnis. Außenminister Forlani war sehr offen in diesem Punkt: »Der wichtigste Aspekt unserer Außenpolitik ist die Verbindung mit der Europäischen Gemeinschaft, die selber vorwiegend wirtschaftlicher Natur ist; selbst militärische Bündnisse, wie die NATO, um ein Beispiel zu nennen, bewahren ihre Gültigkeit nur, wenn es ihnen gelingt, in ihrem Innern die Probleme der wirtschaftlichen Zusammenarbeit ins Gleichgewicht zu bringen.«[76]

Die wirtschaftlichen Vorteile standen von Anfang an fest. Durch die Liberalisierung des Handels im Rahmen der Verträge von Rom gelangte die bereits angekurbelte Wirtschaft des Landes zur größten Prosperität ihrer Geschichte. Der italienische Handel mit dem Gemeinsamen Markt stieg allein im ersten Jahrzehnt um das Fünffache, und der Anteil des weltweiten Exports an Industriegütern wurde fast verdoppelt. Der Erfolg war insofern bemerkenswert, als es sich vor allem um einen industriellen Boom handelte. Die Agrarexporte gingen zurück. Dies stellte eine doppelte Revolution dar. Die italienische Industrie, die aufgrund ihrer Geschichte bisher unter der Protektion allbekannter Handelsschranken gestanden hatte, wurde innerhalb weniger Jahre zu einem der konkurrenzfähigsten Hersteller einer langen Reihe von Industriegütern. Die Agrarproduktion wurde so schwach, daß das einst landwirtschaftliche Italien zum Importeur von Lebensmitteln wurde. Die sozialen Folgen waren tiefgreifend. Eine Bewegung vom Land in die Stadt, vom Süden nach Norden, von der Landwirtschaft zur Industrie kam in Gang und trug mehr als alles andere zur Modernisierung und Einigung des Landes bei. Der Gemeinsame Markt milderte zusammen mit der NATO auch den Sog des Mittelmeerraums und machte Italien mehr denn je zu einem *west*europäischen Land.

Dazu kamen wirtschaftliche Vorteile anderer Art. Italien wurde vor allem bei der Lösung der alten und schweren Probleme der Überbevölkerung und der Arbeitslosigkeit geholfen. Die EG erleichterte die Auswanderung überschüssiger Arbeitskräfte, indem sie den italienischen Arbeitern gesicherte Arbeitsplätze und soziale Sicherheit gab. Heute leben rund 1,7 Millionen Italiener in anderen EG-Ländern. Ihre finanziellen Überweisungen an die Familien zu Hause waren lange ein wichtiger Posten der italienischen Zahlungsbilanz. Die Mitgliedschaft in der EG brachte Italien als dem rückständigsten Land der Gemeinschaft auch den Transfer von EG-Geldern, und zwar mehr als allen anderen Mitgliedstaaten. Durch den Europäischen Regionalfonds erhielt es von 1975 bis 1986 zur Hauptsache für den Süden sechs Milliarden Mark, von seiten der Europäischen Investitionsbank zwischen 1958 und 1987 43 Milliarden Mark, weit über die Hälfte davon für den Süden.

Schwerer faßbar, aber von wachsender Bedeutung sind die politischen Gewinne. Die Erweiterung der außenpolitischen Zusammenarbeit unter den Mitgliedern und die regelmäßigen Treffen von den Regierungschefs bis hinunter zu Fachbeamten sichern Italien die Teilnahme, das Prestige und die Beziehungen, die es sucht. Diese breite Zusammenarbeit liefert auch die diplomatische Deckung für umstrittene politische Positionen und macht eine unabhängige Außenpolitik weniger notwendig. Italien unterstützt beispielsweise außenpolitische Initiativen Washingtons, wenn andere europäische Partner dafür sind; wenn eine europäische Verständigung ausbleibt, verzichtet es normalerweise auf Mitwirkung.

Auch die Unterstützung der EG durch die Öffentlichkeit hat zugenommen. Der ›Economist‹ schrieb 1978: »Unter den größeren Staaten Europas hat allein Italien an einer idealistischen Vision eines wirklich vereinigten Europa festgehalten, indem es jeden Schritt auf dem Weg zur Einigung willkommen hieß.« Für den Durchschnittsitaliener ist die Europäische Gemeinschaft als Gemeinschaft etwas Solideres und Respektableres als seine eigene Regierung. So sind die Italiener, die in den fünfziger Jahren zu den schwächsten Befürwortern der EG gezählt hatten, heute ihre eifrigsten Anhänger.

Lückenhafte Gemeinsamkeit

Im Lauf der Jahre haben sich die Meinungsverschiedenheiten um NATO und Europäische Gemeinschaft – die einzig wirklich strittigen Fragen der Außenpolitik in der Nachkriegsperiode – zwischen den Parteien allmählich verringert. Die Linksparteien näherten sich den Positionen der Christdemokraten und deren laizistischen Verbündeten. Als erste nahmen die Sozialisten Korrekturen vor. 1957 unterstützten sie den Beitritt Italiens zur Euratom und wurden entgegen ihrer anfänglichen Einwände, wie die laizistischen Parteien, entschiedene Verfechter der europäischen Integration und der Erweiterung der Gemeinschaft. 1958 stimmten sie der Mitgliedschaft Italiens in der NATO zu. Wie andere sozialistische Parteien Europas taten sie das ihre, um die Ost-West-Entspannung zu fördern, und spielten mit Disengagement-Ideen. Unter Pietro Nenni als Außenminister änderte sich während der Centro-sinistra-Regierungen die italienische Außenpolitik weniger in der Substanz als im Ton, obwohl Nenni einer der frühen europäischen Vorkämpfer normalisierter Beziehungen zu China war.

Der Wechsel bei den Kommunisten war langsamer und begrenzter. Sie hießen 1970 die Mitgliedschaft Italiens in der Europäischen Gemeinschaft gut, und im Dezember 1974 erklärte Berlinguer vor dem Zentralkomitee, daß der Austritt aus der NATO nicht im Interesse des Ost-West-Gleichgewichts sei und einen Rückschlag für die Entspannung verursachen könnte. Er fügte bei, daß Italien weder einen antisowjetischen noch einen antiamerikanischen Kurs verfolgen, sondern autonomer sein sollte. Im Juni 1976 räumte er in einem Interview ein, er fühle sich sicherer im Atlantikpakt als auf der anderen Seite, weil die NATO einen nützlichen Schild für die Errichtung des Sozialismus in Freiheit darstelle.[77]

Der Trend zu einer gemeinsamen Außenpolitik nahm in mehrfacher Weise greifbare Formen an. In seiner Regierungserklärung vom August 1976 hatte Ministerpräsident Andreotti festgehalten, daß »zwischen den Parteien eine weitgehende Übereinstimmung in den Grundlagen der Außenpolitik« bestehe. So bescheiden die Aussage klang, besagte sie, daß zum erstenmal in der Geschichte der italienischen Republik ein Regierungschef mit dem kommunistischen Einverständnis rechnen konnte. Ende 1977 wurde diese Entwicklung bestätigt, als Kammer und Senat mit der Unterstützung von Parteien quer durch das politische Spektrum, von den Kommunisten bis zu den Liberalen, Resolutionen verabschiedeten, in denen sie die Grundprinzipien der italienischen Außenpolitik guthießen und für Entspannung, europäische Integration, Erweiterung der Gemeinschaft und für bessere Nord-Süd-Beziehungen eintraten. Obwohl der Anlaß für die Resolution ein innenpolitischer war – um den Kommunisten den Weg für einen erweiterten Einfluß auf die Regierung zu eröffnen –, bekräftigte die Entschließung einen bedeutsamen Schritt vorwärts zum Konsens. Diese Übereinstimmung wurde durch eine Resolution der Kammer vom März 1980 unterstrichen, als die gleichen Fraktionen dem Beitritt zur Europäischen Währungsunion, der Notwendigkeit für den Westen, das militärische Gleichgewicht mit den Sowjets zu erhalten, einer Neutralisierung Afghanistans und der Bedeutung enger Verbindungen zwischen Westeuropa und den Vereinigten Staaten ihre Zustimmung gaben. Indem die KPI diese Punkte unterschrieb, tat sie in ihrer Angleichung an die außenpolitischen Positionen der anderen Parteien einen weiteren Schritt.

Doch es bleiben Unterschiede. Für die Sozialisten ist die europäische Zusammenarbeit von größerem Interesse als die atlantische Sicherheit. Für die laizistischen Parteien sind beide in gleicher Weise lebenswichtig. Die Christdemokraten schwanken, indem sie einmal diesem, einmal jenem mehr Gewicht geben. Allen voran bleiben die Kommunisten zweideutig, indem sie ihrer reservierten Anerkennung von NATO und EG selten praktisch Folge leisten. 1978 opponierten sie gegen den sofortigen Beitritt Italiens zur Europäischen Währungsunion, 1979 stimmten sie gegen die Vereinbarung mit den Amerikanern über die Stationierung neuer Nuklearwaffen in Italien, und 1982 stellten sie sich im Grunde gegen eine italienische Teilnahme an den Friedenstruppen im Sinai und in Beirut sowie 1987 gegen die Entsendung von Begleitschiffen in den Persischen Golf. Obwohl sie die Verteidigungsanstrengungen Italiens nicht länger behindern, geben sie sich keine besondere Mühe, sie zu unterstützen. Das Verteidigungsbudget lehnten sie zum Beispiel bis 1974 ab, seither enthalten sie sich der Stimme. Fragen der Außenpolitik und der Verteidigung bleiben der zentrale Streitpunkt zwischen den Kommunisten und den übrigen Parteien.

Ein Engagement mit Vorbehalten

Die westliche Orientierung Italiens, die ursprünglich um allgemeiner nationaler Ziele willen gutgeheißen worden war, legte das Land auf ein bestimmtes politisches, wirtschaftliches und sicherheitspolitisches System fest. Die damit verbundenen Verpflichtungen wurden jedoch nicht immer ernstgenommen und deren Erfüllung von italienischer Seite als »passiv und manchmal liturgisch«[78] bezeichnet. Im Falle der NATO kann die Ursache darauf zurückgeführt werden, daß weder die Öffentlichkeit noch die Parteien und die Regierung glauben, Italien sei einer militärischen Bedrohung durch die Sowjetunion ausgesetzt, und daß in jedem Fall den USA die Last der Verteidigung aufgebürdet würde. Ob diese Meinung Realismus, Fatalismus oder Verantwortungslosigkeit entspringt, sie hat nur Gleichgültigkeit zur Folge. Meinungsumfragen deckten auf, daß auf der Höhe des Kalten Krieges, wie in der Zeit der Entspannung und noch im Frühjahr 1979, nicht mehr als ein Drittel aller Italiener weiterhin eine Teilnahme an der Allianz unterstützte. Die gleiche Haltung tritt auch in der Indifferenz der Parteien, der Presse und selbst der Regierung gegenüber strategischen Fragen und Problemen der Streitkräfte zutage. Es gab weder in der Regierung noch in den Universitäten Bemühungen, die Sachkenntnis in Sicherheitsfragen zu fördern.

Die Sicherheitspolitik Italiens ist darum von Grund auf widerspruchsvoll. Aus politischen Gründen steht es unverändert treu zur NATO. Es leistet den Zielen des Bündnisses willig Unterstützung und beteiligt sich, ja besteht geradezu darauf, sich an Programmen der Allianz wie dem für die multilateralen Nuklearstreitkräfte, an der nuklearen Planungsgruppe und an den Wiener Verhandlungen zu beteiligen. Italien war 1979 einer der ersten Staaten, die dem amerikanischen Vorschlag zur Einführung neuer Missiles zustimmten. Für gewöhnlich erreicht es die von der NATO gesteckten Ziele. Zahlenmäßig sind die Verteidigungsanstrengungen Italiens nicht unbedeutend. Es stellt ein Heer von 270000 Mann, eine Luftwaffe von 70000 Mann und eine Kriegsmarine von 42000 Mann sowie paramilitärische Polizeistreitkräfte (Carabinieri) von 80000 Mann. Weil hinter dieser Entfaltung von Bündnistreue aber wenig echte Überzeugung steckt, bleiben die Verteidigungsanstrengungen im wesentlichen Pflichtübung. Das italienische Verteidigungsbudget gehört proportional regelmäßig zu den niedrigsten innerhalb der Allianz. 1984 betrugen die Verteidigungsausgaben 2,3 Prozent des Bruttosozialprodukts und vier Prozent des Haushalts. Obwohl in den letzten Jahren ernste Versuche unternommen wurden, diese Ausgaben zu erhöhen, ging der Trend im letzten Jahrzehnt eindeutig nach unten.[79]

Die Streitkräfte selber leiden in unterschiedlichem Maß an

Mängeln, die Personal, Ausbildung und Ausrüstung betreffen. Das gilt vor allem für die Mannschaften, die zu zwei Dritteln aus Soldaten bestehen, die ihr Ausbildungsjahr abdienen. Das Gerät ist zum großen Teil veraltet und geplante Ankäufe mußten wegen der Inflation und der hohen Personalkosten gekürzt werden.

Von den drei Teilstreitkräften macht die Kriegsmarine die beste Figur, mit gutausgebildetem Personal und modernen Schiffen. Die Luftwaffe wird geschwächt durch ihren Bestand an veralteten Flugzeugen und der damit verbundenen Beeinträchtigung des Trainings. Der Stand des Heeres ist in vielfacher Hinsicht unzureichend. Nur ein Fünftel sind Berufssoldaten, und mit Ausnahme einiger Einheiten, wie der Panzerdivision »Ariete«, der Missile-Brigade »Aquileja«, der Fallschirmjägerbrigade »Folgore« und der Gebirgsbrigaden (Alpini), sind die Mannschaften weder gut ausgerüstet noch gut ausgebildet. Ihre Kriegsvorräte sowie das Reservistensystem genügen nicht. 1975 wurde die Wehrdienstzeit herabgesetzt und das Heer in einem Programm der Restrukturierung, das Personalkosten verringern und mehr Gelder für Materialbeschaffung zur Verfügung stellen sollte, von 305000 auf 254000 Mann reduziert. Entgegen dem Prozedere innerhalb der NATO wurden diese Schritte ohne Konsultationen unternommen und gingen klar auf Kosten der italienischen Verteidigungsverpflichtungen. Die Anschaffungen von Gerät wurden nicht verwirklicht.

Hinter diesen Mängeln liegen tiefere Probleme, die die Verteidigung Italiens schwer beeinträchtigen. Es fehlt insbesondere an der klaren Formulierung von Planung, Programmen und Zielen. Die größte Schwierigkeit ist, wie der Verteidigungsexperte Stefano Silvestri bemerkte, daß sich Entscheidungsprozesse für das italienische Militär in einem Chaos befänden und daß folglich keine klare und explizite Planung vorhanden sei. Der Verteidigungshaushalt wird zum Beispiel nur auf jährlicher Grundlage erstellt und vom Parlament gutgeheißen. Darum ist es schwierig, weiterreichende Pläne zu entwickeln oder Aufgaben und Strategie mit Fonds und Personal zu verknüpfen. Neid und Kirchturmpolitik innerhalb der Streitkräfte sind auch in Italien ein Problem, treten hier aber heftiger als bei den meisten anderen Bündnispartnern zutage, weil es weder einen organisatorischen Mechanismus noch den echten Willen gibt, derartige Übel zu bekämpfen.

Eine Reihe ebenso schwieriger Probleme rührt daher, daß die

italienische Armee nur wenige Experten für Strategie hat und wenig für strategische Planung tut. Die militärischen Behörden unterließen es zum Beispiel, den militärischen Auftrag und die Strategie des Landes den Veränderungen der politisch-militärischen Situation in Südeuropa und im Mittelmeerraum anzupassen. Dem italienischen Abwehrdispositiv liegt noch immer die Vorstellung zugrunde, daß die größte Gefahr von Nordosten drohe, das heißt durch eine Invasion der Sowjets zu Lande durch die Lücke von Görz. Das Heer wird demzufolge als die wichtigste Teilstreitkraft betrachtet und ist gegen eine Invasion zu Lande ausgerüstet. Tatsächlich stellt sich die größere Herausforderung jedoch auf der Südflanke und den angrenzenden Gebieten; eine militärische Antwort auf diese Bedrohung würde anders aufgebaute und anders ausgerüstete Streitkräfte erfordern. In den letzten Jahren beginnen sich allerdings neue Überlegungen durchzusetzen. Flotte und Luftwaffe stellen sich allmählich auf neue Aufgaben ein und schenken dem südöstlichen Mittelmeerraum erhöhte Wachsamkeit.

Eine kohärente und wirksame Sicherheitspolitik für Italien wird zusätzlich dadurch erschwert, daß es zwischen Verteidigungs- und Außenministerium keine Koordinierung auf höherer Ebene gibt. Themen von größter Wichtigkeit werden dem Obersten Verteidigungsrat zugewiesen; den Vorsitz hat der Präsident der Republik inne, und zu den Mitgliedern gehören Ministerpräsident, Verteidigungsminister, Außenminister, Innenminister, Schatzminister, Industrieminister sowie der Minister für die öffentliche Verwaltung und der Chef des Generalstabs. Aber dieses Gremium, was immer seine Befugnisse sind, liefert nicht mehr als die Unterschrift unter bereits getroffene Beschlüsse.

Im Endeffekt greift Italien auf die NATO und die Vereinigten Staaten zurück, um sich eine Strategie zu verschaffen, Pläne zu entwickeln und Ziele zu setzen. Aus diesen Gründen wird manchmal gesagt, der Hauptbeitrag Italiens an die NATO sei die Bereitstellung von Stützpunkten für die amerikanischen Streitkräfte im Rahmen der NATO-Verteidigung auf der Südflanke. Gewiß gehört Italien in der Gewährung von amerikanischen Installationen zu den kooperativsten Bündnispartnern, auch wenn derartige Einrichtungen – wie jene auf Sardinien oder Sizilien – von der Bevölkerung nicht sehr begrüßt wurden. Trotz der italienischen Erklärung von 1973, wonach US-Einrichtungen nicht länger für Missionen außerhalb des NATO-

Bereichs verwendet werden dürften, wie etwa für Operationen im Mittleren Osten, willigte Italien 1982 ohne Murren in die Benutzung dieser Basen für den Nachschub in den Libanon ein. Und obwohl Italien 1974 nicht bereit war, der Gesamtverlagerung von NATO-Einrichtungen aus Griechenland auf sein Territorium zuzustimmen, akzeptierte es den größten Teil.

Die Rolle Italiens in der EG stellt sich ähnlich dar. Die Regierungen waren Vorkämpfer für die Stärkung der zentralen Organe, für die Erweiterung der Gemeinschaft (Großbritannien und südeuropäische Staaten) und die Direktwahl zum Europäischen Parlament. Doch in vielen konkreten Bereichen war der Einsatz wiederum mehr zeremonieller Art. Italien unterstützt normalerweise als erster Partner Initiativen und Reformen der Gemeinschaft, ist aber oft der letzte, der Beschlüsse und Verordnungen in die Tat umsetzt. So wurde die Mehrwertsteuer drei Jahre nach der vorgeschriebenen Frist eingeführt. In Brüssel unterstützte Agrarreformen werden häufig zu Hause ignoriert. Ein Teil der Versäumnisse ist auch hier eine Folge der Unstabilität der Regierung und der Ineffizienz der Verwaltung, die nicht rechtzeitig Instruktionen geben.

Den europäischen Partnern fällt auf, daß das Engagement Italiens in der Gemeinschaft nicht so weit reicht, viele Italiener zu einer Karriere im Dienst dieser Institution zu verpflichten. In der Brüsseler Bürokratie liegt die Zahl der Italiener stets unter ihrer Quote. Wenige sind selbst gewillt, als Kommissare zu dienen. 1970 hatte die italienische Regierung Mühe, einen Präsidenten der Hohen Kommission zu finden. Franco Maria Malfatti, damals Postminister, erklärte sich schließlich bereit, doch blieb er nur kurze Zeit; er trat noch vor Ende seiner Amtszeit zurück, um für das Parlament zu kandidieren.

NATO und EG sind für Italien, abgesehen von den politischen und wirtschaftlichen Vorteilen, das wichtigste Mittel, um einen Platz auf der internationalen Bühne einzunehmen und um seinen Drang nach diplomatischem Prestige zu befriedigen. Italien hatte seit seiner Einigung, und vielleicht weil es diese so spät erreichte, den Wunsch, wie Altiero Spinelli, ein Europapionier der italienischen Linken, es formulierte, »eine der großen europäischen Mächte zu sein und vor allem als solche zu erscheinen«.[80] Der äußere Schein ist in der Tat wichtig. Henry Kissinger bemerkte in verletzender Offenheit zu seinen offiziellen Reisen nach Rom: »Bei jedem Besuch Roms hatte ich das Gefühl, nach unserer Ankunft auf dem Flughafen sei das erste

Ziel schon erreicht. Damit zeigten wir, daß die Vereinigten Staaten Italien ernst nahmen. Die Fotos bewiesen, daß wir die italienischen Politiker konsultierten.«[81]

Die Sorge Italiens um diplomatisches Prestige wird stets sichtbar an seiner Insistenz, jedem NATO-Gremium und jeder internationalen Organisation anzugehören und an jeder internationalen Konferenz teilzunehmen. Umgekehrt tritt sie im Ärger zutage, wenn es, wie im Fall des westlichen Wirtschaftsgipfels von Guadeloupe von 1979, ausgeschlossen wird. Craxi setzte 1986 die Aufnahme Italiens und Kanadas in den »Währungsclub« (G-5) durch; dieser erweiterte sich somit zur G-7. Der Hang nach Prestige kann auch an der hartnäckigen Opposition gegen exklusive Gruppierungen innerhalb der NATO und an der Nervosität gegenüber den Sonderbeziehungen zwischen Mitgliedstaaten, wie sie etwa Helmut Schmidt und Giscard d'Estaing pflegten oder Kohl und Mitterrand unterhalten, abgelesen werden.

Italien ist gewiß nicht das einzige Land, das um sein diplomatisches Ansehen besorgt ist. Sein Problem rührt zum Teil daher, daß es sich objektiv in einer Zwischenposition befindet. Aufgrund gewisser Kriterien – Größe, Bevölkerung, geographische Lage, wirtschaftliche Stärke – ist es etwa vergleichbar mit Großbritannien, Frankreich und der Bundesrepublik. Doch schwache Regierungen zusammen mit einer passiven Außen- und Sicherheitspolitik reduzieren sein politisches und militärisches Gewicht auf das Niveau kleinerer Staaten Westeuropas. Darum strebte es immer danach, der ersten Kategorie anzugehören, und kämpfte dagegen an, auf die zweite herabgestuft zu werden, während seine »natürliche« Position in Wirklichkeit die unbequeme Lage zwischen diesen beiden ist.

Die Italiener selber tragen zu diesem Problem bei. Indem sie ihre eigene Rolle in der Weltpolitik bagatellisieren, sich hinter EG und NATO verstecken, ihre eigene diplomatische Begabung unterschätzen und auf die Entwicklung konkreter Positionen in der Außen- und Sicherheitspolitik verzichten, vermindern sie den Rang, den Italien einnehmen könnte. Darum der Ausspruch auf dem internationalen Parkett, daß Italien sich zu Wort melde, aber dann nichts zu sagen habe. Oder in anderen Worten: Italien möchte das Gefühl genießen, eine bedeutende Macht zu sein, ohne die Mühen zu haben, die damit verbunden sind. Wenn Italien sich aber selber nicht ernst nimmt, können es auch andere nicht.

Kaum ein Land von ähnlichem Gewicht versteht es besser, Reibungen zu verringern und freundliche Beziehungen noch zu verbessern. Die Regierung bewältigt deshalb auch diplomatische Probleme mit relativer Leichtigkeit. Bilaterale Konflikte, die nach dem Zweiten Weltkrieg noch bestanden, wurden beigelegt, und kleinere Streitfragen störten nie länger gegenseitige Beziehungen. Eine Sorge gilt Jugoslawien. Es könnte in der Zukunft so unstabil werden, daß nach einem Einmarsch der Sowjets eines Tages die Rote Armee an der italienischen Ostgrenze stünde. Die italienische Regierung unterstützt darum entschieden den blockfreien Status Jugoslawiens und tat bisher alles, um bilateralen Konfliktstoff aus der Welt zu schaffen. Mit dem Vertrag von Osimo von 1975 verzichtete Italien endgültig auf die Zone B hinter Triest und setzte so dem Grenzstreit ein definitives Ende. In internationalen Fragen wie Ost-West-Entspannung, Waffenkontrolle, Nonproliferation und KSZE arbeiten die beiden Regierungen zunehmend in gleicher Richtung.

Die Beziehungen zu anderen Nachbarn sind frei von Sorge. Im Falle Österreichs, des einstigen Erbfeindes, geht es vor allem um Fragen des Handels. Die politischen Beziehungen, die lange durch das Problem Südtirol belastet waren, wurden nach Abschluß des Autonomiepakets durch den Staatsbesuch von Bundespräsident Jonas im November 1971 sozusagen feierlich normalisiert. Die Schwierigkeiten mit der Schweiz wegen des großen Kontingents italienischer Arbeitskräfte wurden im Laufe der Jahre durch eine Reihe bilateraler Vereinbarungen abgebaut. Italien unterhält enge diplomatische Beziehungen zu Frankreich, teils wegen der frankophilen Komponente in der Farnesina, dem Sitz des Außenministeriums; doch die eigentliche politische Zusammenarbeit wird geschwächt durch das, was die Italiener als die französische Geringschätzung für Italien und als Frankreichs Großmachtstreben betrachten. Trotz freundlicher Gesten erregen sich im täglichen Güteraustausch die Gemüter. Besonders die italienischen Weinexporte lösen den Zorn der französischen Bauern aus.

Großbritannien und Italien haben viele politische und wirtschaftliche Interessen gemeinsam. Italien gehörte zu den entschiedensten Befürwortern des britischen Beitritts zur EG. Rom sah darin ein Mittel, sowohl die Institution als auch das Gegengewicht zu Frankreich und Deutschland zu stärken. Beide Länder haben ein starkes Interesse am Regionalfonds in Brüssel und an der Reform der Agrarpolitik. Den Beziehungen zu Griechenland, Spanien und Portugal wird erstaunlich wenig Aufmerksamkeit zuteil; zwar unterstützte Rom deren Beitritt zur Gemeinschaft, selbst wenn der italienischen Landwirtschaft dadurch neue Konkurrenz erwächst.

Die Bundesrepublik, die für fast 600000 italienische Auswanderer zu einer zweiten Heimat wurde, ist dank ihrer wirtschaftlichen und politischen Bedeutung der wichtigste europäische Partner Italiens. Für die Italiener ist die Beziehung schwer befrachtet. Auf der positiven Seite genießt Deutschland viel Bewunderung. Der Einfluß deutschen Geisteslebens – von Hegel, Marx, Nietzsche, Max Weber bis zur Frankfurter Schule – ist groß und übt starke Anziehungskraft auf das intellektuelle Leben des Landes aus. Das Modell der deutschen Sozialdemokratie wurde als europäisches Modell betrachtet; Brandt und Schmidt waren über die italienische Linke hinaus, einschließlich KPI, Vorbilder. Der Durchschnittsitaliener räumt deutschen Industrieerzeugnissen vom Auto bis zum Haushaltsgerät den Vorrang ein.

Doch die Anziehungskraft wird aufgewogen durch Mißtrauen und Abneigung. Indem Westdeutschland stärker wird, erscheint es immer mehr als dominierende Macht mit autoritären Zügen. Gegenseitige Kenntnisse beruhen meist auf negativen Stereotypen, und die Institutionen, die der Verständigung dienen, reichen nicht aus. Die italienischen Christdemokraten haben wenig gemeinsam mit ihren zum großen Teil konservativeren Partnern in der Bundesrepublik. Die Sozialisten unterhalten noch nicht sehr lange Verbindungen zur SPD, und es fehlt nach wie vor an Vertrauen. Die deutschen Sozialdemokraten hatten in den Anfangsjahren der Ostpolitik enge Kontakte mit den italienischen Kommunisten, ohne daß daraus eine solide Beziehung entstand.

Die psychologische Ambivalenz spiegelt sich auf Regierungsebene. Jedes Land ist für das andere wichtig, als Handelspartner wie als Mitglied der EG und der NATO. In Fragen der Europäischen Gemeinschaft und des Verteidigungsbündnisses besteht enge Zusammenarbeit. Doch das zugrundeliegende Verhältnis ist so empfindlich, daß jedes Zeichen fehlender Rücksicht es stören kann. So wurden durch den Fall Kappler heftige Reaktionen ausgelöst. Im August 1977 floh Herbert Kappler, der wegen Kriegsverbrechen verurteilt war, aus dem Militärspital in Rom nach Deutschland. Die Bundesregierung verweigerte die Auslieferung des todkranken Kappler, der bald danach starb. Für die Italiener war die deutsche Haltung ein krasser Affront; es kam zu antideutschen Demonstrationen, und der italienische Verteidigungsminister mußte zurücktreten. Ein Jahr zuvor hatte der damalige Bundeskanzler Schmidt vor der Presse erklärt, daß die deutsche, britische, französische und amerikanische Regierung nicht zu wirtschaftlicher Unterstützung an Italien bereit seien, wenn Kommunisten in die Regierung aufgenommen würden. Die Erklärung wurde in Italien, dessen Wirtschaft noch unter dem Schock der erhöhten Erdölpreise stand, als Einmischung empfunden. Dabei hatte Schmidt nicht mehr gesagt als amerikanische Beamte in all den Jahren. Solche öffentlichen Stürme ziehen rasch vorüber, und die diplomatischen Beziehungen leiden kaum darunter.

Obwohl Italien relativ starke wirtschaftliche Beziehungen zu Osteuropa und zur Sowjetunion pflegt, hat es wenig politisches Kapital investiert. Die Verbindungen sind kühl und ohne viel Substanz. Der versöhnliche Charakterzug, der dem Italiener eigen ist, veranlaßt ihn, Gegensätze im Ost-West-Verhältnis zu vermeiden und Entspannung, Rüstungskontrolle und andere Mittel für den Abbau von Konflikten zu befürworten. Als Rom vor einigen Jahren vor der Wahl stand, entweder auf ein chinesisches Ersuchen um Waffen einzugehen oder es wegen des sowjetischen Widerstandes gegen derartige Lieferungen abzulehnen, verkauften die Italiener zwar die Ausrüstung, aber keine Waffen. Die Sowjets haben Italien trotz dessen strategischer Bedeutung nie zum Ziel einer politischen Offensive gemacht. Für viele Jahre konnten sie es den italienischen Kommunisten überlassen, ihre Thesen im Land zu verbreiten. Doch auch im letzten Jahrzehnt, als dies wegen des Revisionskurses der KPI nicht mehr möglich war, hat Moskau Italien geringe Aufmerksamkeit geschenkt.

Italien hat außerhalb der atlantischen Gemeinschaft nur für den Mittelmeerraum und den Mittleren Osten ein politisches Interesse. Aber auch dieses Interesse – es rührt von der historischen Rolle, der geographischen Lage, von früheren kolonialen Verbindungen und vom Gefühl her, ebenso mediterran wie europäisch zu sein – ist weder stark noch konsequent. Einmal wünscht es, unabhängigen Einfluß auf die Region zu nehmen; ein anderes Mal möchte Italien Vermittler zwischen Europa und der arabischen Welt sein. Ein Spielraum für eine solche

Rolle bestand sicherlich Mitte der fünfziger Jahre, als der britische und der französische Einfluß zurückgingen, und in den späten sechziger Jahren, als Amerika sich aktiv im Mittleren Osten engagierte. Es schien damals, daß Fanfani, der 1958/59 gleichzeitig Ministerpräsident und Außenminister war, eine solche Mission in Anspruch nehmen wollte. Doch weder Fanfanis Amt noch das italienische Interesse an der »mediterranen Berufung« waren von langer Dauer. Zu Beginn der Erdölkrise schenkten italienische Politiker den arabischen Ländern übergroße Aufmerksamkeit. Eigentliche diplomatische Offensiven auf diesem Gebiet unternahmen Moro im Jahre 1974 sowie Andreotti und Forlani in den Jahren 1977 und 1978, danach Craxi und Andreotti in den achtziger Jahren. Aber es wurden nie klare politische Pläne daraus. Die italienischen Behörden besitzen eine beträchtliche Kenntnis vom Mittleren Osten; doch diese Kenntnis kam in der NATO oder in der EG, wo die Stimme Italiens ernsthafte Aufmerksamkeit verdienen würde, bisher nie zum Tragen.

Trotzdem tat Italien sein Bestes, die streitenden Parteien um das Mittelmeer zu besänftigen. Zeitweilig kam es zwar zu scharfen Provokationen. Italienische Einwanderer in Nordafrika, einschließlich der 19000 Italiener in Libyen, wurden brutal ausgewiesen und ihr Besitz beschlagnahmt. Mit Tunesien und Libyen gibt es immer wieder Konflikte wegen der Fischereirechte. In Rücksicht auf seine Handelsinteressen hat Italien stets auf Waffengewalt und auf den Abbruch der diplomatischen Beziehungen verzichtet. Die Beziehungen zu Libyen sind schwierig und wichtig zugleich, da es nicht nur Lieferant von Erdöl, sondern bei weitem Italiens bester Kunde in der gesamten Zone ist; rund ein Viertel der für den Nahen Osten bestimmten Exporte geht nach Libyen. Im Konflikt zwischen Israel und den Arabern hat Italien sich stets auf mittlerem Kurs gehalten, so daß es nun von beiden Seiten weder als Freund noch als Feind betrachtet wird. Seinem Engagement für friedliche Vermittlung hat es am stärksten Ausdruck gegeben durch die Entsendung von Kontingenten für die Friedenstruppen im Sinai und in Beirut.

Ein gutes Beispiel für die italienische Vermittlerfunktion ist die erfolgreiche Lösung des Problems Malta. Die Insel war bis 1971 Standort der restlichen Mittelmeerflotte Großbritanniens und Hauptquartier der NATO-Seestreitkräfte Südeuropa. In jenem Jahr forderte der unberechenbare Premierminister von Malta, Dom Mintoff, eine Erhöhung der britischen Finanzleistungen und drohte mit der Ausweisung der britischen Streitkräfte. In der NATO befürchtete man, daß Libyen Englands Platz einnehmen könnte und daß Mintoff sogar den Sowjets eine Marinebasis einzuräumen imstande wäre. Die NATO verlegte ihr Hauptquartier nach Neapel, doch die britischen Versuche, über den Stützpunkt zu verhandeln, waren erfolglos. Die italienischen Beamten, die dank unerschöpflicher Geduld das Vertrauen beider Seiten gewonnen hatten, schalteten sich in die Verhandlungen ein, hielten die Gespräche trotz mehrfacher Krisen aufrecht, überzeugten die Malteser, ihre finanziellen Forderungen herabzusetzen, und die NATO, ihr Angebot für Finanzhilfe zu erhöhen, bis im März 1972 ein Abkommen erreicht wurde, das den Briten erlaubte, die Basis für sieben weitere Jahre zu behalten.

Um zu verhindern, daß Malta nach dem britischen Rückzug ein militärischer Stützpunkt für die Libyer oder die Sowjets werden könnte, wurde Italien von der EG beauftragt, mit Malta über die Neutralisierung der Insel zu verhandeln. Den Italienern gelang es wiederum mit großer Ausdauer und mit dem Angebot einer jährlichen Wirtschaftshilfe von 20 Milliarden Lire, Mintoff zu überzeugen, im September 1980 den Vertrag zu akzeptieren. Malta verpflichtete sich darin, auf die Errichtung von Militärstützpunkten und auf die Verwendung seiner Werften für Kriegsschiffe zu verzichten.

Die intensivsten bilateralen Beziehungen unterhält Italien zu den Vereinigten Staaten. Sie haben ihren Grund nicht in einer besonders engen Freundschaft. Die amerikanische Regierung zeigt kein besonderes Interesse für Italien, während die italienische Regierung sich seinen europäischen Partnern näher fühlt. Die Besonderheit liegt vielmehr in der realpolitischen Orientierung Roms am stärksten Partner und in einem hohen Grad amerikanischer Einwirkung auf die italienische Innenpolitik.

Das kritische Element der amerikanisch-italienischen Beziehungen ist die Existenz einer kommunistischen Partei in Italien, die stark genug ist, um sich innerhalb einer Koalition an der Macht zu beteiligen. In der Sicht Washingtons würde eine solche Eventualität sowohl ein innenpolitisches Problem für den amerikanischen Präsidenten darstellen als auch das Risiko, daß Italien die NATO verlassen oder seine Bündnisverpflichtungen abbauen könnte. Es war stets das Ziel Amerikas, eine derartige Entwicklung zu verhindern. Amerikanische Administrationen haben konsequent eine Politik verfolgt, die, hart formuliert, die italienische Souveränität zu begrenzen versuchte. In der Sicht Washingtons ist eine italienische Regierung, der Kommunisten angehören, unannehmbar.

Um sicher zu gehen, ist Amerika bereit zu Interventionen auf allen Ebenen der italienischen Innenpolitik. Vieles spielt sich hinter den Kulissen ab. In den ersten Nachkriegsjahren half die amerikanische Regierung bei der Förderung und Finanzierung einer politischen Partei – der Sozialdemokraten – und zweier Gewerkschaften – der UIL und der CISL. Seit damals gingen Gelder an Einzelpersonen, Gruppen und Parteien. So erhielten im Wahljahr 1972 beispielsweise gewisse Parteien zehn Millionen Dollar. Botschafter Graham Martin gab General Vito Miceli, dem damaligen italienischen Abwehrchef, 800000 Dollar ohne besondere Bedingungen für deren Verwendung. 1976 stellte ein Bericht des amerikanischen Repräsentantenhauses fest, daß die CIA in den drei vorhergegangenen Jahrzehnten italienischen Parteien und Kandidaten insgesamt 75 Millionen Dollar hatte zukommen lassen. Eine Einschaltung anderer Art findet in Form privater Konsultationen statt, wenn amerikanische Beamte bei einer Koalitionsbildung oder in parteiinternen Fragen Rat unterbreiten.

Öffentliche Interventionen waren auch die Ermahnungen, die vor Wahlen oder in irgendwelchen kritischen Augenblicken von amerikanischen Regierungsbeamten, einschließlich Botschaftern, ausgesprochen wurden. Präsident Ford, Außenminister Kissinger, der NATO-Oberkommandierende Haig und Botschafter John Volpe führten vom Sommer 1975 bis zum Sommer 1976, als die Kommunisten im Vormarsch waren, fast einen Kreuzzug gegen die KPI. Im Januar 1978 erließ die amerikanische Regierung eine Erklärung, die insbesondere an Italien gerichtet war: Jeder Eintritt von Kommunisten in eine westeuropäische Regierung wurde abgelehnt, und gleichzeitig wurde dazu aufgerufen, den kommunistischen Einfluß auf jede Regierung zurückzuweisen. In Tat und Wahrheit sollte durch diese Erklärung in Rom die Bildung einer christdemokratischen Regierung mit parlamentarischer Unterstützung der Kommunisten verhindert werden.

Italienische Beamte und die italienische Öffentlichkeit haben eine derartige Einmischung ohne große Empfindlichkeit geduldet. Die uralte Verletzbarkeit eines Landes, das seine Erfahrungen mit ausländischen Interventionen hat, mag eine Rolle spielen und darüber hinaus die Befürchtung, daß die USA über

Italien eine Art von Quarantäne verhängen könnten, die den wirtschaftlichen Wohlstand untergraben würde. Doch die Italiener verstehen auch Nutzen aus dieser Lage zu ziehen. Amerika ist für Parteien und begünstigte Einzelpersonen eine unvergleichliche Geldquelle. Für die Christdemokraten ist der Kurs der Amerikaner nützlich, weil sie die Kommunisten zurückhalten und die Verantwortung dafür nicht ihnen zuschieben. Die Italiener haben zwar Geld und Ratschläge entgegengenommen, aber doch zunehmend getan, was sie wollten. Im Jahr 1978 antworteten die Christdemokraten mit Schweigen auf die Erklärung des State Department; zwei Monate später bildeten sie die Regierung, die die Erklärung hätte verhindern sollen.

Mitte der achtziger Jahre kam es während der Regierung Craxi wiederholt zu Spannungen zwischen den Vereinigten Staaten und Italien, und zwar wegen der Bekämpfung des Terrorismus im Mittelmeerraum, daß heißt in einer Randzone des atlantischen Bündnisses. Zum erstenmal trat eine italienische Regierung wegen eines außenpolitischen Zwists zurück. Indem Craxi Forderungen und Wünsche der Administration Reagan ablehnte, gab er nationalem Selbstbewußtsein Ausdruck und erhielt dafür öffentlichen Beifall. Ursache war die Entführung des italienischen Kreuzfahrtschiffes »Achille Lauro« durch arabische Terroristen im Oktober 1985. Italien weigerte sich, dieses Kommando samt dem Chef der Organisation, Abu al-Abbas, nach einer dramatischen Einschaltung amerikanischer Marineflieger an die USA auszuliefern. Abu al-Abbas wurde von der sizilianischen Basis Sigonella nach Rom gebracht und dann nach Jugoslawien abgeschoben. Das veranlaßte die Republikaner, deren Parteisekretär Spadolini Verteidigungsminister war, aus dem Kabinett auszuziehen. Es gelang schließlich, die Regierungskrise abzublasen; aber die Beziehungen zu Washington hatten unter der Kontroverse gelitten.

Im Frühjahr darauf verschärfte sich der Konflikt zwischen den USA und Libyen. Craxi distanzierte sich von den amerikanischen Militäraktionen gegen Ghadafi. In jenen Tagen wurden zwei libysche Missiles gegen die italienische Insel Lampedusa abgeschossen. Sie richteten zwar keinen Schaden an, aber machten vor aller Welt klar, wie nah Italien dem nahöstlich-nordafrikanischen Krisenherd liegt. Die Divergenzen in der Bekämpfung des Terrorismus und die unterschiedliche Bewertung der arabischen Forderungen – Craxi und Andreotti zeigten seit Jahren demonstrativ Verständnis für Arafat und seine Organisation – hat nichts am Engagement Italiens in der NATO geändert. Rom schloß sich, mit Verzögerungen allerdings, dem amerikanischen Verlangen an, zur Garantierung der freien Schiffahrt Flotteneinheiten in den Persischen Golf zu entsenden. Die italienische Regierung vertritt heute entschiedener als früher eigene Standpunkte und baut die passive Toleranz von früher ab.[82]

Der Schwerpunkt Außenhandel

NATO und EG schaffen nur den allgemeinen Rahmen für die Beziehungen Italiens nach außen; der wirkliche Antrieb und die wahren Interessen hinter diesen Aktivitäten sind eher kommerzieller als politischer Art. Nicht, daß die Italiener einfach am tüchtigsten sind, wenn sie unabhängig ihre wirtschaftlichen Eigeninteressen verfolgen: Das Land als ganzes muß produzieren, um wirtschaftlich zu überleben. Mit einer großen Bevölkerung, wenig Rohstoffen und geringen Energiequellen muß Italien auch importieren, um zu leben, und es muß exportieren, um seine Ankäufe zu finanzieren. Damit ist es den Entwicklungen der Weltwirtschaft ausgesetzt und hat ein vitales Interesse am internationalen Handel und an der Währungspolitik, an einer stabilen Lira und an der Erweiterung seiner ausländischen Märkte.

Die ungünstige wirtschaftliche Ausgangslage war der Ansporn für die kommerzielle Vitalität Italiens. Der Außenhandel war nicht nur ein Hauptfaktor, um ein rückständiges Agrarland in einen Industriestaat zu verwandeln, sondern ist nach wie vor ein dynamisches Element der italienischen Wirtschaft. Die Entscheidung der Regierung nach dem Kriege, den Handel zu liberalisieren und die alte Tradition des industriellen Protektionismus aufzugeben, öffnete den italienischen Markt dem internationalen Wettbewerb und forderte die unternehmerischen Kräfte des Landes heraus. Im Laufe der Jahre waren es vor allem die Exportindustrien, die die Energien und den Scharfsinn der Geschäftswelt stimulierten. Die Exporte brachten die für Italien typischen Qualitäten wie Anpassungsvermögen, Improvisationsgabe, Geschick und Kunstfertigkeit, Sinn für Design und – sporadisch aber manchmal einzigartig – Effizienz zur Entfaltung.

Italiens wirtschaftliche Kapazität ist häufig zu Unrecht unterschätzt worden. Seine Exporteure waren überaus beweglich und stellten sich rasch auf neue Märkte und neue Produkte ein. Jahr um Jahr war Italien imstande, wie im Mai 1981 der ›Economist‹ schrieb, »sich durch Export aus seinen Schwierigkeiten herauszuretten, mit einem Stil und einem Schwung, welche die Kritiker verstummen ließen und den Bewunderern den Atem nahmen«.

Die Bilanzen sind eindrucksvoll: Seit 1945 nahm das Exportvolumen mit Ausnahme von 1980 jährlich zu. Die Expansionsrate lag über dem internationalen Durchschnitt, und in den fünfziger Jahren wurde Italien nur von der Bundesrepublik und von Japan übertroffen, in den sechziger Jahren nur von Japan. Dank dieses durch den Export bestimmten Wachstums verdreifachte sich das Bruttosozialprodukt zwischen 1950 und 1970. Italien wurde zur siebten Industriemacht der Welt und rückte unter den westlichen Ländern auf den fünften Platz vor.

Eine Leistung von dieser Größenordnung verdient Beachtung, weil die Exportwirtschaft selten Hilfe von der Regierung erhielt. Obwohl in der letzten Zeit einige Verbesserungen zu verzeichnen sind, fehlt der Regierung noch immer eine koordinierte Exportstrategie. Das Außenministerium nimmt die Zuständigkeit für alle Aspekte der auswärtigen Beziehungen in Anspruch, doch fehlt ihm wirtschaftliche Sachkenntnis. Das Außenhandelsministerium hat administrativen Vorrang, aber auch wenig professionelle Kompetenz. Das Institut für Außenhandel (ICE), eine private Einrichtung mit staatlichen Zuschüssen, war lange Zeit ohne praktischen Nutzen. Weder das Außen- noch das Außenhandelsministerium haben ein Korps von qualifizierten Handelsattachés für die Förderung des Exports ausgebildet. Die Ministerien für Industrie und Landwirtschaft haben ihre eigenen kontrastierenden Interessen, während zwischen der Banca d'Italia und dem Schatzministerium nur institutionelle Interessengegensätze bestehen, die sich aus der Sache ergeben. Die Ministerpräsidentschaft unternimmt keine Anstrengungen, um als Schiedsrichter unter Rivalen aufzutreten. Darum ist Handelspolitik ein Tummelplatz für alle. Wichtige Projekte müssen wegen Neid und Eifersucht innerhalb der Bürokratie manchmal aufgegeben werden.

Rinaldo Ossola versuchte als Außenhandelsminister zwischen 1976 und 1979 die Situation zu ändern, indem er unermüdlich reiste, neue Märkte suchte und den bestehenden Handel erhöhte. Er sprach bei Italiens Rohöllieferanten vor, und es gelang ihm, das Hoch der Ausfuhren jener Jahre in Gang zu setzen, mit dem nicht nur die katastrophalen Folgen der Erdölkrise überwunden wurden. Seine dauerhafteste Leistung war die »Legge Ossola« von 1977, die das System der italienischen Exportrisikogarantien reorganisierte, staatliche Versicherungen für kurzfristige Exportkredite eröffnete und den Versicherungsschutz erweiterte. Das Gesetz machte es Italien möglich, mit anderen westlichen Ländern außerhalb Europas den Wettbewerb aufzunehmen, und erleichterte die Exporte in den Mittleren Osten beträchtlich.

Ein Problem ergibt sich aus der Tätigkeit von Exporteuren, die mit staatlichen Interessen kollidieren. Große Firmen erobern sich häufig einen Interessenbereich – im Mittleren Osten, in Afrika oder Lateinamerika – und operieren in völliger Autonomie. Dann kommt es vor, daß nicht der italienische Botschafter, sondern der Vertreter der ENI, von Fiat oder einer anderen Firma der wichtigste italienische Vertreter im Lande ist. Das bekannteste Beispiel war in den fünfziger Jahren die ENI unter ihrem draufgängerischen Gründerpräsidenten Enrico Mattei. Er brach nicht nur in den Erdölmarkt des Mittleren Ostens ein, sondern änderte die Grundlage der Ölverträge, die von den britischen und amerikanischen Gesellschaften entwickelt worden waren, und gewann damit auch politisches Terrain für Italien. Eine andere prominente Figur ist Gianni Agnelli, dessen ausländische Operationen, vor allem in der Sowjetunion und Polen, Fiat zu einem der führenden Autoexporteure machten und ein festes Interesse an guten politischen Beziehungen mit Osteuropa nach sich zogen.

Alle Italiener sind sich einig, daß ideologische und politische Rücksichten rigoros vom Handel ausgeschlossen werden müssen. Auf der Höhe des Kalten Krieges taten italienische Geschäftsleute ihr Bestes, um Märkte in Osteuropa und in China aufzubauen. Während des Koreakrieges verkaufte Fiat wichtige Erzeugnisse an Nordkorea. In der NATO leistete die Regierung stets den von Amerika lancierten Embargolisten für Exporte in kommunistische Länder Widerstand. Weder die Kommunisten noch die Sozialisten waren in entsprechender Weise ernsthaft gegen Geschäfte mit Portugal, mit den portugiesischen Kolonien in Afrika oder mit Rechtsregimen in Lateinamerika.

Der Löwenanteil der italienischen Exporte ist für die modernen Industrieländer bestimmt, rund zwei Drittel für Europa, davon das meiste an die EG-Staaten. Die Bundesrepublik ist der beste Kunde mit 18 Prozent der italienischen Exporte, Frankreich folgt mit 15 Prozent. In Osteuropa sind Italien wegen der beschränkten Kredite Grenzen gesetzt: Die Exporte, in den vergangenen Jahrzehnten durchschnittlich fünf Prozent, sind in den letzten Jahren zurückgegangen. Doch Italien bleibt ein wichtiger Partner im Osthandel, und in einer Reihe von Branchen folgt es gleich auf die Bundesrepublik.

Auf der Importseite trägt die Einfuhr von Rohstoffen, aber auch von Lebensmitteln zum Defizit der Handelsbilanz bei – was im letzteren Fall den Rückstand und die Mißerfolge der italienischen Landwirtschaft illustriert. Italien hat zwei außerordentliche Einnahmequellen, die allerdings nur bis Ende der siebziger Jahre das Defizit der Handelsbilanz auszugleichen vermochten. Die eine ist der noch immer ansteigende Tourismus, der dem Land 1986 Devisen von 14700 Milliarden Lire brachte; die zweite sind die Überweisungen der italienischen Arbeiter im Ausland, vor allem aus Deutschland und aus der Schweiz, die 1986 fast 4000 Milliarden Lire ausmachten.

Gründe für Rückschläge Italiens auf dem Weltmarkt waren die Inflation und das damit gekoppelte Ansteigen der Löhne im Lauf der siebziger Jahre. Größere Folgen hatte die Verteuerung der Erdölpreise nach 1973. Da Italien zu 85 Prozent von ausländischen Energiequellen abhängig ist, wurde es stärker als andere Länder von der Preisexplosion betroffen. Die Energiekosten stiegen von 1973 bis 1985 von 1600 Milliarden Lire auf 46000 Milliarden Lire. In der Folge verbesserte sich die Situation, dank des Preisverfalls des Erdöls und des Dollar-Rückgangs. Im allgemeinen Gerangel um Rohöl zog sich Italien gut aus der Sache. Es konzentrierte sich auf fünf Länder, Saudi-Arabien, Irak, Libyen, Iran und Kuweit, die neun Zehntel seiner Ölimporte decken. Nicht zuletzt dank der Flexibilität italienischer Firmen stiegen im Jahrzehnt zwischen 1970 und 1980 gleichzeitig die Exporte in die OPEC-Länder von einer halben Milliarde auf fast 10000 Milliarden Lire.

Die italienische Exportindustrie ist nicht nur imstande, in neue Länder vorzustoßen, sondern weiß die Produktion auch der veränderten Nachfrage anzupassen. Der Anteil an verarbeiteten Gütern ist von 1952 bis 1979 von 84 auf 96 Prozent angestiegen. Anstelle von Textilien und Lebensmitteln sind zunehmend Autos, Mode, Maschinen, Haushaltsgeräte und Chemieprodukte getreten. In OPEC-Ländern und anderen Gebieten der Dritten Welt spezialisierten sich italienische Firmen in Consulting auf den Bau von Infrastrukturen und Industrieanlagen. Sie sind beteiligt beim Bau von Autostraßen, Tunnels und Brücken, Dämmen und Kraftwerken, Eisenbahnen, Kanälen und Bewässerungsanlagen.

Die Zahl der Exportfirmen stieg von 1967 bis 1980 von 36000 auf 100000 Firmen. Dahinter liegt eine Besonderheit der gegenwärtigen industriellen Struktur. Die Dynamik liegt nicht nur bei den großen Unternehmen, sondern bei den Klein- und Mittelbetrieben. Viele von ihnen gehören zur sogenannten »Schattenindustrie« (industria sommersa). Es handelt sich um eine Unzahl von kleinen Unternehmen, die weder Steuern noch Sozialbeiträge bezahlen, in denen die Gewerkschaften keine Kontrolle ausüben und für deren Exportprodukte häufig die offizielle Dokumentation fehlt. Nach dem landwirtschaftlichen Italien und dem Italien des Industriedreiecks im Norden ist indessen ein drittes Italien entstanden, besonders in den ursprünglich agrarischen Regionen Emilia-Romagna, Venetien, Toskana und Marken.

Den Kern bilden Hunderte von kleinen Betrieben in Provinzstädtchen, die Möbel, Textilien, Schuhe, aber auch Maschinen herstellen. Sie bewältigen in Zusammenarbeit mit anderen Werkstätten auch komplizierte Produktionsabläufe. Dank ihrer hohen Produktivität (keine Streiks) und niedrigen Kosten (keine Abgaben) sind sie konjunkturresistent und haben mitgeholfen, die Erschütterungen der Wirtschaftskrise zu dämpfen. Ein vielzitiertes Beispiel für traditionelle Formen der »Schattenindustrie«, die sich zum großen Teil auf Heimarbeit stützt, ist die Handschuhindustrie im Raum von Neapel (Jahresproduktion angeblich 30 Millionen Paar). Italienische Nationalökonomen schätzen, daß rund ein Drittel der Gesamtproduktion offizieller Registrierung entgeht. Der Schluß liegt nahe, daß die offiziellen Exportstatistiken den wirklichen Umfang des Außenhandels und dessen Einkünfte beträchtlich unterschätzen.

Der Außenhandel ist einer der großen Erfolge des modernen Italien. Der Export, der vor allem von kleinen Firmen getragen wird, ist freilich Risiken ausgesetzt. Er ist im Angebot technisch bereits rückständig, wie es sich in Statistiken abzeichnet. Die Gefahr wächst, daß Italien zwischen der Konkurrenz der hochindustrialisierten Länder und der Dritten Welt, die bei niedrigen Arbeitskosten »arme Produkte« auf den Weltmarkt wirft, in die Klemme gerät. Die Frage, ob es ihm gelingen werde, auch das zu produzieren, was in Zukunft verlangt wird, bereitet manchem Italiener Sorge. Allerdings haben italienische Exporteure nie aufgehört, die Welt zu überraschen.

»Eppur si muove« – »Und sie bewegt sich doch«

Ist es zufällig, daß zum Abschluß des vorhergehenden Kapitels von Export, Industrie und Wirtschaft die Rede war? Zum Zeitpunkt der Revision dieses Buches – Anfang des Jahres 1988 – steht das Verhältnis von Politik und Wirtschaft im Vordergrund des allgemeinen Interesses. Zwar ist die vorjährige Diskussion über die weiterhin offene Frage, ob Italien wirtschaftlich Großbritannien überrundet habe, abgeklungen. Aber die Dynamik, Vitalität und Expansion der italienischen Wirtschaft findet nach wie vor ein breites Echo in den Massenmedien. Im Kontrast zur Wirtschaft, die nicht das Thema dieses Buches war, bietet die Politik ein Bild der Stagnation und Sklerose. Sie scheint außerstande, die institutionellen Reformen durchzusetzen, die für die Modernisierung des Staates notwendig sind, während sich große und kleine Unternehmer den neuen Herausforderungen stellen. Um das Verhältnis und die Wechselwirkung von politischem System und Wirtschaft besser zu verstehen, sei an einige Fakten erinnert.

Ein Blick auf die Wirtschaft

Das Nachkriegsitalien von 1945 war ein armes Land, das unter den westlichen Ländern mit Ausnahme Deutschlands am meisten unter dem Krieg gelitten hatte. In nur anderthalb Jahrzehnten gelang es jedoch, ein italienisches Wirtschaftswunder zu schaffen. Drei Hauptelemente trugen dazu bei: der Mut der Regierung, mit dem Protektionismus der Vergangenheit zu brechen und den Sprung in den freien Handel und den Wettbewerb des Weltmarktes zu wagen; die geringen und stabilen Arbeitskosten und ein energisches, einfallsreiches Unternehmertum. Die Landflucht im Süden lieferte über fünf Millionen Arbeitskräfte für die Fabriken Oberitaliens. Um 1970 stand Italien schon weit vorn in der Reihe der Industrienationen mit großen, im Export führenden Firmen wie Fiat, Pirelli und Olivetti, den ebenfalls international präsenten Staatsholdings wie IRI und ENI und Hunderttausenden von vitalen Klein- und Mittelbetrieben. Die Erdölkrise von 1973 brachte dem an Rohstoffen armen Land einen schweren Rückschlag. Die Energieimporte belasteten die Handelsbilanz und trugen zur Verschuldung des Staates bei.

Im Lauf der achtziger Jahre wandten sich die Dinge zum Besseren. Zwar gibt es nach wie vor dunkle Flecken in einem aufgehellten Gesamtbild: Das jährliche Defizit des Staatshaushalts wächst über 100000 Milliarden Lire hinaus. Die öffentliche Verschuldung hat mittlerweile die Höhe des Bruttosozialprodukts erreicht. Die Arbeitslosenquote beziffert sich auf zwölf Prozent – eine der höchsten in Europa. Die Inflation konnte zwar auf etwa fünf Prozent gesenkt werden, liegt aber noch immer über dem Durchschnitt der Europäischen Gemeinschaft. Dagegen gehören die Erweiterung der produktiven Basis in Italien, die Liberalisierung des grenzüberschreitenden Geld- und Kapitalverkehrs, aber auch die Privatisierung des Chemiekonzerns Montedison, der Autowerke Alfa Romeo und der Textilgruppe Lanerossi, um nur die wichtigsten Beispiele zu nennen, ins Bild dieser aufstrebenden Industrienation. Zur unkritischen Euphorie besteht allerdings kein Anlaß, auch wenn für dynamische Unternehmer vom Schlage eines Carlo De Benedetti die Landesgrenzen zu eng geworden sind und sie deshalb mit ihren spektakulären Akquisitionen periodisch für Schlagzeilen in der italienischen Presse sorgen.

Die Entstaatlichung schwacher Betriebe illustriert das Verhältnis von öffentlicher Hand und Privatinitiative. Während Jahrzehnten hatten vor allem die Staatsbetriebe in Süditalien nationale Entwicklungshilfe zu leisten, boten den Parteien aber gleichzeitig politische Hilfestellung. Nachdem diese Politisierung zu schweren Mißbräuchen und zu finanziellen Verlusten großen Stils geführt hatte, war eine Sanierung unumgänglich. Firmen wurden entweder abgestoßen oder nach betriebswirtschaftlichen Kriterien umstrukturiert. Der Druck, sich marktorientiert zu verhalten, war um so größer, als nicht wenige Firmen der drei Staatsholdings – IRI, ENI, EFIM – im Lauf der Zeit teilprivatisiert und an der Börse notiert wurden. In den politischen Parteien gab es Widerstände gegen die Privatisierung; sie fürchteten um Pfründe und Einflußnahme auf das Wirtschaftsgeschehen.

Die steigende Leistungskraft der italienischen Volkswirtschaft kommt der Politik zustatten. Das hatte sich bereits in den stürmischen fünfziger und sechziger Jahren gezeigt. Die Wirtschaft spielte schon damals bei der allgemeinen Entwicklung des Landes eine zentrale Rolle. Sie war nur in der Mezzogiorno-Politik vom Staat geplant und gesteuert, während sich im übrigen Land, vor allem im Norden, die unternehmerischen Kräfte frei entfalten konnten. Die wirtschaftliche Prosperität bildete eine wesentliche Grundlage für den sozialen und kulturellen Wandel des Landes, sie half aber auch mit, die Schwächen der Politik, die ungenügenden Sozialleistungen des Staates, das rückständige Schulwesen erträglicher zu machen. Wer angesichts ausbleibender Renten, verkommener Krankenhäuser und parlamentarischer Stagnation heute wie schon früher seinem Unmut Luft macht, nimmt alle diese öffentlichen Mängel schließlich eher in Kauf, wenn die Wirtschaft prosperiert und auch künftig Stabilität verspricht. Privater Wohlstand trug zum Ausgleich in der italienischen Gesellschaft bei.

Im Kontrast zwischen Politik und Wirtschaft, staatlicher Paralyse und privater Dynamik wird deutlich, warum Italien trotz Regierungskrisen und Konflikten aller Art vorankommt und in mancher Hinsicht üppiger gedeiht als viele seiner offensichtlich besser regierten europäischen Partner. In einem zuversichtlichen Fazit ist nicht zu übersehen, daß das politische Leben Italiens von einer Nation getragen wird, die für ihre Ausdauer, Geduld und Improvisationsgabe bekannt ist. Die unterschwelligen Kräfte des italienischen Volkes sind hinter offensichtlichen Mängeln und Schwächen verborgen. In paradoxer Weise kommt ihm dabei auch der politische Fatalismus und sein Mißtrauen gegenüber dem Staat zustatten: Der Bürger ist imstande, mit Krisen, Erschütterungen und Skandalen zu leben, weil er von Regierung und Behörden gar nichts Besseres erwartet. Die skeptischen Italiener geben sich keinen falschen Hoffnungen hin: Da sie auf sich selber gestellt sind in einem »asozialen Sozialstaat«, wissen sie sich zu schützen, indem sie das System minimal funktionsfähig halten oder indem sie es ganz einfach umgehen.

Der soziale Konsens

Was die Institutionen und die allgemeine politische Linie angeht, bewahrt Italien eine erstaunliche Kontinuität. In der Innen- und Außenpolitik blieben grundlegende Veränderungen aus, trotz Krisen und dem Wechsel der Regierungen. Darüber hinaus wurde die Politik in den Grundfragen von immer mehr Parteien gestützt, und die öffentliche Zustimmung nahm zu.

Auf niedrigerer Ebene haben die politischen Institutionen des Landes, bei all ihren Defekten und der Verachtung, die man ihren Leistungen entgegenbringt, trotz allem an Legitimität gewonnen.

Auch die italienische Bevölkerung ist politisch so stabil wie irgendeine in Europa. Die politischen Bindungen, Parteizugehörigkeit wie Wahlverhalten, waren bei langsamen und geringen Veränderungen relativ konstant. Die Parteien befanden sich auf einem Kurs steter Konvergenz, indem sie sich vom Kalten Krieg über Koexistenz zur Zusammenarbeit bewegten. Der soziale Zusammenhalt nahm zu. Ideologische Differenzen milderten sich. Eine derartige Stabilität ist besonders bemerkenswert in einem Land, das vor 1945 nur wenige Jahre wirklicher Demokratie gekannt und in dem es sehr viele Elemente der Unstabilität gegeben hatte. Kein anderes westeuropäisches Land war nach 1945 ideologisch derart zerklüftet wie Italien mit seinen mächtigen katholischen und kommunistischen Komponenten und seinem weitgespannten Parteienspektrum. Selbst die republikanische Staatsform wurde im Referendum von 1946 knapp gutgeheißen; im Süden war die Mehrheit für die Monarchie. Die sozialen Gegensätze waren tief und die regionalen Unterschiede ausgeprägt. Nach 1950 erlebte Italien die einschneidensten sozialen und psychologischen Veränderungen in seiner neueren Geschichte.

Die italienische Gesellschaft fiel nicht etwa auseinander, sondern wurde einheitlicher. Dieser stabile Unterbau ergab die Plattform für einige bedeutende Errungenschaften – die Massendemokratie, ein Wirtschaftswunder, größere soziale Gleichheit und eine feste Verbindung mit den fortgeschrittenen Industriestaaten der Europäischen Gemeinschaft und der NATO. Die Italiener waren imstande, mit jeder ernsten wirtschaftlichen und politischen Krise irgendwie fertig zu werden. »Eppur si muove« – das Galilei zugeschriebene Wort: »Und sie bewegt sich doch« – gilt auch für Italien selber, allen düsteren Voraussagen zum Trotz.

Kontinuität und Stabilität sind gewiß nicht der politischen Vorherrschaft einer einzigen Partei zu verdanken. Die italienische Demokratie gedieh aus anderen und tieferen Gründen. Der wichtigste Grund war vielleicht, daß die italienische Gesellschaft in all ihren Bereichen trotz aller Gegensätze ihr Bestes tat, um nach dem Sturz des Faschismus der Demokratie zum Erfolg zu verhelfen. Dies traf ebenso für die Kommunisten zu, die loyal im demokratischen Rahmen mitarbeiteten, wie für die katholische Kirche, die ihr Mißtrauen gegen den italienischen Einheitsstaat endgültig aufgab und sich, manchmal zu gründlich, ins politische Leben des Landes stürzte. Ähnlich gaben die Gewerkschaften, die Industrie und die Presse dem konstitutionellen System ihre volle Unterstützung. Auch die Bevölkerung leistete ihren Beitrag, indem sie an Wahltagen in Massen zu den Urnen strömte. Die christdemokratische Vorherrschaft auf nationaler Ebene verhinderte nicht, daß die übrigen Parteien auf anderen Ebenen an der Macht teilhatten. Seit dem Kriegsende waren die Verwaltungen wichtiger Städte und Provinzen in den Händen der Kommunisten und Sozialisten. Sie dehnten ihre Führung auf fast alle italienischen Großstädte aus, und mit der Schaffung neuer Regionen wurde ihr Einfluß noch größer. Auch die laizistischen Parteien spielten oft auf lokaler Ebene eine größere Rolle als in Rom.

Im Grunde besitzen die Italiener mit ihrem System und mit ihrer Regierung die Lösung, die sie mehrheitlich wollen. Obwohl sie vom Staat Sicherheit verlangen, leben sie gemäß der Erfahrung, daß die Regierung die beste sei, die am wenigsten regiert, und ziehen eine schwache Regierung ohne Effizienz einer starken und tatkräftigen vor. Ob ein solches System in einer Ära des technologischen Fortschritts und internationaler Belastungen den Ansprüchen einer modernen Demokratie und Leistungsgesellschaft gewachsen ist, bleibt die große Frage, die viele vorausschauende Italiener beunruhigt.

1 Ugo La Malfa: Intervista sul non-governo. Hrsg. von Alberto Ronchey. Bari 1977, S. 59.
2 Zitiert nach Luigi Pedrazzi: Tre discorsi, tre anni dopo. In: Il Mulino (Bologna) 259/XXVII, September/Oktober 1978, S. 683.
3 Giuseppe Di Palma: Surviving without Governing. The Italian Parties in Parliament. Berkeley 1977, S. 5.
4 Giorgio Galli: I partiti politici in Italia 1891–1973. Turin 1975, S. 397; vgl. auch Giorgio Galli: Il bipartitismo imperfetto. Bologna 1966; Giovanni Sartori: Teoria dei partiti e caso italiano. Mailand 1982.
5 Giorgio Galli: Il bipartitismo imperfetto. Bologna 1966, S. 62.
6 Mauro Calise/Renato Mannheimer: Governanti in Italia. Un trentennio repubblicano 1946–1976. Bologna 1982, S. 166ff.
7 Ugo La Malfa: Intervista sul non-governo. Hrsg. von Alberto Ronchey. Bari 1977, S. 128.
8 Vgl. Douglas Wertman: Il XVII congresso della DC. Fine delle correnti? In: Politica in Italia. I fatti dell'anno e le interpretazioni. Hrsg. von Piergiorgio Corbetta und Robert Leonardi. Bologna 1987.
9 Vgl. Giorgio Galli: Storia della Democrazia cristiana. Bari 1978, S. 387.
10 Vgl. Maurizio Rossi: Un partito di »anime morte«? Il tesseramento democristiano tra mito e realtà. In: Democristiani. Hrsg. von Arturo Parisi. Bologna 1979, S. 22.
11 Ebenda S. 46ff.
12 Luigi Pedrazzi: Tre discorsi, tre anni dopo. In: Il Mulino (Bologna) 259/XXVII, September/Oktober 1978, S. 689.
13 La Civiltà Cattolica (Rom) 3111, 2. Februar 1980, S. 218.
14 Giuseppe Tamburrano: L'Iceberg democristiano. Mailand 1975, S. 3; Giorgio Galli: Dal bipartitismo imperfetto alla possibile alternativa. Bologna 1975, S. 128ff.; Franco Cassano: Il teorema democristiano. Bari 1979, S. 28; Gianni Baget-Bozzo: Tesi sulla DC. Bologna 1980, S. 65f.
15 Die große Darstellung der Geschichte der KPI stammt von Paolo Spriano, der aus den Reihen der Partei kommt (Paolo Spriano: Storia del Partito comunista italiano. Turin 1967ff., 5 Bände). Ein Musterbeispiel für das amerikanische Interesse an der KPI ist ›Communism in Italy and France‹ (hrsg. von L. M. Blackmer und Sidney Tarrow, Princeton 1975; italienische Ausgabe: Il comunismo in Italia e Francia, Mailand 1976). Materialien zum Eurokommunismus geben ›Eurokommunismus im Widerspruch. Analyse und Dokumentation‹ (hrsg. von Manfred Steinkühler, Köln 1977) und ›Euro-

kommunismus. Fakten, Analysen, Interviews‹ (hrsg. von Heinz Timmermann, Frankfurt 1978). Einen kritischen Überblick der Literatur bietet Karin Priester (Eurokommunismus. Kontinuität und Wandel westeuropäischer kommunistischer Parteien, in: Neue politische Literatur 4/XXIV, 1979, S. 425–445). Zur Debatte in den USA vgl. die konträren Standpunkte von Michael A. Ledeen (Italy in Crisis, Beverly Hills 1976) und Peter Lange (Il PCI e i possibili esiti della crisii italiana, in: La crisii italiana, Turin 1979, S. 657 bis 718). Als neueste Gesamtdarstellung der kommunistischen Außenpolitik vgl. Bruno Schoch: Die internationale Politik der italienischen Kommunisten. Frankfurt 1988.

16 Giorgio Galli: Storia del PCI. Mailand 1977, S. 286.

17 Ebenda S. 400.

18 Umberto Terracini: Intervista sul comunismo difficile. Hrsg. von Arturo Gismondi. Bari 1978, S. 168.

19 Lucio Colletti: Intervista politico-filosofico. Bari 1975, S. 11 f.

20 Salvatore Sechi: L'austero fascino del centralismo democratico. In: Il Mulino (Bologna) 257/XXVII, Mai/Juni 1978, S. 437.

21 Vgl. Anmerkung 15.

22 Wladimir Iljitsch Lenin: Sul movimento operaio italiano. Rom 1976, S. 191.

23 Vgl. Wolfgang Merkel: Die Sozialistische Partei Italiens: zwischen Oppositionssozialismus und Staatspartei. Bochum 1985 (Prima e dopo Craxi. Le trasformazioni del PSI. Padua 1987).

24 Zur Chronik des Rechts- und Linksterrorismus vgl. Tullio Barbato: Il terrorismo in Italia. Cronaca e documentazione. Mailand 1980. Rapporto sul terrorismo. Hrsg. von Mauro Galleni. Mailand 1981.

25 Alberto Ronchey: Libro bianco sull'ultima generazione. Mailand 1978, S. 67.

26 Corriere della Sera vom 22. Mai 1980.

27 Sabino S. Acquaviva: Guerriglia e guerra rivoluzionaria in Italia. Mailand 1979, S. 54 ff.

28 Alberto Ronchey: Libro bianco sull'ultima generazione. Mailand 1978, S. 74.

29 Vgl. Adalberto Minucci: Terrorismo e crisi italiana. Rom 1978, S. 29 f.

30 Zur Mafia vgl. Henner Hess: Mafia. Zentrale Herrschaft und lokale Gegenmacht. Tübingen 1970; Anton Blok: Die Mafia in einem sizilianischen Dorf 1860–1960. Frankfurt 1981; vgl. auch die Werke von Michele Pantaleone, Domenico Novacco, Salvatore F. Romano, Pino Arlacchi.

31 Vgl. Franco Martelli: La guerra mafiosa. Mille morti in dieci anni. La sfida della »ndranghita« calabrese alla democrazia italiana. Rom 1981.

32 Giuseppe Di Palma: Sopravvivere senza governare. I partiti nel parlamento italiano. Bologna 1978, S. 187.

33 Ebenda S. 133.

34 Ebenda S. 140.
35 Zitiert nach La Stampa vom 6. April 1983.
36 Giuliano Amato: Il governo. In: Attualità e attuazione della Costituzione. Bari 1979, S. 83.
37 L'adeguamento dell'ordinamento giudiziario ai principi costituzionali e alle esigenze della società. Relazione al parlamento sullo stato della giustizia. Hrsg. Consiglio superiore della magistratura. Rom 1976, S. 377.
38 Einen Überblick der Skandale seit 1945 gibt Giorgio Galli: L'Italia sotterranea. Storia, politica e scandali. Bari 1983.
39 Vgl. Giuseppe Federico Mancini: Politics and the Judges. The European Perspective: In: The Modern Law Review, Januar 1980, S. 1 bis 17.
40 L'adeguamento dell'ordinamento giudiziario ai principi costituzionali e alle esigenze della società. Relazione al parlamento sullo stato della giustizia. Hrsg. Consiglio superiore della magistratura. Rom 1976, S. 527f.
41 Ebenda S. 526.
42 Sabino Cassese: Questione amministrativa e questione meridionale. Rom 1977, S. 23.
43 Vgl. Istat: Statistiche sulla pubblica amministrazione. Rom 1983. Zitiert nach Sabino Cassese: Il sistema amministrativa italiana. Bologna 1983, S. 379.
44 Ebenda S. 306ff.
45 Sabino Cassese: Questione amministrativa e questione meridionale. Rom 1977, S. 102ff.
46 Ermanno Gorrieri: La giungla retributiva. Bologna 1972.
47 Vgl. Massimo Severo Giannini: Rapporto sui principali problemi dell'amministrazione dello stato. Rom 1979.
48 Zitiert nach La Repubblica vom 16. Juli 1980.
49 XIII rapporto, 1979, sulla situazione sociale del paese. Rom 1979, S. 548.
50 Guida per le autonomie locali '80. Hrsg. von Sabino Cassese. Rom 1980, S. 7f.
51 Robert D. Putnam/Robert Leonardi/Raffaella Y. Nanetti: Le regioni »misurate«. In: Il Mulino (Bologna) 268/XXXIX, März–April 1980, S. 217–245. Ausführlicher dieselben Autoren in: La pianta e le radici. Il radicamento dell'istituto regionale nel sistema politico italiano. Istituto di studi e ricerche »Carlo Cattaneo«. Bologna 1985.
52 Vgl. die Anthologien: Nuova antologia della questione meridionale. Hrsg. von Bruno Caizzi. Mailand 1970; Il Sud nella storia d'Italia. Hrsg. von Rosario Villari. Bari 1972.
53 Quaderni Isveimer 27/28, Neapel 1980, S. 18.
54 XIII rapporto, 1979, sulla situazione sociale del paese. Rom 1979, S. 54ff.
55 Francesco Compagna: Mezzogiorno in salita. Mailand 1980.
56 Ebenda S. 129ff.

57 Giorgio Amendola: Intervista sull'antifascismo. Hrsg. von Piero Melograni. Bari 1976, S. 1f.

58 Vgl. Corrado Perna: Breve storia del sindacato. Bari 1978, S. 245f., 255; vgl. auch Max Kreile: Gewerkschaften und Arbeitsbeziehungen in Italien 1968–1982. Frankfurt 1985.

59 Sidney Tarrow: Italy. Crisis, Crises or Transition? In: Italy in Transition. Hrsg. von Peter Lange und Sidney Tarrow. London 1980, S. 174.

60 Alessandro Pizzorno: I soggetti del pluralismo. Bologna 1980, S. 112.

61 Gilles Martinet: Sette sindacati per sette paesi. Bari 1980, S. 137.

62 Vgl. Guglielmo Negri: L'occhio sulla repubblica. Mailand 1979, S. 135ff.

63 Zitiert nach Lotta continua vom 3. November 1981.

64 Vgl. auch Douglas A. Wertman: The Catholic Church and Italian Politics. The Impact of Secularisation. In: West European Politics (London) 2/V, April 1982, S. 87–107.

65 Vgl. La Repubblica vom 21. Oktober 1980.

66 Vgl. Annuarium statisticum Ecclesiae (Statistische Jahrbücher des Vatikans).

67 Vgl. Movimenti ecclesiali contemporanei. Hrsg. von Agostino Favale. Mailand 1982 (2. Aufl.).

68 Vgl. Mario Cuminetti: Il dissenso cattolico in Italia 1965–1980. Mailand 1983.

69 Arturo Carlo Jemolo: Chiesa e stato in Italia. Turin 1977 (4. Aufl.), S. 315.

70 Zur allgemeinen Entwicklung vgl. Hanno Helbling: Politik der Päpste. Berlin 1981; Giacomo Martina: La chiesa in Italia negli ultimi trent'anni. Rom 1977.

71 Vgl. Luigi Accattoli: L'episcopato italiano e le sue scelte. In: Chiesa italiana e informazione religiosa. Bologna 1981, S. 59–94.

72 Zum Konkordat vgl. Rapporti Nuovi, L'Accordo con la Chiesa Cattolica, l'intesa con i Valdesi e i Metodisti, le trattative con le Comunità Israelitiche. Hrsg. Consiglio dei Ministri. Rom 1984; Gennaro Acquaviva/Giuseppe De Rita: La Chiesa galassia e l'ultimo Concordato. Hrsg. von Luigi Accattoli. Rom 1987.

73 Pietro Quaroni: Chi è che fa la politica estera in Italia. In: La politica estera della Repubblica italiana. Hrsg. von Massimo Bonanni. Mailand 1967, S. 804.

74 Vgl. Ennio Di Nolfo: The Political Significance of Italian Policy. In: The Shaping of West European Foreign Policies. Occasional Paper Nr. 25 (Juli 1970). Research Institute, Johns Hopkins Bologna Center. Bologna 1970.

75 Henry Kissinger: Memoiren 1968–1973. München 1979, S. 113.

76 La Stampa vom 5. Mai 1978, zitiert nach: L'Italia nella politica internazionale (Jahrbuch 1978/79). Mailand 1980, S. 242.

77 Zitiert nach Corriere della Sera vom 15. Juni 1976.

78 Pietro Quaroni: Chi è che fa la politica estera in Italia. In: La politica estera della Repubblica italiana. Hrsg. von Massimo Bonanni. Mailand 1967, S. 804.

79 Vgl. auch La Difesa. Libro bianco 1985 (Weißbuch des Verteidigungsministeriums). Rom o.J.

80 Altiero Spinelli: Problemi e prospettive della politica estera. In: La politica estera della Repubblica italiana. Hrsg. von Massimo Bonanni. Mailand 1967, S. 47.

81 Henry Kissinger: Memoiren 1968–1973. München 1979, S. 112f.

82 Zur Entwicklung der italienischen Außenpolitik vgl. die vom IAI (Istituto affari internazionali) herausgegebenen Jahrbücher ›L'Italia nella politica internazionale‹ (Mailand 1973ff.).

Karte der 20 Regionen Italiens

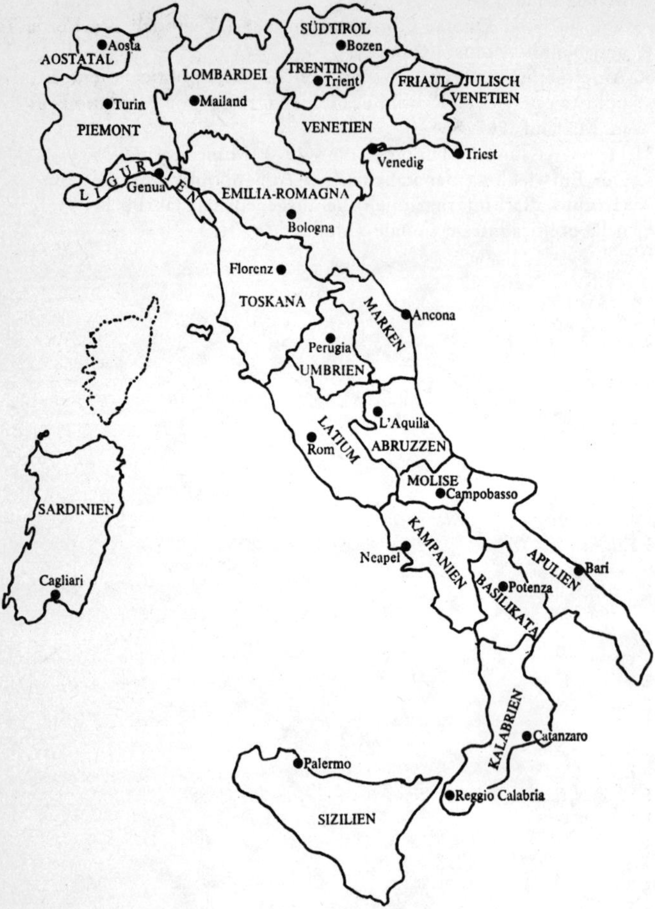

Die Regierungen der neun Legislaturperioden (1948–1988)

Ministerpräsident	Koalitionspartner	Dauer
5. Kabinett De Gasperi	DC-PLI-PSDI-PRI	23. 5. 48–12. 1. 50
6. Kabinett De Gasperi	DC-PSDI-PRI	27. 1. 50–16. 7. 51
7. Kabinett De Gasperi	DC-PRI	26. 7. 51–29. 6. 53
8. Kabinett De Gasperi	DC	16. 7. 53–28. 7. 53
Kabinett Pella	DC	17. 8. 53–5. 1. 54
1. Kabinett Fanfani	DC	18. 1. 54–30. 1. 54
Kabinett Scelba	DC-PSDI-PLI	10. 2. 54–22. 6. 55
1. Kabinett Segni	DC-PSDI-PLI	2. 7. 55–6. 5. 57
Kabinett Zoli	DC	19. 5. 57–19. 6. 58
2. Kabinett Fanfani	DC-PSDI	1. 7. 58–26. 1. 59
2. Kabinett Segni	DC	18. 2. 59–24. 2. 60
Kabinett Tambroni	DC	25. 3. 60–19. 7. 60
3. Kabinett Fanfani	DC	26. 7. 60–2. 2. 62
4. Kabinett Fanfani	DC-PSDI-PRI	21. 2. 62–16. 5. 63
1. Kabinett Leone	DC	21. 6. 63–5. 11. 63
1. Kabinett Moro	DC-PSI-PSDI-PRI	4. 12. 63–26. 6. 64
2. Kabinett Moro	DC-PSI-PSDI-PRI	22. 7. 64–21. 1. 66
3. Kabinett Moro	DC-PSI-PSDI-PRI	23. 2. 66–5. 6. 68
2. Kabinett Leone	DC	24. 6. 68–19. 11. 68
1. Kabinett Rumor	DC-PSI-PRI	12. 12. 68–5. 7. 69
2. Kabinett Rumor	DC	5. 8. 69–7. 2. 70
3. Kabinett Rumor	DC-PSI-PSDI-PRI	27. 3. 70–6. 7. 70
Kabinett Colombo	DC-PSI-PSDI-PRI	6. 8. 70–15. 1. 72
1. Kabinett Andreotti	DC	17. 2. 72–26. 2. 72
2. Kabinett Andreotti	DC-PSDI-PLI	26. 6. 72–12. 6. 73
4. Kabinett Rumor	DC-PSI-PSDI-PRI	7. 7. 73–2. 3. 74
5. Kabinett Rumor	DC-PSI-PSDI	14. 3. 74–3. 10. 74
4. Kabinett Moro	DC-PRI	23. 11. 74–7. 1. 76
5. Kabinett Moro	DC	12. 2. 76–30. 4. 76
3. Kabinett Andreotti	DC	29. 7. 76–16. 1. 78
4. Kabinett Andreotti	DC	12. 3. 78–31. 1. 79
5. Kabinett Andreotti	DC-PSDI-PRI	20. 3. 79–31. 3. 79
1. Kabinett Cossiga	DC-PSDI-PLI	4. 8. 79–19. 3. 80
2. Kabinett Cossiga	DC-PSI-PRI	4. 4. 80–29. 9. 80
Kabinett Forlani	DC-PSI-PSDI-PRI	18. 10. 80–26. 5. 81
1. Kabinett Spadolini	DC-PSI-PSDI-PRI-PLI	28. 6. 81–7. 8. 82
2. Kabinett Spadolini	DC-PSI-PSDI-PRI-PLI	23. 8. 82–11. 11. 82
5. Kabinett Fanfani	DC-PSI-PSDI-PLI	1. 12. 82–29. 4. 83

Ministerpräsident	Koalitionspartner	Dauer
1. Kabinett Craxi	DC-PSI-PSDI-PRI-PLI	4. 8. 83–27. 6. 86
2. Kabinett Craxi	DC-PSI-PSDI-PRI-PLI	24. 7. 86–9. 4. 87
6. Kabinett Fanfani	DC	18. 4. 87–28. 4. 87
Kabinett Goria	DC-PSI-PSDI-PRI-PLI	28. 7. 87–11. 3. 88
Kabinett De Mita	DC-PSI-PSDI-PRI-PLI	13. 4. 88–

Die Wahlergebnisse für die Kammer (1948–1987)

(in Prozenten, Mandate in Klammern)

	DC	PCI	PSI	PSDI	PRI	PLI	PR	DP	PDUP	MSI	Monarchisten	Andere[5]
1948	48,5 (305)	31 (183)	[1]	7,1 (33)	2,5 (9)	3,8 (19)				2 (6)	2,8 (14)	2,5 (5)
1953	40,1 (263)	22,6 (143)	12,8 (75)	4,5 (19)	1,6 (5)	3 (13)				5,8 (29)	6,9 (40)	2,7 (3)
1958	42,4 (273)	22,7 (140)	14,2 (84)	4,5 (22)	1,4 (6)	3,5 (17)				4,8 (24)	4,8 (25)	1,7 (5)
1963	38,3 (260)	25,3 (166)	13,8 (87)	6,1 (33)	1,4 (6)	7 (39)				5,1 (27)	1,7 (8)	1,3 (4)
1968	39,1 (266)	26,9 (177)	14,5 (91)	[2]	2 (9)	5,8 (31)				4,4 (24)	1,3 (6)	1,9 (3)
1972	38,8 (267)	27,2 (179)	9,6 (61)	5,1 (29)	2,9 (14)	3,9 (21)				8,7 (56)	[4]	1,5 (3)
1976	38,7 (262)	34,4 (228)	9,6 (57)	3,4 (15)	3,1 (14)	1,3 (5)	1,1 (4)	1,5 (6)		6,1 (35)		0,8 (4)
1979	38,3 (262)	30,4 (201)	9,8 (62)	3,8 (20)	3 (16)	1,9 (9)	3,5 (18)	0,8 (–)	1,4 (6)	5,3 (30)		2,7 (6)
1983	32,9 (225)	29,9 (198)	11,4 (73)	4,1 (23)	5,1 (29)	2,9 (16)	2,2 (11)	1,5 (7)	[3]	6,8 (42)		3,2 (6)
1987	34,3 (234)	26,6 (177)	14,3 (94)	3 (17)	3,7 (21)	2,1 (11)	2,6 (13)	1,7 (8)		5,9 (35)		5,3 (20) [6]

DC (Democrazia cristiana), PCI (Partito comunista italiano); PSI (Partito socialista italiano), PSDI (Partito socialista democratico italiano), PRI (Partito repubblicano italiano), PLI (Partito liberale italiano), PR (Partito radicale), DP (Democrazia proletaria), PDUP (Partito di unità proletaria per il comunismo), MSI (Movimento sociale italiano), Monarchisten.

[1] Gemeinsame Listen von Kommunisten und Sozialisten. [2] Gemeinsame Listen von Sozialisten und Sozialdemokraten; der linkssozialistische PSIUP gewann 1968 4,5 Prozent und 23 Sitze. [3] PDUP kandidierte auf KPI-Listen. [4] Zusammenschluß der Monarchisten mit dem MSI. [5] Einschließlich der Südtiroler Volkspartei, der Union Valdôtaine, der Sardischen Aktionspartei usw. [6] Die Grünen gewannen 1987 2,5 Prozent (13 Mandate).

Glossar der italienischen Begriffe

Alternativa di sinistra oder *alternativa democratica* (Linksalternative): Strategie der KPI für eine Koalition der Linkskräfte im Sinne der einstigen Volksfront unter Einschluß der Sozialisten, ohne die DC. Löste zu Beginn der achtziger Jahre das Konzept des »historischen Kompromisses« ab und blieb bis 1986 in Kraft.

Apertura a sinistra (Öffnung nach links): Formel für die Aufnahme der Sozialisten in die Regierung seit Ende der fünfziger Jahre (vgl. Centro sinistra), in den siebziger Jahren auch auf die Kommunisten ausgedehnt.

Arco costituzionale (Verfassungsbogen): Umfaßt alle Parteien, die seinerzeit der Verfassunggebenden Versammlung angehörten, auch die Kommunisten, im Gegensatz zu dem neofaschistischen MSI.

Assenteismo (Absentismus): Plage des begründeten oder unbegründeten Fernbleibens vom Arbeitsplatz, auch die zufällige oder vorsätzliche Absenz der Parlamentarier von Sitzungen.

Centrismo (Zentrismus): Bildung von Regierungen der DC mit den laizistischen Mittelparteien in den fünfziger Jahren, ohne Beteiligung der Sozialisten.

Centro sinistra (Mitte-links): Regierungsformel der sechziger Jahre, als unter der Initiative Fanfanis, Moros, La Malfas, Saragats und Nennis die Sozialisten in die Regierung aufgenommen wurden. Moro bildete im Dezember 1963 die erste Centro-sinistra-Koalition.

Clientelismo (Klientelwesen): Politische Praxis der Patronage vor allem in Süditalien; der parteipolitische Anhang rekrutiert sich auf Grund praktischer Gefälligkeiten und Begünstigungen, nicht eines Programms (vgl. Sottogoverno).

Collateralismo: Hilfestellung flankierender Organisationen insbesondere für die Massenparteien, zum Beispiel der »coldiretti« (kleinen Landwirte) für die DC, der Liga der Genossenschaften für die KPI.

Compromesso storico (historischer Kompromiß): Von KPI-Chef Berlinguer 1973 lancierte Formel für eine gemeinsame Regierung der kommunistischen, sozialistischen und katholischen Kräfte, vereinfacht als große Koalition von DC und KPI verstanden. Anfang der achtziger Jahre tritt die Linksalternative an seine Stelle.

Corrente (Strömung): Für Italien typische Aufgliederung der Parteien in eine Mehrzahl von organisierten Fraktionen beziehungsweise »Unterparteien« mit eigenen Chefs, Hauptquartieren, Presseorganen und Geldquellen, vor allem in der DC. Das Zerrbild eines aus Correnti, nicht aus Parteien aufgebauten Systems ist die »correntocrazia«.

Giunta (Ausschuß): Exekutive, die vom Regional-, Provinzial- oder Gemeindeparlament gewählt wird.

Integralismo (Integralismus): Gestaltung aller Lebensbereiche im Sinn der katholischen Lehre. Wird dem rechtskatholischen Flügel der DC und einer Reihe religiöser Bewegungen zum Vorwurf gemacht.

Laico (laizistisch): Die laizistische Tradition des 19. Jahrhunderts verlangt eine radikale Trennung von Kirche und Staat. Ihre Erben sind heute die Liberalen und Republikaner, die darum als die laizistischen Mittelparteien im engeren Sinn gelten.

Lottizzazione (Parzellierung): Verteilung der Ämter und Posten im staatlichen und halbstaatlichen Bereich zwischen den regierenden Parteien (vgl. Sottogoverno).

Meridionalizzazione (Meridionalisierung): Der hohe Anteil der Süditaliener (meridionali) im öffentlichen Dienst, von den untersten Chargen bis in die Spitzen der Bürokratie.

Monocolore (einfarbig): Minderheitsregierung der DC, die dank der parlamentarischen Unterstützung oder der wohlwollenden Stimmenthaltung anderer Parteien am Ruder bleibt.

Parastato (Parastaat): Machtbereich der halbstaatlichen Industrien und Institutionen, der auch als Sottogoverno bezeichnet wird.

Partitocrazia (Parteienherrschaft): Polemischer Ausdruck für die Tatsache, daß die Institutionen Italiens (Parlament, Regierung usw.) im Schatten der Parteien stehen und ihnen die notwendige Autorität fehlt.

Sottogoverno („Unterregierung"): Machtbereich der staatlichen und halbstaatlichen Betriebe und Institute, ursprünglich unter der politischen Kontrolle der DC, in den letzten Jahren unter wachsender Mitbeteiligung vor allem der Sozialisten.

Trasformismo (Transformismus): Begriff des 19. Jahrhunderts für die Auflösung traditioneller parteimäßiger Formationen, auch der Opposition, in wechselnde parlamentarische Mehrheiten.

Ausgewählte Literatur

Alf, Sophie G.: Leitfaden Italien. Vom antifaschistischen Kampf zum historischen Kompromiß. Berlin 1977

Amato, Giuliano: Una Repubblica da riformare. Bologna 1980

Alfassio Grimaldi, Ugoberto/Fulco Lanchester: Principi senza scettro. Storia dei partiti italiani. Mailand 1978

Allum, P. A.: Italy. Republic without Government? London 1973 (Anatomia di una repubblica. Potere e istituzioni in Italia. Mailand 1976)

Bartoli, Domenico: Gli anni della tempesta. Mailand 1981 (Die Jahre des Sturms. Zürich 1982)

Beyme, Klaus von: Das politische System Italiens. Stuttgart 1970

Cavazza, Fabio Luca/Stephen R. Graubard (Hrsg.): Il caso italiano. Mailand 1974

De Rosa, Gabriele: I partiti politici in Italia. Bergamo 1981

Di Palma, Giuseppe: Surviving without Governing. The Italian Parties in Parliament. Berkeley 1977 (Sopravvivere senza governare. Bologna 1978)

Farneti, Paolo: Il sistema dei partiti in Italia 1946–1979. Bologna 1983

Galli, Giorgio/Alfonso Prandi. Patterns of Political Participation in Italy. New Haven 1970

Galli, Giorgio: I partiti politici in Italia 1861–1973. Turin 1975

Graziani, Luigi/Sidney Tarrow (Hrsg.): La crisi italiana. Turin 1979

Lange, Peter/Sidney Tarrow (Hrsg.): Italy in Transition. Conflict and Consensus. London 1980

LaPalombara, Joseph: Democracy Italian Style. New Haven 1987 (Die Italiener oder Demokratie als Lebenskunst. Wien 1988)

Murphy, Detlef/Heinz Timmermann: Italien. In: Joachim Raschke (Hrsg.): Die politischen Parteien in Westeuropa. Hamburg 1978

Penniman, Howard R. (Hrsg.): Italy at the Polls. The Parlamentary Elections of 1976. Washington D. C. 1977

Penniman, Howard R. (Hrsg.): Italy at the Polls 1979. A Study of the Parlamentary Elections. Washington D. C. 1981

Pasquino, Gianfranco: Crisi dei partiti e governabilità. Bologna 1980

Pasquino, Gianfranco: Il sistema politico italiano. Bari 1985

Pizzorno, Alessandro: I soggetti del pluralismo. Classi partiti sindacati. Bologna 1982

Ronchey, Alberto: Accade in Italia (1968–1977). Mailand 1977

Rosenbaum, Petra: Neofaschismus in Italien. Frankfurt 1975

Sartori, Giovanni: Teoria dei partiti e caso italiano. Mailand 1982

Spadolini, Giovanni: L'Italia dei laici. Lotta politica e cultura dal 1925 al 1980. Florenz 1980

Tichy, Franz: Italien. (Wissenschaftliche Länderkunde Band 24.) Darmstadt 1985
Tauschinsky, Aja/Ute Krauss-Leichert: Italien. Bibliographie der deutschsprachigen sozialwissenschaftlichen Monographien und Zeitschriftenartikel 1945–1980. München 1985
Willi, Victor J.: Überleben auf italienisch. Wien 1983
Zariski, Raphael: Italy. The Politics of Uneven Development. Hinsdale Ill. 1972

Namenregister

Abruzzen 221
Acerra 257
Achilli, Michele 92
ACLI (Associazioni Cristiane dei Lavoratori Italiani) 51f., 113, 234, 248, 250
Acquaviva, Sabino 127
Adenauer, Konrad 23, 213
Afghanistan 73, 276
AFL (American Federation of Labor) 228
Agca, Ali 129
Agnelli, Giovanni 220, 291
Ago, Roberto 261
al-Abbas, Abu 288
Alibrandi, Antonio 172
Alleanza nazionale contadini 65
Allende, Salvador 77
Almirante, Giorgio 39, 96, 111f.
Altissimo, Renato 104
Amalfi 223
Amato, Giuliano 92, 154
Amato, Mario 119
Amendola, Giorgio 70, 73, 222, 237
Amnesty International 174
Andreatta, Nino 153, 264
Andreotti, Giulio 21, 23, 27, 34f., 39ff., 43, 45, 78, 95, 105, 131, 142, 152, 236, 247, 262, 267f., 275, 285, 288, 307
Apulien 40, 92, 214, 221, 224
Arafat, Jasir 288
Arcaini, Giuseppe 200
Arezzo 122
Argentinien 268
Assisi 260
Avellino 41, 43

Bachelet, Vittorio 159, 248
Badoglio, Pietro 71
Baffi, Paolo 172
Bagehot, Walter 158
Baget-Bozzo, Gianni 55
Ballestrero, Anastasio 257
Bari 52, 121, 217, 221, 223, 257
Bartoletti, Domenico 256
Bartolomei, Donato 171
Basilikata 78, 136, 164, 212, 214f., 222, 224
Beirut 276, 285
Benvenuto, Giorgio 225, 239
Bergamo 171
Berlin 267
Berlinguer, Enrico 41, 70, 72–78
Bernabei, Ettore 196
Bernini, Carlo 45
Bernstein, Eduard 88
Berti, Luciano 122
Bettazzi, Luigi 76, 257, 259
Bignardi, Agostino 104
Bisaglia, Antonio 38, 45, 200
Bismarck, Otto von 251
Bissolati, Leonida 99
Bodrato, Guido 45
Bologna 61, 119f., 249, 253, 256f.
Bonn 9, 269
Bonomi, Paolo 51
Bordiga, Amadeo 61
Borghese, Valerio 122
Bozen 112, 206f.
Bozzi, Aldo 154
Brandt, Willy 77, 213, 283
Brasilien 256
Breschnew, Leonid 270
Brescia 118
Brindisi 217, 223
Brüssel 72, 205, 235, 283
Bundesrepublik Deutschland 9, 33, 36, 74, 143, 153, 155, 164, 166, 186, 213, 226, 237, 265, 270, 272, 281–284, 290, 292, 295
Buonaiuti, Ernesto 262
Buscetta, Tommaso 140

Cagol, Margherita 124f.
Calamandrei, Piero 158
Caltagirone, Gaetano 200
Calvi, Roberto 264
Campobasso 166
Capanna, Mario 115
Capri 223
Cariglia, Antonio 103
Carrillo, Santiago 73
Casalegno, Carlo 125
Casaroli, Agostino 259, 261f.

Caserta 221
Casini, Carlo 258
Cassano, Franco 55
Cassese, Sabino 185, 213
Castellina, Luciana 68
Catania 133, 140
Catanzaro 121, 134, 164
Cavour, Camillo 99, 251, 271
CDU 19, 33, 36, 77
Cé, Marco 257
CGIL (Confederazione Generale Italiana del Lavoro) 51f., 65, 85, 93, 225, 228–236, 238, 273
Chiavari 124
Chile 77
China 275, 291
Christdemokraten siehe Democrazia Cristiana
Chruschtschow, Nikita 23, 71, 73
CIA (Central Intelligence Agency) 129, 287
Ciancimino, Vito 138ff.
Cicciolina (Ilona Staller) 107
CIO (Congress of Industrial Organizations) 228
CISL (Confederazione Italiana Sindacati Lavoratori) 51f., 225, 229–236, 287
CISNAL (Confederazione Italiana Sindacati Nazionale Lavoratori) 124, 228, 230
Coco, Francesco 125
Coldiretti (Confederazione Nazionale dei Coltivatori Diretti) 51, 229
Colletti, Lucio 67
Colombo, Emilio 23, 35, 37, 40, 45, 224, 268, 307
Colombo, Umberto 197
Comiso 250
Compagna, Francesco 221f.
Confindustria 37, 50, 103f., 232
Conso, Giovanni 175
Conti, Lando 127
Cosenza 134
Cossiga, Francesco 41, 104, 142, 149, 156f., 174, 183, 307
Cossutta, Armando 68, 74
Costa, Gaetano 139
Craxi, Bettino 11, 13, 20f., 24–28, 33f., 42, 73, 79, 81, 87, 89, 91–96, 106, 151ff., 157, 202, 236, 245, 259, 262, 267, 281, 285, 288, 307
Croce, Fulvio 125
Crociani, Camillo 199
Curcio, Renato 124f., 130
Cutolo, Raffaele 135f.

Dalla Chiesa, Carlo Alberto 126, 139
d'Azeglio, Massimo 205
DC (Democrazia Cristiana) 11, 13–60, 64, 77ff., 85ff., 90f., 95ff., 101f., 105, 110f., 114, 120f., 123, 125f., 131f., 142f., 148, 152f., 157, 159f., 170, 196, 198, 201f., 208, 212, 216, 224, 228, 231, 234, 236, 244, 247ff., 252, 254, 258–261, 269, 271f., 275f., 283, 288, 299, 307, 309
De Benedetti, Carlo 296
De Filippo, Eduardo 144
De Gasperi, Alcide 23, 34–37, 40 , 44, 50, 54f., 71, 111, 142, 153f., 206, 254, 260, 268, 271, 307
De Gaulle, Charles 23
De Lorenzo, Giovanni 121
Del Turco, Ottaviano 94
De Martino, Francesco 89, 92
De Michelis, Gianni 92, 202
De Mita, Ciriaco 23, 28, 34, 41ff., 45, 57, 95, 127, 152, 154, 307
De Nicola, Enrico 155f., 159
d'Estaing, Giscard 281
DGB 234, 237
Di Nolfo, Ennio 268
Di Palma, Giuseppe 16, 146, 148
Donat-Cattin, Carlo 45
Dossetti, Giuseppe 37, 44, 249
Dozier, James 126
Dozza, Giuseppe 249
DP (Democrazia Proletaria) 19, 114f., 309
Dubček, Alexander 74
D'Urso, Giovanni 178

EFIM (Ente Partecipazioni e Finanziamento Industria Manufatturiera) 202
EG 9, 73, 100, 105, 107, 160, 218f., 226, 232, 266f., 269, 272–276, 280–283, 285f., 289, 292, 298
Egidi, Egidio 197
Einaudi, Luigi 55, 155ff.
Emilia-Romagna 43, 48f., 61ff., 65, 209, 214, 228, 293
ENI (Ente Nazionale Idrocarburi) 199, 201f.
Europäischer Gewerkschaftsbund 235

Evangelisti, Franco 45, 200
EWU (Europäische Währungsunion) 105, 276

Fanfani, Amintore 16, 23, 34, 37ff., 41, 43ff., 50, 56, 144, 152, 196, 199, 267, 285, 307
Fanti, Guido 68
Faschistische Partei 81, 109, 111, 196
Fini, Gianfranco 112
Fiordelli, Pietro 253
Florenz 61, 74, 78, 119, 127, 205, 249
Florit, Ermengildo 249
Ford, Gerald 287
Forlani, Arnaldo 28, 39, 41, 45, 123, 285, 307
Formica, Rino 92, 153
Formigoni, Roberto 247
Forte, Francesco 199
Fortunato, Giustino 214f.
Frankfurt 205
Frankreich 30, 33, 59, 73, 84, 100, 143, 155, 185f., 231, 281f., 292
Franzoni, Giovanni 249
Freda, Franco 120
Friaul 48, 165, 206
Friaul-Julisch Venetien 206
Frosinone 217

Galli, Giorgio 20ff., 55, 62, 65
Galloni, Giovanni 45
Gaspari, Remo 45
Gasparri, Pietro 252
Gava, Antonio 43, 45
Gedda, Luigi 49, 248
Gelli, Licio 122f., 169
Genovese, Vito 135
Genua 61, 124, 205, 249, 257
GEPI (Gestioni e Partecipazioni Industriali) 202
Getty, Paul 134
Ghadafi, Moamar 288
Giannettini, Guido 120
Giannini, Massimo Severo 183, 191
Gioia, Giovanni 138
Gioia Tauro 134, 220
Giorgieri, Licio 127
Girardi, Giulio 249
Girotti, Silvano 125
Giuliano, Boris 139
Giussani, Luigi 50, 247
Gonella, Guido 35, 261
Gorbatschow, Michail 74
Goria, Giovanni 28, 42, 95, 307
Gorrieri, Ermanno 188
Görz 279
Gozzini, Mario 259
Gramsci, Antonio 61, 65, 69f., 72, 79, 83, 216
Greco, Michele 140
Griechenland 214, 280, 283
Gronchi, Giovanni 156f., 267, 270
Großbritannien 84, 100, 143, 155, 186, 226, 267, 271, 280ff., 285f.
Gruber, Karl 206
Grüne 108, 309
Guadeloupe 281
Gui, Luigi 160
Gullotti, Antonino 43, 45

Haig, Alexander 287
Hitler, Adolf 9, 206
Hunt, Leamon 127

IBFG (Internationaler Bund freier Gewerkschaften) 235
Ingrao, Pietro 61, 70, 148
Insalaco, Giuseppe 140
Iotti, Nilde 61
Irak 292
Iran 292
IRI (Istituto per la Ricostruzione Industriale) 202
Irland 226
Israel 285

Jalta 71
Japan 265, 272, 290
Jaurès, Jean 88
Jemolo, Arturo Carlo 252, 261
Johannes Paul II. 54, 241f., 245ff., 256f., 264
Johannes XXIII. 50, 250, 254
Jonas, Franz 282
Jugoslawien 206, 243, 282, 288

Kalabrien 131f., 134, 136, 179, 212, 220ff.
Kampanien 78, 136, 187, 212, 214f., 221, 223
Kanada 281
Kappler, Herbert 283
Katholische Aktion 52, 247f., 252
Kennedy, John F. 23
Kissinger, Henry 269, 280, 287
Kohl, Helmut 281

Kommunisten (KPI) siehe PCI
KPdSU 73, 85
KPF (Kommunistische Partei Frankreichs) 72f.
KPS (Kommunistische Partei Spaniens) 72f.
Kuweit 292

Labriola, Antonio 72
Lama, Luciano 68, 235
La Malfa, Giorgio 101
La Malfa, Ugo 11, 32, 36, 100f.
Lampedusa 288
La Pira, Giorgio 249
Latina 217
Latium 43, 61, 64, 209
La Torre, Pio 139
La Valle, Raniero 245, 259
Lener, Salvatore 261
Lenin, Wladimir I. 83, 128
Leo XIII. 255
Leone, Giovanni 35, 111, 144, 156f., 166, 224, 307
Lercaro, Giacomo 249, 253, 257
Libanon 280
Liberale siehe PLI
Libyen 252, 267, 285f., 288, 292
Ligurien 61, 94, 209
Lima, Salvatore 138
Locri 134
Lombardei 48, 63, 186, 214, 221
Lombardi, Riccardo 92
London 152
Longo, Luigi 70, 73
Longo, Pietro 103
Loreto 257f., 260

Madrid 72
Magnago, Silvius 207
Magrassi, Mariano 257
Magri, Lucio 68
Mailand 37, 42, 61, 68, 78, 89, 118, 120, 165, 194, 205, 218, 234, 247, 256
Malagodi, Giovanni 100, 104, 106
Malfatti, Franco Maria 152, 280
Malta 267, 285f.
Malvestiti, Piero 35
Manca, Enrico 89
Mancini, Federico 171
Mancini, Giacomo 89
Mancini, Giuseppe 92
Manzella, Andrea 154
Marchais, Georges 73
Marcinkus, Paul C. 264
Marini, Franco 225
Marken 293
Martelli, Claudio 96
Martin, Graham 287
Martinet, Gilles 232
Martini, Carlo Maria 257
Mattarella, Santi 139
Mattei, Enrico 44, 201, 291
Mazzanti, Giorgio 199
Mazzi, Enzo 249
Mazzini, Giuseppe 99
Mazzolari, Primo 253
Merkel, Wolfgang 93
Merzagora, Cesare 199
Messina 164
Miceli, Vito 122, 287
Milani, Lorenzo 253
Mintoff, Dom 285f.
Mitterrand, François 281
Molise 214, 221
Monarchisten 19, 25, 111, 309
Montanelli, Indro 52
Monticone, Alberto 248
Montini siehe Paul VI.
Morandi, Rodolfo 93
Mori, Cesare 138
Moro, Aldo 11f., 23, 26, 35, 37–41, 44f., 47, 56, 58, 125ff., 131, 142, 152, 156, 224, 241, 267, 285, 307
Moskau 59, 62, 69ff., 73ff., 80, 130, 267
MSI (Movimento Sociale Italiano) 19, 21, 25, 39, 71, 96, 104, 109–112, 122, 138, 149, 208, 309
Murri, Romolo 35
Mussolini, Benito 9, 25, 35, 62, 81, 106, 109, 138, 156, 205f., 252, 260, 262, 265, 270, 272

Napolitano, Giorgio 68, 78
Nationaldemokraten 111
NATO 9, 60, 74, 89f., 100, 105, 107, 109, 126, 266f., 270f., 273–281, 283–287, 289, 291, 298
Natta, Alessandro 64, 68, 70, 72, 74f. 78
Neapel 38, 41, 43, 61, 63, 112, 131f., 135f., 178f., 187, 200, 205, 214f., 217–223, 257, 286, 293
Negri, Toni 107, 126, 128, 175

Nenni, Pietro 26, 38, 84, 88f., 103, 260, 275
Neofaschisten siehe MSI
New York 134
Nicolazzi, Franco 103
Nitti, F. S. 215
Nordkorea 291

Occhetto, Achille 68, 70, 78
Orlando, Giulio 46
Orlando, Leoluca 57
Orlando, Vittorio Emanuele 156
Osimo 282
Ossola, Rinaldo 197, 290
Ostberlin 72
Österreich 187, 206f., 282

Padua 175, 260
Palermo 57, 91, 132f., 138ff., 205, 222, 257
Pandolfi, Filippo Maria 30
Pannella, Marco 106, 108, 151
Pantaleone, Michele 137f.
Pappalardo, Salvatore 257
Paris 73
Parri, Ferruccio 157
Paul VI. 35, 50f. 54, 241, 255f.
PCI (Partito Comunista Italiano) 11, 13, 15–29, 31, 33f., 39–44, 47–50, 59–80, 83, 85, 88ff., 94, 97, 101–105, 108, 111, 114, 119f., 125–128, 131f., 138f., 142f., 148, 151, 160, 170, 173, 209, 212, 216, 228, 230, 234, 236, 238, 244, 249, 258f., 261, 271, 273, 275f., 283f., 286ff., 291, 298f., 309
PDUP (Partito di Unita Proletaria per il Comunismo) 114f., 309
Peci, Patrizio 126
Peking 59
Pella, Giuseppe 307
Pellegrino, Michele 257
Pellicani, Luciano 81
Pennetta, Vito 183
Perna, Corrado 230
Pertini, Sandro 14, 28, 101, 129, 144, 156f., 270
Piccoli, Flaminio 38, 41, 43, 45
Piemont 61, 169, 186, 209, 214
Pius IX. 251
Pius XII. 50, 252, 254f.
Pizzinato, Antonio 65, 225
Pizzorno, Alessandro 231
PLI (Partito Liberale Italiano) 16, 19, 25, 99–115, 152, 271f., 275, 307, 309
Polen 73, 243, 268, 291
Poletti, Ugo 249, 256
Poma, Antonio 256
Portugal 283, 291
Potenza 198
PPI (Partito Popolare Italiano) 34ff.
PR (Partito Radicale) 145, 149ff., 244, 309
Prato 253
PRI (Partito Repubblicano Italiano) 16, 19, 25, 41, 63, 99–115, 138, 152, 212, 271f., 288, 307, 309
Prodi, Romano 203
PSDI (Partito Socialista Democratico Italiano) 16, 19, 25, 60, 85, 88, 91, 99–115, 152, 202, 228, 271, 287, 307, 309
PSI (Partito Socialista Italiano) 11, 15f., 19–22, 24–28, 41, 60f., 63, 77–97, 101–108, 114, 119, 121, 149–153, 160, 170, 173, 196f., 201f., 208, 212, 228, 230f., 234, 254, 260, 271f., 275f., 283, 291, 299, 309
PSIUP (Sozialistische Partei der Proletarischen Einheit) 86, 309
Putnam, Robert D. 213

Quaroni, Pietro 265

Radi, Luciano 48
Rauti, Pino 110
Ravera, Camilla 144
Reagan, Ronald 288
Reale, Oronzo 174
Reggio Calabria 111, 132, 134, 166, 220
Republikaner siehe PRI
Reviglio, Franco 203
Riboldi, Antonio 257
Rimini 92, 94
Rizzoli, Angelo 198
Rocco, Alfredo 167
Rognoni, Virginio 139
Rom 9, 11, 13, 44, 57, 61f., 64, 69, 77, 112, 114, 118f., 125, 127, 129, 132, 140, 146, 166, 170, 173, 183, 189, 205, 207ff., 211–214, 216, 221, 224, 228, 241ff., 245, 249–252, 255f., 260, 262, 269, 273, 280, 284, 286ff.
Romagna 251

Roncalli siehe Johannes XXIII.
Ronchey, Alberto 119, 127, 130
Rosati, Domenico 248
Rossi, Paolo 46, 48, 175
Ruffilli, Roberto 127
Ruffini, Attilio 152
Ruffolo, Giorgio 94
Ruini, Camillo 258
Rumor, Mariano 23, 37f., 135, 307
Russo, Giuseppe 139

Salerno 63, 71, 78, 166, 217
Salvemini, Gaetano 183, 215, 261
Salvo, Ignazio 140
Santapaola, Benedetto 140
Saragat, Giuseppe 85, 100, 102f., 156f.
Sarcinelli, Mario 172
Sardinien 156, 164f., 179, 200, 205, 211, 217f., 222, 279
Sarti, Adolfo 45f.
Sartori, Giovanni 20f.
Saudi-Arabien 292
Scelba, Mario 111, 180, 307
Schmidt, Helmut 281, 283f.
Schweden 74, 272
Schweiz 218, 272, 292
Sciascia, Leonardo 108, 132
Scoppola, Pietro 56
Scotti, Vincenzo 45
Sechi, Salvatore 67
Segni, Antonio 111, 121, 156f., 270, 307
Serrati, Giacinto 88
Sforza, Carlo 269, 271f.
SID 120, 122
SIFAR 121
Signorile, Claudio 89, 92
Silvestri, Stefano 278
Silvestrini, Achille 261
Sindona, Michele 137, 264
Siri, Giuseppe 257
Sizilien 43, 49, 63, 112, 131ff., 138f., 187, 200, 205, 209, 212, 217f., 222, 250, 257, 279
Sofia 129
Sossi, Mario 124
Sowjetunion 67, 73, 84, 129, 270f., 277, 284, 291
Sozialdemokraten siehe PSDI
Sozialisten siehe PSI
Spadolini, Giovanni 13, 28, 33f., 41, 56, 101, 129, 139, 144, 153f., 157, 177, 192, 262, 288, 307
Spanien 59, 73, 84, 283
SPD 74, 77, 80, 94, 283
Spinelli, Altiero 280
Stalin, Jossif W. 71, 73, 85
Straßburg 164
Sturzo, Luigi 36, 43, 50, 54, 111, 252, 254
Südtirol 63, 112, 117, 150, 205ff., 209, 282
Südtiroler Volkspartei 63, 207, 309

Tambroni, Fernando 111, 307
Tamburrano, Giuseppe 55
Tanassi, Mario 160, 168
Tarent 200, 217, 219, 223
Tarrow, Sidney 231
Taviani, Paolo Emilio 23, 37f.
Teardo, Alberto 94
Terracini, Umberto 67
Terranova, Cesare 139
Tito, Josip Broz 271
Togliatti, Palmiro 61f., 69–73, 75, 78
Tortora, Enzo 107, 175
Toskana 43, 48, 61, 63, 209, 211, 228, 293
Trentino 35, 42f., 48, 63
Trentino-Südtirol 207, 214
Trient 38, 207
Triest 9, 205f., 282
Tschechoslowakei 73f.
Tunesien 285
Turati, Filippo 81, 88
Turin 9, 42, 44, 61, 94, 113, 125, 155, 165, 197, 205, 218, 234, 236, 249, 257
Türkei 129

UIL (Unione Italiana del Lavoro) 52, 93, 225, 228ff., 234–236, 239, 287
Umbrien 48, 61, 63, 209, 251
Ungarn 73
USA siehe Vereinigte Staaten

Valiani, Leo 144
Valpreda, Pietro 120, 175
Vanoni, Ezio 30
Venedig 61, 205, 257
Venetien 38, 42, 45, 48f., 63, 92, 186, 293
Ventura, Giovanni 120
Vereinigte Staaten (USA) 84, 100, 102,

109, 133, 246, 256, 271 f., 276 f., 281, 285–288
Vereinte Nationen 207
Verona 81, 91 ff., 126
Vietnam 267
Vitalone, Claudio 170
Vittorio Emanuele II. 251
Volpe, John 287

Warschau 74
Warschauer Pakt 73
Washington 95, 267, 269, 274, 286 f.
Weber, Max 283
Weltgewerkschaftsbund 235
Wien 35

Zaccagnini, Benigno 35, 37, 39 ff., 45, 53 f., 56
Zanone, Valerio 104
Zoli, Adone 144, 307

Schriftsteller reisen

»Eines der schönsten und wertvollsten Bücher.«
(Carl Zuckmayer)
dtv 1

Betrachtungen über die Ewige Stadt, die zugleich persönliches Bekenntnis und Zeitkritik sind
dtv 1107

Gelungene Porträts von Menschen und Städten, faszinierende Impressionen und bissige kleine Satiren.
dtv 1562

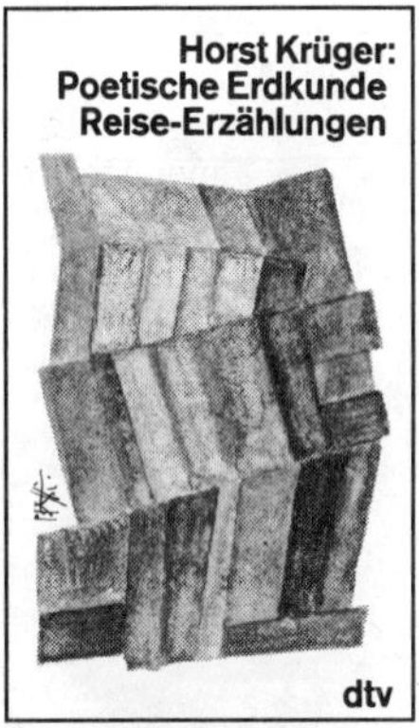

Über Deutschland Ost und West, Österreich, Spanien, Ägypten, Washington und China
dtv 1675

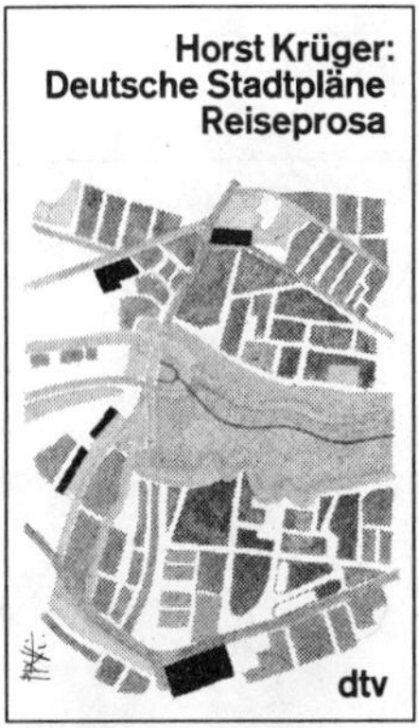

Eine Reise durch das Deutschland der späten sechziger und frühen siebziger Jahre
dtv 10266

Auf der Suche nach der deutschen Identität – ein sinnliches, melancholisches, sehr ehrliches Buch.
dtv 10558